高等职业教育财经类“十二五”系列规划教材·物流管理专业

现代物流概论

（第2版）

段圣贤　主　编

文振华　主　审

袁云斌　陈建华
　　　　　　　　副主编
章劲松　程　欣

電子工業出版社

Publishing House of Electronics Industry

北京·BEIJING

内容简介

全书共分九个模块，内容包括认识物流，物流系统，物流网络与配送中心，物流管理，企业物流，第三方物流与物流园区，国际物流，物流金融，物流绿色化与专业化等。内容紧密结合企业物流实践工作的理论需要，充分反映了国内外现代物流理论与实践的最新发展成果。教材编写体现了系统化与立体化原则，每一章均有明确的学习目标和富有针对性的引导案例，穿插了生动的实例分析与讨论，配备了同步测试、职业指南与实操项目设计。

本书适合作为高职高专院校物流专业教材及从业人员自学使用。

图书在版编目（CIP）数据

现代物流概论 / 段圣贤主编. —2 版. —北京：电子工业出版社，2014.8
高等职业教育财经类“十二五”系列规划教材. 物流管理专业

ISBN 978-7-121-23941-0

Ⅰ. ①现… Ⅱ. ①段… Ⅲ. ①物流—高等职业教育—教材 Ⅳ. ①F252

中国版本图书馆 CIP 数据核字（2014）第 173090 号

策划编辑：张云怡
责任编辑：郝黎明
印　　刷：北京七彩京通数码快印有限公司
装　　订：北京七彩京通数码快印有限公司
出版发行：电子工业出版社
　　　　　北京市海淀区万寿路 173 信箱　邮编　100036
开　　本：787×1 092　1/16　印张：17.5　字数：448 千字
版　　次：2010 年 7 月第 1 版
　　　　　2014 年 8 月第 2 版
印　　次：2019 年 8 月第 9 次印刷
定　　价：35.00 元

凡所购买电子工业出版社图书有缺损问题，请向购买书店调换。若书店售缺，请与本社发行部联系，联系及邮购电话：（010）88254888，88258888。

质量投诉请发邮件至 zlts@phei.com.cn，盗版侵权举报请发邮件至 dbqq@phei.com.cn。

本书咨询联系方式：（010）88254573，zyy@phei.com.cn。

前　言

现代物流业作为一种先进的组织方式和管理技术，被认为是继劳动和自然资源之后推动国民经济增长的“第三利润”源泉，其发展程度成为衡量一国现代化程度和综合国力的重要标志之一。现代物流业已成为 21 世纪中国发展最快的新兴产业之一。发展现代物流、构建现代供应链，以相对较低的成本获得尽可能大的市场空间，并形成适应未来市场需要的、以下游需求为导向的“产、供、销”系统，正成为诸多企业面向 21 世纪的战略选择。在 21 世纪，谁掌握了物流，谁就掌握了市场。

2006 年，国家出台了“十一五”国民经济发展规划纲要，第一次把物流产业发展纳入国家重点发展的领域，而且提出要把物流业作为现代服务业发展的一个重要领域进行重点扶持。2008 年年初，国家再次提出了加快服务业发展的意见，把我国物流业的发展放到非常重要的地位。政府的强力推动加上自身的发展需求，使得我国的物流业总体规模快速增长，服务水平显著提高，发展的环境和条件也不断改善。

2009 年 3 月，国务院出台了《物流业调整和振兴规划》，规划中明确指出，调整和振兴物流业是应对国际金融危机的迫切需要，是适应经济全球化趋势的客观要求，是国民经济持续快速发展的必要保证，是贯彻落实科学发展观和构建社会主义和谐社会的重要举措。要求各地区按照《规划》确定的目标、任务和政策措施，结合当地实际抓紧制定具体工作方案，切实抓好组织实施，确保取得实效。规划还明确提出要加快物流人才培养。“要采取多种形式，加快物流人才的培养。加强物流人才需求预测和调查，制订科学的培养目标和规划，发展多层次教育体系和在职人员培训体系……强化职业技能教育，开展物流领域的职业资质培训与认证工作。”

为了落实国家培养物流技能人才的政策，满足物流专业群和其他相关专业的教学需要，我们组织《现代物流概论》省级精品课程组的物流专业老师在完善 2010 年版的基础上编写了这本教材。

全书共分九个模块，内容包括物流认知，物流系统，物流网络与配送中心，物流管理，企业物流，第三方物流与物流园区，国际物流，物流金融，物流绿色化与专业化等。教材编写体现了系统化与立体化原则，每一模块均有明确的学习目标和富有针对性的引导案例，穿插了生动的实例分析与讨论，配备了同步测试、职业指南与实操项目设计；并且建立了延伸阅读、PPT 课件、案例库、图片库、视频演示资料等相关教学资料库。

教材充分体现了物流职业体系的特点，方便进行模块化教学；既突出了现代物流基本理论知识的精华，又兼顾对学生实践、操作能力的培养；同时注重紧密结合企业实际应用和行业特点，争取全面体现现代物流行业的技术应用与管理知识，顺应市场与社会发展对培养物流行业专门人才的需求。作为物流管理专业的一门核心基础课，本课程对于其他物流专业课的开设起着提纲挈领的指导作用。

全书由我国著名物流职业教育专家、湖南现代物流职业技术学院院长文振华教授担任主审，湖南现代物流职业技术学院段圣贤副教授（《现代物流概论》省级精品课程负责人）担任主编，陈建华、袁云斌、章劲松、程欣（现任湖南郴州国际物流园管委会副主任）担任副主编。湖南华湘进出口公司经理陈少华也参与了本教材的编写工作。

在编写过程中，我们参阅了大量同行专家的有关著作、教材及案例，在此表示感谢。现代物流管理的理论与方法，当前还在发展与不断探索中，虽然我们为编写《现代物流概论》一书付出了艰辛的努力，但由于水平有限，难免存在不足之处，恳请广大读者提出宝贵意见，帮助我们不断完善教材的内容，做到与时俱进，保持其先进性与实用性。

编　者

Contents
目录

Module 1 模块1 认识物流

学习目标

1．了解物流的产生与演变过程，理解物流与商流、资金流、信息流的关系；
2．掌握现代物流与物流管理的内涵，明白现代物流与传统物流的差异；
3．掌握供应链与供应链管理的内涵，理解传统物流管理与供应链环境下物流管理的差异；
4．能够利用物流与供应链理论知识正确分析和解决物流业务中存在的简单问题。

导入案例

戴尔公司每年的在制品周转次数大约为264次，而戴尔公司本身只保持不超过6天的库存。来自全球范围内的50～60家部件供应商为戴尔公司在得克萨斯州奥斯汀市和田纳西州纳什维尔市的两个生产工厂提供部件，戴尔公司要求供应商在两个小时内对其订单作出反应，供应商要达到这个目标的唯一方法就是利用物流公司提供的先进物流管理，位于佛罗里达州迈阿密的Ryder Integrated Logistics公司承担了这项物流服务，Ryder公司的主要任务是管理供应商为戴尔公司提供的库存直至将它运至戴尔的工厂，通过Kanbans的信息管理系统进行补货，为戴尔公司生产工厂管理运作库存，使戴尔公司在销售运作中的产品预测和旺季预测等工作上取得了巨大的成绩。从供应商将部件运至Ryder公司开始，Ryder公司的集成化运作流程和物流管理就贯穿于整个物流运作中，从而为戴尔公司带来了巨大的增值。

那么，物流管理为什么会有如此大的潜力呢？物流的概念是怎样被不断地认识与提升的？如何认识现代物流与供应链的关系呢？

1.1 物流概述

一、物流的含义

（一）物流的定义

1．中国物流定义

定义1：物流是物品从供应地向接收地的实体流动过程。根据实际需要，将运输、储存、

3. 第三个阶段：现代物流学阶段

从20世纪80年代中期开始一直到现在，叫做现代物流学（Logistics）阶段。主要包括：

20世纪80年代中期以来企业内部的集成化物流：例如，MRPⅡ是把生产管理与生产能力管理、仓储管理、车间管理、采购管理、成本管理等集成起来；DRP是把分销计划、客户管理、运输管理、配送管理、车辆管理、仓储管理、成本管理等集成起来；LRP是把MRP和DRP集成起来；ERP是把MRPⅡ与人事管理、设备管理、行政办公等系统集成起来；等等。

物流外包和第三方物流的产生，进一步导致物流专业化、技术化和集成化，实现了生产和物流的分工合作，提高了各自的核心竞争力。

20世纪90年代供应链理论的诞生，供应链管理系统的形成进一步导致物流管理的联合化、共同化、集约化和协调化。

（二）物流概念的引入

我国的物流概念起源于日本，而日本的物流定义则来自于美国。1956年日本到美国考察P.D，即是日本所讲的“流通技术”，日本考察团回国后就用P.D替代“流通技术”的称谓。通过介绍和宣传，P.D在日本产业界引起了高度重视，遂于1964年将P.D改为“物の流”，1965年将“物の流”进一步简称为“物流”。1979年6月，中国物资经济学会派代表团参加在日本举行的第三届国际物流会议，回国后首次引进了“物流”概念，2001年中国制定出《物流术语》国家标准，首次给出了官方的“物流”定义版本。

【案例研讨】 日本政府在促进和引导物流发展中的作用

日本强调社会“物流系统”。作为现代物流发展后起之秀的日本，自从1963年从美国引进“物流”概念后，即开始受到企业和政府的高度重视。1970年分别成立了日本物流管理协会和日本物流管理委员会，1992年6月10日两个组织合并设立日本物流系统协会。日本主要突出了“物流系统”的观念，强调从社会角度构筑人性化物流环境，体现可持续发展的理念，延伸内容至与物流相关的交通系统等领域，突出物流作为社会功能（Social Function）系统对循环型社会发展的贡献。这在很大程度上超越了企业的行为空间，因此政府在整个物流发展方面的推动作用十分显著，规划引导力度较大。

1997年4月，日本政府出台了第一份物流策略方面的政策文件，即《综合物流施政大纲》，提出在2001年前各相关政府部门协调一致，共同完成三大目标：一是向亚洲、太平洋地区提供最便利和高度魅力的物流服务；二是以不妨碍产业布局竞争力水平的成本，提供物流服务；三是解决好与物流相关的能源问题、环境问题以及交通安全问题。在三大目标取得一定进展的基础上，2001年7月6日日本国会又通过了《新综合物流施政大纲》，指出如何加强国际竞争力，适应世界经济一体化新形势；如何加强环保，构筑循环型社会；如何开发现代信息技术，促进物流事业发展；如何发展物流业，满足国民的需求，与国民生活相和谐等四个问题，确定了今后5年的奋斗目标，即创建符合日本经济社会要求的新物流体系，从提供不亚于国际水平的物流服务目标出发，全方位推进各项施政措施，通过降低物流成本等措施，构筑具有国际竞争力的物流市场。同时，为了解决日益严重的环境污染等社会问题，满足国民日益增长的物流需求，政府要在提高物流效率，提供方便、快捷的物流服务方面狠下工夫，努力创建一个能减轻环境负担的新的物流体系和可循环型的新社会。

思考：日本政府在促进和引导物流发展中做了哪些工作？有何借鉴意义？

三、物流分类

（一）根据物流活动的作用分

1. 生产物流

也称为“制造物流”，是指工业企业在产品生产制造过程中，原材料、在制品、半成品、产成品在工厂范围内的流动。包括仓库与车间、车间与车间、车间内各工序之间各种物料的流动。

2. 供应物流

是为下游客户提供原材料、零部件或其他物品时所发生的物流活动（GB/T 18354—2006）。

3. 销售物流

生产企业、流通企业在出售商品过程中所发生的物流活动（GB/T 18354—2006）。

4. 回收物流

退货、返修物品和周转使用的包装容器等从需方返回供方所引发的物流活动（GB/T 18354—2006）。

5. 废弃物流

将经济活动中失去原有使用价值的物品，根据实际需要进行收集、分类、加工、包装、搬运、储存等，并分送到专门处理场所的物流活动（GB/T 18354—2006）。

（二）按物流活动的社会范围分

1. 社会物流

即宏观物流，也称为“大物流”。它是指全社会范围内，各企业相互之间错综复杂的物流活动的总称。

2. 企业物流

即微观物流，也称为“小物流”。它是指货主企业在经营活动中所发生的物流活动（GB/T18354—2006）。

（三）按照物流活动的地域范围分

1. 国际物流

是指不同国家（地区）之间的物流。国际物流非常复杂，随着国际贸易的迅速发展，它受到普遍重视。

2. 国（区）内物流

是指发生在一个国家或地区范围内的物流。

3. 区域物流

是指一个国家或地区范围不同区域内的物流。该区域划分方式很多，如根据行政区域划分，分为华北、东北、西南等地区；也可以按经济区域划分，如长江三角洲、珠江三角洲、环渤海地区等。

（四）按照物流活动的特性分

1. 一般物流

相对于特殊物流之外的具有普遍性的物流。一般物流研究的着眼点在于物流的一般规律，建立普遍适用的物流标准化系统。

2. 特殊物流

是指发生在具有特殊要求的特殊领域、范围、行业内的物流。

如根据劳动对象的特殊性有水泥物流、石油及制品物流、煤炭物流、易腐物品物流、危险品物流等；又如特殊领域的军事物流等。

（五）按照物流活动的主体分

1. 自营物流

是指由物品供应企业或接收企业自己对供应或接收的物品所实施的物流活动。

2. 第三方物流

接受客户委托为其提供专项或全面的物流系统设计以及系统运营的物流服务模式（GB/T 18354—2006）。

四、物流与商流、资金流、信息流的关系

★ 通过图1-2，讨论分析物流与商流、资金流、信息流的关系。

商流、物流、资金流和信息流是流通过程中的四大组成部分，由这“四流”构成了一个完整的流通过程。“四流”互为存在，密不可分，相互作用，既是独立存在的单一系列，又是一个组合体。将商流、物流、资金流和信息流作为一个整体来考虑和对待，会产生更大的能量，创造更大的经济效益。

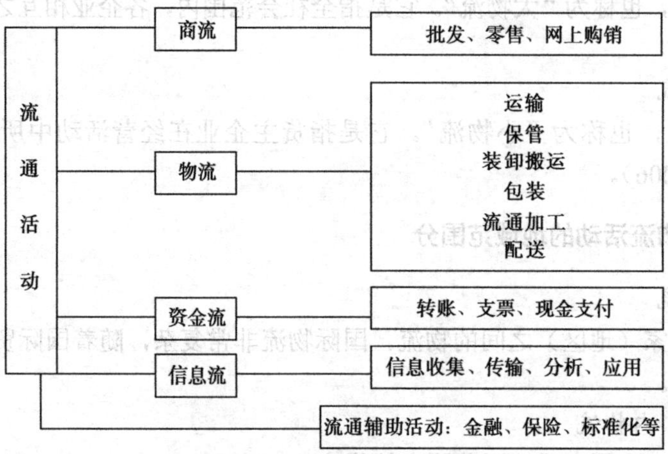

图1-2 物流与商流、资金流、信息流的关系

商流是物流、资金流和信息流的起点，也可以说是后“三流”的前提，没有商流一般不可能发生物流、资金流和信息流。反过来，没有物流、资金流和信息流的匹配和支撑，商流也不可能达到目的。“四流”之间有时是互为因果关系。比如，A企业与B企业经过商谈，达成了一笔供货协议，确定了商品价格、品种、数量、供货时间、交货地点、运输方

式等，并签订了合同，也可以说商流活动开始了。要认真履行这份合同，自然要进入物流过程，将货物进行包装、装卸、保管和运输。同时伴随着信息传递活动。如果商流和物流都顺利进行了，接下来是付款和结算，即进入资金流的过程。无论是买卖交易，还是物流和资金流，这三大过程中都离不开信息的传递和交换，没有及时的信息流，就没有顺畅的商流、物流和资金流。没有资金支付，商流不会成立，物流也不会发生。

1.2 现代物流与物流管理

一、现代物流理念

现代物流（Modern Logistics）是相对于传统物流而言的。它是在传统物流的基础上，引入高科技手段，即运用计算机进行信息联网，并对物流信息进行科学管理，从而使物流速度加快，准确率提高，库存减少，成本降低，以此延伸和放大传统物流的功能。有些专家学者认为："现代物流是根据客户的需要，以最经济的费用，将物资从供给地向需求地转移的过程。它主要包括运输、储存、加工、包装、装卸、配送和信息等活动。"总的来说，现代物流理念是指合理运用现代物流技术与方法，优化物流系统的结构与流程，以尽可能低的成本，实现准时、快捷、高效的物流服务。现代物流理念主要体现在以下几个方面。

（一）物流服务理念

物流的核心是服务观念。1985 年，美国物流管理协会正式将其名称"National Council of Physical Distribution Management"改为"National Council of Logistics Management"，标志着"军事后勤"与现代物流的服务理念真正融合起来，"服务"在现代物流中的地位开始增强。至此，物流也完成了从 Physical Distribution 向 Logistics 的转变。

随着服务理念的深化，物流服务出现了层次性变化，从物流的基本服务延伸到增值服务、直至高水平的"零缺陷"服务和高投入高产出的超值服务等。今天，无论是对生产企业客户还是流通企业客户，物流企业都必须明确回答其所能提供的物流服务内容。物流服务水平与服务战略已经成为物流企业生存和发展的基本条件和保证。

（二）物流一体化理念

物流一体化是以物流系统为核心的由生产企业、经由物流企业、销售企业直至消费者的供应链的整体化和系统化。它是物流业发展的高级和成熟的阶段。物流一体化的发展可进一步分为三个层次：物流自身一体化、微观物流一体化和宏观物流一体化。物流自身一体化是指物流系统的观念逐渐确立，运输仓储和其他物流要素趋向完善，各子系统协调运作，系统化发展。微观物流一体化是指市场主体企业将物流提高到企业战略的地位，并且出现了以物流战略作为纽带的企业联盟。宏观物流一体化是指物流业发展到这样的水平：物流业占到国家国民总产值的一定比例，处于社会经济生活的主导地位。它使跨国公司从内部职能专业化和国际分工程度的提高中获得规模经济效益。

（三）物流联盟与合作理念

在过去的几十年里，企业间业务关系的特点是建立在权利基础上的对手间博弈。而今，合作最基本的形式是发展有效的组织间联合作业，形成多种形式的业务伙伴关系。这种形式一方面能促使企业从外部寻求物流资源以提高服务效率，降低服务成本；另一方面也可促使两个以上的物流供应者或需求者联合起来，组成物流联盟体。

（四）精益物流理念

精益物流是运用精益思想对企业物流活动进行管理。所谓精益思想是指以尽可能少的人力、物力（如设备和场地等）投入，最快速度地创造出尽可能多的满足顾客需求的价值；同时也越来越接近客户，提供他们确实需要的东西。它起源于日本丰田汽车公司的一种物流管理思想。丰田汽车公司的创始者们，在不断探索之后，找到了一套适合日本国情的汽车生产方式：及时制生产、全面质量管理、并行工程、充分协作的团队工作方式和集成的供应链关系管理，逐步创立了独特的多品种、小批量、高质量和低消耗的精益生产方法，并将精益生产方法延伸到企业活动的各个方面，不再局限于生产领域，从而促使管理人员重新思考企业流程，消除浪费，创造价值。精益思想的理论诞生后，物流管理学家则从物流管理的角度对此进行了大量的借鉴工作，并与供应链管理的思想密切融合起来，提出了精益物流的新概念。精益物流的核心是追求消灭包括库存在内的一切浪费，并围绕此目标发展的一系列具体方法。其基本原则是：

（1）从顾客的角度而不是企业或职能部门的角度，来研究什么可以产生价值。

（2）根据整个价值流的需要来确定供应、生产和配送产品活动中所必需的步骤和活动。

（3）创造无中断、无绕道、无等待、无回流的增值活动流。

（4）及时创造仅由顾客拉动的价值。

（5）不断消除浪费，追求完善。

精益物流的目标可概括为：企业在提供满意的顾客服务的同时，把浪费降到最低程度。

（五）绿色物流理念

绿色物流是指在物流过程中抑制物流对环境造成危害的同时，实现对物流环境的净化，使物流资源得到最充分的利用。随着环境资源恶化程度的加深，对人类生存和发展的威胁越来越大，因此人们对环境的利用和环境的保护越来越重视。现代物流的发展必须优先考虑环境问题，需要从环境角度对物流体系进行改进，即需要形成一个环境共生型的物流管理系统。这种物流管理系统建立在维护全球环境和可持续发展基础上，改变原来发展与物流、消费生活与物流的单向作用关系，在抑制物流对环境造成危害的同时，形成一种能促进经济与消费健康发展的物流系统，即向绿色物流转变。因此，现代绿色物流管理强调全局和长远的利益，强调全方位对环境的关注，体现了企业的绿色形象，是一种新的物流管理趋势。

二、现代物流的特征

（一）信息化

物流信息化表现为物流信息的商品化、物流信息收集的数据库化和代码化、物流信息处理的电子化和计算机化、物流信息传递的标准化和实时化、物流信息存储的数字化等。因此，条码技术（Bar Code）、数据库技术（Data base）、电子订货系统（Electronic Ordering System，EOS）、电子数据交换（Electronic Data Interchange，EDI）、快速反应（Quick Response，QR）及有效的客户反映（Effective Customer Response，ECR）、企业资源计划（Enterprise Resource Planning，ERP）等技术与观念在我国的物流中将会得到普遍的应用。信息化是一切的基础，没有物流的信息化，任何先进的技术设备都不可能应用于物流领域，信息技术及计算机技术在物流中的应用将会彻底改变世界物流的面貌。

【物流实践】　“指尖货运”升级“智能物流”

有资料显示，截至 2012 年年底，中国跨境网上交易额达到 150 亿美元，保持了年均 30%以上的增速，预计这一数字将在 2013 年末再度实现大幅增长。不过不少跨境物流从业人员表示，行业发展势头迅猛令人鼓舞，但却无法避免地造成了物流从业者的工作量再度加大。

据指尖货运相关负责人表示，原先“指尖货运”微信账号一经推出，就在全国范围内吸引了跨境物流从业者、各地货主的关注和兴趣。“在跨境物流的作业流程中，信息不透明且不对称、繁琐的运单查询方式，都制约着行业的发展，不仅影响着货主的体验，同时也增加了物流人员的工作负担，因此我们推出‘指尖货运’微信查询账号，希望通过移动互联的力量，打破跨境物流的发展桎梏，实现跨境信息的可视化、透明化与公开化”，上述人士表示。

据悉，指尖货运已整合了全国四十余家航空公司的数据信息，完备的数据库资源将成为快速获取信息的重要保障。而新版的“指尖货运”微信查询账号也进行了较大幅度的功能革新，除了保持快速便捷的跨境货物查询特点外，新增了三大功能。首先为用户呈现出更为清晰的页面查询轨迹，其次有全新的 TACT 运价查询界面帮助用户随时了解各港口的运价，此外还专门为广大用户提供了全天候的专家在线解答菜单，用户可以随时将跨境物流中面临的疑问发送给指尖货运的专家团队，第一时间获取专业的解答与帮助。

相关业内人士分析指出，跨境物流已经行驶在发展的快车道上，跨境物流可视化追踪将成为关注的核心，如果跨境物流完全实现可视化的货物追踪，意味着物流行业全面走向信息公开化与透明化，对货主及行业人员来说无疑是最大的利好。

“指尖货运这种借微信打造的移动互联可视化物流追踪平台，为行业带来新的体验与尝试的同时，随时掌控国际空运信息，掌握航空公司动态、运价，完成运单的订阅与追踪等等变革，也是今后更加便捷、高效的智能物流的体现，这在竞争激烈的市场环境中，能为各物流、货代公司提供新的运作手段与方式，为货主用户带来全新的物流体验”，上述分析人士表示。

（二）自动化

自动化的基础是信息化，自动化的核心是机电一体化，自动化的外在表现是无人化，自动化的效果是省力化，另外还可以扩大物流作业能力、提高劳动生产率、减少物流作业的差错等。物流自动化的设施非常多，如条码/语音/射频自动识别系统、自动分拣系统、自动存取系统、自动导向车、货物自动跟踪系统等。这些设施在发达国家已普遍应用于物流作业流程中，而在我国由于物流业起步晚，发展水平低，自动化技术的普及还需要相当长的时间。

（三）网络化

物流领域网络化的基础也是信息化，这里指的网络化有两层含义：一是物流配送系统的计算机通信网络，包括物流配送中心与供应商或制造商的联系要通过计算机网络，另外与下游顾客之间的联系也要通过计算机网络通信，比如物流配送中心向供应商提出订单这个过程，就可以使用计算机通信方式，借助于增殖网（Value Added Network，VAN）上的电子订货系统和电子数据交换技术来自动实现，物流配送中心通过计算机网络收集下游客户的订货的过程也可以自动完成；二是组织的网络化，即所谓的企业内部网。比如，中国台湾的计算机业在20世纪90年代创造出了“全球运筹式产销模式”，这种模式的基本点是按照客户订单组织生产，生产采取分散形式，即将全世界的计算机资源都利用起来，采取外包的形式将一台计算机的所有零部件、元器件、芯片外包给世界各地的制造商去生产，然后通过全球的物流网络将这些零部件、元器件和芯片发往同一个物流配送中心进行组装，由该物流配送中心将组装的计算机迅速发给客户。这一过程需要有高效的物流网络支持，当然物流网络的基础是信息、计算机网络。

物流的网络化是物流信息化的必然，当今世界因特网等全球网络资源的可用性及网络技术的普及为物流的网络化提供了良好的外部环境，物流网络化不可阻挡。

（四）系统化

物流不是运输、保管等活动的简单叠加，而是通过彼此的内在联系，在共同目的下形成的一个系统，构成系统的功能要素之间存在着相互作用的关系。在考虑物流最优化时，必须从系统的角度出发，通过物流功能的最佳组合实现物流整体的最优化目标。局部的最优化并不代表物流系统整体的最优化，树立系统化观念是搞好物流管理、开展现代物流活动的重要基础。

（五）柔性化

柔性化本来是为实现“以顾客为中心”理念而在生产领域提出的，但要真正做到柔性化，即能真正地根据消费者需求的变化来灵活调节生产工艺，没有配套的柔性化的物流系统是不可能达到目的的。20世纪90年代，国际生产领域纷纷推出弹性制造系统（Flexible Manufacturing System，FMS）、计算机集成制造系统（Computer Integrated Manufacturing System，CIMS）、制造资源系统（Manufacturing Requirement Planning，MRP）、企业资源计划（ERP）以及供应链管理的概念和技术，这些概念和技术的实质是要将生产、流通进行集成，根据需求端的需求组织生产，安排物流活动。因此，柔性化的物流正是适应生产、流通与消费的需求而发展起来的一种新型物流模式。这就要求物流配送中心要根据消费需求“多品种、小批量、多批次、短周期”的特色，灵活组织和实施物流作业。

另外，物流设施、商品包装的标准化，物流的社会化、共同化也都是现代物流的新特点。

【物流实践】 玫瑰花之旅

南美洲厄瓜多尔中部科托帕希火山地区地势险要，山高林密，但是常年气候温暖，雨水丰富，是盛产玫瑰花和其他珍贵花卉的好地方。布里恩的“农场直达”花卉公司向北美各大城市配送的玫瑰花就是从坐落在厄瓜多尔中部科托帕希（Cotopaxi）山区四周的 3 家大型农场定点采购的。为了避免在运输过程中重新包装，所有的玫瑰花在科托帕希农场收割后，立即现场包装，每 150 株玫瑰花包成 1 盒，然后装入集装箱，运送到厄瓜多尔首都基多（Quito）的国际机场。根据鲜花种植专家测定，玫瑰花从农场收割后，通常可以在正常情况下保鲜 14 天。最科学的保鲜办法是，收割下来并准备长途运输的玫瑰花应该尽快装入纸盒后立即存储在华氏 34 度的冷藏集装箱内。在“农场直达”花卉公司的统一安排下，这些集装箱连夜运送到美国迈阿密飞机场，第二天早上，海关当局、检疫所和动植物检验所进行例行检查，然后再把鲜花发往北美各大城市的配送站。按理讲，美国人，甚至加拿大人有足够的时间去欣赏来自南美洲厄瓜多尔的美丽的玫瑰花了。但是在物流过程中由于遇到种种事先无法估计的不确定因素，总是会出现事与愿违、令人不愉快的事情。首先是在物流过程中的每一个环节上会出现意外“抛锚”。从科托帕希农场运出的新收割的玫瑰花一经包装，必须在晚上 8 时之前运到基多飞机场，然后飞机必须连夜起飞，直抵迈阿密。在这过程中可能遇到飞机脱班、晚点、飞机舱容不够及装不下全部鲜花集装箱等情况，好不容易运到迈阿密国际机场，可是在机场仓库耽搁了不少时间，冷藏集装箱的温控设备失灵导致箱内温度升到华氏 60 度，严重影响玫瑰花的保鲜质量。等到迈阿密国际机场的美国海关官员打开集装箱检查的时候，玫瑰花几乎全部腐烂了。如果说玫瑰花还有 4 天可活，那运气算是不错的了。当航空货机抵达迈阿密飞机场的时候，许多花卉货主又会给新鲜玫瑰花的运输带来麻烦。他们往往忽视这些新采摘的花卉非常娇嫩，必须迅速运到温控仓库里，否则容易发生霉变和腐烂。把鲜花从飞机舱口运送到保温仓库的时间非常关键，但是货主为了节约经费，竟然把鲜花直接装运在敞口的卡车上，完全暴露在空气中。即使进入温控仓库，已经怒放的玫瑰花还是不够安全，必须在规定的时间内配送到南部佛罗里达州，从那里用集装箱卡车或者短程飞机运送到零售商手中。还有一些花卉批发商，竟然把玫瑰花箱子装在客机的底部货舱内，那里的条件最差，飞机在高空飞行的时候，货舱里气温很低，玫瑰花很容易被冻坏。

目前，“农场直达”花卉公司分别与联邦快件公司和联合包裹服务公司签订有关提供一体化快递服务合同，通过他们的运输服务把鲜花直接运送到美国各地，从而避免以往新鲜玫瑰花搭乘民航飞机，聘用卡车公司运送玫瑰花，虽然运费低廉但是事故索赔不断，往往误事的严重麻烦。一体化快递服务给“农场直达”花卉公司带来准时、稳定的物流服务，公司的玫瑰花生意好做多了。当然快递服务的成本挺高，但是在鲜花传送行业中，迄今没有其他替代办法。过去采用民航、集装箱卡车运送，一旦抛锚或者发生耽搁，运送的鲜花就彻底完蛋了。“农场直达”花卉公司在2001年用FedEx航班运送花卉，98.4%成功，1.6%失败，这个失败比例不大，却对“农场直达”和其他花卉公司是一个不小的损害。一纸盒150株玫瑰花，每株采购价格是25美分，运输价格每株20美分，净成本是每纸盒67.5美元，每纸盒150株玫瑰花批发给花店或者花商是150美元，“农场直达”从中净赚82.5美元，而花店一转手的零售价是650美元，这就是说每损失毁坏一纸盒玫瑰花，仅仅花商就要损失500美元，损失100纸盒玫瑰，花商损失则高达5万美元。

三、现代物流的研究对象

（一）从企业物流的角度来研究的对象

1. 生产物流

主要的研究理论有电子商务、MRP、MRPⅡ、ERP、JIT、精益生产等。

2. 销售物流

研究电子商务、CRM、SRM、市场预测、信息系统处理（订单处理）、寄售等。

3. 供应物流

研究供应链管理、仓储管理等。

4. 回收与废弃物物流

研究绿色与环保物流等。

（二）从物流研究范围来研究的对象

1. 供应链范畴

研究企业之间的关系、虚拟企业集团等。

2. 企业范畴

研究企业提升核心竞争力，将相关业务外包的必要性、可能性、可行性、经济性、安全性等。

（三）从物流系统的角度来研究的对象

1. 物流的硬件系统平台研究

主要为物流企业与企业物流部分提供相关的硬件技术设备。包括技术设备的开发、选择、使用。区域物流规划、物流园区的建设及设施平衡与综合利用等。

2. 物流的软件系统平台研究

主要为企业的信息平台、客服平台、成本控制与服务水平平台、技术标准平台等。

3. 物流业务运作系统研究

主要研究配送、运输、包装、装卸与搬运、流通加工等环节的合理化及有效管理途径等。

四、现代物流与传统物流的差异

现代物流是在传统物流的基础上发展起来的。但它的功能、产生的社会效益与传统物流相比有很大的差异。主要的差异见表1-1。

表 1-1 现代物流与传统物流的差异

传统物流（Physical Distribution）	现代物流（Logistics）
局限于流通领域。一般指产品出厂后的包装、运输、装卸、仓储，主要包括物资管理和物资配送	涵盖生产、流通、消费领域。提出了物流系统化的概念，物流活动贯穿了供应物流、生产物流、销售物流、回收物流的全部过程
简单位移	增值服务
被动服务	主动服务
人工控制	信息管理
无统一标准	标准化服务
“点到点”或“线到线”	全球服务网络
单一环节的管理	整体系统优化
风险涉及范围小	风险涉及范围很广
时间性的要求不高	时间性的要求很高
分散、低效、高耗的物流组织形式，各种物流方式互不关联	将相互脱节的物流活动有机地串联起来，形成一个完整的物流供应链，由专门的物流企业提供多功能、全方位、一体化的综合服务

★讨论分析我国物流的现状以及传统物流如何向现代物流转化。

五、现代物流管理

（一）物流管理的定义

物流管理是指为了以合适的物流成本达到用户满意的服务水平，对正向及反向的物流活动过程及相关信息进行的计划、组织、协调与控制（GB/T 18354—2006）。

（二）物流管理的主要内容

1. 对物流活动诸环节的管理

包括运输、搬运、存储、保管、包装、装卸、流通加工、配送、物流信息、客户服务等环节的管理。

2. 对物流系统一般要素的管理

包括人、财、物、设备、方法和信息六大要素的管理。

3. 对物流活动中具体职能的管理

主要包括物流计划、组织、协调与控制等职能的管理。

（三）现代物流管理的目标

（1）服务目标；
（2）快速及时目标；
（3）最小变异；
（4）规模优化目标；
（5）库存调节目标；
（6）安全目标。

1.3 供应链管理与现代物流

一、供应链概述

（一）供应链定义

定义1：生产及流通过程中，为了将产品或服务交付给最终用户，由上游与下游企业共同建立的网链状组织（GB/T 18354—2006）。

定义2：围绕核心企业，通过对信息流、物流、资金流的控制，从采购原材料开始，制成中间产品以及最终产品，最后由销售网络把产品送到消费者手中的，将供应商、制造商、分销商、零售商，直到最终用户连成一个整体的功能网链结构。

（二）供应链的结构模型

根据以上供应链的定义，供应链结构可以简单地归纳为如图1-3所示的模型。

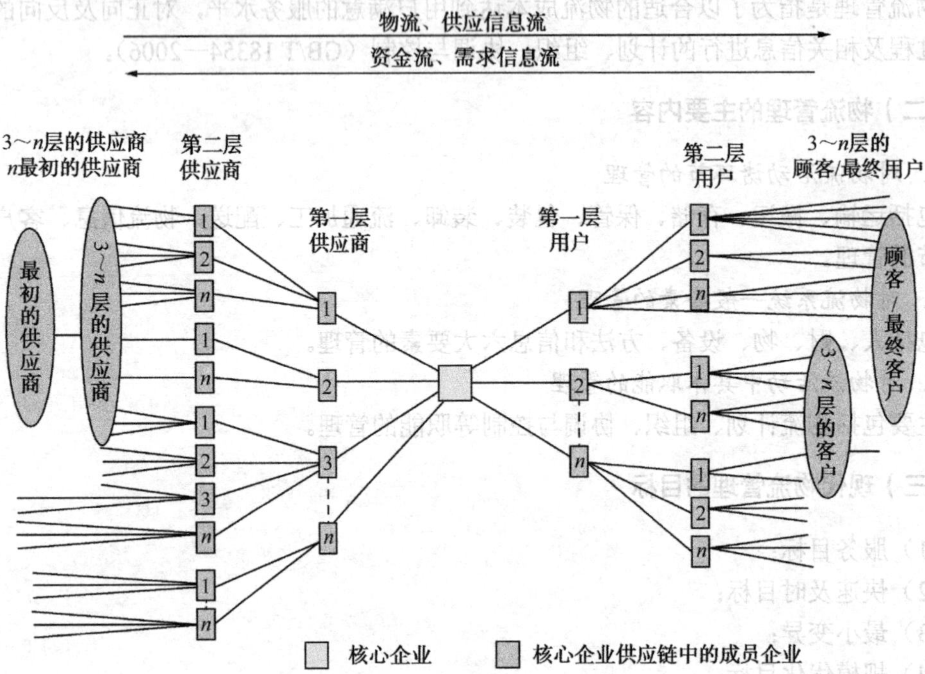

图1-3 供应链系统的分层结构

供应链由所有加盟的节点企业组成，其中一般有一个核心企业（可以有多个；可以是制造业，也可以是其他企业），节点企业在需求信息的驱动下，通过供应链的职能分工与合作（生产、分销、零售等），以资金流、物流或/和服务流为媒介实现整个供应链的不断增值。

建立模型的目的是突出供应链的特性，以便贸易伙伴能够更加清楚地了解他们自己的供应链机制，通过检查他们的运作，找出那些非增值因素，以使供应链的成员都能获利。

示例：HP打印机的供应链系统（图1-4）。

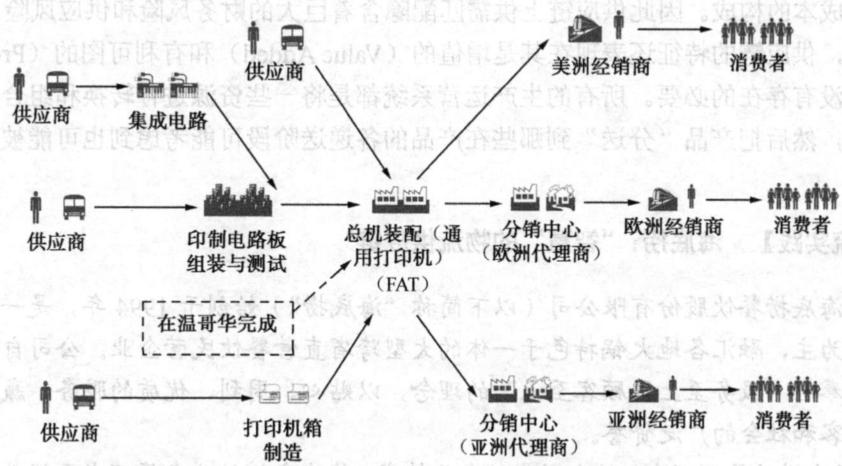

图1-4　HP打印机的供应链系统

（三）供应链的特征

从供应链的结构模型可以看出，供应链是一个网络系统，由供应商、制造商、核心企业、分销商、零售商和客户组成。一个实体是一个节点，节点和节点之间是一种需求与供应关系。供应链主要具有以下特征：

1. 复杂性

因为供应链节点组成的跨度（层次）不同，供应链往往由多个、多类型甚至多国企业构成，所以供应链结构模式比一般单个企业的结构模式更为复杂。

2. 动态性

供应链管理因企业战略和适应市场需求变化的需要，其中节点需要动态更新，这就使得供应链具有明显的动态性。

3. 面向用户需求

供应链的形成、存在、重构，都是基于一定的市场需求而发生的，并且在供应链的运作过程中，用户的需求拉动是供应链中信息流、产品/服务流、资金流运作的驱动源。

4. 交叉性

对于产品而言，每种产品的供应链都由多个链条组成。对于企业而言，每个企业既可以是这个链条的成员，同时又是另一个链条的成员，众多的链条形成交叉结构，增加了供应链协调管理的难度。

5. 创新性

供应链扩大了原有的单个企业的物流渠道，充分考虑了供应链整个物流过程以及影响此过程的各个环节和因素。它向着物流、商流、信息流、资金流各个方向同时发展，形成了一套相对独立而完整的体系，因而具有创新性。

6. 风险性

供应链的需求匹配是一个持续性的难题，供应链上的消费需求和生产供应，始终存在着时间差和空间分割，通常，在实现产品销售的数周和数月之前，制造商必须先期确定生产的款式和数量，这一决策直接影响到供应链系统的生产、仓储、配送等功能的容量设定，以及相关成本的构成。因此供应链上供需匹配隐含着巨大的财务风险和供应风险。

此外，供应链的特征还表现在其是增值的（Value Added）和有利可图的（Profitable），否则它就没有存在的必要。所有的生产运营系统都是将一些资源进行转换和组合，增加适当的价值，然后把产品"分送"到那些在产品的各递送阶段可能考虑到也可能被忽视的顾客手中。

【物流实践】 海底捞："智慧"的物流供应链

四川海底捞餐饮股份有限公司（以下简称"海底捞"）始创于1994年，是一家以经营川味火锅为主，融汇各地火锅特色于一体的大型跨省直营餐饮民营企业。公司自成立之日起，始终奉行"服务至上，顾客至上"的理念，以贴心、周到、优质的服务，赢来了纷至沓来的顾客和社会的广泛赞誉。

"运用先进的管理理念，结合现代信息化技术，将海底捞的业务管理水平提升到了一个新的高度。实现集中采购和统一配送管理，既满足了各门店的合理采购需要，又降低了公司整体运营成本"，"海底捞"董事财务总监苟轶群这样说。

信息化解决物流配送

"海底捞"属于全国连锁餐饮行业，分店遍布全国多个地区，随着公司不断壮大，分支机构快速拓展，各种管理瓶颈也制约着企业的高速发展，如：海底捞分店扩张迅速，不同地区人员调动频繁，造成HR手工方式集中管理上存在较大困难；各个片区配送中心资料不统一，业务流程不一致，管理层需要的报表和数据经常无法完整和及时获取……

"海底捞"在北京、上海、西安和郑州设有4个配送中心，分别为各地的门店服务，负责片区门店的"区域要货、区域配送、区域库存"的管理。为了尽可能降低库存，配送中心每天的原料进货量及生产量，经过各个门店报送需求后，由计划部经过严格的数据分析后确定并下达采购及生产任务。计划部门通过供应链管理系统查询到实时库存，一方面，可以参考实际库存安排合理的采购量，另一方面，也满足了各门店的业务经营需要。各门店只需将订单通知配送中心，配送中心便能以最快速度将所需物品送到门店，有效降低了门店的运营成本。

与各个门店分别采购食品相比，集中配送的管理模式，无疑使餐饮成本降得更低。统一配送的运营模式将采购的"入口"大大减少，最大限度保证了食品安全。"海底捞"的四大配送中心以规模化的生产能力和成本管理提供了获取最大程度营业额和利润的可能。

减少后台环节，提高库存效率

专业的后台加工配送保证了"海底捞"各门店的菜品的标准化质量和数量，并把后厨的工作量降到最低，保证能以最快的速度上菜。同时门店后厨的面积也得到压缩，从而得到最大面积的产生营业额的摆台面积。以北京大红门配送中心为例，该中心有一整套的现代化清洗、加工、检验、冷藏、冷冻设备，通过标准化的生产链条，每天向城里的10家分店输送菜品。

据了解，“海底捞”每天的蔬菜配送过程基本上是这样的：头天下午从农户手里收购的蔬菜，经严格检验后入库，第二天一早人工初步拣选后放入清洗机床，经过消毒并水洗（蔬菜需反复清洗两遍）、甩干、逐一检查、细菌含量等指标的化验，合格品按照各分店的需求量装箱放入冷库，当天下午由消过毒的保险车送到各分店。严格的后台标准化操作使得各门店的厨房只需要把收到的菜品拆箱，再按照要求分量装盘上桌。

下一步，“海底捞”的目标是完全省略门店后厨环节，已为此设定了1000多个保鲜气体的参数，以保证完全加工好的菜品在最新鲜的状况下送到各门店的餐桌，也就是将门店后厨的工作集约到配送中心。

餐饮企业由于菜品品种繁多，规格多样，保存条件特殊，库存管理工作是一件较烦琐的事情。以往每月底“海底捞”仓储部和生产部的库存都要进行大盘点，了解保鲜库、粗加工库等各仓库的实际库存量和分布情况，盘点数据往往需要好几天才能反馈到总部决策人员手中，而盘点工作的好坏，又直接影响到库存商品的准确性。

通过应用ERP系统后，“海底捞”逐步规范库存管理并采用更为灵活的盘点方式，月底针对仓储部和生产部进行大盘点，月中由仓储部对任意仓库进行动态盘点。盘点前，盘点计划表作为盘点通知的附件一并报知相关领导批准，批准后发布给物流站、片区办公室、财务以及各门店等相关部门。盘点过程中，通过系统提供的备份盘点数据、打印盘点表、输入盘点数据、编制盘点报告表等业务处理功能，实现对盘点数据的备份、打印、输出、录入，自动生成盘盈、盘亏单据，并快速生成盘点汇总数据，以便管理人员实时核对，保证企业账实相符。

“海底捞”目前能在最短的时间内完成盘点工作，使得盘点对营业的影响减到最小。同时，月末盘点误差由系统上线前的上万元降低到几十元，库存盘点误差控制在可以接受的自然损耗范围之内，确保了库存管理工作的高效规范。

二、供应链管理

（一）供应链管理的概念

通过对供应链不同定义的归纳与分析，我们将供应链管理定义为：企业之间以同步化、集成化生产计划为指导，以各种技术为支持，依托Internet网络，围绕供应、生产作业、物流和满足需求，通过信息共享、技术扩散（交流与合作）、资源优化配置和有效的价值链激励机制等方法实现经营一体化（图1-5）。

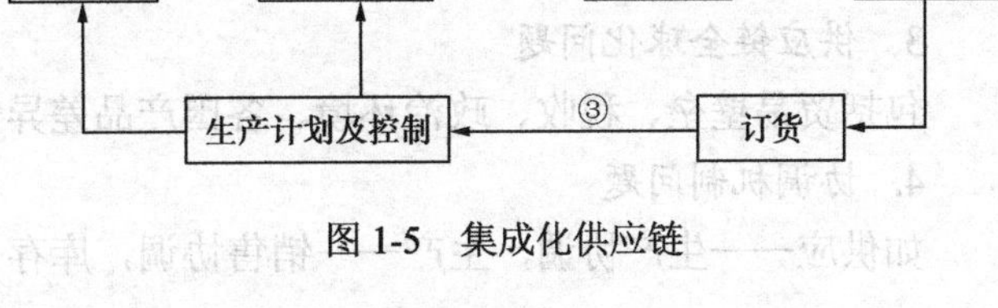

图1-5　集成化供应链

图1-5中，过程①是指合作设计，即供应商参与到设计过程中，

这样可以避免由于设计不合理而造成供应商无法生产、需改变生产线才能满足总装厂的要求或生产成本提高等不必要的浪费。过程②是指用户驱动设计，即根据用户的需要对产品进行设计，这样可以使产品尽可能满足用户的需求，从而增强产品的竞争力。过程③是指订单驱动生产，即工厂根据需求量进行生产，而不是盲目生产，避免了库存积压及供不应求的现象。

供应链管理强调把供应商、制造商和储存、零售商作为一个整体，从全球化的角度来加以管理。供应链管理考虑整个系统的利益，其管理重点包括两个环节，一是减少系统中每个环节的成本，二是提高服务水平，因此最大限度地降低了企业成本。如美国沃尔玛公司运用供应链管理，企业流动资本年平均周转20～30次，销售成本低于全球同行，成为全球最大的百货公司。

【相关案例】　戴尔：供应链管理实现“零库存”

戴尔的核心能力，在于管理好整条供应链，让新产品在最短时间内交到客户手上。和这件事无关的，都会交出来给供应链上的伙伴处理。戴尔的供应链管理可以归纳为：①减少供货商并将他们集中。将原本下发给200多家供货商的订单集中，以就近供货原则交给其中50家，从而使戴尔本身的零件库存不到2小时，接到订单后，再通知供货商送零件来，从进料到组装完出货只要4小时；②强化供应链上的信息流通速度和透明度。戴尔的供货商，等于转接了戴尔的库存压力，因此必须很清楚戴尔未来的出货计划，以免出现库存过多自己赔本、库存不够被戴尔撤换的情况；③在研发上，戴尔也选择降低研发和设计比重，放大伙伴价值的做法。比如戴尔把笔记本的研发和设计交给中国台湾的代工伙伴广达承揽，自己则专心去争取订单。此外，在发动价格战争时，供应商也需要扮演极具效率的后勤支持角色。借助供应链的威力，戴尔可以实现顾客下单到出货存货周转天数4天、每人每小时的生产效率提升160%、订单处理效率提高50%，以及订单错误率降低50%的竞争力。

供应链管理主要涉及四个领域：供应、生产计划、物流、需求。职能领域主要包括产品工程、产品技术保证、采购、生产控制、库存控制、仓储管理、分销管理。辅助领域主要包括客户服务、制造、设计工程、会计核算、人力资源、市场营销。

（二）供应链管理涉及的主要问题

1. 随机性问题

包括供应商可靠性、运输渠道可靠性、需求不确定性、价格波动影响、汇率变动影响、随机固定成本、提前期的确定、顾客满意度的确定等的研究。

2. 供应链结构性问题

包括规模经济性、选址决策、生产技术选择、产品决策、联盟网络等的研究。

3. 供应链全球化问题

包括贸易壁垒、税收、政治环境、各国产品差异性等的研究。

4. 协调机制问题

如供应——生产协调，生产——销售协调，库存——销售协调等。

5. 其他问题

① 战略性供应商和用户伙伴关系管理；② 供应链产品需求预测与计划；③ 全球节点企业的定位、设备和生产的集成化计划、跟踪和控制；④ 企业内部与企业之间物料供应与需求管理；⑤ 基于供应链管理的产品设计与制造管理；⑥ 基于供应链的用户服务和运输、库存、包装等管理；⑦ 企业间资金流管理（汇率、成本等问题）；⑧ 基于 Internet/Intranet 的供应链交互信息管理。

（三）供应链管理的理念

（1）强调核心竞争力；
（2）资源外用（Outsourcing）；
（3）合作性竞争；
（4）以顾客满意度为目标的服务化管理；
（5）物流、信息流、资金流、工作流、组织流的集成；
（6）借助信息技术实现管理目标；
（7）延迟制造（Postponement）原则；
（8）更加关注物流企业的参与；
（9）缩短物流周期与缩短制造周期同等重要。

（四）供应链管理的实施步骤

（1）分析市场竞争环境，识别市场机会；
（2）分析顾客价值；
（3）确定竞争战略；
（4）分析本企业的核心竞争力；
（5）评估、选择合作伙伴。

对于供应链中合作伙伴的选择，可以遵循以下原则：① 合作伙伴必须拥有各自的可资利用的核心竞争力；② 拥有相同的企业价值观及战略思想；③ 合作伙伴必须少而精。

（五）供应链管理的效益

（1）总供应链管理成本（占收入的百分比）降低 10%以上；
（2）中型企业的准时交货率提高 15%；
（3）订单满足提前期缩短 25%～35%；
（4）中型企业的增值生产率提高 10%以上；
（5）绩优企业资产运营业绩提高 15%～20%；
（6）中型企业的库存降低 3%，绩优企业的库存降低 15%；
（7）绩优企业在现金流周转周期上比一般企业保持 40～65 天的优势。

（六）供应链一体化服务

供应链一体化服务模式如图 1-6 所示。

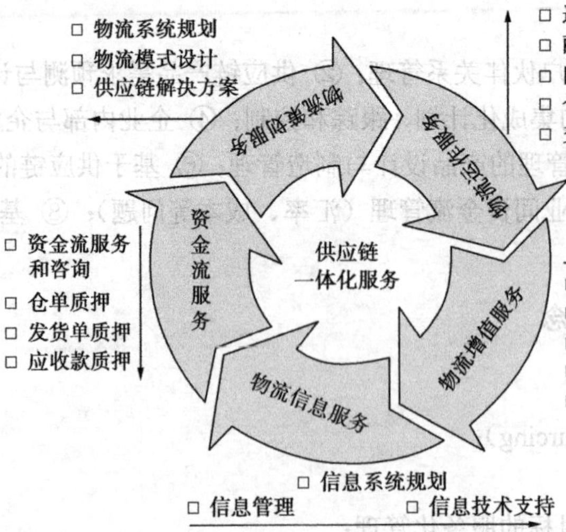

图1-6 供应链一体化服务模式图

【相关案例】 CML供应链管理项目

项目背景介绍：

该项目是为适应世界500强企业中某著名饮料公司中国区非碳酸成品市场布局需要，创建全新供应链。货物包括非碳酸饮料成品、瓶坯、主剂、切片等，以公路、水路、铁路等多种运输方式，通过闭环运输等更为优化的运作方式，提供低成本、高效率的供应链管理服务。

商务与操作模式：

由项目组采用“全国一盘棋，统一对外”的商务模式。在集团内实现了“统一商务、统一报价、统一订单、统一结算”的一体化项目管理。项目组同时采用“商物合一、统一指挥、操作点各负其责”的运作模式。由项目组牵头，各分公司按区域进行操作，所有信息都能在网上实现即时共享，并在项目组的直接指导下，各分公司及时做好客户服务工作。

项目运作的保障措施：

各方协调配合、投资及时到位、成熟运作网络、超强运作能力、统一订单系统、严格标准流程。

使用技巧和效果：

（1）采用了更为优化的闭环运输运作方式（如下图所示）。

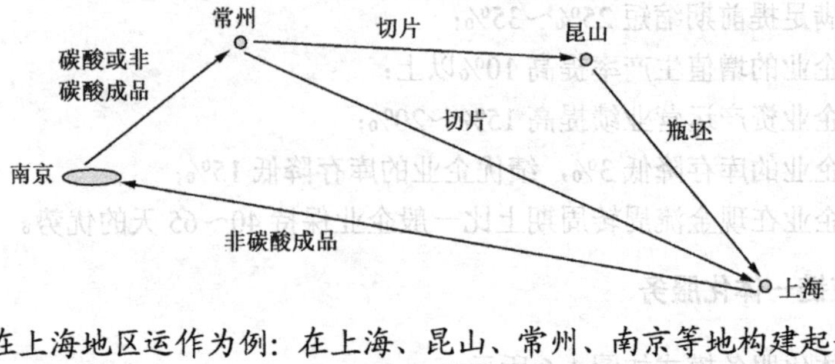

以该项目在上海地区运作为例：在上海、昆山、常州、南京等地构建起一个运输闭环。瓶坯从昆山发往各地装瓶厂，主剂从上海发往各地装瓶厂，成品从各装瓶厂发往各地收货

人。平均每天投入多台侧帘式集卡，全面采取托盘化装卸和运输，一个闭环700多公里，通过全程走高速公路，1.5～2天即可完成整个运作，比非闭环运作时间节约一半以上，成本节约30%以上。通过采用这种闭环托盘运输的运作方式，使各种资源得到了充分的利用，大幅降低了车辆的空载率，提高了装卸速度，减少了配货停留的时间，使物流成本得到了降低，运作效率得到了提高。

（2）采用全国统一订单系统。

全国各地客户所下的订单，全部集中到杭州的APS系统进行订单处理，汇总后，将这些信息发往东莞储运部进行分析，包括客户、运力、成本、时间等，并由储运部向代加工厂下发货订单安排生产，同时将发货信息发送给CML东莞项目组。CML东莞项目组再将运输需求信息下达给各该项目 CML 分支机构，由各分支机构分别完成从代加工厂到各地客户之间的运输服务。通过该系统，使供应链上的各个环节的联系和协调变得更加透明和便捷，减少了各环节之间沟通过程中的误差，使每一个订单都能得到及时处理，大幅提高了对各种突发事件的快速响应能力。

（3）严格制定标准操作流程（SOP）。

针对该项目整体要求和各分支机构不同分工，制定完整、详细的标准操作流程SOP。对订单处理、仓储、运输、配送等进行全方位的规范和量化，并制订相应的KPI指标进行定期考核。通过这一方法，确保了标准操作流程的合理性、必要性及控制性，确保了项目的服务质量达到或超越客户的期望，做到了凡事有章可循、凡事有人负责、凡事必须考核、凡事都有奖惩，运作能力得到了大幅提升，并有效地提高了客户的满意度。

（4）为客户提供SAP电子商务解决方案。

为客户量身定做基于 SAP 的管理信息系统，使客户信息管理系统与招商局物流 SAP 系统实现无缝对接。基于SAP的物流信息数据库，可为客户提供详尽的物流业务报表、管理分析报表。例如：灵活定制各种业务信息产品，实时的数据自动更新，集成多种统计分析工具及方法，可生成多种统计分析图表等。为客户提供的这一超值的物流服务，使客户减少了对销售市场分析的劳动强度，提高了对市场的预测能力，增强了对市场的快速响应能力，使客户的核心竞争力得到了进一步的提高。

三、供应链环境下的物流管理

（一）供应链环境下物流管理面临的主要问题

1．如何实现快速准确交货

2．如何实现低成本和准时的物资采购

3．如何实现准确的物流信息传递、反馈与共享

4．如何保证物流的灵活与快捷协调

（二）供应链环境下的物流管理的特点

1．信息——共享

2．过程——同步

3．合作——互利

4. 交货——准时

5. 响应——敏捷

6. 服务——满意

传统物流管理与供应链环境下物流管理的比较见表1-2。

表1-2 传统物流管理与供应链环境下物流管理的比较

传统物流管理	供应链环境下的物流管理
纵向一体化的物流系统	过程——同步
不稳定的供需关系，缺乏合作	合作——互利
资源的利用率低，没有充分利用企业的有用资源	交货——准时、响应——敏捷
信息的利用率低，没有共享有关的需求资源，需求信息扭曲现象严重	信息——共享、服务——满意

【案例研讨】 李宁的物流策略

海尔物流的分拨时间是5天，国际著名品牌耐克在中国的物流分拨时间是7天，而李宁公司的物流分拨时间只要4天半就够了，李宁公司物流绩效的优秀可见一斑。李宁的物流策略在物流运输服务上、仓储配送上、物流信息化上都擅长科学选择。在挑选物流公司时，李宁公司在国内的很多货主企业总是相信大型物流公司的情况下，不找最大的物流公司，只找最合适的。

1. 招标选择最合适的承运商

李宁公司选择的物流服务商都是一些中等规模的物流公司或是运输公司。公司认识到，大的物流公司有可能有更大的客户，如果自己在行业里排第二，那么肯定会有更大的客户排在前面，其受重视程度肯定要比自己大。有了这种新的思考之后，李宁转变思路，开始选择一些中等规模的物流运输公司作为合作伙伴。李宁的货物开始备受重视，物流公司在服务上尽心尽力，李宁公司在物流承运合同中加上一条：无论什么情况，李宁公司的货物首先发。

李宁公司在招标选择承运商时，非常重视招标的流程合理，注重能够真正控制住招标的过程。

2. 加强对承运商的动态管理

在选定承运商之后，李宁公司还非常重视对承运商的动态管理，连续进行对承运商的绩效考核、末位淘汰与追踪控制。

李宁公司的承运商和物流代理公司都必须接受严格的绩效考核。公司共有5个考核指标，分别是：准时提货率、及时正点率、货损货差率、服务态度以及完美回单率。针对专线承运商，李宁物流部会亲自监控每一个指标的完成，而对于代理公司，则作整体考评。

所有物流承运商都要把他们的信息管理系统与李宁公司物流部进行对接，及时反馈运输监控信息。他们必须每天报报表，包括货单号、提货时间、发货时间、在途时间、长途运输中不同地点的报告和事故分析原因。与此同时，李宁公司物流部有运输追踪部专门负责电话追踪经销商、专卖店，把自己得到的信息与承运商反馈数据统一做一个文件，形成承运商在一个月的编程。

参照这些编程，李宁公司每个月都会给承运商打分，每个季度集中一次，把数据报表向承运商公布，针对其不足，限期整改。依靠这种严格的末位淘汰制度，承运商的服务水平不断提高，现在与李宁公司合作的承运商不仅有招标入围的，还有曾经被淘汰后又提高自身水平再次得到李宁公司认可的。而李宁公司的货物运输在业内也受到广泛的赞许，赢得了广大经销商的信赖：只要货款到账，货物就一定会安全正点送到。

3. 整合储运

李宁公司在全国共有两个一级配送中心，一个位于北京五里店，总面积25000平方米，负责长江以北地区；另一个在广东三水，面积总共12000平方米，负责长江以南地区。全国共13个分公司，各自下辖的仓库是二、三级配送中心。集中起来，李宁公司的仓储面积共有50000平方米左右。

为了集中网络优势促销售，李宁公司一边把全国13个分公司的物流储运部整合起来，设物流中心进行统一管理，一边推行按销售地入仓的做法。产品出厂后直接送到相应销售地的配送中心，然后通过分拣，分销出去，而不再走以前的通过生产地的仓库，再入配送中心的路线。

这种新做法试行一年，已经达到了三个目标：

（1）在广东生产的，一部分发北京，另一部分到三水，分拨距离短、速度快。

（2）由于减少了运送环节，不仅成本降低了，在接到订单后，货物在36小时可到达所有的门店，对当地的销售反应非常及时。

（3）整车运输的成本小于零散车的成本，按销售地点入仓所耗费的运力实际上等同于做批发的车辆运力。大部分里程都是长途干线运输，整车价格比小批量送到门店的成本要低很多。

4. 改造仓储

减少库存要在保证安全库存量的前提下，配送中心必须有一定的储存量。现阶段门对门的配送还不能完全实现，不能要求经销商和专卖店担负起仓储的责任。若是在中心城市一二类街区设销售点，不允许再增设大面积仓储。此外，城市对交通运输的管制，也使大型车辆在特定时间内不能直接配送到门店。

因此，李宁在可控范围内压缩时间和库存，以即时生产、没有原料库和成品库成为目标，在研究了整个物流过程的各个指标之后，李宁公司发现货物捡配时间还比不上第三方物流公司。主要是由于李宁牌产品在国内市场上推出新品频率很高，现在已有2万种不同款式、色码的服装、鞋、帽、便装、套服等。在货物捡配时，要首先分清产品大类，然后根据不同的款式、色码上架；而且配送中心既做批发又做零售，选配货物要不断拆箱，这些都给货物捡配带来了难度。

因此，李宁投入巨资改造了仓库，并且非常注重细节。比如为了选择合适的货架，相关人员几乎考察了所有的货架类型。他们先对货品进行了EIQ（属性分析），然后请来五家货架厂家，根据货品属性做出不同的方案，前后修改了一个月，不同的货架在仓库里按照不同的发货需求和货品属性依次排开。

为加速物流运转，李宁公司继续上马新的信息系统，以实现三个目标：加快物流分拨和配送速度，降低成本；分拣准确性更高，从交订单到货物出库的时间将大幅度压缩；进一步节省仓储面积、增加库容，不再租更大的仓库，现有的改造基础已经可以满足需求；以后的运输控制也依靠信息系统电子化的手段来完成。

讨论与分析：

1. 李宁公司通过哪些途径实现物流高效化？
2. 李宁公司是如何加强对承运商动态管理的？

同步测试

一、填空题

1．物流是物品从供应地向接收地的实体流动过程。根据实际需要，将__________、储存、装卸、搬运、__________、流通加工、__________、__________等基本功能实施有机结合（GB/T 18354—2001）。

2．物流是为物品及其__________流动提供相关服务的过程（GB/T 18354—2006）。

3．物流包括__________、__________、__________、__________、流程和流速六大构成要素。

4．物流是一种创造价值的活动。包括__________价值、__________价值和加工附加价值。

5．物流是物品有效率、有效益的流动。研究物流、实施物流管理的目的就是为了提高物流__________，降低物流__________，从而最终提高物流效益。

6．我国的物流概念起源于__________，而日本的物流定义则来自于__________。

7．物流管理是指为了以合适的__________达到用户满意的__________，对正向及反向的物流活动过程及相关信息进行的__________、__________与__________（GB/T 18354—2006）。

8．__________、__________、__________和__________是流通过程中的四大组成部分，由这“四流”构成了一个完整的流通过程。

9．现代物流理念是指合理运用现代物流__________与__________，优化物流系统的__________与__________，以尽可能低的成本，实现准时、快捷、高效的__________。

10．供应链是指生产及流通过程中，为了将__________或__________交付给最终用户，由上游与下游企业共同建立的__________组织（GB/T 18354—2006）。

11．供应链管理是指企业之间以同步化、集成化__________计划为指导，以各种技术为支持，依托Internet网络，围绕__________、生产作业、物流和满足__________，通过__________共享、技术扩散、__________优化配置和有效的__________激励机制等方法实现经营一体化。

二、不定项选择题

1．物流概念最初在（　）产生。

A．美国　　B．日本　　C．德国

D．中国　　E．英国

2．现代物流的基本特征是（　）。

A．简单化　　B．系统化　　C．柔性化
D．网络化　　E．信息化

3．从物流作业执行者的角度，可将物流分为（　　）。
A．企业自营物流　　B．商业企业物流
C．工业企业物流　　D．第三方物流
E．废品回收企业物流

4．物流的价值表现在其可创造（　　）。
A．时间效用　　B．空间效用　　C．生产效用
D．场所效用　　E．流通效用

5．供应链环境下的物流管理的特点有（　　）。
A．信息共享　　B．服务满意　　C．合作互利
D．交货准时　　E．响应敏捷

6．下列说法正确的是（　　）。
A．物流解决了生产和消费相分离后存在的社会间隔、场所间隔和时间间隔
B．产品或商品在时间和空间上流动的全过程简称物流
C．商物分离是物流科学赖以存在的先决条件
D．我们现在所说的物流（Logistics）和物流发展初期军事后勤学派的 Logistics 意义是一样的
E．物流的特征是物品的运动和停滞

7．从物流活动在企业中的作用的角度可将物流分为（　　）。
A．采购与生产　　B．供应物流　　C．生产物流
D．回收物流　　E．销售物流

8．物流管理的目标是（　　）。
A．快速及时　　B．最小变异　　C．库存调节
D．规模优化　　E．最大利润

9．供应链管理涉及的随机性问题包括（　　）。
A．供应商可靠性　　B．运输渠道可靠性
C．需求不确定性　　D．价格波动影响
E．汇率变动影响

10．物流的基本构成包括（　　）。
A．运输　　B．储存　　C．生产
D．装卸　　E．包装

11．物流对企业的作用有（　　）。
A．物流是企业生产运行的保证
B．物流合理化可大幅降低企业经营成本
C．物流可以为企业创造“第三个利润源”
D．物流可以提供良好的服务
E．物流可以为企业创造经营的外部环境

12．供应链的基本要素包括（　　）。

A．供应商和生产厂家
B．供应商，生产厂家，批发商，零售商，最终用户，物流企业
C．生产厂家，批发及物流，零售行业
D．供应商，流通业
E．供应商，生产厂家，批发商，零售商

13．供应链的特征有（　　）。

A．复杂性　　B．动态性　　C．快速响应性
D．交叉性　　E．一致性

14．供应链中的成员应建立（　　）。

A．你死我活的输赢关系
B．双赢策略指导下的战略合作伙伴关系
C．有各自利益的一般合作关系
D．不断变动的合同关系
E．传统的供需关系

15．供应链管理涉及的领域包括（　　）。

A．供应　　B．生产计划　　C．财务
D．物流　　E．需求

16．供应链是（　　）结构。

A．直链　　B．支链
C．网链　　D．环状

三、判断题

1．物流活动克服了供给方和需求方在空间和时间方面的距离。（　　）

2．根据物流活动发生的先后次序，可将其划分为供应物流，生产物流，销售物流，回收与废弃物物流四部分。（　　）

3．流通实际上就是物流。（　　）

4．供应链管理主要涉及四个领域：供应、生产计划、物流、需求。（　　）

5．商流是产生物流的物质基础。（　　）

6．商流和物流的关系非常密切，两者都具有相同的活动内容和规律。（　　）

四、简答题

1．如何理解物流的内涵？
2．简述物流与商流、资金流、信息流的关系。
3．现代物流理念主要体现在哪几个方面？
4．简述现代物流与传统物流的差异。
5．简述供应链管理的理念。
6．简述供应链管理的实施步骤。
7．简述供应链环境下的物流管理的特点。

职业导航

某物流中心岗位职责表

部门		岗位	人数	岗位职责	任职要求
采购计划处		合同管理兼统计员	1	1．做好合同的登记和管理工作；监督相关人员按合同规定履行； 2．做好合同的统计工作，及时收集整理合同； 3．统计合同履行率，组织好重合同、守信誉的分供方评比工作； 4．认真核对合同及物资计划单，核查合同是否符合数量、价格及交货期的要求	1．中专或高中及以上学历。 2．工作积极主动，有较强的责任意识。 3．有一定工作经验者优先考虑。 4．有沟通协调能力及团队合作能力
		物资计划员	4	1．负责接受生产计划员分解的生产计划和其他物资的领用申请计划，健全采购文件和其他有关采购资料，严格执行《计划员操作规程》； 2．及时弄清库存物资和编制采购计划，严格执行技术文件所标注的生产厂家，并掌握计划的实施情况；及时将计划执行情况反馈分管理领导，做好物资发放的审批工作； 3．参与分承包方的评价和选择工作，保存合格分承包方名录等； 4．当生产作业计划或采购文件临时更改时，应及时更改采购计划，并通知相关单位和有关人员； 5．协助相关单位收集有关新器件、新材料的资料，以及供应商的最新动态； 6．因物资采购员有事外出，在特殊紧急的情况下，方能同分供方订货，其他时候不直接参与同分供方订货	1．大专及以上学历。 2．工作积极主动，有较强的责任意识。 3．有一定工作经验者优先考虑。 4．有沟通协调能力及团队合作能力
		物资采购员	3	1．严格遵守国家、公司规定的政策、法令和法规，在经济交往中廉洁自律，做好采购工作； 2．严格执行“采购过程控制程序”、“入库、报账操作规程”，保证采购的物资齐套，满足公司规定要求； 3．参与对分承包方的选择、认证和有关管理工作，并负责向分承包方传递纠正措施要求，保存合格分承包方名单等； 4．及时收集新器件、新材料的资料和供应商的动态信息，供相关部门采用和决策； 5．及时处理验收不合格的物资，做好各种质量记录，按规定保存好	1．大专及以上学历。 2．工作积极主动，有较强的责任意识。 3．有一定工作经验者优先考虑。 4．有沟通协调能力及团队合作能力。 5．廉洁自律，正直无私
仓储管理处	门市部	物资管理员	1	1．负责过期积压物资的清理、储存、保管，以及账务管理、统计核算工作； 2．协助收集市场信息，务力开拓市场，配合做好公司多余物资的再利用和销售工作； 3．负责检查仓库的防火、防盗、防潮等安全防护工作，保证多余物资存储环境； 4．每月对调剂工作进行总结，并按月将物资变动状况报物流中心领导	1．中专或高中及以上学历。 2．工作积极主动，有较强的责任意识。 3．有一定工作经验者优先考虑。 4．有沟通协调能力及团队合作能力。 5．廉洁自律，正直无私

续表

部门		岗位	人数	岗位职责	任职要求
仓储管理处	原材料仓库	统计核算员	1	1．负责每月的物资结账工作； 2．负责日常ERP仓库管理的工作； 3．负责按财务制度的物资核算工作； 4．负责向财务及部门领导提供物资相关数据； 5．负责物资统计工作，向公司相关部门提供统计数据	1．中专或高中及以上学历。 2．工作积极主动，有较强的责任意识。 3．有一定工作经验者优先考虑。 4．有沟通协调能力及团队合作能力
		物资料账员	4	1．负责按计划员签发的产品“物资供应计划单”，或物流中心总经理特批等凭据开具物资出库单，控制订额发料； 2．做好物资明细台账，要求准确无误，并按时结算，及时向统计员、核算员及财务报月报表； 3．积极配合计划员、采购员、预收员、库管工做好物资的库存、入库、报账、出库等管理工作，及时分发票单； 4．负责做好料账的盘存等工作	1．中专或高中及以上学历。 2．工作积极主动，有较强的责任意识。 3．有一定工作经验者优先考虑。 4．有沟通协调能力及团队合作能力
		材料周转工	8	1．自觉执行仓库管理制度，对物资的入库、出库、保管等严格按规定办理，保证台账、卡、物相符，严格按材料定额发放； 2．齐套材料后，即时填报“生产性材料缺料单”，报送相关计划员； 3．负责按规定对入库的物资进行标识； 4．协助计划员、采购员、预收员等相关人员做好物资的盘查和预收工作，对库存物资出现异常情况要及时向领导报告； 5．负责本库物资检验和试验状态标识的保护	1．遵守事业部各项管理制度和工作流程。 2．有一定工作经验。 3．有很高的主动性和责任感。 4．有沟通协调能力及团队合作能力。 5．能胜任职责范围内的各项工作
	成品仓库	统计核算员	1	1．负责产成品库账务的登录，定期与成品周转工核对产成品的原始台账，确保账实相符； 2．负责产品运输费用的核算和监督，做好运费分类、汇总的统计资料； 3．定期编制产品库存状况表，并负责提供对有关部门和授权人员对产品资源的查询； 4．负责按财务制度的要求进行产成品的核算、统计； 5．完成其他关于产成品的数据的加工及上报	1．中专或高中及以上学历。 2．工作积极主动，有较强的责任意识。 3．有一定工作经验者优先考虑。 4．有沟通协调能力及团队合作能力
		成品周转工	3	1．根据相关单据办理产品的出、入库管理及账物登记； 2．负责成产品、附件的回收及实物管理，负责相关产品资料的保管； 3．对出、入库相关产品作好存放标识，存放区域的标识； 4．保护仓库库房及配套设备器材的完好，按操作规程安全生产； 5．负责仓库防火、防盗、防水、防潮，保持成品仓库的安全完好，防止各种事故的发生； 6．负责产品监控软件光盘配套发送	1．遵守事业部各项管理制度和工作流程。 2．有一定工作经验。 3．有很高的主动性和责任感。 4．有沟通协调能力及团队合作能力。 5．能胜任职责范围内的各项工作

续表

部门		岗位	人数	岗位职责	任职要求
仓储管理处	备品备件仓库	统计核算员	1	1. 负责备品备件的日常统计工作，负责备品库账务的登录，定期与备品管理员核对备品的原始台账，确保账实相符； 2. 负责备品运输费用的核算和监督，做好运费分类、汇总的统计资料； 3. 负责按财务制度的要求进行备品的核算、统计； 4. 完成其他关于产成品的数据的加工及上报； 5. 负责对产品维修中故障点的统计工作，并报相关人员； 6. 负责客户一对一模块维修的跟踪，做好标识； 7. 负责维修材料的使用情况统计	1. 中专或高中及以上学历。 2. 工作积极主动，有较强的责任意识。 3. 有一定工作经验者优先考虑。 4. 有沟通协调能力及团队合作能力
		备品管理员	2	1. 根据相关单据办理维修产品的出、入库管理及账物登记； 2. 负责退回维修产品的实物管理，负责相关产品资料的保管； 3. 负责维修用的材料的领用，做好保管及发放记录； 4. 对出、入库相关备品作好存放标识，存放区域的标识； 5. 保护仓库库房及配套设备器材的完好，按操作规程安全生产； 6. 负责仓库防火、防盗、防水、防潮，保持成品仓库的安全完好，防止各种事故的发生	1. 中专或高中及以上学历。 2. 工作积极主动，有较强的责任意识。 3. 有一定工作经验者优先考虑。 4. 有沟通协调能力及团队合作能力
		周转兼包装工	2	1. 负责备品回公司到发运的周转工作； 2. 负责运输工具的保养及维护； 3. 负责备件转运过程中人和物的安全防护工作； 4. 负责维修模块的包装工作； 5. 负责木质包装的开箱和钉箱	1. 遵守事业部各项管理制度和工作流程。 2. 有一定工作经验。 3. 有很高的主动性和责任感。 4. 有沟通协调能力及团队合作能力。 5. 能胜任职责范围内的各项工作
		备件计划员	1	1. 制订月度模块修理计划； 2. 制订月度材料需求计划并实施； 3. 跟踪各项计划的进程，及时提供差异报告； 4. 根据维修进度和用户需求，开出发货通知单； 5. 对特殊申请的材料，单独报批，单独记录，单独跟踪； 6. 其他可能的任务	1. 中专或高中及以上学历。 2. 工作积极主动，有较强的责任意识。 3. 有一定工作经验者优先考虑。 4. 有沟通协调能力及团队合作能力
	包装组	整机包装工	4	1. 按照工作需要，及时完成产品的包装任务。因工作需要加班时，应积极配合，不得以任何理由拒绝和拖延； 2. 产品在入库前必须提前做好产品备件的准备工作，缺少备件应及时通知工作接口的部门和责任人，并向主管领导报告； 3. 配合包装检验人员和运输人员，做好产品说明书、装箱单和产品包装标识的工作； 4. 做好各项工作记录，保持工作场地的清洁卫生、禁止烟火、注意生产安全	1. 遵守事业部各项管理制度和工作流程。 2. 有一定工作经验。 3. 有很高的主动性和责任感。 4. 有沟通协调能力及团队合作能力。 5. 能胜任职责范围内的各项工作

续表

部门		岗位	人数	岗位职责	任职要求
仓储管理处	包装组	转运工	1	1．负责驾驶叉车，叉转货物到指定地点，并保证货物的安全； 2．负责叉车的维修； 3．负责叉车维修耗材的申请	1．遵守事业部各项管理制度和工作流程。 2．有一定工作经验。 3．有很高的主动性和责任感。 4．有沟通协调能力及团队合作能力。 5．有叉车驾驶证
	发运组	发运计划员	1	1．承接制造部计划处下达的合同发货信息单，掌握产品需求及资源情况，根据市场需求信息组织产品配套，安排运输计划； 2．负责发货前的产品齐套，备件齐套及各种产品说明书，非标产品装箱单的配套检查； 3．负责运输计划的下达，参与承运商的选定和管理，掌握运输信息并及时反馈； 4．参加定期的生产计划调度会，及时了解市场需求信息，协调与生产系统的工作关系，协助生产计划的共同完成； 5．负责运输费用的对运费的控制和报账，负责本部门加班工作的安排和统计，并做好各项工作记录； 6．完成领导交给的其他相关工作	1．中专或高中及以上学历。 2．工作积极主动，有较强的责任意识。 3．有一定工作经验者优先考虑。 4．有沟通协调能力及团队合作能力
		成品运输员	3	1．根据产品发货通知单，编制送货签收单； 2．负责对发出产品包装箱标识的注写及分类，合理安排产品运输装配顺序； 3．查承运车辆是否符合运输要求，办理运输资料登记手续和交运手续； 4．核对产品发货通知单的产品型号、数量，安排货物装载； 5．产品发出后，及时将发货信息传递（发电子邮件）给有关办事处； 6．跟踪运输途中的信息，并及时反馈； 7．督促各承运单位对产品送货签收单的及时返回； 8．用户收货后的产品送货签收单，应及时复印一份，原件交商务部，复印件留底结账备查。并做好产品送货签收单交接签收手续； 9．完成领导交办的其他相关工作	1．中专或高中及以上学历。 2．工作积极主动，有较强的责任意识。 3．有一定工作经验者优先考虑。 4．有沟通协调能力及团队合作能力
		提货员	2	1．负责按提货单所标注的物资清单，及时到港口、车站、码头验点物资，并按物资包装要求搬运和装卸，保证物资安全提回到公司物资仓库待检区，并及时通知相关采购员；如有损坏、短缺应按规定办理索赔，并做好记录和向领导报告； 2．做好提货登记和移交手续，所提物资器材要登记发货单位，物资器材名称（或规格型号）、货物件数、提货时间、地点、提货费用、移交时间、移交接收人签章等；发生意外事件要注明原因，处理过程情况及结果等，必要时要有证明资料附件，并按规定保存记录； 3．负责按规定办理提货费用的报账手续	1．中专或高中及以上学历。 2．工作责任心强。 3．熟练驾驶技术。 4．具有一定的实际工作经验

续表

部门		岗位	人数	岗位职责	任职要求
仓储管理处	发运组	客户代表	1	1．负责客户备件需求的登记、受理； 2．代表直流事业部积极与客户沟通、交流； 3．积极反馈客户意见，不断提出服务改进意见； 4．全面了解客户期望和公司服务承诺，根据资源状况提出最佳服务排序方案； 5．其他可能的任务	1．中专或高中及以上学历。 2．沟通能力强。 3．脾气好，有耐心。 4．熟练应用 Word、Excel 等字表处理软件，会使用电子邮件。 5．熟悉公司的各类产品

项目实训

项目一：比较分析供应链各环节的物流策略

目的：学生应该掌握供应链上主要环节的物流策略取向，通过实际调研、案例分析、网上信息查询等手段了解这些企业的主要的物流策略及各企业间在策略上的不同之处。为了完成这项课业，学生需要收集第二手资料，并对选定的企业进行调研，了解企业的具体物流策略并做出评价和建议。

背景：某公司正处于重塑物流系统阶段，要求你去调查目前该公司的物流策略，并分析调查的结果。根据你的调查，记录该公司的物流策略，完成对该公司的物流策略进行总体评估，并尽可能提出具有可操作性的建议，并将结果交给总经理。

课业程序

1．了解课业的目的；
2．收集有关供应链各环节的物流策略资料；
3．分析实际调研的资料；
4．完成报告。

具体任务

1．了解本次课业的目的。

2．分组。

全班分成 *n* 个小组，每组大约 8 个人，每组负责企业某一环节的物流策略的调研与分析。

3．确定调研的对象。

参与物流活动的供应链上的企业可以分成四种类型，制造企业、批发企业、零售企业和物流企业。每组各选择一家进行调研。

4．起草调查物流策略的计划。

包括调查目的、范围、目标、内容和方法。

5．起草会谈和调查的大纲。
6．上网查找第二手资料。
7．实地调研（可用网上调研代替）。
8．准备一份对调查原始记录的复印件。
9．完成对调查结果的详细报告。
报告不准超过两页，有关资料可放入附件。
10．陈述。

项目二：供应链物流沙盘参观与流程解说

目的：通过供应链物流沙盘了解物流的流程。

准备工作

1．注意事项。
2．分组安排。

内容和要求

1．内容。
物流沙盘参观、演示、分组讨论与模拟解说。
2．要求。
每位学生上交一份供应链物流流程解说词。

Module 2 模块2 物流系统

学习目标

1. 了解物流系统的内涵和组成；
2. 掌握物流作业系统各功能要素与物流信息系统的基本内容；
3. 了解各个功能要素之间的有机联系；
4. 知道各个功能要素所涵盖的内容以及在具体物流实践中如何把握。

导入案例

在上海浦东汽车运输总公司（以下简称浦运）的现代物流系统变革中，快步易捷公司全程参与了浦运公司的企业变革。双方的合作集中在三个方面：一是企业战略规划，包括市场战略、内部运作体系战略；二是开发应用一套可适应多种业务模式和多种调度模式的一体化运输管理系统；三是物流系统变革的实施。要保证物流系统达到预期目标，实施步骤是关键。

第一阶段，快步易捷公司在对浦运实际的运作情况和业务流程进行分析的基础上，提出了详尽的企业变革计划。在变革计划实施的过程中，快步易捷公司的物流顾问团队直接参与了浦运营销中心的建立，领导和完成了 SOP（标准运作流程）和 KPI 体系的设计。

第二阶段，快步易捷公司为浦运设计了未来业务模式的核心目标，目标之一就是：建立起一个支持浦运快速业务发展、适应多种业务类型和运作方式的一体化运输管理系统。快步易捷公司在对系统进行全面设计和开发的过程中，融合了国际先进物流管理理念和深厚的本土行业经验，以及跨系统、跨平台的集成方案，协助浦运建立起基于客户业务模式的、跨部门的、动态实时配置的流程管理平台。

方案凭借强大的技术平台，实现企业物流信息的高效管理，重组企业业务流程，其目的是对运输过程中的人、车、货、客户进行有效的协调和管理，以提高运输企业的经营管理水平，创造更好的效益与利润，从而最终做到：

1. 形成在全国范围内提供多种增值服务、处于领导者地位的资产型专业运输公司。

2. 通过运输管理系统，将托运单调度作业流程统一化、规范化和高效化，实现最优的客户服务和最大的资源利用。

3. 使所有运作成本透明化，帮助浦运进行成本控制的集中管理。

系统面向管理、调度、作业、车辆技术、人事和市场营销等各个部门，实现了贯穿托运单处理及调度、作业全过程的信息化处理，能向企业内部的周边系统及客户提供有关托运单处理的相关信息。在统一的流程驱动基础上，规范了托运单的处理和优化调度，实现了最大化资源的利用，确保托运单全过程相关方获得透明、准确、一致的信息。

经过一段时间的上线运作，上海浦运基本做到了从收到订单开始到货物准时、安全抵达客户手中的运作过程的全程可视性。目前，通过一体化物流信息平台的接入，再加上良好的管理制度，上海浦运轻松地实现了企业间物流流程的电子化连接、集成和整合。

请问：上海浦运的物流系统建设有哪些值得借鉴的地方？

2.1 物流系统概述

一、物流系统的内涵

（一）系统的概念

（1）系统主要指由相互作用和相互联系的若干组成部分结合而成的，具有特定功能的有机整体。如医疗系统、教育系统等。

（2）作为系统管理的一般原则是：不仅关注单个变量，而是关注多个变量作为一个整体是如何相互作用的。

（3）管理系统的目标是使整体有效运行，而不仅仅关注某一个组成部分。系统观念是物流管理中一个关键的概念。

（二）物流系统的含义

所谓物流系统，是指在一定的时间和空间里，由所需输送的物料和包括有关设备、输送工具、物流设备、人员以及通信联系等若干相互制约的动态要素构成的具有特定功能的有机整体。物流系统是由物流各要素所组成的，要素之间存在有机联系并具有使物流总体合理化功能的综合体。物流系统的目的是实现物的空间和时间效益，在保证社会再生产顺利进行的前提条件下，实现各种物流环节的合理衔接，并取得最佳的经济效益。

物流系统和一般系统一样，具有输入、转换及输出三大功能（图 2-1），通过输入和输出使系统与社会环境进行交换，使系统和环境相结合，而转换则是这个系统特定的系统功能。

可以认为“系统是为了有效地达到某种目的一种机制”，物流系统就是“为了有效达到物流目的的一种机制”，而物流的目的是“追求以最低的物流成本向客户提供优质的物流服务”。

物流系统主要受内部环境以及外部环境的要素影响，使物流系统整体构成十分复杂，其外部存在过多的不确定因素，其内部存在着相互依赖的物流功能因素。现实中，物流系统的一般规律表现在以下三个方面：

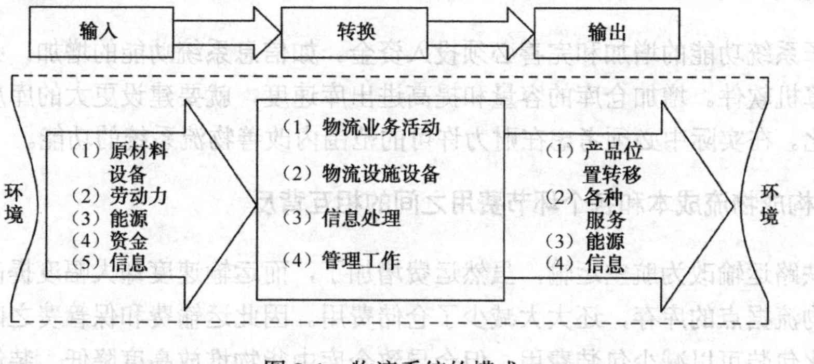

图 2-1　物流系统的模式

（1）物流系统是客户服务的产物。确定物流服务水平是物流系统的关键。

（2）物流服务与物流成本之间存在效益背反的关系。效益背反现象是物流系统中最常见的现象，不仅物流各部门和各功能之间存在"效益背反"，物流服务与物流成本之间也存在"效益背反"。

（3）物流系统高水平物流服务必然是高成本，但高成本未必带来高水平的物流服务。成本与服务的权衡过程中，处于高水平的物流服务时，成本增加而物流服务水平不一定能按比例地相应提高。

二、物流系统的构成

物流系统主要由物流作业系统与物流信息系统两大部分构成。物流作业系统主要包括运输、储存、包装、装卸搬运、流通加工和配送六大功能要素（详见 2.2）；物流信息系统的主体功能要素为物流信息，主要以物流信息软硬件和物流单据为载体（详见 2.3）。

三、物流系统中存在的制约关系

物流的各项活动（运输、保管、搬运、包装、流通加工）之间存在"效益背反"(Trade off)，这是物流领域中很普遍的现象，是这一领域中内部矛盾的反映和表现。所谓"效益背反"（又称"二律背反"）是指物流的若干功能要素之间存在着损益的矛盾，即某一个功能要素的利益优化的同时，必然会存在另一个或另几个功能要素的利益损失，反之也如此。

（一）物流服务和物流成本之间的相互制约

要提高物流系统的服务水平，物流成本往往也要增加。比如采用小批量即时供货制，就要增加单位运输成本；要降低缺货率，就必须增加库存即增加保管费。

（二）物流服务子系统功能之间相互约束

各子系统的功能如果不均匀，物流系统的整体能力将受到影响。如装卸搬运能力很强，但运输力量不足，会产生设备和人力的浪费；反之如装卸搬运环节薄弱，车、船到达车站、港口后不能及时卸货，也会带来巨大的经济损失。

（三）各子系统的功能和所耗费用相互约束

任何子系统功能的增加和完善必须投入资金。如信息系统功能的增加，必须购置硬件和开发计算机软件。增加仓库的容量和提高进出库速度，就要建设更大的库房并实现机械化、自动化。在实际中必须考虑在财力许可的范围内改善物流系统的功能。

（四）构成物流成本和各个环节费用之间的相互背反

如将铁路运输改为航空运输，虽然运费增加了，而运输速度却大幅度提高了。不但减少了各地物流据点的库存，还大大减少了仓储费用。因此运输费和保管费之间有相互制约关系。简化包装可以减少包装费用，但会导致仓库中货物堆放高度降低、装卸搬运效率下降和破损率增加。

类似上述的制约关系不胜枚举，因此在物流合理化过程中必须有系统观念，对这些相互制约的关系给予充分的注意。当然，要解决各物流活动之间存在的“效益背反”问题，就必须以成本为核心，按最低成本的要求，研究总体效益，使整个物流系统化。也就是说，物流系统就是要调整各个分系统之间的矛盾，把它们有机地联系起来使之成为一个整体，使总体成本变为最小，以追求和实现部门的最佳效益。

四、物流系统的建立与管理

（一）建立物流系统的目的

建立物流系统的目的主要是实现物流运作合理化，获得宏观和微观两个效益：

（1）物流系统的宏观经济效益，是指一个物流系统的建立对全社会经济效益的影响。其直接表现形式是这一物流系统如果作为一个子系统来看待，就是对整个社会流通及全部国民经济效益的影响。

（2）物流系统的微观经济效益，是指物流系统本身在运行后所获得的企业效益。其直接表现形式是通过有效地组织“物”的流动，并提高客户服务的同时降低物流运营成本。

实际上，对于任何一个企业来说，建立物流系统的目的在于以 Speed（速度）、Safety（安全）、Surely（可靠）和 Low（低费用）的 3S1L 原则，提供最好的物流服务。

（二）建立物流系统的目标

1. 服务目标

提供优质服务（Service），做到无缺货、无损伤和丢失现象，且费用便宜。物流系统是起桥梁、纽带作用的流通系统的一部分，它具体地联结着生产与再生产、生产与消费，因此要求有很强的服务性。物流系统采取送货、配送等形式，就是其服务性的体现。在技术方面，近年来出现的“准时供货方式”、“柔性供货方式”等，也是其服务性的表现。

2. 快速、及时目标

按用户指定的时间和地点迅速送达。及时性不但是服务性的延伸，也是流通对物流提出的要求。快速、及时既是一个传统目标，更是一个现代目标。其原因是随着社会大生产的发展，这一要求更加强烈了。在物流领域采取的诸如直达物流、联合一贯运输、高速公路、时间表系统等管理和技术，就是这一目标的体现。

3. 节约目标

节约是经济领域的重要规律。由于流通过程消耗大而又基本上不增加或提高商品使用价值，所以抓好节约来降低投入，是提高相对产出的重要手段。通过提高运输、保管、搬运、包装、配送、流通加工等作业效率，实现省力化、合理化，使物流成本降到最低。

4. 规模化目标

做好物流网点的优化布局，以物流规模作为物流系统的目标，并以此来追求“规模效益”。生产领域的规模生产是早已为社会所承认的，由于物流系统比生产系统的稳定性差，因而难以形成标准的规模化格式。在物流领域以分散或集中等不同方式建立物流系统，研究物流集约化的程度，就是这一目标的体现。

5. 库存调节目标

采取合理的库存策略，合理控制库存量，尽可能地减少用户所需的订货断档。库存调节是服务性的延伸，也是宏观调控的要求，当然，也涉及物流系统本身的效益。在物流领域中正确确定库存方式、库存数量、库存结构、库存分布就是这一目标的体现。

6. 信息化目标

在保证订货、进货、库存、出货、配送等信息通畅的基础上，使通信据点、通信线路、通信手段网络化，提高物流作业系统的效率。

（三）物流系统设计的方法

1. 物流系统设计考虑的角度

设计一个物流系统来完成物流的基本目标需要从以下两个角度去考虑：

（1）重新设计一个物流系统。这种现象主要是新企业成立或者是进入新的领域或区域时，需要考虑的问题。

（2）在现有基础上改善一个物流系统。现有的物流系统中存在某种缺陷，造成了局部的物流成本上升或者是客户投诉比例上升等现象的出现，企业应及时改善物流系统。

2. 物流系统设计的步骤和方法

（1）数据分析。建立一个具备先进功能的物流系统的基础是大量的数据分析。在这一阶段，需要按照单元化单位（SKU）研究过去历史上订单 EIQ 及库存、移动、配送等情况，实施数据的参照基准的预测，对所设计项目的年运作高峰及平均情况下的运作需求进行了完善的研究。另外，还需要通过对存货、移动敏感度的分析，确定适当的物料搬运和存储的方式。从纷繁的历史报表中去推断和处理数据，从而导出概要结果。这些结果才能够推导和设计出具有高生产效率的项目设计，也即有效的运作方案。从方法上来看，要适度地观察和研究目前的物流运作状况，将每个流程和作业方法都文档化，物流和信息流都制成图表，将生产率、服务水平、成本属性都基准化。

（2）概念设计。此设计阶段，是物料搬运系统和设备型号选型研究的关键阶段。特别是货物移动和储存敏感度模型及组成（搁板货架、单元货架、阁楼式货架、选择式货架、双位货架、推式重力货架、旋转式货架、轻型存储系统、传输带、自动小车、全自动立体仓库），必须以较高的技术水平去进行优化组合，并按照前阶段总结出来的运作特性和数据特点选择最适合的设备。另外，多种可选择的方案将在此阶段被对比，各种定性及定量的评价将会得出最好的方案，但必须去考虑每种方案下的经济评估。还必须去探讨任何一个对客户服务、生产率、成本等产生影响的问题。

（3）系统设计。在设计阶段，每一个过程流（物料及信息）被绘出，空间的布局和平面被细化。这个阶段非常重要，必须提供详细的程序（作业叙述），从而协调整个物流系统及技术结构。这个阶段的部分工作就是设计出许多可供选择的方案，而且每一个方案都具有从生产率、人员、时间、风险、成本属性等方面的可比性。

（4）系统确认。任何一门学科，都有一个在处理上可以接受的错误或风险范围，在物流系统设计上最大的风险就是采用不实的预测数据。要想丝毫不差确实非常困难，因此，所有基于预测信息上的物流系统设计都必须经过敏感度测试和确认程序。所以，必须以各种工具周期性地测试其设计。计算机仿真模型是目前可用的较好的确认工具。许多这样的方案可以在压缩的时间上仿真运行，这允许物流业者在系统实施前去测试变化所带来的结果。这些变化包括了增加容量、改变订单、线路、批件、高峰期、季节性、订单确认、劳动力、订单放行等，因为能够在模型上进行动态测试从而允许去精益求精和优化设计，所以能减少投资者的风险。

（5）系统实施。

（四）物流系统管理的内容

现实中，物流系统管理的内容包括以下五个重要方面：

（1）物流系统管理的关键是关注输出的“结果”，即物流服务水平。

（2）物流系统各要素之间必须按照顺序进行管理。

（3）物流系统的操作和过程必须在有需要的时候。

（4）物流系统管理受空间、时间因素的约束。

（5）物流系统各要素之间实行权衡管理。

2.2 物流作业系统

物流作业系统主要包括运输、储存、包装、装卸搬运、流通加工和配送六大功能要素。运输和储存是物流作业系统的两大主体功能要素；包装、装卸搬运、流通加工和配送是物流作业系统的辅助要素，其中包装是物流作业系统的起点，装卸搬运是物流作业系统的衔接环节，流通加工是物流作业系统的延伸环节，配送是物流作业系统的综合性环节。

一、运输

（一）运输的概念

运输是人和物的载运及输送。本书中专指物的载运及输送。运输和搬运的区别在于，前者是较大范围的活动，而后者是在同一地域之内的活动。

运输基础设施的构成：① 运输线路；② 运输工具；③ 通信设备；④ 运输站点。

（二）运输的功能

1. 产品转移——创造“场所效用”

运输首先是实现了产品在空间上位移的职能。运输的主要职能就是将产品从原来所处的地点转移到规定的地点，其主要目的就是要以最少的费用和合理的时间完成产品的运输任务。通过运输，将货物运到场所效用最高的地方，就能发挥货物的潜力，实现资源的优化配置。从这个意义上来讲，也相当于通过运输提高了货物的使用价值。

2. 产品短期储存

运输还可以实现对产品进行临时储存的职能。如果运输中的产品需要储运，而在短时间内又将再次运输，并且卸货和装货的费用可能会超过储存在运输工具（如汽车）中的费用时，就可考虑将运输工具作为产品暂时的储存地点。

（三）运输的原理

1. 规模经济

运输规模经济的特点是随着运输规模的增长，单位货物的运输成本下降，如整车装运（即车辆满载装运）的每单位成本低于零担装运（即利用每车辆部分能力进行装运）。

2. 距离经济

运输的距离经济也称递减原理，其特点是每单位距离的运输成本随运输距离的增加而减少。

（四）运输的主要方式

1. 公路运输

这是主要使用汽车，也使用其他车辆（如人、畜力车）在公路上进行客货运输的一种方式。公路运输主要承担近距离、小批量的货运和水运、铁路运输难以到达地区的长途、大批量货运及铁路、水运优势难以发挥的短途运输。可以采取“门到门”的运输形式，即从发货者门口直到收货者门口，而不需转运或反复装卸搬运。公路运输也可为其他运输方式的衔接手段。公路运输的经济半径，一般在 200 千米以内。

2. 铁路运输

这是使用铁路列车运送客货的一种运输方式。铁路运输主要承担长距离、大批量的货运，在没有水运条件地区，几乎所有大批量货物都是依靠铁路，是在干线运输中起主力运输作用的运输形式。铁路运输的经济里程一般在 200 千米以上。

3. 水运

这是使用船舶运送客货的一种运输方式。水运主要承担大批量、长距离的运输，是在干线运输中起主力作用的运输形式。水运有以下四种形式：

（1）沿海运输。是使用船舶通过大陆附近沿海航道运送客货的一种方式，一般使用中、小型船舶。

（2）近海运输。是使用船舶通过大陆邻近国家海上航道运送客货的一种运输形式，视航程可使用中型船舶，也可使用小型船舶。

（3）远洋运输。是使用船舶跨越大洋的长途运输形式，主要依靠运量大的大型船舶。

（4）内河运输。是使用船舶在内陆的江、河、湖、川等水道进行运输的一种方式，主要使用中、小型船舶。

4. 航空运输

这是使用飞机或其他航空器进行运输的一种形式。航空运输的单位成本很高，因此，主要适合运载的货物有两类，一类是价值高、运费承担能力很强的货物，如贵重设备的零部件、高档产品等；另一类是紧急需要的物资，如救灾抢险物资等。

5. 管道运输

这是利用管道输送气体、液体和粉末状固体的一种运输方式。其运输形式是靠物体在管道内顺着压力方向移动实现的，和其他运输方式的重要区别在于：管道设备是静止不动的。

运输方式优缺点比较见表2-1。

表2-1　运输方式优缺点比较表

运输方式	优　点	缺　点
汽车	① 可以进行门到门的连续运输；② 适合于近距离运输，较经济；③ 使用上灵活，可满足多种需求	① 运输单位小，不适合大量运输；② 长距离运输运费较高
铁路	① 可以满足大量货物一次性高效率运输；② 运输运费负担较小的货物时，单位运费低，比较经济；③ 由于采用轨道运输，事故较少，安全性高；④ 铁路运输网完善，可以将货物运往各地；⑤ 运输上受天气影响小	① 近距离运输费用较高；② 不适合紧急运输的要求；③ 长距离运输的情况下，由于需要进行货车配车，中途停留时间较长
水运	① 适合于运费负担能力较小的大量货物的运输；② 适合于宽大、重量大的货物运输	① 运输速度较慢；② 港口的装卸费用较高；③ 航行受天气影响较大；④ 运输正确性和安全性较差
航空	① 运输速度快；② 适合于运费负担能力大的少量货物的长距离运输	① 运费高，不适合低价值货物和大量货物的运输；② 重量受限制；③ 机场所在地以外的城市在利用上受限制
管道	① 运输效率高；② 适合于气体、液体货物；③ 占用土地少；④ 运输效率高，适合于自动化管理	运输对象受限制

（五）运输方式的发展

1. 多式联运

多式联运是指两个或两个以上的运输企业，根据同一运输计划，遵守共同的联运规章或签订的协议，使用共同的运输票据或通过代办业务，组织两种以上运输工具或两种以上的运输衔接以及产供运销的运输协作，联合实现货物或旅客从起运点到目的地的全程运输。简言之，多式联运就是指按照多式联运合同，以至少两种不同的运输方式，由多式联运经营人将货物从接管货物的地点运至指定交付货物的地点。

多式联运的特点：① 代理性；② 协同性；③ 全程性；④ 简便性。

2. 托盘运输

（1）托盘的种类。

① 平托盘（图 2-2）；② 箱式托盘；③ 柱式托盘。

图 2-2 平托盘

（2）托盘运输的特点。

① 搬运和出入库场都可以用机械操作，有利于提高运输效益，缩短货运时间，减少人工劳动强度。

② 以托盘为运输单位，货物件数变小，体积重量变大，而且每个托盘所装数量相等。既便于点数，理货交接，又可以减少货损货差事故。

③ 投资比较小，收效比较快。

（3）托盘的正确使用。

① 托盘的载重质量。每个托盘的载重质量应小于或等于 2t。为了保证运输途中的安全，所载货物的重心高度，不应超过托盘宽度的$\frac{2}{3}$。

② 托盘货物的码放方式。根据货物的类型、托盘所载货物的质量和托盘的尺寸，合理确定货物在托盘上的码放方式。托盘的承载表面积利用率一般应不低于 80%。

3. 集装箱运输

集装箱运输是以集装箱作为运输单位进行货物运输的一种现代化的运输方式。在集装箱运输过程中，采用集装箱装载货物，通过一种或几种交通运输工具的联合，将货物直接运达收货地。集装箱的分类见表 2-2。

表 2-2 集装箱的分类

分类标准	主要种类
按使用材料分类	钢质集装箱、铝质集装箱、玻璃钢质集装箱、铝合金质集装箱、木质胶合板集装箱
按载重量分类	5t 以下的小型集装箱、5～20t 的中型集装箱、20t 以上的大型集装箱
按装运货物的性质或形态分类	干货、散货、冷藏、保温、液罐集装箱
按类型分类	通用、专用集装箱
按结构分类	封闭式、开顶式、无顶式、两端开门式、折叠式集装箱
按规格分类	国内系列、国外系列集装箱
按箱主分类	铁路集装箱、自备集装箱
按箱型分类	20 英尺集装箱、40 英尺集装箱

（六）运输合理化及现代化

1. 不合理运输

不合理运输是在现有条件下可以达到的运输水平而未达到，从而造成了运力浪费、运输时间增加、运费超支等问题的运输形式。目前我国存在的主要不合理运输形式有：空驶、对流运输、迂回运输、倒流运输、过远运输、运力选择不当和托运方式选择不当等。

上述的各种不合理运输形式都是在特定条件下表现出来的，在进行判断时必须注意其不合理的前提条件，否则就容易出现判断的失误。例如，如果同一种产品，商标不同，价格不同，所发生的对流，不能绝对看成不合理，因为其中存在着市场机制引导的竞争，优胜劣汰，如果强调因为表面的对流而不允许运输，就会起到保护落后、阻碍竞争甚至助长地区封锁的作用。类似的例子，在各种不合理运输形式中都可以举出一些。

只有从系统角度进行综合判断，才能有效避免运输的“效益背反”现象，从而优化全系统。

【相关案例】　东大集团是如何提高运输效率的

山东东大化工集团主导产品生产能力和原材物料用量，近两年翻了一番，但原材物料及产成品运输费用、车辆、库存不仅没增，反而大幅度下降。这一切得益于四个字——物流管理。他们在被管理学家称为“黑色地带”的采购、仓储、运输等非生产环节，创出了不凡业绩。

缺口由运输撕开，思路洞开缘于车辆拍卖。前身为张店化工厂的东大集团，建厂40年来，原材物料运输一直由公司车队承担。车队26名员工，18辆大货车，附加一个修理厂，运转费用不菲，效率却不高。司机上班拖拖拉拉，不想出车就推说车子有毛病；跑一趟上海按说五六天能打个来回，但哪辆车跑一趟都得十七八天，都知道司机借机跑了私活，一趟能赚回台彩电，但想追究，一句“车在路上出了毛病”，就堵得你哑口无言。法子想的不少，成效就是寥寥。

公司决定向内部招标拍卖，18辆车卖了12辆，收回75万元，14名司机中标，其余车辆报废，人员分流。拍卖车辆想承担公司运输任务，吨公里运价先是与公司以前平均运价持平；过渡两个月后降低二分钱，与市场价持平；紧接着又比市场价降低三分钱。车成了自己的，每辆车运行里程比拍卖前多出两倍。半年公司节约运输费用184万元，加上人员工资、运输规费、车辆维修费一概不用负担，合计节约费用354万元。拍卖车辆逐渐进入报废期，公司开始将运输推向社会，先是面向社会公开竞价招标，年节约运费390万元；然后又对运量相对集中的几条线路公开招标买断，吨公里运价由0.44元降到0.2元，前后节支1431万元。

讨论与分析：

1. 东大集团是如何提高运输效率的？
2. 东大集团的做法给了我们什么启示？

2. 运输合理化的决定因素（合理运输“五要素”）

① 运输距离；② 运输环节；③ 运输工具；④ 运输时间；⑤ 运输费用。

3. 运输合理化的有效措施

（1）提高运输工具实载率。

实载率有两个含义：一是单车实际载重与运距之乘积和标定载重与行驶里程之乘积的比率，这在安排单车、单船运输时，是判断装载合理与否的重要指标；二是车船的统计指标，即一定时期内车船实际完成的货物周转量（以吨公里计）占车船载重吨位与行驶公里之乘积的百分比。在计算时车船行驶的公里数，不但包括载货行驶，也包括空驶。

提高实载率的意义在于：充分利用运输工具的额定能力，减少车船空驶和不满载行驶的时间，减少浪费，从而求得运输的合理化。

在铁路运输中，采用整车运输、合装整车、整车分卸及整车零卸等具体措施，都是提高实载率的有效措施。

（2）发展社会化的运输体系。

运输社会化的含义是发展运输的大生产优势，实际专业分工，打破一家一户自成运输体系的状况。

实行运输社会化，可以统一安排运输工具，避免对流、倒流、空驶、运力不当等多种不合理形式，不但可以追求组织效益，而且可以追求规模效益，所以发展社会化的运输体系是运输合理化的非常重要措施。

我国在利用联运这种社会化运输体系时，创造了"一条龙"货运方式。对产、销地及产、销量都较稳定的产品，事先通过与铁路、交通等社会运输部门签订协议，规定专门收、到站，专门航线及运输路线，专门船舶和泊位等，有效保证了许多工业产品的稳定运输，取得了很大成绩。

（3）开展中短距离"以公代铁"的运输。

这一措施的要点，是在公路运输经济里程范围内，或者经过论证，超出通常平均经济里程范围，也尽量利用公路。这种运输合理化的表现主要有两点：一是对于比较紧张的铁路运输，用公路分流后，可以得到一定程度的缓解，从而加大这一区段的运输通过能力；二是充分利用公路从门到门和在中途运输中速度快且灵活机动的优势，实现铁路运输服务难以达到的水平。

我国"以公代铁"目前在杂货、日用百货运输及煤炭运输中较为普遍，一般在 200 千米以内，有时可达 700～1000 千米。山西煤炭外运经认真的技术经济论证，用公路代替铁路运至河北、天津、北京等地是合理的。

（4）尽量发展直达运输。

直达运输是追求运输合理化的重要形式，其对合理化的追求要点是通过减少中转换载，从而提高运输速度，省却装卸费用，降低中转货损。直达的优势，尤其是在一次运输批量和用户一次需求量达到了一整车时表现最为突出。此外，在生产资料、生活资料运输中，通过直达，建立稳定的产销关系和运输系统，也有利于提高运输的计划水平，考虑用最有效的技术来实现这种稳定运输，从而大大提高运输效率。

特别需要提出的是，如同其他合理化措施一样，直达运输的合理性也是在一定条件下才会有所表现，不能绝对认为直达一定优于中转。这要根据用户的要求，从物流总体出发做综合判断。如果从用户需要量看，批量大到一定程度，直达是合理的，批量较小时中转是合理的。

（5）配载运输。

配载运输是充分利用运输工具载重量和容积，合理安排装载的货物及载运方法以求得合理化的一种运输方式。配载运输也是提高运输工具实载率的一种有效形式。

配载运输往往是轻重商品的混合配载，在以重质货物运输为主的情况下，同时搭载一些轻泡货物，如海运矿石、黄沙等重质货物，在仓面捎运木材、毛竹等，铁路运矿石、钢材等重物上面搭运轻泡、农副产品等，在基本不增加运力投入情况下，在基本不减少重质货物运输情况下，解决了轻泡货的搭运，因而效果显著。

★思考：如何实现容积和载重的合理运用？

例题：某配送中心现要运输A、B两种货物，其中：货物A的单件重量为20kg，体积为$0.03m^3$；货物B的单件重量为10kg，体积为$0.02m^3$。送货车辆的载重量为10t，有效容积为$20m^3$。试问：A、B两种货物应如何装配，才能使货车有效容积利用率达到90%，且载重利用率为100%？

（6）"四就"直拨运输。

"四就"直拨，首先是由管理机构预先筹划，然后就厂或就站（码头）、就库、就车（船）将货物分送给用户，而无需再入库了。

（7）发展特殊运输技术和运输工具。

依靠科技进步是运输合理化的重要途径。例如，专用散装及罐车，解决了粉状、液状物运输损耗大，安全性差等问题；袋鼠式车皮，大型半挂车解决了大型设备整体运输问题；滚装船解决了车载货的运输问题，集装箱船比一般船能容纳更多的箱体，集装箱高速直达车船加快了运输速度等，都是通过采用先进的科学技术实现运输合理化。

（8）通过流通加工，使运输合理化。

有不少产品，由于产品本身形态及特性问题，很难实现运输的合理化，如果进行适当加工，就能够有效解决合理运输问题，例如将造纸用材在产地预先加工成干纸浆，然后压缩体积运输，就能解决造纸材运输不满载的问题。轻泡产品预先捆紧包装成规定尺寸，装车就容易提高装载量；水产品及肉类预先冷冻，就可提高车辆装载率并降低运输损耗。

【相关案例】 宅急送的竞争之道

快运发展到现阶段，各家公司在硬件设施上已没有太大差距，想要吸引客户、留住客户，就必须在服务上有独到之处。宅急送根据市场需求，提出了以客户需要为中心的服务理念，客户需要什么，就提供什么样的服务。为了使每位客户都能享受到最好的服务，宅急送制订了严格的服务标准，全国统一管理，对每一个工作细节都作了明确的规范，同时，总公司和各分公司都建立了服务监察部，这些措施保证了宅急送的服务始终是高效优质的。为了能更好地吸引大企业客户，宅急送会专门为大客户成立一个大客户部，抽调精兵强将帮助客户分析市场，制订出最佳货运方案，使客户的经营成本降到最低。此外，为了及时了解客户的需求，他们定期上门拜访客户，征求客户的意见和建议，对工作中的不足及时加以改进。为了能最大限度满足客户的要求，宅急送建立了一套快速反应机制，只要客户一个电话，不论客户大小，不论什么时间，他们都能马上调动人员上门服务；涉及跨省业务，各分公司在当天便可协调好各省间的调配工作，最大限度地保证了快运速度。细节体现品质，宅急送正是抓住了细节这一关键，并通过不断完善的服务，不但提高了宅急送的声誉，而且大大促进了业务的发展。宅急送人正是用他们一流的服务诠释了一个民营企业快速发展的奇迹。

有了一流的服务并不意味着成功，同时还必须建立起完备的体制作为保障。快运是以速度、网络为中心提供的个性化服务。速度对快递业非常重要，是快递业的灵魂。宅急送在全国率先提出了24小时门到门服务，打响了以速度取胜的第一炮，他们是靠什么做到这点的呢？让我们来看看宅急送的三大法宝。

首先，是建立航空运输。中国地域辽阔，要实现最快速度的运输，1000千米以内的区域可以凭借公路、铁路进行，1000 千米以外的区域则需要依靠飞机来完成。目前宅急送快递业务 80%的急件都是通过飞机来运送的，宅急送在北京、上海、广州等大城市的直属公司都可实现向全国绝大多数省会城市的 24 小时门到门服务，这主要是以航空为依托。

其次，是航空运输与地面中转有机配合。由于条件限制，飞机在运送货物时，只能选择大城市降落。中小城市尽管有机场，但由于货物比较零散，而且飞机不能像火车一样做到站站停，所以宅急送快递公司根据自己的网络结构选择了 7 个大城市建立了物流中心，以集散南来北往的货物，然后再统一分拨、派送，达到提高物流速度、节约成本的目的。宅急送地面与航空紧密衔接，能最大限度地提速，可做到最快 12 小时门到门，常常给客户意想不到的惊喜。

再次，是开通物流班车，形成地面物流干支线的有效对接。宅急送于 2001 年年末相继成立了华北、华东、华南三大物流基地，形成区间物流，随后京沈、京沪等物流班车的开通，将空中优势向地面优势转换，两条腿走路，使快运更快、更有保障。

除此之外，为了保证给客户提供高效、优质的服务，宅急送还花大力气对业务流程进行了信息化改造，初步建成了宅急送信息平台，技术的提升又进一步提高了宅急送服务的质量。

讨论与分析：

1. 宅急送高效、优质的快运服务是如何实现的？

2. 运输合理化的有效措施有哪些？

3. 多数运输经理认为，在促使公司由一种运输模式转向另一种运输模式转变时，服务因素通常比成本因素更重要，在什么情况下会这样？

4. 在中国现有的条件下，如何发展合理化的运输体系？

5. 物流系统要素目标之间存在着“二律背反”现象，其中，运输对其他要素可能造成哪些影响？

要求：结合课堂内容，独立思考，有理有据，思路清晰。

方案：采用分组讨论模式，训练团队协作精神。

二、储存

（一）储存的含义

所谓储存，就是指在保证商品的质量和数量的前提之下，根据一定的管理规则，在一定的时间内将商品存放在一定的场所的活动。它是物流系统的一个重要的组成部分。

（二）储存的作用

储存在物流过程中的作用主要有如下几点。

1. 储存是保证社会再生产顺利进行的必要条件

在采购、生产、销售的不断循环过程中，库存使各个环节相对独立的经济活动成为可能。同时仓储可以调节各个环节之间由于供求品种及数量的不一致而发生的变化，使采购、生产和销售等企业经营的各个环节连接起来，起到润滑剂的作用。

2. 储存是国家满足急需特需的保障

国家储备是一种有目的的社会储存，主要用于应付自然灾害、战争等人为不可抗拒的突发事变对物资的急需特需，否则就难以保证国家的安全和社会的稳定。

3. 通过储存可以调节商品的时间需求，进而消除商品的价格波动

一般来说，商品的生产和消费不可能是完全同步的，为了弥补这种不同步所带来的损失，就需要储存商品来消除这种时间性的需求波动。

4. 通过储存可以降低运输成本，提高运输效率

众所周知，商品的运输存在规模经济性。而对于企业来说，顾客的需求一般都是小批量的，如果单独为每一位顾客运送货物，那么，将无法实现运输的规模经济，物流成本将是极大的。所以，为了降低运输成本，可以通过商品的存储，将运往同一地点的小批量的商品聚集成为较大的批量，然后再进行运输，到达目的地后，再分成小批量送到客户手中。这样，虽然产生了商品存储的成本，但是，可以更大限度地降低运输成本，提高了运输效率。

5. 通过商品在消费地的储存，可以达到更好的客户满意度

对于企业来说，如果在商品生产出来之后，能够尽快地把商品运到目标消费区域的仓库中去，那么，目标消费区域的消费者在对商品产生需求的时候，就能够尽快地得到这种商品，这样，消费者的满意度就会提高，而且，能够创造出更佳的企业形象，为企业今后的发展打下良好的基础。

（三）商品储存的过程

商品储存的过程一般都发生在物流中心的仓库中。企业的发展，需要拥有一个现代化程度较高的物流中心，这些物流中心的仓储作业应依靠机械化完成，从而达到以最低成本为顾客提供最满意服务的要求。物流中心的商品储存的过程一般包括进货、保管和发货等环节。

1. 进货

（1）进货检查：核对进货商品与进货清单（数量核对和质量检查）。

（2）入库准备：包括贴保管条码。

（3）货物入库：把商品置放在其保管条码所表示的保管场所，并记入账本或输入计算机。

2. 保管

（1）数量管理：保证库存数量与账本存量相符。

（2）质量管理：做好温湿与氧化控制，保证库存商品质量不变；掌握是否存在长期滞留物，及时提示进行处理。

3. 发货

（1）备货。

（2）按客户订单分拣小件商品并进行包装和贴付条码。

（3）制作发货与运送单据。

（4）核对出库凭证。

（5）配货出库。

（6）登账。

（四）储存管理方法

1. ABC 分类管理法

即对存货进行分类，A 类、B 类、C 类，针对不同类型级别的货物进行分别管理和控制。ABC 分类管理分析见表 2-3。

表 2-3 ABC 分类管理分析表

库存类型	特点	管理方法
A	品种数占总数 5%～10%，资金占 70%～75%	进行重点管理。现场管理更加严格，应放在更安全的地方，为了保持库存记录的准确要经常进行检查和盘点，预测要更加仔细
B	品种数占总数 10%～15%，资金占 15%～25%	进行次重点管理。现场管理不必投入比 A 类更多的精力，库存检查和盘点的周期可以比 A 长一些
C	品种数占总数 70%～75%，资金占 5%～10%	只进行一般管理。现场管理可以更粗放一些，但是由于品种多，差错出现的可能性也比较大，因此也必须定期进行库存检查和盘点，周期可以比 B 类长一些

2. CVA 管理法

ABC 管理法的不足之处常表现为 C 类货物得不到应有的重视，也会导致生产的停工，有些企业采用了关键因素分析法（Critical Value Analysis），即将存货按照关键性分成 3～4 类。比起 ABC 分类法有着更强的目的性。

CVA 法库存种类及其管理策略见表 2-4。

表 2-4 CVA 法库存分析表

库存类型	特点	管理措施
最高优先级	经营管理中的关键物品或 A 类重点客户的存货	不许缺货
较高优先级	生产经营中的基础性物品，或 B 类客户的存货	允许偶尔缺货
中等优先级	生产经营中比较重要的物品，或 C 类客户的存货	允许合理范围内缺货
较低优先级	生产经营中需要，但可替代的物品	允许缺货

【相关案例】 “零库存”离企业是近还是远？

据统计，我国企业的物流成本占产品全部成本的30%左右，其中库存费用大约要占35%，对于众多的制造商和分销商来说，不断增长的库存量已成为一种沉重的负担。企业管理者希望实现他们梦寐以求的“零库存”，保证物料供应和产品分配的顺畅，实现利润最大化。那么，怎样才能做到“零库存”？专家告诉我们，实现“零库存”，将以打造一个信息密集型企业为代价。信息增值、以信息替代存货是“零库存”的核心。

库存成本降低的潜力比任何市场营销环节都要大，成功的物流战略大多以尽可能低的金融资产维持存货，在对顾客承担义务的同时实现最大限度的流通量，以保证利润最大化。

海尔通过所谓的“信息增值”机制，实现零库存、零运营资本以及与用户的零距离。通过电子商务采购平台和订制平台与供应商和销售终端建立起紧密的、以互联网为基础结构的动态企业联盟，实现企业和供应商、消费者的互动沟通。在业务流程再造的基础上，形成“前台一张网，后台一条链”的闭环系统，包括企业内部供应链系统、ERP 系统、物流配送系统、资金流管理结算系统、遍布全国的分销管理系统以及客户服务响应 Call Center 系统，形成了以订单信息流为核心的各子系统之间无缝连接的集成。

DELL 推行所谓的“黄金三原则”——摒弃库存、与客户结盟、坚持直销，提出了“以信息代替存货”的核心理念，与供应商实现精准迅速的信息交互，并进一步缩短生产线与顾客家门口的时空距离，以谋求库存的不断减少。市场数据显示，DELL 在全球的平均库存天数可以降到 8 天之内，而 COMPAQ 的同期存货天数则为 26 天。

三洋能源公司则采用了“以信息化流通代替传统运作模式”的做法，利用互联网技术全面监控下游客户每日的进、销、存情况，及时进行补货，上游的供应商则及时掌握企业原料的库存情况，及时补充，实现企业对产品、原材料等的电子化、网络化采购，保持存货量在最低水平。

无论是海尔的“信息增值”还是 DELL 的“以信息代替存货”，它们成功的业务实践都清楚地表明，信息在现代企业运营中扮演着基本而重要的角色，优秀信息机制的建立和利用是实现“零库存”的核心所在。

讨论与分析：

1. 完全意义上的“零库存”是否存在？有没有必要？为什么？
2. 相对“零库存”是如何实现的？

方案：采用分组讨论模式，训练团队协作精神。

（五）储存合理化

所谓储存合理化就是在保证储存功能实现的前提下，用各种办法实现商品储存的经济性。储存合理化的主要内容包括商品储存量合理化、商品储存结构合理化、商品储存时间合理化和商品储存空间合理化。储存合理化的实施要点有以下十点。

1. 在自建仓库和租用公共仓库之间做出合理的选择，找到最优解决方案

一般来说，当企业的存货量较大、对商品的需求比较稳定且市场密度比较大时，可以考虑自建仓库，反之，则应选择租用公共仓库。

2. 注重应用合同仓储，也就是第三方仓储的应用

合同仓储就是企业将仓储活动转包给外部公司，由外部公司为企业提供一体化、全方位的仓储服务。合同仓储因为具有专业性、高质量、低成本等优点，因此可以给企业提供优质的服务。合同仓储可以有效地利用仓储资源，扩大市场的地理范围，降低运输的成本。

3. 进行储存物的 ABC 分析

ABC 分类管理方法就是将库存物资按重要程度分为特别重要的库存（A 类）、一般重要的库存（B 类）和不重要的库存（C 类）三个等级，然后针对不同等级分别进行管理和控制。

4. 适度集中储存

适度集中储存是合理化的重要内容，所谓适度集中库存是利用储存规模优势，以适度集中储存代替分散的小规模储存来实现合理化。适度集中储存除在总储存费及运输费之间取得最优之外，还有其他的好处：

（1）对单个用户的保证能力提高；

（2）有利于采用机械化、自动化方式；

（3）有利于形成一定批量的干线运输；

（4）有利于成为支线运输的始发站；

（5）适度集中库存也是“零库存”这种合理化形式的前提条件之一。

5. 加速总的周转，提高单位产出

储存现代化的重要课题是将静态储存变为动态储存，周转速度一快，会带来一系列的合理化好处：资金周转快、资本效益高、货损小、仓库吞吐能力增加、成本下降，等等。具体做法诸如采用单元集装存储如集装箱、集装袋、托盘等运储装备一体化的方式，建立快速分拣系统等，都有利于实现快进快出，大进大出。

6. 采用有效的“先进先出”方式

保证每种被储物的储存期不至过长。“先进先出”是一种有效的方式，也成了储存管理的准则之一。有效的先进先出方式主要有：

（1）贯通式货架系统。利用货架的每层，形成贯通的通道，从一端存入物品，从另一端取出物品，物品在通道中自行按先后顺序排队，不会出现错位等现象。贯通式货架系统能非常有效地保证先进先出。

（2）“双仓法”储存。给每种被储物都准备两个仓位或货位，轮换进行存取，再配以必须在一个货位中取完才可补充的规定，则可以保证实现“先进先出”。

（3）计算机存取系统。采用计算机管理，在存时向计算机输入时间记录，编入一个简单的按时间顺序输出的程序，取货时计算机就能按时间给予指示，以保证“先进先出”。这种计算机存取系统还能将“先进先出”和快进快出结合起来，即在保证一定先进先出前提下，将周转快的物资随机存放在便于存储之处，以加快周转，减少劳动消耗。

7. 提高储存密度，提高仓容利用率

主要目的是减少对储存设施的投资，提高单位存储面积的利用率，以降低成本、减少土地占用，有以下三种方法：

（1）采取高垛的方法，增加储存的高度。具体方法有，采用高层货架仓库、采用集装箱等都可比一般堆存方法大大增加储存高度。

（2）缩小库内通道宽度以增加储存有效面积，具体有采用窄巷道式通道，配以轨道式装卸车辆，以减少车辆运行宽度要求，采用侧叉车、推拉式叉车，以减少叉车转弯所需的宽度。

（3）减少库内通道数量以增加储存有效面积。具体方法有采用密集型货架，采用可进车的可卸式货架，采用各种贯通式货架，采用不依靠通道的桥式吊车装卸技术等。

8. 采用有效的储存定位系统

储存定位的含义是被储物位置的确定。如果定位系统有效，能大大节约寻找、存放、取出的时间，节约不少物化劳动及活劳动，而且能防止差错，便于清点及实行订货点等的管理方式。储存定位系统可采取先进的计算机管理，也可采取一般人工管理，行之有效的方式主要有：

（1）“四号定位”方式。用一组四位数字来确定存取位置的固定货位方法，是我国手工管理中采用的科学方法。这四个号码是：序号、架号、层号、位号。这就使每一个货位都有一个组号，在物资入库时，按规划要求，对物资编号，记录在账卡上，提货时按四位数字的指示，很容易将货物拣选出来。这种定位方式可对仓库存货区事先做出规划，并能很快地存取货物，有利于提高速度，减少差错。

（2）电子计算机定位系统。是利用电子计算机储存容量大、检索迅速的优势，在入库时，将存放货位输入计算机，出库时向计算机发出指令，并按计算机的指示人工或自动寻址，找到存放货位，拣选取货的方式。一般采取自由货位方式，计算机指示入库货物存放在就近易于存取之处，或根据入库货物的存放时间和特点，指示合适的货位，取货时也可就近就便。这种方式可以充分利用每一个货位，而不需专位待货，有利于提高仓库的储存能力，当吞吐量相同时，可比一般仓库减少建筑面积。

9. 采用有效的监测清点方式

对储存物资数量和质量的监测不但是掌握基本情况之必须，也是科学库存控制之必须。在实际工作中稍有差错，就会使账物不符，所以，必须及时且准确地掌握实际储存情况，经常与账卡核对，这无论是人工管理或是计算机管理都是必不可少的。此外，经常的监测也是掌握被存物质量状况的重要工作。监测清点的有效方式主要有：

（1）"五五化"堆码。这是我国手工管理中采用的一种科学方法。储存物堆垛时，以"五"为基本计数单位，堆成总量为"五"的倍数的垛形，如梅花五、重迭五等，堆码后，有经验者可过目成数，大大加快了人工点数的速度，且少有差错。

（2）光电识别系统。在货位上设置光电识别装置，该装置对被存物扫描，并将准确数目自动显示出来。这种方式不需人工清点就能准确掌握库存的实有数量。

（3）电子计算机监控系统。用电子计算机指示存取，可以防止人工存取所易于出现的差错，如果在被存物上采用条形码认寻技术，使识别计数和计算机联结，每存、取一件物品时，识别装置自动将条形码识别并将其输入计算机，计算机会自动做出存取记录。这样只需向计算机查询，就可了解所存物品的准确情况，而无需再建立一套针对实有数的监测系统。

10. 采用现代储存保养技术

利用现代技术是储存合理化的重要方面。

（1）气幕隔潮。在潮湿地区或雨季，室外湿度高且持续时间长，仓库内若想保持较低的湿度，就必须防止室内外空气的频繁交换。一般仓库打开库门作业时，便自然形成了空气交换的通道，由于作业的频繁，室外的潮湿空气会很快进入库内，一般库门、门帘等设施隔绝潮湿空气效果不理想。

在库门上方安装鼓风设施，使之在门口处形成一道气流，由于这道气流有较高压力和流速，在门口便形成了一道气墙，可有效阻止库内外空气交换，防止湿气浸入，而不能阻止人和设备出入。气幕还可起到保持室内温度的隔热作用。

（2）气调储存。调节和改变环境空气成分，可抑制被储物的化学变化和生物变化，抑制害虫生存及微生物活动，从而达到保持被储物质量的目的。调节和改变空气成分有许多方法，可以在密封环境中更换配合好的气体，可以充入某种成分的气体，可以除去或降低某种成分气体等。气调方法对于有新陈代谢作用的水果、蔬菜、粮食等物品的长期、保质、保鲜储存有很有效的作用，例如，粮食可长期储存，苹果可储存三个月。

【相关案例】 CML 仓储管理项目

1. 项目介绍

为了降低物流成本、提高产品的市场响应力、提升企业核心竞争力，世界500强某知名生活用品企业与CML合作。由CML向该公司在广州、上海、沈阳和西安四个地方提供仓储管理及相关服务。

2. 仓储设施

CML为了保证该项目的顺利运作，为其提供42000平方米的分发中心，最大仓储容量达6万立方米。最大日发货能力为31万箱。

3. 提供的服务

首先根据客户的要求及产品特性，编制了标准操作流程SOP，在得到客户认可后严格按照SOP进行操作。所提供的主要服务包括：

（1）货物存储：根据产品品种、特性、周转周期等进行收货、验货、上架、分类存储等作业；

（2）配送分拣：按照客户的订单进行分拣、下架、理货、核单、发货、运送等作业；

（3）中转运输：根据客户要求将产品分发至其他分发中心或客户；

（4）库存管理：通过对以往库存货物的品种、数量、发货频率、单次发货量以及销售预测等信息的分析，在保证安全库存的前提下，尽可能地降低产品的库存；

（5）质量控制：按照客户要求严格按照操作规范流程对产品的质量进行控制和反馈，确保产品质量，同时让客户随时能进行查询和监管；

（6）增值服务：根据客户要求，对进入该分发中心的部分产品进行更换包装、捆绑包装、重新组合等增值服务。

4. 服务效果

（1）提高了服务质量。

① 车辆提货速度由原来的90分钟/5t，下降到67分钟/5t;

② 准时到货率超过98.5%;

③ 操作能力由原来的12万件/天，提高到30万件/天;

④ 存储能力由原来的3万立方米/天，提高到6万立方米/天。

（2）降低了产品库存：降低了流动资金占用率，提高了资金周转速度，减少了利息支出费用。

（3）降低了物流成本：物流费用比原供应商运作时整体有显著下降；采用流量计费，有效分担了企业淡旺季的固定资产投入。

（4）保证了产品质量。

① 严格的质量保证体系，确保产品质量;

② 对非正常产品及时细致的跟踪分析，确保产品的有效流通。

（5）协助企业提升了产品核心竞争力。

讨论与分析：

1. CML仓储管理项目为什么会获得成功？
2. 你从CML仓储管理项目中得到了哪些启发？

方案：采用分组讨论模式，训练团队的协作精神。

三、包装

在中华人民共和国国家标准包装通用术语（GB 4122—1983）中，包装的定义是："为在流通过程中保护产品，方便储运，促进销售，按一定技术方法而采用的容器、材料及辅助物的总体名称。也指为了达到上述目的而采用容器、材料和辅助物的过程中施加一定技术方法等的操作活动。”简言之，包装是包装物及包装操作的总称。

包装是物流七大功能之一，是物流系统活动中最基本的因素。一般情况下，包装始于生产的终点，结束在消费的始点。在整个流通过程中，包装的结实程度、美观与否和标准性，决定着产品是否能以完美的使用价值使用户满意。如果中途有散包、破损、雨淋、受浸、变质、异味、溢泄、变形、撞裂等现象发生，说明包装不善；如果包装规格尺寸不标准，不符合托盘、叉车作业要求，不能进行集装单元化保管和运输，说明包装设计考虑不周；如果强调节约，包装材料选用不当，运输或装卸搬运过程中有可能发生问题；如果包装材料使用过多，包装过剩，则浪费资源，给回收造成困难；如果包装大小、形状不适于摆放、陈设，或包装过繁给消费者带来不便，则会影响销售效果。此外，包装还直接影响装卸搬运、保管、运输的质量和效率，关系到整个物流成本和销售效果。所以，包装在物流中的地位和作用十分重要。在社会再生产过程中，包装处于生产过程的末尾和物流过程的开头，既是生产的终点，又是物流的始点。物流的研究认为，包装与物流的关系，比之与生产的关系要密切得多，其作为物流始点的意义比之作为生产终点的意义要大得多。因此，包装应进入物流系统之中，这是现代物流的一个新观念。

（一）包装的分类

包装一般可分为商业包装与运输包装。

1. 商业包装

商业包装是以促进销售为主要目的的包装，这种包装的特点是外形美观，有必要的装潢，包装单位适于顾客的购买量以及商店陈设的要求。在流动过程中，商品越接近顾客，越要求包装有促进销售的效果。

2. 运输包装

运输包装是指以强化输送、保护产品为目的的包装。运输包装的重要特点，是在满足物流要求的基础上使包装费用越低越好。为此，必须在包装费用和物流的损失两者之间寻找最优的效果。

（二）包装的功能

（1）便于仓储和搬运作业。
（2）更好地利用运输设备。
（3）保护产品。
（4）产品促销。
（5）改变产品密度。
（6）方便产品的使用。
（7）为客户提供再利用价值。

★ 请举例说明包装的以上功能。

（三）包装标志

包装标志是为了便于货物交接、防止错发错运，便于识别，便于运输、仓储和海关等有关部门进行查验等工作，也便于收货人提取货物，在进出口货物的外包装上标明的记号，包装标志有以下类型：

（1）运输标志，即唛头。这是贸易合同、发货单据中有关标志事项的基本部分。它一般由一个简单的几何图形以及字母、数字等组成。唛头的内容包括：目的地名称或代号，收货人或发货人的代用简字或代号、件号（即每件标明该批货物的总件数），体积（长×宽×高），重量（毛重、净重、皮重）以及生产国家或地区等。

（2）指示性标志。按商品的特点，对于易碎、需防湿、防颠倒的商品，在包装上用醒目的图形或文字，标明“小心轻放”、“防潮湿”、“此端向上”，等等。

（3）警告性标志。对于危险物品，例如易燃品、有毒品或易爆炸物品等，在外包装上必须醒目标明，以示警告。

图示标志的颜色一般为黑色。如果包装件的颜色使图示标志显得不清晰，则可选用其他颜色印刷，也可在印刷面上选用适当的对比色。一般应避免采用红色和橙色。粘贴的标志采用白底印黑色。

（四）包装材料

包装材料是指用于制造包装容器、包装装潢、包装印刷、包装运输等满足产品包装要求所使用的材料，它既包括金属、塑料、玻璃、陶瓷、纸、竹本、野生蘑类、天然纤维、化学纤维、复合材料等主要包装材料，又包括涂料、黏合剂、捆扎带、装潢、印刷材料等辅助材料。

包装材料的分类：有打包带、包装带、塑料打包带、塑料包装带、缠绕膜、PE缠绕膜、PE拉伸膜等多种包装材料。

包装材料的主要性能要求如下：

1. 一定的机械性能

包装材料应能有效地保护产品，因此应具有一定的强度、韧性和弹性等，以适应压力、冲击、振动等静力和动力因素的影响。

2. 阻隔性能

根据对产品包装的不同要求，包装材料应对水分、水蒸气、气体、光线、芳香气、异味、热量等具有一定的阻挡作用。

3. 良好的安全性能

包装材料本身的毒性要小，以免污染产品和影响人体健康；包装材料应无腐蚀性，并具有防虫、防蛀、防鼠、抑制微生物等性能，以保护产品安全。

4. 合适的加工性能

包装材料应易于加工，易于制成各种包装容器；应易于包装作业的机械化、自动化，以适应大规模工业生产；应适于印刷，便于印刷包装标志。

5. 较好的经济性能

包装材料应来源广泛、取材方便、成本低廉，使用后的包装材料和包装容器应易于处理，不污染环境，以免造成公害。

（五）包装技术

1. 防震保护技术

防震包装又称缓冲包装，是指为减缓内装物受到冲击和振动，保护其免受损坏所采取的一定防护措施的包装。防震包装主要有以下三种方法：

（1）全面防震包装方法。全面防震包装方法是指内装物和外包装之间全部用防震材料填满进行防震的包装方法。

（2）部分防震包装方法。对于整体性好的产品和有内装容器的产品，仅在产品或内包装的拐角或局部地方使用防震材料进行衬垫即可。所用包装材料主要有泡沫塑料防震垫、充气型塑料薄膜防震垫和橡胶弹簧等。

（3）悬浮式防震包装方法。对于某些贵重易损的的物品，为了有效地保证在流通过程中不被损坏，外包装容器比较坚固，然后用绳、带、弹簧等将被装物悬吊在包装容器内，在物流中，无论是什么操作环节。内装物都被稳定悬吊而不与包装容器发生碰撞，从而减少损坏。

2. 防破损保护技术

缓冲包装有较强的防破损能力，因而是防破损包装技术中有效的一类。此外还可以采取以下几种防破损保护技术：

（1）捆扎及裹紧技术。捆扎及裹紧技术的作用，是使杂货、散货形成一个牢固整体，以增加整体性，便于处理及防止散堆来减少破损。

（2）集合包装技术。集合包装技术是指将若干包装件或商品组合在一起形成一个适合运输的单元如集装箱、托盘和集装袋等。利用集装，减少与货体的接触，可以防止破损，节约包装费用，提高经济效益。

（3）选择高强度的保护材料。通过外包装材料的高强度来防止内装物受外力作用破损。

3. 防锈包装技术

（1）防锈油防锈蚀包装技术。大气锈蚀是空气中的氧、水蒸气及其他有害气体等作用于金属表面引起电化学作用的结果。如果使金属表面与引起大气锈蚀的各种因素隔绝（即将金属表面保护起来），就可以达到防止金属大气锈蚀的目的。防锈油包装技术就是根据这一原理将金属涂封防止锈蚀的。用防锈油封装金属制品，要求油层要有一定厚度，油层的连续性好，涂层完整。不同类型的防锈油要采用不同的方法进行涂覆。

（2）气相防锈包装技术。气相防锈包装技术就是用气相缓蚀剂（挥发性缓蚀剂），在密封包装容器中对金属制品进行防锈处理的技术。气相缓蚀剂是一种能减慢或完全停止金属在侵蚀性介质中的破坏过程的物质，它在常温下即具有挥发性，在密封包装容器中，在很短的时间内挥发或升华出的缓蚀气体就能充满整个包装容器内的每个角落和缝隙，同时吸附在金属制品的表面上，从而起到抑制大气对金属锈蚀的作用。

4. 防霉腐包装技术

在运输包装内装运食品和其他有机碳水化合物货物时，货物表面可能生长霉菌，在流通过程中如遇潮湿，霉菌生长繁殖极快，甚至侵入至货物内部，使其腐烂、发霉、变质，因此要采取特别防护措施。

包装防霉烂变质的措施，通常是采用冷冻包装、真空包装或高温灭菌方法。冷冻包装的原理是减慢细菌活动和化学变化的过程，以延长储存期，但不能完全消除食品的变质；高温杀菌法可消灭引起食品腐烂的微生物，可在包装过程中用高温处理防霉。有些经干燥处理的食品包装，应防止水汽浸入以防霉腐，可选择防水汽和气密性好的包装材料，采取真空和充气包装。真空包装法也称减压包装法或排气包装法。这种包装可阻挡外界的水汽进入包装容器内，也可防止在密闭着的防潮包装内部存有潮湿空气，在气温下降时结露。采用真空包装法，要注意避免过高的真空度。以防损伤包装材料。

防止运输包装内货物发霉，还可使用防霉剂，防霉剂的种类甚多，用于食品的必须选用无毒防霉剂。机电产品的大型封闭箱，可酌情开设通风孔或通风窗等相应的防霉措施。

5. 防虫包装技术

防虫包装技术，常用的是驱虫剂，即在包装中放入有一定毒性和臭味的药物，利用药物在包装中挥发气体杀灭和驱除各种害虫。常用驱虫剂有茶、对位二氯化苯、樟脑精等。也可采用真空包装、充气包装、脱氧包装等技术，使害虫无生存环境，从而防止虫害。

6. 危险品包装技术

危险品有上千种，按其危险性质，交通运输及公安消防部门规定分为十大类，即爆炸性物品、氧化剂、压缩气体和液化气体、自燃物品、遇水燃烧物品、易燃液体、易燃固体、毒害品、腐蚀性物品、放射性物品等，有些物品同时具有两种以上危险性能。

对有毒商品的包装要明显地标明有毒的标志。防毒的主要措施是包装严密不漏、不透气。例如重铬酸钾（红矾钾）和重铬酸钠（红矾钠），为红色带透明结晶，有毒，应用坚固附桶包装，桶口要严密不漏，制桶的铁板厚度不能小于 1.2 毫米。对有机农药一类的商品，应装入沥青麻袋，缝口严密不漏。如用塑料袋或沥青纸袋包装的，外面应再用麻袋或布袋包装。用作杀鼠剂的磷化锌有剧毒，应用塑料袋严封后再装入木箱中，箱内用两层牛皮纸、防潮纸或塑料薄膜衬垫，使其与外界隔绝。

对有腐蚀性的商品，要注意商品和包装容器的材质发生化学变化。金属类的包装容器，要在容器壁涂上涂料，防止腐蚀性商品对容器的腐蚀。例如包装合成脂肪酸的铁桶内壁要涂有耐酸保护层，防止铁桶被商品腐蚀，从而商品也随之变质。

对黄磷等易自燃商品的包装，宜将其装入壁厚不少于 1 毫米的铁桶中，桶内壁须涂耐酸保护层，桶内盛水，并使水面浸没商品，桶口严密封闭，每桶净重不超过 50 千克。再如遇水以引起燃烧的物品如碳化钙，遇水即分解并产生易燃乙炔气，对其应用坚固的铁桶包装，桶内充入氮气。如果桶内不充氮气，则应装置放气活塞。

对于易燃、易爆商品，例如有强烈氧化性的，遇有微量不纯物或受热即急剧分解引起爆炸的产品。防爆炸包装的有效方法是采用塑料桶包装，然后将塑料桶装入铁桶或木箱中，每件净重不超过 50 千克，并应有自动放气的安全阀，当桶内达到一定气体压力时，能自动放气。

7. 特种包装技术

（1）充气包装。充气包装是采用二氧化碳气体或氮气等不活泼气体置换包装容器中空气的一种包装技术方法，因此也称为气体置换包装。这种包装方法是根据好氧性微生物需氧代谢的特性，在密封的包装容器中改变气体的组成成分，降低氧气的浓度，抑制微生物的生理活动、酶的活性和鲜活商品的呼吸强度，达到防霉、防腐和保鲜的目的。

（2）真空包装。真空包装是将物品装入气密性容器后，在容器封口之前抽真空，使密封后的容器内基本没有空气的一种包装方法。

一般的肉类商品、谷物加工商品以及某些容易氧化变质的商品都可以采用真空包装，真空包装不但可以避免或减少脂肪氧化，而且抑制了某些霉菌和细菌的生长。同时在对其进行加热杀菌时，由于容器内部气体已排除，因此加速了热量的传导。提高了高温杀菌效率，也避免了加热杀菌时，由于气体的膨胀而使包装容器破裂。

（3）拉伸包装。拉伸包装是20世纪70年代开始采用的一种新包装技术，它是由收缩包装发展而来的，拉伸包装是依靠机械装置在常温下将弹性薄膜围绕被包装件拉伸、紧裹，并在其末端进行封合的一种包装方法。由于拉伸包装不需进行加热，所以消耗的能源只有收缩包装的1/20。拉伸包装可以捆包单件物品，也可用于托盘包装之类的集合包装。

（4）脱氧包装。脱氧包装是继真空包装和充气包装之后出现的一种新型除氧包装方法。脱氧包装是在密封的包装容器中，使用能与氧气起化学作用的脱氧剂与之反应，从而除去包装容器中的氧气，以达到保护内装物的目的。脱氧包装方法适用于某些对氧气特别敏感的物品，尤其是那些即使有微量氧气也会促使品质变坏的食品包装中。

（六）包装合理化

所谓包装合理化，是指在包装过程中使用适当的材料和适当的技术，制成与物品相适应的容器，节约包装费用，降低包装成本，既满足包装保护商品、方便储运、有利于销售的要求，又要提高包装的经济效益的包装综合管理活动。包装合理化一方面包括包装总体的合理化，这种合理化往往用整体物流效益与微观包装效益的统一来衡量，另一方面也包括包装材料、包装技术、包装方式的合理组合及运用。从多个角度来考察，合理包装应满足以下五个方面的要求：

1. 应妥善保护内装的商品

要制定相应的适宜的标准；使包装物的强度恰到好处地保护商品质量免受损伤。除了要在运输装卸时经受住冲击、震动外，还要具有防潮、防水、防霉、防锈等功能。

2. 容量适当、标志清楚

目前我国铁路运输，特别是汽车运输，还大多采用手工装卸，因此，包装的外形和尺寸就要便于装卸和搬运。

3. 科学包装、减少浪费

（1）包装标准化。包装标准化是对产品包装的类型、规格、容量、使用的包装材料、包装容器的结构造型、印刷标志及产品的盛放、衬垫、封装方式、名词术语、检验要求等加以统一规定，并贯彻实施相应的政策和技术措施。

多采用集装箱、集装罐、集装袋、集装架、仓库笼、托盘等集装单元容器，多采用通用包装形式，包装内商品外围空闲容积不应过大，包装费用要与内装商品相适应。比如按标准模数尺寸制造瓦楞纸、纸板、木板、塑料周转箱及料盒；工厂车间、配送中心、仓库尽量多利用通用性、周转循环装货的容器；包装材料反复多次使用和回收再生利用；集装化保管、集装化运输、集装化装卸搬运等。此外，新材料、新技术在包装中的应用越来越受到重视，如真空包装、软包装、冷封口技术、负离子清洗技术等。

（2）包装轻薄化。由于包装只是起保护作用，对产品使用价值没有任何意义，因此在强度、寿命、成本相同的条件下，更轻、更薄、更短、更小的包装，可以提高装卸搬运的效率。而且轻薄短小的包装一般价格比较便宜，如果用作一次性包装还可以减少废弃包装材料的数量。

【知识拓展】 索尼公司电子产品的新包装

索尼公司根据四原则来推进该公司的产品包装。他们不但遵循“减量化、再使用、再循环”循环经济的“3R”原则，而且还在替代使用（Replace）上想办法，对产品包装进行改进。我们来看几个实例。1998 年该公司对大型号的电视机的泡沫塑料材料（EPS）缓冲包装材料进行改进，采用八块小的 EPS 材料分割式包装来缓冲防震，减少了 40%EPS 的使用；有的产品前面使用 EPS 材料，后面使用瓦楞纸板材料，并在外包装采用特殊形状的瓦楞纸板箱，以节约资源；另外对小型号的电视机采用纸浆模塑材料替代原来的 EPS 材料。

（3）包装单纯化。为了提高包装作业的效率，包装材料及规格应力求单纯化，包装规格还应标准化，包装形状和种类也应单纯化。同时，包装内商品外围空闲容积不应过大，包装费用要与内装商品相适应。如国外有的商店采取大包装或简易包装的办法，把节约下来的包装费，用来降低商品售价，吸引消费者。

（4）包装绿色化。绿色包装是指无害少污染的符合环保要求的各类包装物品。主要包括：纸包装、可降解塑料包装、生物包装和可食用包装等，这是包装合理化的发展主流。

4. 采用无包装的物流形态

对需要大量输送的商品（如水泥、煤炭、粮食等）来说，包装所消耗的人力、物力、资金、材料是非常大的，若采用专门的散装设备，则可获得较高的技术经济效果。散装并不是不要包装，它是一种变革了的包装，即由单件小包装向集合大包装的转变。无包装化物流既能节约包装费用，降低整体物流成本，又能省去包装物的回收和处理作业。

5. 包装要考虑人格因素

包装本身除了考虑物流因素外，还要考虑“人格因素”。包装的商品要适合携带、陈列、摆放，要美观、大方，兼顾装饰性，有的包装设计还考虑人的情感性、宗教信仰、民族习惯、消费心理等。

【相关案例】 食品生产企业 A 的包装管理之道

民营企业 A 在 1998 年收购一家生产酱醋调味食品的乡镇集体企业后，组织了对经营性亏损原因的排查，其结果显示，包装管理列在市场营销管理之后，成为亏损的第二大原因。表现为：一是包装成本高。原企业酱醋年产量 200 万瓶，包装成本高达 318 万元，平均每瓶包装成本达 1.59 元，企业全年包装成本约占总销售的 45%；二是包装价值低。由于包装装潢设计效果差，包装材质差，导致高质量产品只能低价销售且缺乏竞争力；三是缺乏包装管理。企业没有专人负责包装，把采购包装看成肥缺，轮流坐庄，导致包装采购成本高，在使用包装时没有责任和责任制度，包装损坏现象普遍。

经营者在深入分析后，认为：包装管理已成为制约企业发展的“瓶颈”，无论从市场促销角度，还是从企业内部管理角度，都非常明显地反映出包装管理存在一定的问题，同时这也是加强内部管理，提高企业经济效益的重要突破口。经营者下决定狠心抓企业包装管理，采取了以下三个主要措施。

1. 建立专门组织体系，统一企业包装管理。该企业设立包装管理小组，由厂长亲任组长，小组成员包括财务、采购、生产和销售部门的人员，这些人员是企业生产经营各个环节的包装管理者。

2. 制定明确规范的包装管理制度。让每个包装管理者和使用者都有明确的目标和责任，并通过合理的奖励方法，调动企业员工做好包装管理的积极性。

3. 进行包装装潢的招标设计，提升产品包装价值。企业先后两次公开进行包装的招标设计。第一次包装设计主要是瓶贴和包装箱的设计，改变了产品销售中的包装形象，提高了产品销售价格，有力地促进了销售；第二次包装设计主要是瓶形和瓶盖、瓶胶套的设计，提高了包装使用的便利程度，强化了企业特色产品形象，进一步促进了产品销售。在包装设计之前，产品销售均价只能达到3.50元/瓶，且销售不畅；而重新设计后，产品销售均价达到4.00元/瓶，高档品达到8.00元/瓶，且销售顺畅。

讨论与分析：

1. 企业A如何以包装为“突破口”来解决产品的市场销售和企业内部管理问题？
2. 现代物流中的合理包装应满足哪些要求？
3. 阅读本案例后，你是如何对包装进行再认识的？

方案：采用分组讨论模式，训练团队协作精神。

四、装卸搬运

装卸搬运是指在同一地域范围内进行的，以改变物料的存放状态和空间位置为主要内容和目的的活动。具体包括对货物进行装上、卸下、运送、堆垛、取货、理货、分类出库、入库等作业。

物流的各环节之间和同一环节的不同活动之间，都必须进行装卸搬运作业。

装卸搬运活动发生次数频繁，作业内容复杂，对劳动者需求量大，活动还涉及装卸搬运设备、物流设施以及信息、管理等因素，因此装卸搬运费用占物流成本相当大的比例。

（一）装卸搬运的构成

1. 堆码拆取作业

堆码是将物品从预先放置的场所移送到运输工具或仓库等储存设施的指定场所，再按所规定的位置和形态码放的作业；拆取是与堆码逆向的作业。

2. 分拣配货作业

分拣是在堆码作业前后或配送作业之前把货物按品种、出入先后、运送方向进行分类，将货物堆码到指定地点的作业。而配货是将货物从所在的位置，按照货物种类、作业次序、发货对象等分类取货、堆码在规定场所的作业。

3. 搬送移送作业

搬送移送作业是为进行装卸、分拣、配送等活动而进行的各种移动货物的作业，包括水平、垂直、斜向搬送及其组合。

（二）装卸搬运的方法

装卸搬运的方法按其作业对象分类，可分为单件作业法、集装作业法、散装作业法。一些零散货物、长大笨货物、不宜集装的危险货物以及行包等多采用单件作业法；集装作业法是将货物先行集装再进行装卸搬运的方法，煤炭、矿石、粮食、化肥等大宗货物都采用散装装卸方式。不同装卸搬运方法的特点见表 2-5。

表 2-5　不同装卸搬运方法的特点

方法类型		特　点
单件作业法		装卸搬运单件货物，依作业环境和工作条件可以采取人工作业法、机械化或半机械化作业法
集装作业法	托盘作业法	用托盘系列集装工具将货物组成单元，以便于采用叉车等设备实现装卸搬运作业机械化的作业方法
	集装箱作业法	分为垂直装卸和水平装卸作业。垂直装卸的机械采用跨运车或龙门起重机；水平装卸法在港口以拖车、挂车、叉车为主要装卸机械，车站则主要采用叉车或平移装卸机
	框架作业法	管件及各种易碎建材（如玻璃制品等），一般适用于各种不同的集装框来实现装卸机械化，框架通常采用木制品或金属材料制作
	货捆作业法	用捆装将散装货物组成一个货物单元，使其在物流过程中保质不变，木材、建材、金属等货物适用货捆作业法。带有与各种货捆配套的专用吊具的龙门式起重机和悬臂式起重机是货捆作业法的主要装卸机械
	网袋作业法	将粉粒状货物装入纤维纺织集装袋、袋装货物装入纤维纺织网或将块状货物装入钢丝网的集装装卸法
	挂车作业法	先将货物装到挂车里，然后将挂车拖上或吊到铁路平板车上的装卸搬运方法
散装作业法	重力法	利用货物的位能来完成装卸作业的方法。重力法卸车是指底开门车或漏斗车在高架线或卸车坑道上自动开启车门，煤或矿石依靠重力自行流出的卸车方法。重力法装车设备有筒仓、溜槽、隧洞等
	倾翻法	将运载工具的载货部分倾翻，从而将货物卸出的方法。主要用于铁路敞车和自卸汽车的卸车。铁路敞车被送入翻车机，夹紧固定后，敞车和翻车机一起翻动，货物倒入翻车机下面的受料槽。自卸汽车靠液压油缸顶起货厢实现货物卸载
	机械法	采用各种机械，使其工作机构直接作用于货物，通过舀、抓、铲等作业方式达到装卸目的的方法。常用的机械有带式输送机、链斗装车机、堆取料机、单斗和多斗装载机、挖掘机等
	气力输送法	利用风机在气力输送管内形成单向气流，依靠气体的流动或气压差来输送货物的方法

（三）装卸搬运合理化

1. 采用省力化装卸

在装卸时考虑重力因素，可以利用货物本身的重量，进行有一定落差的装卸，以减少或根本不消耗装卸的动力，这是合理化装卸的重要方式。例如，从卡车、铁路货车卸货时，利用卡车与地面或小搬运车之间的高度差，使用溜槽、溜板之类的简单工具，可以依靠货物本身重量，从高处自动滑到低处，则无须消耗动力。如果采用吊车、叉车将货物从高处卸到低处，其动力消耗虽比从低处装到高处小，但是仍需消耗动力，两者比较，利用重力进行无动力消耗的装卸显然是合理的。

在装卸时尽量消除或削弱重力的影响，也会求得减轻体力劳动及其他劳动消耗的合理性。例如在进行两种运输工具的换装时，可以采取落地装卸方式，即将货物从甲工具卸下并放到地上，一定时间之后，或搬运一定距离之后再从地上装到乙工具之上，这样起码在“装”时，要将货物举高，这就必须消耗改变位能的动力。如果进行适当安排，将甲、乙两工具进行靠接，从而使货物平移，从甲工具转移到乙工具上，这就能有效消除重力影响，实现合理化。

在人力装卸时，一装一卸是爆发力，而搬运一段距离，这种负重行走，要持续抵抗重力的影响，同时还要行进，因而体力消耗很大，是出现疲劳的环节。所以，人力装卸时如果能配合简单机具，做到“持物不步行”，则可以大大减轻劳动量，做到合理化。另外，科学地选择一次搬运重量和科学地确定包装重量也可促进人力装卸的合理化。

2. 提高物的装卸搬运活性

装卸搬运活性的含义是，从物的静止状态转变为装卸搬运运动状态的难易程度。如果很容易转变为下一步的装卸搬运而不需过多做装卸搬运前的准备工作，则活性就高；如果难以转变为下一步的装卸搬运，则活性低。为了对活性有所区别，并能有计划地提出活性要求。使每一步装卸搬运都能按一定活性要求进行操作，对于不同放置状态的货物做了不同的活性规定，这就是“活性指数”，分为0～4共5个等级（表2-6）。

表2-6 货物装卸搬运“活性指数”表

装卸搬运活性级别	货物状态
0级	货物杂乱地堆放于地面
1级	货物已被捆扎或装箱
2级	捆扎过的货物或箱子放在托盘内
3级	被置于台车或起重机械上，可以随时移动
4级	货物处于移动状态

3. 合理选择装卸搬运机械

装卸搬运机械化是提高装卸效率的重要环节。装卸机械化程度一般分为三个级别。第一级是用简单的装卸器具；第二级是使用专用的高效率机具；第三级是依靠电脑控制实行自动化、无人化操作。以哪一个级别为目标实现装卸机械化，不仅要从是否经济合理来考虑，而且还要从加快物流速度、减轻劳动强度和保证人与物的安全等方面来考虑。

另外，装卸搬运机械的选择必须根据装卸搬运的物品的性质来决定。对冠以箱、袋或集合包装的物品可以采用叉车、吊车、货车装卸，散装粉粒体物品可使用传送带装卸，散装液体物可以直接向装运设备或储存设备装取。

4. 合理选择装卸搬运方式

在装卸搬运过程中，必须根据货物的种类、性质、形状、重量来确定装卸搬运方式。在装卸时对货物的处理大体有三种方式：第一是“分块处理”，即按普通包装对货物逐个进行装卸；第二是“散装处理”，即对粉粒状货物不加小包装而进行的原样装卸；第三是“单元组合处理”，即货物以托盘、集装箱为单位进行组合后的装卸。实现单元组合，可以充分利用机械进行操作，其优点是：操作单位大，作业效率高；能提高物流“活性”；操作单位大小一致，易于实现标准化；装卸不触及货物，对物品有保护作用。但这种装卸搬运方式并不是对所有货物都适用的。

5. 创建“复合终端”

近年来，工业发达国家为了对运输线路的终端进行装卸搬运合理化的改造，创建了所谓的“复合终端”，即对不同运输方式的终端装卸场所，集中建设不同的装卸设施。例如，在复合终端内集中设置水运港、铁路站场、汽车站场等，这样就可以合理配置装卸、搬运机械，使各种运输方式有机地联结起来。复合终端的优点在于：第一，取消了各种运输工具之间的中转搬运，因而有利于物流速度的加快，减少装卸搬运活动所造成的货物损失；第二，由于各种装卸场所集中到复合终端，这样就可以共同利用各种装卸搬运设备，提高设备的利用率；第三，在复合终端内，可以利用大生产的优势进行技术改造，大大提高转运效率；第四，减少了装卸搬运的次数，有利于物流系统功能的提高。

6. 防止无效装卸

无效装卸的含义是消耗于有用货物必要装卸劳动之外的多余劳动。一般装卸操作中，无效装卸具体反映在以下几方面：过多的装卸次数、过大的包装装卸和无效物质的装卸等。

五、流通加工

流通加工是物品从生产领域向消费领域流动的过程中，根据需要施加包装、分割、计量、分拣、刷标志、拴标签、组装等简单作业的总称。流通加工是为了弥补生产过程加工不足，更有效地满足用户或本企业的需要，使产需双方更好地衔接，将这些加工活动放在物流过程中完成，而成为物流的一个组成部分。流通加工是生产加工在流通领域中的延伸，也可以看成流通领域为了更好地服务于用户或本企业，在职能方面的扩大。

（一）流通加工的作用

1. 流通加工能弥补生产领域加工不足，满足需求多样化

有许多产品在生产领域的加工只能到一定程度，这是由于存在许多限制因素限制了生产领域不能完全实现终极的加工。例如钢铁厂的大规模生产只能按标准规定的规格生产，以使产品有较强的通用性，使生产能有较高的效率和效益；木材如果在产地制成木制品的话，就会造成运输的极大困难，所以原生产领域只能加工到圆木板、方材这个程度。进一步的下料、切裁、处理等加工则由流通加工完成。从需求角度看，需求存在着多样化和多变化两个特点，为满足这种要求，经常是用户自己设置加工环节，例如，生产消费型用户的再生产往往从原材料初级处理开始。

2. 流通加工是物流中的重要利润源

流通加工是一种低投入高产出的加工方式，往往以简单加工解决大问题。

（1）流通加工创造附加价值，提高用户服务水平。

生产商品的目的是创造价值，流通加工是在此基础上完善商品的价值，增加商品的价值，这就使物流系统可能成为新的“利润中心”。

（2）通过流通加工，可以使物流过程减少损失、加快速度、降低操作的成本，因而可能降低整个物流系统的成本。

流通加工一般都在干线运输和支线运输的节点进行，这样能使大量运输合理分散，有效地缓解长距离、大批量、少品种的物流与短距离、小批量、多品种物流的矛盾，实现物流的合理流向和物流网络的最佳配置，从而避免了不合理的重复、交叉、迂回运输，大幅

度节约运输、装卸搬运和保管等费用，降低物流总成本。

（3）流通加工提高了原材料利用率。

利用在流通领域的集中加工代替分散在各个使用部门的分散加工，可以实行合理规划、合理套裁、集中下料的办法，这样可以大大地提高物品的利用率，有明显的经济效益。集中加工形式可以减少原材料的消耗，提高加工质量。同时，对于加工后的副产品还可使其得到充分的利用。

3. 流通加工具有保护产品作用

在物流过程中，直到用户投入使用前都存在对产品的保护问题。通过采取稳固、改装、冷冻、保鲜、涂油等流通加工方式，可以防止产品在运输、储存、装卸、搬运、包装等过程中遭到损失，使其使用价值能顺利实现。

4. 流通加工具有促销作用

流通加工可以从若干方面起到促进销售的作用。如将过大包装或散装物（这是提高物流效率所要求的）分装成适合一次销售的小包装的分装加工；将原以保护产品为主的运输包装改换成以促进销售为主的装潢性包装，以起到吸引消费者、指导消费的作用；将零配件组装成用具、车辆以便于直接销售；将蔬菜、肉类洗净切块以满足消费者要求，等等。

（二）流通加工的主要技术

1. 木材的流通加工

（1）磨制木屑压缩输送。木材是比重轻的物质，在运输时占有相当大的容积，往往使车船满装但不能满载，同时，装车、捆扎也比较困难。从林区外送的原木中有相当一部分是造纸材，美国采取在林木生产地就地将原木磨成木屑，然后压缩使之成为容重较大、容易装运的形状，之后运至靠近消费地的造纸厂，取得较好的效果。根据美国的经验，采取这种方法比直接运送原木节约一半的运费。

（2）集中开木下料。在流通加工点将原木锯截成各种规格锯材，同时将碎木、碎屑集中加工成各种规格板，甚至还可以进行打眼、凿孔等初级加工。过去用户直接使用原木不但加工复杂、加工场地大、加工设备多，更严重的是资源浪费大，木材的平均利用率不到50%，平均出材率不到 40%。实行集中下料、按用户要求供应规格下料，可以使原木利用率提高到95%，出材率提高到72%左右，有相当好的经济效果。

2. 煤炭及其他燃料的流通加工

（1）除矸加工。除矸加工是以提高煤炭纯度为目的的加工形式。矸石有一定发热量，煤炭混入一些矸石是允许的，也是较经济的。但在运力十分紧张的地区，要求充分利用运力，多运“纯物质”，少运矸石。在这种情况下，可以采用除矸的流通加工排除矸石。

（2）煤浆加工。煤炭的运输主要采用容器载运的方式，运输中损失浪费较大，又容易发生火灾。管道运输是近代刚刚兴起的一种先进物流技术，在流通的起始环节将煤炭磨成细粉，再用水调和成浆状，使之具备流动性，就可以像其他液体一样利用管道进行输送。这种输送方式连续稳定，而且速度也较快，是一种比较经济的运输方式。

（3）配煤加工。在使用地区设置集中加工点，将各种煤及一些其他发热物质，按不同配方进行掺配加工，生产出各种不同发热量的燃料，称为配煤加工。这种加工方式可以按需要发热量生产和供应燃料，防止热能浪费和“大材小用”，也防止发热量过小，不能满足使用要求。工业用煤经过配煤加工还可以起到便于计量控制、稳定生产过程的作用，在经济上和技术上都有价值。

（4）气体的液化加工。由于气体输送、保存都比较困难，天然气及石油气往往只好就地使用，如果当地资源充足而用不完，往往就地燃烧掉造成浪费和污染。两气的输送可以采用管道，但因投资大、输送距离有限，也受到制约。在产出地将天然气或石油气压缩到临界压力之上，使之由气体变成液体，就可用容器装运，使用时机动性较强。这是目前采用较多的方式。

3. 水泥熟料的流通加工

在需要长途运入水泥的地区，变运入成品水泥为运进熟料这种半成品，在该地区的流通加工点（磨细工厂）磨细，并根据当地资源和需要的情况掺入混合材料及外加剂，制成不同品种及标号的水泥供应给当地用户，这是水泥流通加工的重要形式之一。

水泥熟料的流通加工可以省去添加剂的运力和运费，可以更好满足当地的实际需求，降低使用成本，容易以较低成本实现大批量、高效率的输送，可以大大降低水泥的输送损失，能更好地衔接产需，方便用户。

4. 钢卷剪切流通加工

汽车、冰箱、冰柜、洗衣机等生产制造企业每天需要大量的钢板，除了大型汽车制造企业外，一般规模的生产企业如若自己单独剪切，难以解决因用料高峰和低谷的差异而引起的设备忙闲不均和人员浪费问题，如果委托专业钢板剪切加工企业，可以解决这个矛盾。

专业钢板剪切加工企业能够利用专业剪切设备，按照用户设计的规格尺寸和形状进行套裁加工，精度高、速度快、废料少、成本低；专业钢板剪切加工企业在国外数量很多，大部分由流通企业经营。这种流通加工企业不仅提供剪切加工服务，还出售加工原材料和加工后的成品以及配送服务。采用委托加工方式，用户省心、省力、省钱。

5. 平板玻璃的流通加工

平板玻璃的运输货损率较高，玻璃运输的难度比较大。在消费比较集中的地区建玻璃流通加工中心，按照客户的需要对平板玻璃进行套裁和开片，可以使玻璃的利用率从62%～65%，提高到90%以上；可以节约大量包装用木材，而且可防止流通中大量破损；可以使用专用设备进行裁制，大大降低切裁玻璃劳动强度；可以较少产生废玻璃，集中处理废玻璃；可以满足用户的个性化需要，提高服务水平。

6. 机电产品的组装加工

机电设备储运困难较大，主要原因是不易进行包装，包装成本过大，并且运输装载困难，装载效率低，流通损失严重。但是这些货物有一个共同特点，即装配较简单，装配技术要求不高，装配后不需进行复杂检测及调试。所以，为解决储运问题，降低储运费用，采用半成品（部件）高容量包装出厂，在消费地拆箱组装的流通加工方式。

7. 服装、书籍的流通加工

服装流通加工，不是材料的套裁和批量缝制，而主要是在批发商的仓库或配送中心进行缝商标、拴价签、改换包装等简单的加工作业。近年来，因消费者要求的苛刻化，退货大量增加，从商场退回来的衣服，一般在仓库或配送中心重新分类、整理、改换价签和包装。国外书籍的流通加工作业主要有：简单的装帧、套书壳、拴书签以及退书的重新整理、复原等。

8. 生鲜食品的流通加工

（1）冷冻加工。冷冻加工是指为解决鲜肉、鲜鱼在流通中保鲜及搬运装卸的问题采取低温冻结方式的加工。这种方式也用于某些流体商品、药品等。

（2）分选加工。农副产品离散情况较大，为获得一定规格的产品，采取人工或机械分选的方式加工，称分选加工。这种方式广泛应用于果类、瓜类、谷物、棉毛原料等。

（3）精制加工。精制加工是对农、牧、副、渔等产品，在产地或销售地设置加工点，去除无用部分，甚至可以进行切分、洗净、分装等加工。这种加工不但大大方便了购买者，而且，还可对加工的淘汰物进行综合利用。比如，鱼类的精制加工所剔除的内脏可以制某些药物或制饲料，鱼鳞可以制高级黏合剂，头尾可以制鱼粉等；蔬菜的加工剩余物可以制饲料、肥料等。

（4）分装加工。许多生鲜食品零售起点较小，而为保证高效输送，出厂包装则较大；也有一些是采用集装运输方式运达销售地区。这样，为便于销售，在销售地区按所要求的零售起点进行新的包装，即大包装改小包装、散装改小包装、运输包装改销售包装，这种方式称分装加工。

（三）流通加工合理化

流通加工合理化的含义是实现流通加工的最优配置，不仅做到避免各种不合理现象，使流通加工有存在的价值，而且做到最优的选择。

为避免各种不合理现象，对是否设置流通加工环节，在什么地点设置，选择什么类型的加工，采用什么样的技术装备等，需要做出正确抉择。目前，国内在进行这方面合理化的考虑中已积累了一些经验，取得了一定成果。

实现流通加工合理化主要考虑以下几方面：

1. 加工和配送结合

这是将流通加工设置在配送点中，一方面按配送的需要进行加工，另一方面加工又是配送业务流程中分货、拣货、配货之一环，加工后的产品直接投入配货作业。这就无需单独设置一个加工的中间环节，使流通加工有别于独立的生产，而使流通加工与中转流通巧妙结合在一起。同时，由于配送之前有加工，可使配送服务水平大大提高。这是当前对流通加工做合理选择的重要形式，在煤炭、水泥等产品的流通中已表现出较大的优势。

2. 加工和配套结合

在对配套要求较高的流通中，配套的主体来自各个生产单位，但是，完全配套有时无法全部依靠现有的生产单位，进行适当流通加工，可以有效促成配套，大大提高流通的速度。

3. 加工和合理运输结合

前文已提到过流通加工能有效衔接干线运输与支线运输，促进两种运输形式的合理化。利用流通加工，在支线运输转干线运输或干线运输转支线运输必须停顿的环节，不进行一般的支转干或干转支，而是按干线或支线运输合理的要求进行适当加工，从而大大提高运输及运输转载水平。

4. 加工和合理商流相结合

通过加工有效促进销售，使商流合理化，也是流通加工合理化的考虑方向之一。此外，通过简单地改变包装加工，形成方便的购买量，通过组装加工解除用户使用前进行组装、调试的难处，都是有效促进商流的例子。

5. 加工和节约相结合

节约能源、节约设备、节约人力、节约耗费是流通加工合理化重要的考虑因素，也是目前我国设置流通加工，考虑其合理化的重要因素。

对于流通加工合理化的最终判断，是看其是否能实现社会的和企业本身的两个效益，而且是否取得了最优效益。对流通加工企业而言，与一般生产企业一个重要不同之处是，流通加工企业更应树立社会效益为第一观念，只有在以补充完善为己任前提下才有生存的价值。如果只是追求企业的微观效益，不适当地进行加工，甚至与生产企业争利，这就有违于流通加工的初衷，或者其本身已不属于流通加工范畴了。

6. 流通加工绿色化

流通加工具有较强的生产性，也是流通部门对环境保护可以大有作为的领域。绿色流通加工的途径主要分两个方面：一方面变消费者分散加工为专业集中加工，以规模作业方式提高资源利用效率，减少环境污染（如餐饮服务业对食品的集中加工，从而减少家庭分散烹调所造成的能源和空气污染）；另一方面是集中处理消费品加工中产生的边角废料，以减少消费者分散加工所造成的废弃物污染，如流通部门对蔬菜的集中加工减少了居民分散垃圾丢放及相应的环境治理问题。

【相关案例】　上海联华生鲜食品加工配送中心的加工型物流运作

上海联华生鲜食品加工配送中心是我国目前设备最先进、规模最大的生鲜食品加工配送中心，总投资 6000 万元，建筑面积 35000 平方米，年生产能力 20000 吨，其中肉制品 15000 吨，生鲜盆菜、调理半成品 3000 吨，西式熟食制品 2000 吨，产品结构分为 15 大类约 1200 种生鲜食品；在生产加工的同时配送中心还从事水果、冷冻品以及南北货的配送任务。该中心的生鲜加工按原料和成品的对应关系可分为两种类型：组合和分割，两种类型在 BOM（Bill of Material）设置和原料计算以及成本核算方面都存在很大的差异。在 BOM 中每个产品设定一个加工车间，只属于唯一的车间，在产品上区分最终产品、半成品和配送产品，商品的包装分为定量和不定量的加工，对于秤称的产品/半成品需要设定加工产品的换算率（单位产品的标准重量），原料的类型区分为最终原料和中间原料，设定各原料相对于单位成品的耗用量。

生产计划/任务中需要对多级产品链计算嵌套的生产计划/任务，并生成各种包装生产设备的加工指令。对于生产管理，在计划完成后，系统按计划内容出标准领料清单，指导生产人员从仓库领取原料以及生产时的投料。在生产计划中考虑产品链中前道与后道的衔接，各种加工指令、商品资料、门店资料、成分资料等下发到各生产自动化设备。加工车间人员根据加工批次加工调度，协调不同量商品间的加工关系，满足配送要求。

讨论与分析：

1. 现代物流中的流通加工合理化应满足哪些要求？
2. 阅读本案例后，你是如何对流通加工进行再认识的？

方案：采用分组讨论模式，训练团队协作精神。

六、配送

（一）配送的概念

配送是在经济合理区域范围内，根据用户要求，对物品进行拣选、加工、包装、分割、组配等作业，并按时送达指定地点的物流活动。准确把握配送概念应掌握以下几个要点：

1. 配送应以用户要求为出发点

配送是从用户利益出发、按用户要求进行的一种活动，在整个配送活动中，用户占主导地位，配送企业居服务地位。

2. 配送是一种“中转”形式

配送是从物流节点至用户的一种特殊送货形式。其特殊性表现为：从事送货活动的是专业流通企业，而不是生产企业；工厂送货一般是直达型送货，而且是生产什么送什么，配送则是用户需要什么送什么，为此就必须在一定中转环节筹集这种需要，因而配送必然以中转形式出现。

3. 配送是“配”和“送”有机结合

配送是在全面配货基础上，完全按用户要求，包括种类、品种搭配、数量时间等方面的要求所进行的运送。配送利用有效的分拣、配货等理货工作，使送货达到一定的规模，以利用规模优势取得较低的送货成本。

4. 配送要选择合理的方式

不同的配送方式会产生不同的配送成本。在存在满足用户需要的多个可选择方案时，应选择最合理的方式，以最小成本完成配送活动。此外，配送是按照用户要求进行的活动，但有时受用户本身的局限，“用户要求”实际会造成其自身或双方利益受损，因此，配送者必须以“要求”为依据，正确引导用户，共同选择合理的配送方式，实现共同受益。

（二）配送计划的制订与实施

1. 配送计划的种类

包括配送主计划、每日配送计划和特殊配送计划。

（1）配送主计划。是指针对未来一定时期内，对已知客户需求进行前期的配送规划，便于对车辆、人员、支出等作统筹安排，以满足客户的需要。

（2）每日配送计划。是针对上述配送主计划，逐日进行实际配送作业的调度计划。

（3）特别配送计划。是指针对突发事件或者不在主计划规划范围内的配送业务，或者不影响正常性每日配送业务所作的计划。

2. 配送计划制订的步骤

（1）确定配送计划的目的。

（2）收集相关数据资料。

（3）整理配送的七要素，包括：货物、客户、车辆、人员、路线、地点、时间这七项内容，也称作配送的功能要素。

（4）制订初步配送计划。

（5）与客户协调沟通。

（6）确定配送计划。

3. 配送计划的实施

（1）下达配送计划。配送计划确定后，将到货的品种、规格、数量分别通知用户和配送点，以便用户作好接货准备，配送点作好配送准备。

（2）按计划给配送点进行配货。各配送点按配送计划审定库存物品的保有程度，若有缺货情况应立即组织进货。

（3）装车发运。各理货部门按计划将各用户所需的各种货物进行配货后，将各用户货物组合装车，发货车辆按指定线路送达用户，并通知财务结算。

【知识拓展】 配货作业的实施方法

配货单位可根据情况采用托盘、箱、单品形式或其混合形式进行作业。配货方法也可分为多品种少量时的单品、中品种多量时的整箱和少品种多量时的托盘等进行配货的方法。

在多品种少量的情况下，主要考虑进行单品的配货。商品保管时采用平置式轻量、中轻量货架，或重力式货架、回转式货架等，或几种货架组合使用。可以引入数字表示和回转货架控制等的计算机辅助配货系统（CAPS），引入合适的配货线进行自动化配货。可根据商品的属性、重量、配送形式等采用依据配货清单的指示配货、依据价格标签等的标签配货、依据数码显示的数字配货、利用配货卡的数字配货等方法。在中品种多量的情况下，主要考虑进行整箱的配货。商品保管采用托盘货架或高层货架，如果商品属轻量小型则采用手动车；如果商品属重量型且数量大则采用自动牵引车挂1至2台拖车的方法。

在少品种多量的情况下，主要考虑进行托盘的配货。保管可使用托盘货架或高层货架，也可以不使用货架，直接在地面上码放或堆垛存放。装卸则采用叉车进行作业。根据配货条件确定配货方式。根据计算机系统中的订货数据，将配货清单以托盘、箱、单品分别按商品存放位置顺序进行打印。按照打印配货清单进行指示配货是配货作业的基础。配货的方式可根据配货商品的订单件数（E）、商品种类数（I）和订货量（Q）的EIQ分析等方法进行判断，决定采用摘取式或播种式方式进行配货作业。

摘取式配货：摘取式配货作业是按订单为单位，对订单中的商品进行配货后汇集成一个出库单位的配货方式。播种式配货：播种式配货作业是将计算机系统中存储的各个订单内容，以一天中一定时间段为订单截止时间，按每一种商品的汇总进行配货清单的打印，然后从商品的保管场所将每种商品拣出，在商品分货区将商品再按订货方进行分配的方式。效率化地进行商品配货，必须知道什么商品在保管场所的什么地方存放。配货清单按商品保管场所的地址代码顺序进行打印，并打印有商品的代码，可以使配货作业既快速又准确。

标签配货的运用。标签配货是出库指示、标贴价签和验货合一的配货方法。价格标签是对必要的客户所提供的服务。在得到订货信息的同时，计算机系统所输出的配货清单用专用的打印机以价格标签的形式打印。由于是按商品的配货数打印的价签，在贴价格标签的同时进行配货，价签用完时，配货作业也就结束了。因为贴价签和验货同时进行，因此也叫做标签验货。以单品进行配货的作业，原则上使用价签配货，可以将误配率降低到0.2%以下。

数字配货的优势。所谓数字配货，是以输入计算机系统的订单数据为基础，将商品配货数量等信息通过计算机系统在配货货架的装置上进行数字表示和利用配货的数字卡等手段，是计算机辅助配货系统的代表性方法之一。可以有效地防止阅读配货清单的错误和商品地址的错误，大幅度提高配货的效率，还减少了商品和数量的配货差错，能够达到0.1%的误配率。数字配货能够事先掌握商品的缺货，可以得到客户的信赖。

配货系统的最佳组合。为了达到最效率化的配货作业效果，就必须将构成配货要素的内容进行合理组合。就是根据配货商品的形状、配货频度和数量等，组成最适宜的配货流程。配货单位有单品、整箱和托盘等配货方法，配货方式有摘取式和播种式，作业方式有清单指示方式和计算机系统辅助方式等。

清单指示配货作业方式花费时间并容易出现错误，而计算机系统辅助方式更适合于多品种少量、多频度的配货，并得到广泛应用。建立先进的物流系统，计算机信息系统是必不可少的。信息系统的实时性和网络化能使订货信息同时作为配货信息进行输出，并可实现多品种少量、多频度商品配送的目的。即使在同一个配送中心，也必须按商品的订货频度、订货量、尺寸、重量等因素进行合理的配货组合，提高配货作业的效率。

（三）配送的一般作业流程

配送的一般作业流程，只能说是配送活动的典型作业流程模式。在市场经济条件下，用户所需要的货物大部分都由销售企业或供需企业某一方委托专业配送企业进行配送服务，但货物商品特性不一样，配送服务形态也各种各样。一般认为，随着商品日益丰富，消费需求个性化、多样化，多品种、少批量、多批次、多用户的配送服务方式，最能有效地通过配送服务实现流通终端的资源配置，是当今最具时代特色的典型配送活动形式。并且，这种类型配送活动服务对象繁多，配送作业流程复杂，将这种配送活动作业流程确定为通用、标准流程，最具有代表性，配送的一般作业流程如图2-3所示。

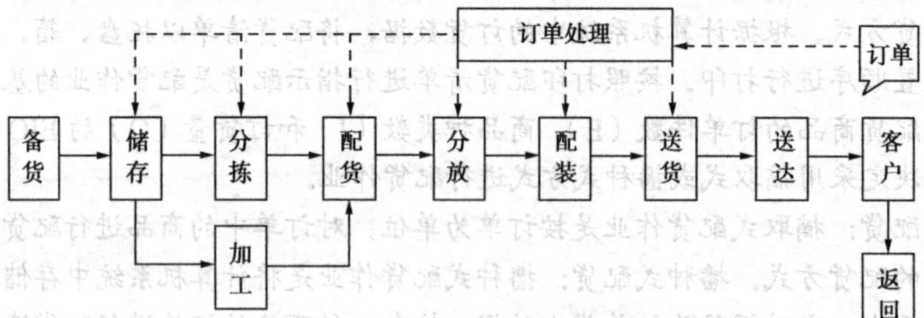

图2-3 配送一般业务流程

【知识拓展】 配送合理化的判断标志

对于配送合理化与否的判断，是配送决策系统的重要内容，目前国内外尚无一定的技术经济指标体系和判断方法，按一般认识，以下若干标志是应当纳入的。

1. 库存标志

库存是判断配送合理与否的重要标志。具体指标有以下两方面内容：

（1）库存总量。库存总量在一个配送系统中，从分散于各个用户转移给配送中心，配送中心库存数量加上各用户在实行配送后库存量之和应低于实行配送前各用户库存量之和。此外，从各个用户角度判断，各用户在实行配送前后的库存量比较，也是判断合理与否的标准。库存总量是一个动态的量，上述比较应当是在一定经营量前提下。在用户生产有发展之后，库存总量的上升则反映了经营的发展，必须扣除这一因素，才能对总量是否下降做出正确判断。

（2）库存周转。由于配送企业的调剂作用，以低库存保持高的供应能力，库存周转一般总是快于原来各企业库存周转。此外，从各个用户角度进行判断，各用户在实行配送前后的库存周转比较，也是判断合理与否的标志。

为取得共同比较基准，以上库存标志，都以库存储备资金计算，而不以实际物资数量计算。

2. 资金标志

总的来讲，实行配送应有利于资金占用降低及资金运用的科学化。具体判断标志如下：

（1）资金总量。用于资源筹措所占用流动资金总量，随储备总量的下降及供应方式的改变必然有一个较大的降低。

（2）资金周转。从资金运用来讲，由于整个节奏加快，资金充分发挥作用，同样数量的资金，过去需要较长时期才能满足一定供应要求，配送之后，在较短时期内就能达到此目的。所以资金周转是否加快，是衡量配送合理与否的标志。

（3）资金投向的改变。资金分散投入还是集中投入，是资金调控能力的重要反映。实行配送后，资金应当从分散投入改为集中投入，以能增加调控作用。

3. 成本和效益标志

总效益、宏观效益、微观效益、资源筹措成本都是判断配送合理化的重要标志。对于不同的配送方式，可以有不同的判断侧重点；例如，配送企业、用户都是各自独立的以利润为中心的企业，则不但要看配送的总效益，而且还要看对社会的宏观效益及两个企业的微观效益，不顾及任何一方，都必然出现不合理。又例如，如果配送是由用户自己组织的，配送主要强调保证能力和服务性，那么，效益主要从总效益、宏观效益和用户企业的微观效益来判断，不必过多顾及配送企业的微观效益。

由于总效益及宏观效益难以计量，在实际判断时，常以按国家政策进行经营，完成国家税收以及配送企业与用户的微观效益来判断。对于配送企业而言（投入确定了的情况下），则企业利润反映配送合理化程度。对于用户企业而言，在保证供应水平或提高供应水平（产出一定）前提下，供应成本的降低，反映了配送的合理化程度。成本及效益对合理化的衡量，还可以具体到储存、运输具体配送环节，使判断更为精细。

4. 供应保证标志

实行配送，各用户的最大担心是害怕供应保证程度降低，这是个心态问题，也是承担风险的实际问题。配送的重要一点是必须提高而不是降低对用户的供应保证能力，才算实现了合理。供应保证能力可以从以下几方面判断：

（1）缺货次数。实行配送后，对各用户来讲，该到货而没有到货以致影响用户生产及经营的次数，必须下降才算合理。

（2）配送企业集中库存量。对每一个用户来讲，其数量所形成的保证供应能力高于配送前单个企业保证程度，从供应保证来看才算合理。

（3）即时配送的能力及速度是用户出现特殊情况的特殊供应保障方式，这一能力必须高于未实行配送前用户紧急进货能力及速度才算合理。

特别需要强调一点，配送企业的供应保障能力，是一个科学的合理的概念，而不是无限的概念。具体来讲，如果供应保障能力过高。超过了实际的需要，属于不合理。所以追求供应保障能力的合理化也是有限度的。

5. 社会运力节约标志

末端运输是目前运能、运力使用不合理，浪费较大的领域，因而人们寄希望于配送来解决这个问题。这也成了配送合理化的重要标志。运力使用的合理化是依靠送货运力的规划和整个配送系统的合理流程及与社会运输系统合理衔接实现的。送货运力的规划是任何配送中心都需要花大力气解决的问题，而其他问题的解决有赖于配送及物流系统的合理化，判断起来比较复杂。可以简化判断如下：

（1）社会车辆总数减少，而承运量增加为合理；

（2）社会车辆空驶减少为合理；

（3）一家一户自提自运减少，社会化运输增加为合理。

6. 用户企业仓库、供应、进货人力物力节约标志

实行配送后，各用户库存量、仓库面积、仓库管理人员减少为合理；用于订货、接货、供应的人应减少才为合理。真正解除了用户的后顾之忧，配送的合理化程度则可以说达到一个高水平了。

7. 物流合理化标志

配送必须有利于物流合理。这可以从以下几方面判断：

（1）是否降低了物流费用；

（2）是否减少了物流损失；

（3）是否加快了物流速度；

（4）是否发挥了各种物流方式的最优效果；

（5）是否有效衔接了干线运输和末端运输；

（6）是否不增加实际的物流中转次数；

（7）是否采用了先进的技术手段。

物流合理化的问题是配送要解决的大问题，也是衡量配送本身的重要标志。

【相关案例】 CDC快餐有限公司的物流配送问题

埃瑞克是一家快餐连锁公司的配送经理。他负责公司的配送中心管理和运输管理。CDC有100多个门店出售中式快餐。所需要的原材料首先要送到加工中心，经过切、浸、重新包装等工序之后配送到各个门店。

以前，仓库与运输车队是由生产部门来管理的。然而，随着公司规模的扩大，门店的增多，生产部门的工作负担逐渐增加。高层管理人员已经意识到配送的重要性，于是将仓库管理与运输管理从生产部门中分离出来，单独成立一个配送部。所以配送管理这个职位对埃瑞克来说是一个新挑战。

由于配送部是新成立的部门，埃瑞克的主要工作就是了解仓储与运输系统的现状。总裁告诉埃瑞克他所关心的是现在配送成本不断地增加，但配送生产率却在降低。他希望埃瑞克设计一个新方案，降低成本的同时改善配送服务。

在对运作系统详细调查之后，埃瑞克发现在订单的传递过程中有很多错误，门店经理抱怨订单经常发生错误，主要有丢失订单、少了订购项目、送来的货物与订购的货物不符、数量错误等。虽然所有的订单和投诉都有记录，但是高层管理人员从来没有收到这方面的数据。而且，配送系统没有单独的一套标准或措施来衡量绩效。

员工方面也有问题。因为仓库和运输车队是以传统的方式来管理的。集中决策，很少让第一线的工人参与进来。平时也很少对员工进行培训。结果，员工没有积极性去发现机会来改善目前的状况。员工的低士气表现在他们的具体工作中。他们不是以顾客服务来定位的。他们不关心顾客的需求是什么。工作时没有责任心。结果，传递订单时常出现错误，仓库堆放杂乱，到处是垃圾、破盒子、坏托盘，盗窃率也很高。甚至运输经理要求工人穿制服时，得到的是一连串的污言秽语。

讨论与分析：

总裁要求埃瑞克准备一份关于目前配送问题的概要，以及解决问题的对策。请帮助埃瑞克来完成这项任务。

方案：采用分组讨论模式，训练团队协作精神。

2.3 物流信息系统

一、物流信息

（一）物流信息的概念

物流信息是反映物流各种活动内容的知识、资料、图像、数据、文件的总称。

物流信息是物流活动中各个环节生成的信息，一般是随着从生产到消费的物流活动的产生而产生的信息流，与物流过程中的运输、保管、装卸、包装等各种职能有机结合在一起，是整个物流活动顺利进行所不可缺少的。它总是伴随其他物流职能的运行而产生，又不断地对其他物流职能以及整个物流起支持保障作用。物流信息是现代物流区别于传统物流的关键所在。按信息的作用不同分类：

（1）计划信息。指的是尚未实现的但已当作目标确认的一类信息，如物流量计划、仓库吞吐量计划、车皮计划，以及与物流活动有关的国民经济计划等。

（2）控制及作业信息。是物流活动过程中发生的信息，带有很强的动态性，是掌握物流现实活动状况不可缺少的信息，如库存种类、库存量、在运量、运输工具状况、物价、运费、投资在建情况、港口发到情况等。

（3）统计信息。是物流活动结束后，对整个物流活动的一种终结性、归纳性的信息。

（4）支持信息。是指能对物流计划、业务、操作有影响或有关的文化、科技、产品、法律、教育等方面的信息，例如物流技术的革新、物流人才需求等。

（二）物流信息的特征

1. 信息量大

物流信息随着物流活动以及商品交易活动展开而大量发生，多品种少批量生产和多频度小数量配送使库存、运输等物流活动的信息大量增加。零售商广泛应用 POS 系统读取销售时点的商品价格、品种、数量等即时销售信息，并对这些销售信息加工整理，通过 EDI 向相关企业传送。同时，为了使库存补充作业合理化，许多企业采用 EOS（电子自动订货系统）。随着企业间合作倾向的增强和信息技术的发展，物流信息的信息量在今后将会越来越大。

2. 动态性强

物流信息的更新速度快、多品种少批量生产、多频度小数量配送与利用 POS 系统的即时销售使得各种作业活动频繁发生，从而要求物流信息不断更新，而且更新的速度越来越快。

3. 来源多样化

不仅在物流系统内的各环节会产生各种不同的物流信息，而且由于物流系统与其他系统（如生产系统、供应系统等）密切相关，因而在物流信息管理过程中还应收集物流系统以外的有关信息，这就会使物流信息的分类、研究及筛选等工作的难度增加。

4. 联系性

来自于物流过程的各种信息之间存在十分密切的联系。如采购信息和库存信息之间存在一定的数量关系，订货信息和分拣配货信息、发货信息之间又存在因果关系，等等。

5. 趋于标准化

基于物流活动的系统性特征，基于物流系统多环节特征，基于物流服务的社会化特征，基于物流信息处理手段电子化要求，物流信息作用的成分，标准化要求越来越高。

（三）物流信息的基本功能

1. 衔接功能

物流系统与社会经济运行中许多行业、部门以及众多的企业群体之间有着十分密切的关系，无论是物流系统内部的各种指令、计划、数据、报表等，还是其他的方方面面，都依靠物流信息建立起各种纵向和横向的联系，衔接生产企业、批发商、零售商、消费者，满足各方面的需要。

2. 交易功能

交易活动包括记录订货内容、安排存货任务、作业程序选择、定价开票以及消费者查询等。

3. 引导和协调功能

物流信息随着物资、货币及物流当事人的行为等信息载体进入物流供应链中，依靠物流信息及其反馈可以引导供应链结构和物流布局的优化，协调人、财、物等物流资源的配置，促进物流资源的整合和合理使用。

4. 控制功能

对于企业物流服务水平和资源利用的管理，需要信息的控制功能。通过移动通信、计算机信息网络、电子数据交换、全球定位系统等技术实现物流活动的电子化，如货物实时跟踪、车辆实时跟踪、库存自动补货等，用信息化代替传统的手工作业，能实现对物流运行、服务质量和成本等的有效管理与控制。

5. 决策功能

物流信息是制订决策方案的重要基础和关键依据，物流管理决策过程的本身就是对物流信息进行深加工的过程，是对物流活动的发展变化规律性认识的过程。物流信息可以协助物流管理者鉴别、评估并比较物流战略后的可选方案，如车辆调度、库存管理、设施选址、资源选择、流程设计以及有关作业比较和安排的成本—收益分析等，在物流信息的帮助下做出科学的决策。

6. 战略功能

通过有效的物流信息的支持，有助于开发和确立物流战略。作为决策分析的延伸，物流战略计划涉及物流活动的长期发展方向和经营方针的制订，如企业战略联盟的形成、以利润为基础的顾客服务分析等。

7. 价值增值功能

物流信息本身是有价值的，而在物流领域中，流通信息在实现其使用价值的同时，其自身的价值又呈现增长的趋势，即物流信息本身具有增值特征。另外，物流信息是影响物流的重要因素，它把物流的各个要素以及有关因素有机地组合联接起来，以形成现实的生产力和创造出更高的社会生产力。

二、物流信息技术装备

物流信息技术装备是物流系统中关键的组成部分。现代物流的发展是以信息技术、通信技术和物流技术的应用为前提的。没有现代的信息技术、通信技术和先进的物流技术的支撑，物流是难以得到发展的。

（一）物流信息技术装备概述

信息技术是指获取、传递、处理、再生和利用信息的技术，是物流现代化的重要标志。物流信息技术也是物流技术中发展最快的领域，从数据采集的条形码系统，到办公自动化系统中的微型计算机、互联网、各种终端设备等硬件以及计算机软件都在日新月异地发展。同时，随着物流信息技术的不断发展，产生了一系列新的物流理念和物流经营方式，推进了物流的变革。

物流信息技术装备主要由通信、软件、面向行业的业务管理系统三大部分组成，包括基于各种通信方式基础上的移动通信手段、全球卫星定位（GPS）技术、地理信息（GIS）技术、计算机网络技术、自动化仓库管理技术、智能标签技术、条形码技术、射频识别技术、电子数据交换技术等现代尖端科技。在这些尖端技术的支撑下，形成以移动通信、资源管理、监控调度管理、自动化仓储管理、业务管理、客户服务管理、财务管理等多种信息技术集成的一体化现代物流管理体系。

（二）常见的物流信息技术装备

1. 条形码技术与 POS 机

条形码（图 2-4）是由一组规则排列的条、空及字符组成的，用以表示一定信息的代码，有时也称为条形码符号。常见的条形码是由反射率相差很大的黑条（简称条）和白条（简称空）组成的。

近年来，随着计算机应用的不断普及，条形码的应用得到了很大的发展。条形码可以标出商品的生产国、制造厂家、商品名称、生产日期、图书分类号、邮件起止地点、类别、日期等信息，因而在商品流通、图书管理、邮电管理、银行系统等许多领域都得到了广泛的应用。

6 902018 994262

图 2-4 条形码

条形码技术用于物流信息系统中，完成计算机的信息采集与输入。条形码的应用和推广首先源于商品管理现代化，即 POS 系统的应用。POS 机除了在现金收存机上给顾客打印收据外，还为商店提供精确的存货控制。POS 系统简化了工作流程，提高了工作效率，它的应用给企业带来了信息面、管理面和企业内部稽核面上的综合效益。

2. 射频技术装备

无线射频识别技术（Radio Frequency Identification，RFID）的基本原理是电磁理论。射频系统的优点是不局限于视线，识别距离比光学系统远，射频识别卡可具有读写能力，可携带大量数据，难以伪造，且有智能。RFID 适用于物料跟踪、运载工具和货架识别等要求非接触数据采集和交换的场合，由于 RFID 标签具有可读写能力，对于需要频繁改变数据内容的场合尤为适用。

我国 RFID 的应用已开始多年，一些高速公路的收费站口使用 RFID 可以实行不停车收费。我国铁路系统使用 RFID 记录货车车厢编号的试点已运行了一段时间。一些物流公司也将 RFID 用于物流管理中。

3. EDI 技术

EDI（Electronic Data Interchange）即电子数据交换，是指通过电子方式，采用标准化的格式，利用计算机网络进行结构化数据的传输和交换，俗称“无纸化贸易”。电子数据交换技术自问世以来，因其技术先进，可大大减少贸易文件及文件处理成本，因而受到世界各国普遍重视，发展迅速。现在，EDI 用户根据国际通用的标准格式编制电文，以机器可读的方式将结构化的信息（如发票、海关申报单、进出口许可证等“经济信息”）按照协议经过通信网络传送。报文接受方按国际统一规定的语法规则对报文进行处理，通过相应的管理信息系统，完成综合的自动交换和处理。EDI 遵循一定的国际标准或行业规则，自动地进行数据发送、传送及处理，而不需人工介入，从而实现事务处理或贸易自动化。

4. GPS 技术及装备

GPS 即全球定位系统（Global Positioning System），是美国从 20 世纪 70 年代开始研制，历时 20 年，耗资 200 亿美元，于 1994 年全面建成，具有在海、陆、空进行全方位实时三维导航与定位能力的新一代卫星导航与定位系统。它通过接受美国发射的 24 颗卫星中任意 3 颗以上卫星所发射的导航信号，可以在任何地点、任何时候准确地测量到物体瞬时的位置，确切地说是物体的经纬度、高度、速度等位置信息。

GPS 系统包括三大部分：空间部分——GPS 卫星星座；地面控制部分——地面监控系统；用户设备部分——GPS 信号接收机。

5. GIS 技术

GIS 即地理信息系统（Geographic Information System），是一种基于计算机的工具，它可以对在地球上存在的东西和发生的事件进行成图和分析。GIS 技术把地图这种独特的视觉化效果和地理分析功能与一般的数据库操作（如查询和统计分析等）集成在一起。这种能力使 GIS 与其他信息系统相区别，从而使其在广泛的公众和个人、企事业单位中解析事件、预测结果、规划战略等中具有实用价值。

（三）物流软件

随着经济发展，国内物流业近几年有了长足进步。国内的部分物流公司迅速崛起，业务能力越来越强，经验也有所积累。但与此同时带来的是管理难度的加大。为了能得到进一步发展，必须做到对客户更完善的服务，增加业内的竞争力。因为物流业的竞争之残酷也是有目共睹的。

问题在于手工作业条件下，出错的概率是非常高的，时有错货、串货事故发生，这对于客户来讲是灾难性的，客户对物流公司的印象也会因此大打折扣。这一切，需要物流软件来进行物流信息的收集、存储、传输、加工整理、维护和输出，为物流管理者及其他组织管理人员提供战略、战术及运作决策的支持，以达到组织的战略竞优，提高物流运作的效率与效益。为了满足客户需要，一般的物流软件应通常具有以下特点：

第一，集成化。物流公司规模越来越大，业务外延扩展很快，物流软件就应该是一体化的软件系统，真正实现业务集成。

第二，精益化。客户对物流运作与管理的要求越来越高，需要物流软件能提供更具体和细化的管理服务功能。

第三，智能化。即客户企业要处理的业务越来越复杂，个性化需求越来越多，自动化水平不断提升，要求物流系统也必须能对客户业务运作提供良好的技术支持与管理手段，提高运作效率。

随着物流信息化建设的不断深化，物流软件作为物流信息系统的核心将会在功能上不断深化，这种深化主要朝两个方向发展：

1. 从业务深度上的继续拓展

例如在仓储作业方面，作业管理将更加灵活，如过去管理只注意到上架和拣货作业的管理和控制，建立相应的作业计划，并通过 RF 设备或打印工作令校验码对作业进行控管，新一代的仓储作业管理软件不仅仅能够完成上述功能，还能够根据作业中的物料特性、作业数量以及用户订单需求，自动配置作业计划，并根据仓储物理条件对计划进行优化处理。

2. 从业务广度上的继续拓展

物流软件系统将不断扩充其功能外延，使该系统与用户的其他应用系统如 ERP、Accounting 等应用系统拥有更加友好和实时性强的数据通信和共享界面。另外，系统将会对各种意外作业情况进行科学的处理，使系统对于行业特性具有更强的适应能力。

三、物流信息系统

（一）物流信息系统含义与功能

物流信息系统是指在物流范畴中建立的信息收集、加工、储存、服务工作系统。建立高效的物流信息系统能帮助人们及时获得有用的物流信息，并有效地利用这些信息组织物流活动，协调和控制各业务子系统的正常运行。

物流信息系统具有数据处理功能，业务管理功能和决策支持功能。

1. 数据处理功能

它包括数据的收集、输入、储存、加工、检索、传输和输出。

2. 业务管理功能

它是指利用数据处理功能提供的信息，组织、协调和控制物流活动，完成各种业务管理工作。

3. 决策支持功能

它是指利用物流管理信息系统向管理人员提供决策数据，利用辅助决策的计算机软件帮助管理人员和领导者进行决策，制订计划等。

（二）物流信息系统的结构

1. 数据层

该层的功能是将收集加工的物流信息以数据库形式加以储存。

2. 业务层

该层的功能是对合同、票据、报表等进行日常处理。

3. 运用层

该层的功能包括车辆运输路径选择、仓库作业计划、仓库管理等涉及当前运行的短期决策。

4. 控制层

该层的功能是建立物流系统的特征值体系，制订评价标准，建立控制与评价模型，根据运行信息检测物流系统的运行状况。

5. 规划层

该层的功能是建立各种物流系统分析模型，辅助高层管理人员制订物流战略规划。

（三）物流信息系统运行的要求

（1）开放性：便于和外部系统连接；

（2）可扩展性：便于系统功能逐步完善，不一定要一步到位；

（3）安全性：一要防止信息丢失、被篡改，二要防止信息被盗；

（4）快速反应：争取第一时间获得信息，对不正常事件及时预警；

（5）协同性：企业内部各部门间的信息协同，和外部信息的协同；

（6）信息的集成性：便于统一管理；

（7）支持远程处理：适应信息网络化要求。

【相关案例】　安得物流的信息化

当安得物流铺设全国各地网点这个“地网”的时候，信息系统这个“天网”也在紧锣密鼓地进行中，“天网”与“地网”的结合效应正是安得在成立之初提出的网络概念，为全国物流需求的大中型制造企业提供物流服务。

在同行眼里，安得物流在信息化方面捷足先登，高效的信息处理手段，始终保持在行业前列。目前公司拥有“安得物流供应链管理信息系统（ALIS）”、其中包括“远程视频监控系统”、“GPS 车辆管理系统”、“安得网络办公平台”、“安得物流知识平台”、“人力资源管理平台”等多个模块。

安得网络化实体运作，160 多个物流服务平台遍布全国，信息系统的应用就是将众多网点一体化运作的一大命脉。在最初由软件开发商开发信息系统，不能满足客户随需而为的要求，于是，为了开发适合于自身需求的信息系统，安得决心自己组建开发团队。

安得的信息化始终以框架为基础，坚持整体设计、分布开发、分步实施的原则，采用模块设计方式，开发完成一个模块实施一个模块，避免求大求全。软件开发坚持以实用为本，避免片面追求功能或技术先进，以免导致投资浪费、项目周期加长、应用性降低等问题。

2004 年 7 月，由安得人自主研发、具有自主知识产权的安得物流供应链管理信息系统（ALIS 2.0）仓储系统正式上线启用。至今安得物流供应链管理信息系统已有订单系统、运输系统、配送系统、财务系统、人力资源系统、合同管理、保险管理、接口系统决策分析、计划管理等多个模块先后使用。

ALIS 在运用过程中追求信息准确性、全面性和实时性。在公司信息的快捷传递中功不可没，成为网络化运营不可或缺的工具。ALIS 不但很好地解决了自身内部的信息互联互通的需要，还能与客户、供应商、GPS 系统等外部信息系统进行电子数据交换。另外，ALIS 的决策分析模块也是其独特的地方，为自身内部管理效率的提升和客户服务水平方面不断提高作出了贡献。

这只是安得信息化展现的一角，随后，"远程视频监控系统"、"GPS 车辆管理系统"、"安得物流资源管理系统"等相继推出，为提升管理效力与提高客户服务价值的方方面面保驾护航。

"远程视频监控系统"和"GPS 车辆管理系统"是公司远程运营监控和管理的重要系统。目前"远程视频监控系统"和"GPS 车辆管理系统"已经完成了与 ALIS 的无缝对接。针对物流信息的特点，在不能完全应用 GPS 车辆管理系统的情况下，安得物流建立了综合信息处理的呼叫中心，呼叫中心成立案例荣获了"美国供应链管理专业协会最佳案例奖"。

"网络办公平台"作为公司内部管理的有效手段，通过集成短信、文件审批等功能，为公司信息的快捷传递起到了十分重要的作用，如今已是公司文化传播的重要载体，是网络化管理的重要屏障。

"知识平台"是安得物流为员工提供的实时知识管理平台，利用此平台，可以随时查询和分享公司相关信息，从而使员工的知识得以积累和加强。

在信息化中起个大早的安得并未停止向前的脚步，一直以"向前看"的眼光来看待物流企业的信息化，这源于物流市场的瞬息万变。客户需求在不停地变化，开发的系统往往需要不停地修改。建立适合自身业务向前发展需求的信息化，这正是安得信息化"量体裁衣"追求完美的动力所在。

（四）物流信息系统的主要工作

完整的物流信息系统工作内容是非常复杂的。目前这种系统尚不多见，较多的是各种子系统，如供应物流信息系统、企业内部物流信息系统、销售物流信息系统、订货及结算信息系统等。一般来讲，完整的销售物流信息系统应具备以下基本功能：

1. 即时或定时掌握系统现状

通过计算机网络或其他传递方式即时或定时掌握住各流通中心、仓库及销售网点的库存量、库存能力、配送能力、在途数量、客户地址、客户接货及发货能力、结算账号等。采用计算机或其他方式（如卡片）储存。

2. 接受订货

通过中心销售部门或各网点接受订货或购买要求，由信息中心进行处理，制订供货计划。

3. 指示发货

信息中心接受订货后，根据用户信息及网点状况，确定发货网点或仓库，通过计算机网络或其他方式向网点或仓库发出发货指示书。

4. 配送计划

大型配送中心，根据发货指令，选定配送路线和配送车辆，制订最优配送计划并发出配送指令。

5. 反馈及结算

发货及配送信息及时反馈给信息中心，并以此为据通知部门结算。

6. 日常管理

及时计算订货、发货余额，库存水平等，以进行库存管理、订发货管理。

7. 补充库存、改变生产计划指令

根据前期供求状况对近期情况做出预测，据此发出补充库存或增减生产数量的指令。

8. 与系统外衔接

及时掌握系统外生产情况、近期产量，向生产厂发出订货通知，对系统外物流业发出运输、储存要求并与系统进行信息交换。

【案例研讨】 全日食连锁店的配送中心

全日食株式会社目前在日本拥有2000家自愿加盟的连锁店，其中绝大部分是中、小型的超市。全日食公司在日本共有13个配送中心，每天出货量约1万箱。其中一个配送中心位于日本东京，负责为东京东5个县的570个加盟店配送商品。

东京的配送中心，推行零库存政策，要求信息精确管理，以达到进货、出货的精确性。该配送中心对单店一个星期配送3次，有35部配送卡车，员工70位，其中一半是临时工。该配送中心在每天早晨9:30以前就把所有的货物送到各家店铺了，所以在9: 30之后进入该配送中心，就会发现那是一个整洁、空荡的大仓库。

为了节省时间，该配送中心在进货的同时就开始验货。而且切实运用信息管理，充分利用POS机上收集的资料，算出最适合的进货数量、项目等。18年前引入全日食连锁店体系的信息管理系统，对该连锁体系贡献巨大。例如，几年前，一次电脑出故障，停用了一天，结果动用了236个人来应付此状况，由此可见，信息系统所节省的人力成本是多么可观。总之，全日食连锁体系在加盟体系的竞争力充实之后，就开始整合，成立配送中心，加盟店每天要的商品，都是用电子订货系统EOS向总部订货，由配送中心配送，目前他们的配送中心能够达到“零库存”管理，即所谓的通过型的配送中心，切实提高了物流的效率。

因为在零售和物流方面的成功，全日食公司能突破既有限制，使销售上的毛利能够提高20%～26%。

在全日食的经营体系中，其相当重要而且成功之处就是运用POS资料，来妥善指导各加盟店，并且建立生鲜、干货分别处理的配送中心。由于其总部指导者拥有对销售分析的第一手信息，就能够用调查数据去指导各加盟店，并且在物流上，做到生鲜品的低温保鲜配送，以及零库存的生鲜配送。

讨论与分析:

1. 讨论信息对配送运作的重要性。
2. 全日食配送中心是如何利用信息系统进行工作的?

同步测试

一、填空题

1．所谓物流系统，是指在一定的________和________里，由所需输送的________和包括有关设备、输送工具、物流设备、人员以及通信联系等若干相互制约的动态要素构成的具有特定功能的________。物流系统和一般系统一样，具有________、________及________三大功能。

2．________和________是物流作业系统的两大主体功能要素。

3．多式联运就是指按照多式联运合同，以至少________不同的运输方式，由多式联运经营人将货物从________的地点运至指定________的地点。

4．一般情况下，每个托盘的载重质量应小于或等于________。为了保证运输途中的安全，所载货物的重心高度，不应超过托盘宽度的________。

5．所谓储存，就是指在保证商品的________和________的前提之下，根据一定的管理规则，在一定的时间内将商品存放在一定的场所的活动。

6．一般来说，当企业的存货量较大、对商品的需求比较稳定且市场密度比较大时，可以考虑________，反之，则应选择________。

7．包装一般可分为________包装与________包装。

8．装卸搬运的方法按其作业对象分类，可分为________作业法、________作业法、________作业法。

9．流通加工是物品从________领域向消费________领域流动的过程中，根据需要施加________、分割、计量、分拣、刷标志、拴标签、________等简单作业的总称。

10．配送是在________区域范围内，根据用户要求，对物品进行拣选、加工、包装、分割、组配等作业，并按时送达________的物流活动。

11．配送的七要素包括：________、________、车辆、人员、路线、________、________。

12．物流信息的基本功能包括：________功能、________功能、________功能、________功能、________功能、________功能、________功能。

二、不定项选择题

1．现实中，物流系统管理的内容包括（　　）。

A．物流系统管理的关键是关注输出的“结果”，即物流服务水平

B．物流系统各要素之间必须按照顺序进行管理

C．物流系统的操作和过程必须在有需要的时候

D．物流系统管理受空间、时间因素的约束

E．物流系统各要素之间实行权衡管理

2．运输基础设施的构成主要包括（　　）。

A．运输线路　　B．运输工具　　C．通信设备　　D．运输站点

3．运输的原理有（　　）。

A．产品转移——创造“场所效用” B．产品短期储存
C．规模经济 D．距离经济

4．运输合理化的决定因素包括有（ ）。
A．运输距离 B．运输环节 C．运输工具
D．运输时间 E．运输费用

5．多式联运的特点包括（ ）。
A．代理性 B．协同性 C．全程性 D．简便性

6．运输的功能有（ ）。
A．产品转移 B．产品储存 C．装卸
D．产品临时储存 E．搬运

7．常用的运输方式有（ ）。
A．公路运输 B．铁路运输 C．水路运输
D．航空运输 E．集装箱运输

8．能实现“门到门”运输的是（ ）。
A．公路运输 B．铁路运输 C．水路运输
D．航空运输 E．管道运输

9．某企业从法国紧急调配120千克的零件，应采用（ ）运输方式。
A．公路 B．铁路 C．水路
D．航空 E．管理

10．水路运输有哪些方式？（ ）
A．沿海运输 B．近海运输 C．近洋运输
D．远洋运输 E．内河运输

11．适合于长距离、大批量货物运输的运输方式有（ ）。
A．公路运输 B．铁路运输 C．水路运输
D．航空运输 E．管理运输

12．与“运输距离”有关的不合理运输现象是（ ）。
A．迂回运输 B．重复运输 C．倒流运输
D．过远运输 E．运力选择不当

13．以下哪些包装材料可以自然降解？（ ）
A．纸盒 B．稻草 C．塑料
D．藤条 E．金属

14．运输包装的功能有（ ）。
A．保护商品 B．方便装卸 C．促销 D．提高效率

15．在装运食品和其他有机碳水化合物物品时，应主要考虑（ ）包装技术。
A．防震 B．防破损 C．防霉腐 D．防碎

16．上海某企业从美国进口一批小麦，应选择（ ）运输。
A．公路 B．铁路 C．水路 D．航空

17．储存在物流过程中的作用主要有（ ）。

A．储存是保证社会再生产顺利进行的必要条件

B．储存是国家满足急需特需的保障

C．通过储存可以调节商品的时间需求，进而消除商品的价格波动

D．通过储存可以降低运输成本，提高运输效率

E．通过商品在消费地的储存，可以达到更好的客户满意度

18．有效的先进先出方式主要有（　　）。

A．贯通式货架系统　　B．“双仓法”储存

C．计算机存取系统　　D．“单仓法”储存

19．下列属于特种包装技术的有（　　）。

A．充气包装　　B．真空包装　　C．拉伸包装　　D．脱氧包装

20．下列属于生鲜食品的流通加工的方式有（　　）。

A．冷冻加工　　B．分选加工　　C．精制加工　　D．分装加工

21．按信息的作用不同分类，物流信息包括（　　）。

A．计划信息　　B．控制及作业信息

C．统计信息　　D．支持信息

22．下列属于物流信息的特征的有（　　）。

A．信息量大　　B．动态性强　　C．来源多样化

D．联系性　　E．趋于标准化

23．常见的物流信息技术装备有（　　）。

A．条形码技术与 POS 机　　B．无线射频识别技术

C．EDI 技术　　D．GPS 技术

E．GIS 技术

24．为了满足客户需要，一般的物流软件应通常具有以下特点（　　）。

A．集成化　　B．精益化　　C．智能化　　D．分散化

三、问答题

1．现代物流的功能要素包括哪些内容？它与传统的运输、仓储有何不同？

2．铁路运输、水路运输、公路运输各有什么特点？各适应哪些运输？

3．运输方式如何分类？运输合理化的有效措施有哪些？

4．储存有哪些作用？如何进行储存商品的养护？储存合理化的实施要点有哪些？

5．装卸作业的主要方式有哪些？如何实现装卸搬运合理化？

6．试论述包装合理化的有效措施。

7．试论述流通加工的作用与流通加工合理化的实施要点。

8．什么是配送？配送合理化的实施要点有哪些？

9．什么是物流信息？物流信息系统运行的要求有哪些？

10．为什么说物流信息是现代物流区别于传统物流的关键所在？

11．说明目前我国利用托盘包装方面的现状和存在的主要问题。

12．举例说明包装标准化对提高物流系统效率的重要性。

四、案例分析

1．乐生乐器厂生产各类中外弦乐器。每年采购长白山红松木，加工成提琴、吉他、胡琴等乐器，人造革琴盒包装。到汽车运输公司雇车将乐器运输到乐器店。运输损坏率高。因为乐器的形状，运输工具的空间利用率低，至使运输费高昂。分析该物流过程，提出改进意见。

2．民以食为天公司的主打产品是面粉，每年从加拿大进口小麦，散装船海运进港，装袋，用汽车运进工厂仓库内存放。每天加工面粉 10 吨，送到粮食批发市场。为防止受潮，采用双层塑料复合袋包装，50 斤一袋，如果面粉超过一个月没卖掉，就低价处理给饲料厂。分析该物流过程，提出改进意见。

3．某物流公司的主要工作是每天从内地粮食产地将玉米装进麻袋，火车运进转运站，晾晒，再将干玉米用皮带机运进粮仓。一个月后，再装麻袋，用火车将粮食运进港口的后方库场落地堆放。运粮船靠泊的前一天，将粮袋由后方库场移至码头前沿。第二天装船时，吊车将麻袋吊至舱口，装卸工割口，将玉米倒进船舱。分析该物流过程，提出改进意见。

4．21 世纪，随着物流业在我国社会经济运行中作用的不断显现，各个领域都在规划自己在物流方面的发展，并逐步形成具有本领域特点的物流体系。但这些物流系统之间缺乏沟通和协调，因此很难使之系统化，一体化就更为遥远了。以铁路和公路两种主要的运输方式而言，在各自规划的节点中，大部分都是“分立”的，也就是说有铁路、铁路站点的地方没有规划相应的公路及公路站点，有公路及公路站点的地方没有规划铁路及铁路站点。只有少数地区同时具备了铁路、公路及其站点的条件，但是也没有将两者“一体化”的规划。仍然是你干你的、我干我的。

请分析下列问题：

（1）分析这样做可能出现的弊病及其产生的后果；

（2）请提出解决这些问题的方案。

5．假如你是一家物流公司的运输管理人员，你的客户向你咨询以下问题，请你从客户利益角度出度，为其选择合适的运输方式，并阐述理由。

（1）从上海至巴西（南美洲）100 千克的发电厂急需零件；

（2）从青岛至英国各主要城市的 1000 台冰箱；

（3）从天津某食用油工厂到长沙的 500 箱食用油；

（4）某牛奶厂在方圆 50 公里内收购牛奶，然后将生产好的包装牛奶运送到本市的超市。

职业导航

招聘 1　运输业务员

职位描述

① 执行公司有关运输作业的规章制度、操作流程，负责运输业务具体日常工作，按公

司运作效率、KPI 指标及安全质量标准等要求完成相应的工作量；

② 检查运输工具，组织对不符合要求的工具进行整改并做好相关记录；

③ 现场指导和监督管理司机、装卸工作业，并填写相关单证、办理交接手续；

④ 在授权范围内，处理现场作业过程中出现的各种异常情况，并及时将信息反馈给上级；

⑤ 负责对当班的运输供应商的工作情况进行记录、考核。

任职资格

两年以上工作经验，有运输业务操作岗位经验者优先。

招聘 2　仓储主管

职位描述

① 组织指导材料、成品入库、仓储、出库等环节的工作，编制相应台账，并报送财务部和生产部；

② 根据公司的生产销售能力，确定原材料及产品的标准库存量；

③ 及时与生产部和市场部沟通，保证生产用原材料的库存供给和市场部发送产品所需的库存供给；

④ 组织人员保证材料库及成品库的仓储环境，确保库存产品或材料的材质不变；

⑤ 制订并实施材料库及成品库的管理制度和管理方法。

任职资格

① 储运专业大专以上学历；

② 受过物流管理、仓储管理等方面的培训；

③ 熟悉物资采购程序；

④ 了解运输方式及其特征，熟悉物流管理业务流程；

⑤ 有很强的自我约束力，独立工作和承受压力的能力；

⑥ 具备高度的工作热情，良好的团队合作精神。

项目实训

广州药业物流系统重组与再造

一、实训目的

通过让学生参与企业物流系统运作案例讨论，达到深刻理解物流功能要素内涵与合理化、物流系统运作模式及发展趋势的目的，以检验学生掌握和灵活运用所学知识的能力。

二、实训地点

投影教室。

三、实训方法

每 4～6 人为 1 个小组，每个小组均要完成案例讨论。

四、实训步骤

1．以小组为单位，学生在学习理论课后阅读并讨论案例，并写出初步讨论结果。

2．在课堂上由小组的代表进行陈述与展示。

3．老师和同学们一起点评、完善和归纳总结。

五、实训内容和要求

1．指出广药的物流系统存在的问题。

2．运用所学知识给广药的物流系统拟订一份解决方案。

3．探讨如何正确处理物流系统各功能要素之间的关系。

案例:《广州药业物流系统重组与再造》

广州药业物流自从1951年以来，经过多年的发展，规模效益日见端倪。但面对目前市场竞争越演越烈，国家对流通企业实行GSP认证等因素，原有的物流管理模式也渐渐不能适应市场的竞争，而且物流成本居高不下，不能形成价格优势。目前，广药面临许多需要改善的问题，最严重的是流通过程中的物流管理滞后，如：各个流通环节分散、重叠，物流成本没有综合核算和控制。这严重阻碍了物流服务的开拓和发展，已成为广药流通业发展的“瓶颈”问题。广药物流流通不畅，具体表现在以下几个方面：

（1）收货地点过分拥塞，指定地点被占用， 收货员不知道将药品放在什么地方；

（2）储存货物通道拥塞，过多的蜂窝形空缺，不同种类药品的不规则混存；

（3）订货拣选，难以找到所需的药品；

（4）包装材料无法利用，产品贴错标签；

（5）药品集结，货场拥塞；药品归类不对；

（6）运输延迟，车辆等待，客户抱怨。

上面几点现象的出现最主要的是缺乏系统管理，问题集中体现在配送中心的功能没有发挥，具体表现在以下几个方面：

1．供应商不稳定，没有实现集中采购、进货。采购成本（包括出差费、通信费、各种手续费、招待费等）较高。目前，广药订货都是随着销售量的变化来确定每次订货的多少，而没有考虑到订货成本、运输成本、库存成本以及每次订货所发生的其他费用。

2．没有实现统一的存货和库存管理。库存比较分散，库存管理未实行单品管理，未强化仓储各种费用的核算和管理。

3．没有实现统一的运输安排，配送率低，以及未加强运输成本的核算，规划合理的运输路线；合理的运输方式；未对药品运输进行整合规划，做到“合理调运”和“合理流向”。

4．药品的搬运环节过多，存在众多重复劳动，药品损耗率过高，装卸时间过长；标准化程度低，药品包装规格不一，未实现包装作业的机械化；组织散装物流能力薄弱。

5．物流设施落后，科技含量低。

目前，由于广药的物流管理过程中存在以上诸多问题，不仅使企业的实物运动不合理，造成成本居高不下，并使企业未取得应有的规模效益和竞争中的价格优势，从而严重影响了企业中商流的顺利进行，最终使规模经营效应在广药企业运作中未能发挥出应有的积极作用。

Module 3 模块3 物流网络与配送中心

学习目标

1. 了解物流网络和配送中心的内涵；
2. 掌握物流网络设计和规划的基本方法；
3. 掌握配送中心选址和布局的基本方法与原则。

导入案例

面对中国物流市场的全面开放，已占据中国国际快递市场最大份额的德国敦豪集团（DHL）13日正式启用位于上海外高桥保税物流园区的物流中心，该物流中心使内地大批出口退税企业不必绕道香港，空运成本能节省九成。

至此，DHL在中国的物流网络扩张投资达到3000万美元，未来5年还将追加2000万美元投资。

外资物流企业抢占中国国内市场具有哪些优势和劣势？上海外高桥保税物流园区的物流中心的启用对DHL有什么意义？DHL为什么会投入巨额资金来扩张在中国的物流网络？

3.1 物流网络

一、物流网络的内涵

所谓物流网络结构，是指由执行物流运动使命的线路和执行物流停顿使命的节点两种基本元素所组成的网络结构。

全部物流活动是在线路和节点上进行的。其中，在线路上进行的活动主要是运输，包括：集货运输、干线运输、配送等。物流功能要素中的其他所有功能要素，如包装、装卸、保管、分货、配货、流通加工等，都是在节点上完成的。

物流网络是以多个物流中心统一布局、合理分工，通过线路相互衔接成节点，形成覆盖一定区域范围的网络。这里的物流中心是指组织、衔接、调节和管理物流活动的据点，分为集货中心、分货中心、配送中心、转运中心、储调中心和加工中心等。广义的物流中心包括港湾、货运站、运输仓库、公共流通商品集散中心、企业自身拥有的物流设施，等等。而狭义的物流中心则排除了铁路货运站、港湾设施、机场设施和道路等物流基础设施部分，专指为有效地保证商品流通而建立的物流综合管理、控制、调配的机构。显然，狭义物流中心的概念侧重的是物流的管理效能和行为。

物流网络的构建原则包括：① 按经济区域建立网络；② 以城市为中心布局网络；③ 要在商物分离的基础上形成网络；④ 同时设置物流信息系统网络。

物流网络将各个分散的节点联接为紧密联系的有机整体，在一个相当广泛的区域内发挥作用。在物流网络中，物流系统不以单个节点为中心，系统功能分散到多个节点处理，各节点间交叉联系，形成网状结构。大规模联合作业降低了系统的整体运行成本，提高了工作效率，也降低了系统对单个节点的依赖性，抗风险能力明显增强。如果某个节点出现意外，其他节点可以很快替补。

由于我国多数物流企业是在传统体制下物资流通企业的基础上发展而来的，企业服务内容多数仍停留在仓储、运输、搬运上，很少有物流企业能够做到提供综合性的物流服务，现代物流服务的功能尚不能得到很好的发挥。我国的物流企业，无论是物流服务的硬件还是软件与现代物流要求提供的高效率低成本的现代物流服务还有较大的差距，物流的统筹策划和精细化组织与管理能力都明显不足。目前的这种现状严重地制约了中国物流企业的发展，很难适应日益激烈的市场竞争，特别是很难面对资金雄厚、技术力量强大的外资物流企业的竞争（中国加入 WTO 后，承诺自 2005 年开始，物流市场对国外物流企业完全开放）。如何推动物流企业的网络化运营，实现规模化经营已成为极为紧迫的事情。

据统计，有 45%的企业将在未来 3～5 年内选择新型现代化物流企业，作为其产品输往市场的主要管道；有超过 40%的企业将把所有综合物流业务全部外包给新型物流企业。有关专家建议，我国物流企业在迎接挑战前，亟须进行自身整合。首先，要向多功能方向发展，不能单纯着眼于运输和仓储；其次是建立起适应网络发展的新型管理机制，保证信息资源共享和畅通；最后是必须有规模经营意识，建立物流企业联盟，形成优势互补，向规模化经营方向迈进。而这一切的进行，必须以企业有一个健全的物流网络为前提。到目前为止，中国许多物流企业都在进一步加快物流的网络化进程步伐。

【知识拓展】 物流公司怎样扩张物流网络？

物流企业扩张物流网络主要有三种方式。其一是从上到下的方式，先编织省级干线网络，再逐步编织二、三级区域网络，比较典型的企业有华宇、佳吉、宅急送等。其二是从下到上的做法，先从二、三级市场开始做起，形成区域性网络后，逐渐向全国扩张，比较典型的企业有山东的佳怡、河南的长通、福建的盛辉等。其三是合纵连横的做法，通过加盟合作的方式，大家共享同一品牌、同一网络，但各自独立法人，独立核算，是松散型的网络结构，比较典型的做法有东方快运、上海天地快运、元智捷成等。

二、物流网络的构成

（一）物流节点

1. 物流节点的概念

物流节点又叫物流节点，是物流网络中连接物流线路的结节之处，所以又称为物流结节点。

现代物流网络中的物流节点对优化整个物流网络起着重要作用，从发展来看，它不仅执行一般的物流职能，而且越来越多地执行指挥调度、信息等神经中枢的职能，是整个物流网络的灵魂所在，因而更加受到人们的重视。所以，在有的场合也称之为物流据点，对于特别执行中枢功能的又称物流中枢或物流枢纽。

物流节点是现代物流中具有较重要地位的组成部分，这是因为物流学形成初期，学者们和实业家都比较偏重于研究物流的若干基本功能，如运输、储存、包装等，而对节点的作用认识不足。物流系统化的观念越是增强，就越是强调总体的谐调、顺畅，强调总体的最优，而节点正是处在能联结系统的位置上，总体的水平往往通过节点体现，所以物流节点的研究是随现代物流的发展而发展的，也是现代物流学研究不同于以往之处。

2. 物流节点的分类功能及作用

物流节点的种类很多，在不同线路上节点的名称也各异，这是受物流学科形成之前，交通运输、外贸、商业等领域各自发展影响，而形成的行业性叫法。

在铁路运输领域，节点的称谓有：货运站、专用线货站、货场、转运站、编组站等。在公路运输领域，节点的称谓有货场、车站、转运站、枢纽等。在航空运输领域，节点的称谓有货运机场、航空港等。在商贸领域，节点的称谓有流通仓库、储备仓库、转运仓库、配送中心、分货中心等。

综观物流节点在物流系统中的作用，物流节点是以以下功能在物流系统中发挥作用的：

（1）衔接功能。物流节点将各个物流线路联结成一个系统，使各个线路通过节点变得更为贯通而不是互不相干，这种作用称之为衔接作用。

物流节点的衔接作用可以通过多种方法实现，主要有：

① 通过转换运输方式，衔接不同运输手段；

② 通过加工，衔接干线物流及配送物流；

③ 通过储存，衔接不同时间的供应物流和需求物流；

④ 通过集装箱、托盘等集装处理，衔接整个“门到门”运输，使之成为一体。

（2）信息功能。物流节点是整个物流系统或与节点相接物流的信息传递、收集、处理、发送的集中地，这种信息作用在现代物流系统中起着非常重要的作用，也是复杂物流储单元能联结成有机整体的重要保证。在现代物流系统中，每一个节点都是物流信息的一个点，若干个这种类型的信息点和物流系统的信息中心结合起来，便成了指挥、管理、调度整个物流系统的信息网络，这是一个物流系统建立的前提条件。

（3）管理功能。物流系统的管理设施和指挥机构往往集中设置于物流节点之中，实际上，物流节点大都是集管理、指挥、调度、信息、衔接及货物处理为一体的物流综合设施。整个物流系统的运转的有序化和正常化，整个物流系统的效率和水平取决于物流节点的管理职能实现的情况。

（二）物流线路

物流线路广义上指所有可以行使和航行的陆上、水上、空中路线，狭义仅指已经开辟的，可以按规定进行物流经营的路线和航线。物流线路有以下几种类型：

（1）铁路线路；
（2）公路线路；
（3）海运线路；
（4）空运线路；
（5）管道线路。

三、物流网络的信息化

因特网技术的出现与大面积推广为企业构建物流网络提供了良好的契机。物流信息的跨地区即时传递提供了经济合理的解决方案，使信息流、商流和资金流的处理得以即时请求、即时完成。互联网的应用使物流信息能够以低廉的成本即时传递，通过完善的物流信息管理系统即时安排物流过程，促使物流行业产生了革命性的变化，导致了物流行业的升级和实现物流的现代化。

由于物流信息能够即时甚至提前于物流过程在相关环节中传递，使得系统可以收集到足够的信息，提前测算并模拟出最佳的物流线路，指导实际的物流过程，使得货物的实际输送过程变得相对自动化，甚至是精确，消除了无效物流和冗余物流，缩短了等待时间，加上自动化的操作水平和即时的响应速度，使得“按需生产、零库存、短在途时间、无间隙传送”成为物流网络运作的理想状态。如果我们将物流系统比喻成一条生产线的话，每个物流过程就像是一道工序，在软件系统的控制之下工作。

在物流网络中，起决定作用的不再是物流设施或者设备的处理能力，而是在物流过程中进行信息采集、管理、分析和调度的物流信息系统。

物流网络的信息化特点表现在以下三点。

1. 物流节点普遍实行信息化管理

物流连接社会生产、生活的各个部分使之成为一个有机整体，每个参与物流过程的环节构成物流系统中的一个节点，单个节点的信息化是物流系统信息化的基础。素材经过筛选和加工才能变成有效的信息，信息经过消化吸收才能转化为生产力，信息化管理不仅仅是广泛利用自动化、机械化设备操作，更重要的是利用自动化设备收集和处理商流、物流过程中产生的信息，对物流信息进行分析和挖掘，最大限度利用有效信息对物流活动进行指导和管理。

2. 整个物流网络具有无限的开放性

整个物流网络构建在开放的物流信息系统上，所有的物流节点都通过网络互相联结，和合作节点互换信息，协同处理业务。基于互联网的开放性，节点的数量可以无限多，每个节点可以与其他任何节点发生联系，快速交换数据，某个节点的变动不会影响其他节点，整个系统具有无限的开放性和拓展能力。在传统模式下，节点之间的信息交换受到技术的限制，自动化的信息交换局限在业务合作的双方或有限的几方。信息交换的范围和速度受到制约，也就制约了物资流通的范围和速度。

3. 信息流在整个物流过程中起导引和整合作用

信息流贯穿于商务活动的始终，导引着商务活动的发展。物流是商流的继续，是商务活动中实际的物资流通过程，同样需要信息流的导引和整合。在紧密联系的网络系统中，每个节点回答上游节点的询问，向下游节点发出业务请求，根据上下游节点的请求和反馈提前安排货物输送过程。信息流在物流过程中起到了事前测算流通路径、即时监控输送过程、事后反馈分析的作用。在环环相扣的物流过程中，虚拟的场景和路径简化了操作程序，极大地减少了失误和误差，使得每个环节之间的停顿时间大幅度降低。

四、物流网络的规划与设计

(一) 物流网络规划与设计的内容

物流网络的规划与设计，即确定产品从原材料起点到市场需求终点的整个流通渠道的结构，包括物流设施的类型、数量与位置、设施所服务的相应顾客群体以及相应产品类别、产品在设施之间的运输方式等；还包括与订货处理、维持存货以及材料搬运等有关的具体工作。

(二) 物流网络规划与设计的方法

随着我国经济的发展和企业的不断壮大，企业已走出单点经营的模式，实现网络化经营，这时候就需要有一个强大的物流系统支持，这时候物流网络对于物流运营绩效以及企业的经营起着重要的影响。但是，如何设计一个能够有效支撑物流运营的物流网络呢？

一般来说，物流网络规划关注以下问题：

（1）企业需要多少个物流中心？

（2）各物流中心应坐落于何处？

（3）各物流中心应存放何种商品？应存放多少？

（4）各物流中心应服务哪些顾客？

（5）顾客如何向物流中心下订单？

（6）物流中心如何向供货商采购？

（7）各物流中心应多久配送一次？

（8）服务水平应订在何处？

（9）如何执行物流任务？

物流网络的规划，基本上都是以追求最低物流总成本与最大顾客满意度为出发点，同时兼顾成本与服务水平，从整合物流角度来规划整体的物流设施网络。由此，物流网络的规划的方法是根据物流设施、存货、运输与服务水平之间的相互关系，找出彼此之间的约束与联系，采用数学的方法与原理，求得最优解。

【相关案例】 鄂尔多斯集团的物流运作

鄂尔多斯集团是目前世界上最大的羊绒制品加工企业，年生产加工羊绒制品 500 多万件，鄂尔多斯内销现已成功地建起了二级市场配送体系。集团 20 多家生产企业加工的产品首先进入内销总公司的储运中心进行分拣，规模庞大的一级自营配送体系按地域、经济、规模原则完成较长距离的配送，将成品直接配送到设在全国省会城市的地区配货中心。各地区配货中心（一般 300 公里为半径进行设置最为经济）根据售出信息及时配货，将市场所需产品立即配送到各网点终端，完成二级配送。一二级配送体系完全按照内部市场链机制，与业务系统、财务系统全部实行契约化管理、有偿服务，按合同契约进行内部市场的第三方物流运作。由于其原料、产品本身的特点及季节性和“寄售业态”的性质决定了二级终端配送的关键。由于终端产品条形码技术的成功运用和准确及时的终端售出信息的反馈，使鄂尔多斯内销配送的成功率、准确率位居全国同行业之首，配送速度、配送效率远远高于全国同行业的水平，能够在最短的时间以最快的速度、最低的运费把最准确的数量产品送到最准确的位置，强有力地支撑、支持着内销市场的不断扩大和销售量的不断提高。

鄂尔多斯内销配送还具有独特的产品调配功能。由于“寄售”业态和客户定货准确率及季节性强等特点，内销的物流配送承担着不同网点、不同地区、不同市场差异性产品的快速调配，一旦发现定货偏差的产品，物流配送系统立即根据市场反馈情况进行各地不同网点的异地调货，确保了鄂尔多斯内销产品的销售及市场占有率的提高，这么强大快速、高效低成本的物流配送是由遍布各网点、各配货中心、各机构的信息网络支撑着。

鄂尔多斯内销物流配送体系拥有自己的计算机信息网络专业机构，成功开发并运用着目前国内服装业最大规模、最经济、最适用的计算机信息系统，高效率低成本支持着鄂尔多斯内销产品20000多个品种、8000多种颜色、500多种规格、300多种纤维成分的订单处理系统、产品入库系统、出库系统、存货系统、售出系统、分析系统、电子报表系统、综合系统等多系统有机运行，是鄂尔多斯内销物流配送系统成功运作的重要部分。

鄂尔多斯内销物流系统成功运作的关键是高效率低成本，其主要经济指标均居全国同行业最低水平，成为鄂尔多斯内销最具竞争力的重要因素之一。

讨论与分析：

1. 请根据案例的描述，画出鄂尔多斯集团的物流网络布局。
2. 你认为鄂尔多斯集团的物流网络还有哪些可改进的地方？

3.2 配送中心

一、配送中心的含义

配送中心是从供应者手中接受多种大量的货物，进行存储保管、分拣、配货、流通加工、信息处理，按下游客户的需求配齐商品，以令人满意的服务进行配送的场所或机构。配送中心的建设是基于物流合理化和发展市场两个需要，是物流系统化和大规模化的必然结果。配送中心也可以看作是流通仓库，同保管型仓库相比，配送中心的主要功能是加快商品周转，提高流通效率，满足客户对物流的高度化需求。物流配送中心按运营主体的不同，大致有四种类型：

（1）以制造商为主体的配送中心；

（2）以批发商为主体的配送中心；

（3）以零售业为主体的配送中心；

（4）以第三方物流为主体的配送中心。

配送中心与保管型仓库的区别见表 3-1。

表 3-1　配送中心与保管型仓库的区别

	仓　库	配送中心
功能	以物资保管为主要功能	入库、验收、保管、备货、分拣、流通加工、检验、出库等，均为配送中心的功能
空间	保管空间	保管空间占一半，其他功能占一半空间
设计	以保管为主体，平面摆放，通路少，未进行严格的场所管理	按照配送中心功能的流转顺序设计，利用货架实行立体存放，有严格的场所管理
事务处理、信息传送的系统化	基本上使用人工完成事务处理和信息的传送	利用信息系统工具和物流信息系统完成事务处理和信息传送
对多样化物流需求的适应力	基本上不能适应	可以适应

二、配送中心的硬件设施与设备

（1）足够的场地、库房和合理的功能分区。

① 管理区；② 进货区；③ 理货区；④ 储存区；⑤ 加工区；⑥ 分拣配货区；⑦ 发货区；⑧ 退货处理区；⑨ 废弃物处理区；⑩ 设备存放及简易维护区。

（2）保障配送中心内各物流功能合理、有效运作的各种设备。

（3）辅助设施，包括库外道路、停车场、站台和铁路专用线等。

三、配送中心的作业环节

配送中心将收货验货、储存保管、装卸搬运、分拣、流通加工、配送、结算和信息处理，甚至包括订货等作业有机地结合起来，形成多功能、集约化和全方位服务的物流枢纽。通过配送中心和各项功能集中整合，可以大大压缩整个物流系统的库存费用，降低整个系统的物流成本，提高企业的服务水平。

1. 集货

为了满足门店“多品种、小批量”的要货需求，以保证消费者在任何时间都能买到所需的商品，配送中心必须从众多的供应商中按需要的品种较大批量地进货，以备齐一定时期内销售所需商品，集货作业包含采购、运输、装卸、收货等环节在内。

2. 储存

为了有效地组织货源，调节商品的生产与消费、进货与销售的时间差，必须储存一定数量的商品。配送中心不是以储存商品为目的，而是为了保障市场供应的需求，以满足配货、流通加工等物流功能的需要而保有相当数量的货物。

3. 拣选

拣选是指在品种繁多的库存商品中，要据门店提供的订货单，将所需品种、规格的商品，按要货量挑选并集中存放的作业过程。这种作业由于门店数量和商品的种类极为繁多，客户遍及全国、世界各地，客户要货的批量极为零星，要货时间十分紧迫，必须限期送到，总的配送量又很大，因此拣选成为配送中心一项复杂困难而又关键的物流作业。

4. 流通加工

流通加工是指物品在从生产领域向消费领域流动的过程中，为了促进销售、维护产品质量和提高物流效率而进行的加工。传统的做法是所有商品均由批发商、制造商向商店直送，导致商店的验货工作极其繁重，操作人员要花大量时间来验货、交接，影响商店正常营业。有了配送中心，可以把验货工作集中转移到配送中心完成。同时，配送中心可根据各商店的不同需求，按照销售批量大小，直接进行集配分货、拆包分装、开箱拆零，也可以重新组配包装。

5. 配送

配送是分货、配货、配装、送货等活动有机结合的系统，同时还可与订货系统紧密联系，发挥更大的经营管理功效。高效的配送系统已成为企业现代营销方式的重要支持条件之一。

6. 信息处理

配送中心须有比较先进完善的信息处理系统，能有效地为整个作业管理过程的决策、控制和运转提供依据。由于配送中心与门店建立直接联系，可即时获得市场销售信息，有利于合理组织货源，控制最佳库存；同时，还可将销售和库存信息迅速、及时地反馈给制造商，以指导产品生产计划的安排。从某种意义上说，配送中心成了整个物流系统和供应链的信息中枢。

四、配送中心的总体规划设计

配送中心的总体规划设计是在物流系统设计的基础上进行的，由于配送中心具有收货验货、库存保管、拣选分拣、流通加工、信息处理以及采购组织货源等多种功能，因此一般占地面积多，建筑规模大。配送中心总体设计必须重点解决四个方面的问题。

（一）总体规模的确定

进行总体设计时，要根据业务量、业务性质、内容、作业要求确定总体规模。

1. 预测物流量

包括对历年经营业务的大量原始数据的分析，以及对企业发展的规划与目标进行预测。在确定配送中心的能力时，要考虑商品的库存周转率、最大库存水平。通常以备齐商品的品种作为前提，根据商品的 ABC 分析，要求 A 类商品备齐率为 100%，B 类商品的备齐率为 95%，C 类商品的备齐率为 90%，由此来研究确定配送中心平均和最大储存量。

2. 确定单位面积的作业量定额和各项物流活动所需的作业场所面积

一般情况下，储存型仓库比流通型仓库的保管效率高，即使使用叉车托盘作业，储存型仓库的走道占仓库面积的 30%以下，而流通型仓库往往占到 50%，同时，应避免一味追求储存率高，而造成理货场堵塞、混杂等现象，以致无法达到配送中心要求周转快和出货迅速的目标。

根据实践经验，一般配送中心各作业区的单位面积作业量定额大致如表 3-2 所示。

表 3-2 配送中心各作业区单位面积作业量定额表

作业区名称		单位面积作业量（t/m²）
建筑设施	收货验货作业区	0.2～0.3
	分拣作业区	0.2～0.3
	储存作业区	0.7～0.9
	配送理货作业区	0.2～0.3

3. 配送中心的占地面积

一般情况下，配送中心除了物流设施自身的建筑面积外，还需考虑相应的辅助生产建筑（如充电机房、消防水泵房、排水泵房等）所占的土地面积，其面积通常为配送中心建筑面积的 5%～8%左右，另外，还要考虑停车场地（包括货运车辆和乘用车辆等）的用地以及办公、生活用房所占面积。这样，配送中心的总建筑面积便可大体确定，再根据地市规划部门对建筑覆盖率和建筑容积率的规定，可基本上估算出配送中心的占地面积。

（二）选址要求

配送中心的选址，应符合城市和商品储存安全的要求，适应商品的合理流向，交通便利，具有良好的运输条件、区域环境和地形地质条件，具备给水、排水、供电、道路、通信等基础设施，特别是大型配送中心，应具备大型集装箱运输车辆进出的条件，包括附近的桥梁和道路。配送中心一般都选址在环状公路与平行公路或铁路的交汇点附近，并充分考虑商品运输的区域化、合理化。

（三）配送中心基地内的车流布置

一般配送中心的车流量很大，一个日处理量达 10 万箱商品的配送中心，特别是充分利用“越库配送”措施的配送中心，往往每天的车流量大于 600 辆次，而实际上送货、发货的车辆大多集中在几个时间带（即高峰时间），使某些时段的车流密度更高。日本东京流通中心是一个超大型配送中心，其日车流量达到 16500 辆次。因此，道路停车场地及车辆运行路线的设计显得尤为重要，包括了进口和出口的布置与规划，道路宽度的设计和车辆行驶路线的规划，包括站台的停车泊位数的计算与安排。因此，配送中心的设计方案中必须包括“车流行驶线路图”的设计。配送中心的车辆行驶一般采用“单向行驶，分门进出”的原则，有些配送中心还规定了大型卡车、中型卡车、乘用小车的出入口和行驶路线。内部车道必须设计成环状，不应出现尽端式回车场，并需结合消防道路布置，车道宽度通常为 4 车道，甚至 6 车道，考虑到大型卡车、集装箱卡车的进出，最小转弯半径不宜小于 15 米。车道均为高级沥青路面，并标划白色的界线、方向、速度等标记，十分醒目。

（四）配送中心内作业站台与停车场地

合理布置与设计配送中心的收发货站台及停车作业场地，也是配送中心总体设计的重要课题，由于运货车辆都是厢式货车，配送中心通常采用与车厢垫板等高的站台，多数站台在车位前设置机动升降平台或斜坡，以适应不同高度的需要。卡车停靠时均尾部就位，进行装卸作业，部台前的场地均标有白色车位线，一般配送车辆为 4 吨车，每个车位宽 3 米、长 6 米。而供货商送货车多为 10 吨车，每个车位宽 3 米、长 11 米。车位数的确定应与商品的吞吐量适应，由卡车到配送中心的高峰时间带，停靠站台装卸作业所需时间、允许等候的时间等因素决定。

配送中心的车道与停靠车位大多合为一体，道路总宽度一般在24米以上，若要接待大型集装箱卡车或大型拖车之类的货运车辆，则道路的宽度往往超过27米。

五、配送中心的经营策略

配送中心的配送活动增加了产品价值，有助于提高企业的竞争力，但完成配送活动是需要付出代价的，即需要配送成本。配送中心对配送的管理目标是在满足一定的顾客服务水平与配送成本之间寻求平衡，即在一定的配送成本下尽量提高顾客服务水平，或在一定的顾客服务水平下使配送成本最小。

1. 差异化策略

差异化策略的指导思想是：产品特征不同，顾客服务水平也不同。当配送中心备有多种产品时，不能对所有产品都按同一标准的顾客服务水平来配送，可按产品的特点、销售水平，设置不同的库存、采用不同的运输方式。例如，美国一家干货生产企业为满足遍及全美的1000家连锁店的配送需要，建造了6座仓库，并拥有自己的车队。随着经营的发展，企业决定扩大配送系统，计划在芝加哥投资700万美元再建一座新仓库，并配以新型的物料处理系统。该计划提交董事会讨论时，却发现这样不仅成本较高，而且就算仓库建起来也还是满足不了需要。于是，企业把目光投向租赁公共仓库，结果发现，如果企业在附近租用公共仓库，增加一些必要的设备，再加上原有的仓储设施，企业所需的仓储空间就足够了，但总投资只需20万美元的设备购置费，10万美元的外包运费，加上租金，也远没有700万美元之多。

2. 合并策略

合并策略包含两个层次，一是配送方法上的合并；另一个则是共同配送。

配送方法上的合并。企业在安排车辆完成配送任务时，充分利用车辆的容积和载重量，做到满载满装，是降低成本的重要途径。由于产品品种繁多，不仅包装形态、储运性能不一，在容重方面，也往往相差甚远。一车上如果只装容重大的货物，往往是达到了载重量，但容积空余很多；只装容重小的货物则相反，看起来车装得满，实际上并未达到车辆载重量。这两种情况实际上都造成了浪费。实行合理的轻重配装、容积大小不同的货物搭配装车，就可以不但在载重方面达到满载，而且也充分利用车辆的有效容积，取得最优效果。最好是借助计算机计算货物配车的最优解。

共同配送。共同配送是一种产权层次上的共享，也称集中协作配送。它是几个企业联合集小量为大量共同利用同一配送设施的配送方式，其标准运作形式是：在中心机构的统一指挥和调度下，各配送主体以经营活动（或以资产为纽带）联合行动，在较大的地域内协调运作，共同对某一个或某几个客户提供系列化的配送服务。这种配送有两种情况：一是中小型生产、零售企业之间分工合作实行共同配送，即同一行业或在同一地区的中小型生产、零售企业单独进行配送的运输量少、效率低的情况下进行联合配送，不仅可减少企业的配送费用，配送能力得到互补，而且有利于缓和城市交通拥挤，提高配送车辆的利用率；第二种是几个中小型配送中心之间的联合，针对某一地区的用户，由于各配送中心所配物资数量少、车辆利用率低等原因，几个配送中心将用户所需物资集中起来，共同配送。

3. 混合策略

混合策略是指配送业务部分由企业自身完成，其余外包给第三方物流完成。采用混合策略，合理安排企业自身完成的配送和外包给第三方物流完成的配送，能使配送成本最低。

4. 延迟策略

传统的配送计划安排中，大多数的库存是按照对未来市场需求的预测量设置的，这样就存在着预测风险，当预测量与实际需求量不符时，就出现库存过多或过少的情况，从而增加配送成本。延迟策略的基本思想就是对产品的外观、形状及其生产、组装、配送应尽可能推迟到接到顾客订单后再确定。一旦接到订单就要快速反应，因此采用延迟策略的一个基本前提是信息传递要非常快。一般说来，实施延迟策略的企业应具备以下几个基本条件：① 产品特征：模块化程度高，产品价值密度大，有特定的外形，产品特征易于表述，定制后可改变产品的容积或重量；② 生产技术特征：模块化产品设计、设备智能化程度高、定制工艺与基本工艺差别不大；③ 市场特征：产品生命周期短、销售波动性大、价格竞争激烈、市场变化大、产品的提前期短。

实施延迟策略常采用两种方式：生产延迟（或称形成延迟）和物流延迟（或称时间延迟），而配送中往往存在着加工活动，所以实施配送延迟策略既可采用形成延迟方式，也可采用时间延迟方式。具体操作时，常常发生在诸如贴标签（形成延迟）、包装（形成延迟）、装配（形成延迟）和发送（时间延迟）等领域。美国一家生产金枪鱼罐头的企业就通过采用延迟策略改变配送方式，降低了库存水平。历史上这家企业为提高市场占有率曾针对不同的市场设计了几种标签，产品生产出来后运到各地的分销仓库储存起来。由于顾客偏好不一，几种品牌的同一产品经常出现某种品牌的畅销而缺货，而另一些品牌却滞销压仓。为了解决这个问题，该企业改变以往的做法，在产品出厂时都不贴标签就运到各分销中心储存，当接到各销售网点的具体订货要求后，才按各网点指定的品牌标志贴上相应的标签，这样就有效地解决了此缺彼涨的矛盾，从而降低了库存。

5. 标准化策略

标准化策略就是尽量减少因品种多变而导致附加配送成本，尽可能多地采用标准零部件、模块化产品。如服装制造商按统一规格生产服装，直到顾客购买时才按顾客的身材调整尺寸大小。采用标准化策略要求厂家从产品设计开始就要站在消费者的立场考虑节省配送成本，而不要等到产品定型生产出来了才考虑采用什么技巧降低配送成本。

【相关案例】　物流配送——沃尔玛成功的利器

沃尔玛公司作为世界上最大的商业零售企业，到2004年，沃尔玛已连续3年名列全球500强企业的榜首。沃尔玛前任总裁大卫·格拉斯这样总结：“配送设施是沃尔玛成功的关键之一，如果说我们有什么比别人干得好的话，那就是配送中心。”

供应商利用EDI系统在发货前向沃尔玛公司传送预先发货清单（ASN）。这样沃尔玛公司事前可以做好进货准备工作，同时可以省去货物数据的输入作业，使商品检验作业效率化。

由于沃尔玛的商店众多，每个商店的需求各不相同，沃尔玛的配送中心根据商店的需要，把产品分类放入不同的箱子当中。

在配送中心内，货物在传送带上传送时，激光扫描货箱上的条形码，全速运行时，只见纸箱、木箱在传送带上飞驰，红色的激光四处闪射，将货物送到正确的卡车上，传送带每天能处理20万箱货物，配送的准确率超过99%。

从配送中心的设计上看，沃尔玛的每个配送中心都非常大，平均占地面积大约有11万平方米，相当于23个足球场。配送中心一般不设在城市里，而是在郊区，这样有利于降低用地成本。沃尔玛的配送中心虽然面积很大，但它只有一层，之所以这样设计，主要是考虑到货物流通的顺畅性。

沃尔玛配送中心的一端是装货月台，可供30辆卡车同时装货，另一端是卸货月台，可同时停放135辆大卡车。为了满足美国国内3000多个连锁店的配送需要，沃尔玛公司在国内共有近3万个大型集装箱挂车，5500辆大型货运卡车，24小时昼夜不停地工作。每年的运输总量达到77.5亿箱，总行程6.5亿公里。合理调度如此规模的商品采购、库存、物流和销售管理，离不开高科技的手段。为此，沃尔玛公司建立了专门的信息管理系统、卫星定位系统和电视监控系统，拥有世界第一流的先进技术。

讨论与分析：

对于大型连锁超市集团来说，建立配送中心有何重要意义？应注意哪些问题？

方案： 采用分组讨论模式，训练团队协作精神。

同步测试

一、填空题

1. 所谓物流网络结构，是指由执行物流运动使命的______和执行物流停顿使命的______两种基本元素所组成的网络结构。

2. 物流网络是以多个______统一布局、合理分工，通过线路相互衔接成节点，形成覆盖一定区域范围的网络。这里的物流中心是指组织、衔接、调节和管理物流活动的据点，分为______中心、______中心、______中心、______中心、______中心和______中心等。

3. 物流网络的规划，基本上都是以追求最低物流______与最大顾客______为出发点，同时兼顾成本与______水平，从整合物流角度来规划整体的物流设施网络。由此，物流网络的规划的方法是根据物流设施、存货、运输与服务水平之间的相互关系，找出彼此之间的约束与联系，采用数学的方法与原理，求得______。

4. 配送中心的建设是基于______和______两个需要，是物流系统化和大规模化的必然结果。配送中心也可以看作是______仓库，同保管型仓库相比，配送中心的主要功能是加快______，提高______，满足客户对物流的高度化需求。

5. 物流配送中心按运营主体的不同，主要有四种类型：以______为主体的配送中心、以______为主体的配送中心、以______为主体的配送中心和以______为主体的配送中心。

二、不定项选择题

1. 物流网络的构建原则包括（　　）。

A．按经济区域建立网络　　　　B．以城市为中心布局网络

C．要在商物分离的基础上形成网络　　　　D．同时设置物流信息系统网络

2．车辆配装时应避免出现的现象是（　　）。

A．重不压轻，大不压小

B．后送先装

C．散发粉尘的货物与清洁货物混装

D．装载易滚动的桶状货物要垂直摆放

3．从经营主体的角度划分，可将配送中心分为（　　）。

A．厂商主导型配送中心　　　　B．批发商主导型配送中心

C．零售商主导型配送中心　　　　D．物流企业主导型配送中心

4．以下哪项并不是所有配送中心都必备的作业环节？（　　）

A．拣选　　B．分货　　C．流通加工

D．保管　　E．配送

三、问答题

1．简述物流节点的作用。

2．简述如何进行物流网络的规划与设计。

3．配送中心整体设计包括哪些内容？

4．配送中心的经营策略有哪些？请举例说明其应用价值。

职业导航

招聘 1　物流网络中心经理

职位描述

① 负责项目的调研及策划工作，信息的采集与管理，物流网络平台的搭建；

② 有物流行业网络组建、维护（营销策划）工作经验，从事正规物流企业网络运营工作连续 3 年以上，具有极强的创新意识，具备极佳的逻辑思维能力和文字表达能力；

③ 擅长物流项目策划报告的撰写和策划执行。

任职资格

① 3 年以上的正规物流公司的网络的策划组建、运营管理、维护的实践经验，并具备团队管理经验；

② 网络的调研、策划、组建经验突出，具备逻辑推理和创新思维能力；

③ 具有创新精神，领悟新事物能力强；

④ 有大型物流项目的网络策划及网络组织实施工作经验；

⑤ 拥有丰富的物流网络项目策划资源。

招聘 2　快递物流网络管理经理

职位描述：负责管理快递物流网络营运畅通。薪金 4500+提成，5000 票以上提成每票

0.1元。

任职资格

① 有5年以上快递物流管理经验及网络管理经验；

② 有驾驶证；

③ 25～45岁；

④ 有责任心，忠诚，刻苦耐劳，品行端正；

⑤ 懂计算机操作、Office、电子商务。

项目实训

设计和评价一个物流系统

一、实训目的

通过让学生设计和评价物流系统，使学生了解物流系统基本组成要素和结构，初步掌握设计和优化物流系统的思想和方法，达到检验学生掌握和灵活运用所学知识的目的。

二、实训方法

每2～4人为1个小组，每个小组均要完成学院“校园垃圾清理”物流系统的设计。

三、实训步骤

（1）每个小组在课后进行实地调查，并以物流职院为研究对象，设计一个校园垃圾清理物流系统。

在接到任务后的一周内递交完整的设计方案，由老师审阅，选出具有代表性的4件作品。

（2）在课堂上由这四个小组的代表用PPT进行陈述与展示。

（3）老师和同学们一起点评、完善和归纳总结。

四、实训要求

要求所有同学参与，认真设计，积极讨论，合理总结。所设计的物流系统至少包括：物流网络的构建、设施与设备的选择、人员和工具等物资基础的配备、过程的管理与监控等方面。

五、实训作业

完成实训报告的书写。

六、实训思考题

1．物流系统和物流网络之间有什么联系？

2．学院“校园垃圾清理”物流系统的设计和一般生产企业物流系统的设计有什么区别？

Module 4 模块4 物流管理

学习目标

1. 了解物流管理的发展过程与基本流程；

2. 掌握物流质量管理、物流成本管理的基本理论与方法，树立现代物流质量与成本理念；

3. 了解一些基本的物流设施与设备并懂得如何选用；

4. 掌握物流标准化的基本内容、原则与方法，具有查阅标准能力。

导入案例

有人说，20世纪60年代的竞争是成本的竞争，20世纪80年代的竞争是质量的竞争；21世纪的竞争是时间的竞争。更有人说，21世纪企业之间的竞争是供应链与供应链的竞争，是供应链总成本、总质量与标准化的竞争。物流管理的目标是降低成本、提高效益，其根本出路在依据标准的体系在信息平台上开展竞争……

4.1 物流管理概述

一、物流管理的发展经历

物流管理的发展经历了配送管理、物流管理和供应链管理3个层次。物流管理起源于第二次世界大战中军队输送物资装备所发展出来的储运模式和技术。在战后这些技术被广泛应用于工业界，并极大地提高了企业的运作效率，为企业赢得更多客户。当时的物流管理主要针对企业的配送部分，即在成品生产出来后，如何快速而高效地经过配送中心把产品送达客户，并尽可能维持最低的库存量。那时，美国物流管理协会叫做实物配送管理协会，而加拿大供应链与物流管理协会则称为加拿大实物配送管理协会。在这个初级阶段，物流管理只是在既定数量的成品生产出来后，被动地去迎合客户需求，将产品运到客户指定的地点，并在运输的领域内去实现资源最优化使用，合理设置各配送中心的库存量。准确地说，这个阶段没有真正的物流管理，有的只是运输管理、仓储管理和库存管理；也没有物流经理的职位，有的只是运输经理或仓库经理。

现代意义上的物流管理出现在20世纪80年代。人们发现利用跨职能的流程管理的方式去观察、分析和解决企业经营中的问题非常有效。通过分析物料从原材料运到工厂，流经生产线上每个工作站，产出成品，再运送到配送中心，最后交付给客户的整个流通过程，企业可以消除很多看似高效率却实际上降低了整体效率的局部优化行为。因为每个职能部门都想尽可能地利用其产能，没有留下任何富余，一旦需求增加，则处处成为"瓶颈"，导致整个流程的中断。又比如运输部作为一个独立的职能部门，总是想方设法降低其运输成本，但若其因此而将一笔必须加快的订单交付海运而不是空运，这虽然省下了运费，却失去了客户，导致整体的失利。所以传统的垂直职能管理已不适应现代大规模工业化生产，而横向的物流管理却可以综合管理每一个流程上的不同职能，以取得整体最优化的协同作用。

在这个阶段，物流管理的范围扩展到除运输外的需求预测、采购、生产计划、存货管理、配送与客户服务等，以系统化管理企业的运作，达到整体效益的最大化。高德拉特所著的《目标》一书风靡全球制造业界，其精髓就是从生产流程的角度来管理生产。相应地，美国实物配送管理协会在20世纪80年代中期改名为美国物流管理协会，而加拿大实物配送管理协会则在1992年改名为加拿大物流管理协会。

二、物流管理的含义与特征

物流中的"物"是物质资料世界中同时具备物质实体特点和可以进行物理性位移的那一部分物质资料。"流"是物理性运动，这种运动有其限定的含义，就是以地球为参照系，相对于地球而发生的物理性运动，称之为"位移"。流的范围可以是地理性的大范围，也可以是在同一地域、同一环境中的微观运动，小范围位移。"物"和"流"的组合，是一种建立在自然运动基础上的高级的运动形式。其相互联系是在经济目的和实物之间，在军事目的和实物之间，甚至在某种社会目的和实物之间，寻找运动的规律。因此，物流不仅是上述限定条件下的"物"和"流"的组合，而更重要的在于，是限定于军事、经济、社会条件下的组合，是从军事、经济、社会角度来观察物的运输，达到某种军事、经济、社会的要求。

物流管理主要有以下四个特征：

（1）以实现客户满意为第一目标；

（2）以企业整体最优为目的；

（3）以信息为中心；

（4）重效率更重效果。

三、实施物流管理的目的

实施物流管理的目的就是要在尽可能最低的总成本条件下实现既定的客户服务水平，即寻求服务优势和成本优势的一种动态平衡，并由此创造企业在竞争中的战略优势。根据这个目标，物流管理要解决的基本问题，简单地说，就是把合适的产品以合适的数量和合适的价格在合适的时间和合适的地点提供给客户。

物流管理强调运用系统方法解决问题。现代物流通常被认为是由运输、存储、包装、装卸、流通加工、配送和信息诸环节构成。各环节原本都有各自的功能、利益和观念。系统方法就是利用现代管理方法和现代技术，使各个环节共享总体信息，把所有环节作为一个一体化的系统来进行组织和管理，以使系统能够在尽可能低的总成本条件下，提供有竞争优势的客户服务。系统方法认为，系统的效益并不是各个局部环节效益的简单相加。系统方法意味着，对于出现的某一个方面的问题，要对全部的影响因素进行分析和评价。从这一思想出发，物流系统并不简单地追求在各个环节上各自的最低成本，因为物流各环节的效益之间存在相互影响、相互制约的倾向，存在着交替易损的关系。比如过分强调包装材料的节约，就可能因其易于破损造成运输和装卸费用的上升。因此，系统方法强调要进行总成本分析，以及避免次佳效应和成本权衡应用的分析，以达到总成本最低，同时满足既定的客户服务水平的目的。

四、物流管理的阶段

物流管理按管理进行的顺序可以划分为三个阶段，即计划阶段、实施阶段和评价阶段。

（一）物流计划阶段的管理

计划是作为行动基础的某些事先的考虑。物流计划是为了实现物流预想达到的目标所做的准备性工作。

物流计划首先要确定物流所要达到的目标，以及为实现这个目标所进行的各项工作的先后次序。其次，要分析研究在物流目标实现的过程中可能发生的任何外界影响，尤其是不利因素，并确定对这些不利因素的对策。最后，做出贯彻和指导实现物流目标的人力、物力、财力的具体措施。

（二）物流实施阶段的管理

物流的实施阶段管理就是对正在进行的各项物流活动进行管理。它在物流各阶段的管理中具有最突出的地位。这是因为在这个阶段中各项计划将通过具体的执行而受到检验。同时，它也把物流管理与物流各项具体活动进行紧密的结合。

1. 对物流活动的组织和指挥

物流的组织是指在物流活动中把各个相互关联的环节合理地结合起来，而形成一个有机的整体，以便充分发挥物流中的每个部门、每个物流工作者的作用。物流的指挥是指在物流过程中对各个物流环节、部门、机构进行的统一调度。

2. 对物流活动的监督和检查

通过监督和检查可以了解物流的实施情况，揭露物流活动中的矛盾，找出存在的问题，分析问题发生的原因，提出克服的方法。

3. 对物流活动的调节

在执行物流计划的过程中，物流的各部门、各环节总会出现不平衡的情况。遇到上述问题，就需要根据物流的影响因素，对物流各部门、各个环节的能力做出新的综合平衡，重新布置实现物流目标的力量。这就是对物流活动的调节。

（三）物流评价阶段的管理

在一定时期内，人们对物流实施后的结果与原计划的物流目标进行对照、分析，这便是物流的评价。通过对物流活动的全面剖析，人们可以确定物流计划的科学性、合理性如何，确认物流实施阶段的成果与不足，从而为今后制订新的计划、组织新的物流提供宝贵的经验和资料。

按照对物流评价的范围不同，物流评价可分为专门性评价和综合性评价。按照物流各部门之间的关系，物流评价又可分为物流纵向评价和横向评价。无论采取什么样的评价方法，其评价手段都要借助于具体的评价指标。这种指标通常表示为实物指标和综合指标。

五、物流管理流程（以物流中心为例）

（一）订单处理作业

物流中心的交易起始于客户的咨询、业务部门的报表，而后由订单的接收，业务部门查询出货日的存货状况、装卸货能力、流通加工负荷、包装能力、配送负荷等来答复客户，而当订单无法依客户的要求交货时，业务部加以协调。

由于物流中心一般均非随货收取货款，而是于一段时间后，予以结账，因此在订单资料处理的同时，业务人员依据公司对该客户的授信状况查核是否已超出其授信额度。此外在特定时段，业务人员要统计该时段的订货数量，并予以调货、分配出货程序及数量。退货资料的处理应该在此阶段予以处理。另外业务部门需制订报表计算方式，做报表历史资料管理，制定客户订购最小批量、订货方式或订购结账截止日。

（二）采购作业

自交易订单接收之后，由于供应货品的要求，物流中心要向供货厂商或制造厂商订购商品，采购作业的内容包含商品数量统计、对供货厂商查询交易条件，而后依据物流中心所制定的数量及经济订购批量，提出采购单。而于采购单发出之后则进行入库进货的跟踪运作。

（三）进货入库作业

当采购单开出之后，于采购人员进货入库跟踪催促的同时，入库进货管理员即可依据采购单上预定入库日期，做入库作业排程、入库站台排程。在商品入库当日，当货品进入时做入库资料查核、入库品检，查核入库货品是否与采购单内容一致，当品项或数量不符时即做适当的修正或处理，并将入库资料登录建档。入库管理员可依一定方式指定卸货及托盘堆叠。对于由客户退回的商品，退货品的入库亦经过退货品检、分类处理而后登录入库。

一般商品入库堆叠于托盘之后有两种作业方式，一为商品入库上架，储放于储架上，等候出库，需求时再予出货。商品入库上架，由计算机或管理人员依照仓库区域规划管理原则或商品生命周期等因素来指定储放位置，或于商品入库之后登录其储放位置，以便于日后的存货管理或出货查询。另一种方式即为直接出库，此时管理人员依照出货要求，将货品送往指定的出货码头或暂时存放地点。在入库搬运的过程中，由管理人员选用搬运工具、调派工作人员，并做工具、人员的工作时程安排。

（四）库存管理作业

库存管理作业包含仓库区的管理及库存数控制。仓库区的管理包括货品于仓库区域内摆放方式、区域大小、区域的分布等规划；货品进出仓库的控制遵循先进先出或后进先出；进出货方式的制定，包括货品所用的搬运工具、搬运方式；仓储区储位的调整及变动。库存数量的控制则依照一般货品出库数量、入库所需时间等来制定采购数量及采购时点，并做采购时点预警系统。制定库存盘点方法，于一定期间印制盘点清册，并依据盘点清册内容清查库存数、修正库存账册并制作盘亏报表。仓库区的管理更包含容器的使用与容器的保管维修。

（五）补货及拣货作业

由客户订单资料的统计，物流中心即可知道货品真正的需求量，而于出库日，当库存数足以供应出货需求量时，即可依据需求数印制出库拣货单及各项拣货指示，做拣货区域的规划布置、工具的选用，及人员调派。出货拣取不只包含拣取作业，更应注意拣货架上商品的补充，使拣货作业得以流畅而不至于缺货，这中间包含了补货水准及补货时点的制定、补货作业排程、补货作业人员调派。

（六）流通加工作业

商品由物流中心送出之前可于物流中心做流通加工处理，在物流中心的各项作业中以流通加工最易提高货品的附加值，其中流通加工作业包含商品的分类、过磅、拆箱重包装、贴标签及商品的组合包装。而欲达成完善的流通加工，必须执行包装材料及容器的管理、组合包装规则的制定、流通加工包装工具的选用、流通加工作业的排程、作业人员的调派。

（七）出货作业处理

完成货品的拣取及流通加工作业之后，即可执行商品的出货作业，出货作业主要内容包含依据客户订单资料印制出货单据，制定出货排程，印制出货批次报表、出货商品上所要的地址标签，及出货检核表。由排程人员决定出货方式、选用集货工具、调派集货作业人员，并决定所运送车辆的大小与数量。由仓库管理人员或出货管理人员决定出货区域的规划布置及出货商品的摆放方式。

（八）配送作业

配送商品的实体作业包含将货品装车并实时配送，而达成这些作业则须事先规划配送区域或安排配送路线，由配送路径选用的先后次序来决定商品装车的顺序，并于商品的配送途中做商品的追踪及控制、配送途中意外状况的处理。

（九）会计作业

商品出库后销售部门可依据出货资料制作应收账单，并将账单转入会计部门作为收款凭据。商品购入入库后，则由收货部门制作入库商品统计表以作为供货厂商请款稽核之用，并由会计部门制作各项财务报表以供营运政策制定及营运管理之参考。

（十）营运管理及绩效管理作业

除了上述物流中心的实体作业之外，良好的物流中心运作更要基于管理者透过各种考核评估来达成物流管理流程中心的效率管理，并制定良好的营运决策及方针。而营运管理和绩效管理可以由各个工作人员或管理阶层提供各种资讯与报表，物流管理流程包含出货销售的统计资料，客户对配送服务的反应报告，配送商品次数及所用时间的报告，配送商品的失误率，仓库缺货率分析，库存损失率报告，机具设备损坏及维修报告，燃料耗材等使用量分析，外雇人员、机具，设备成本分析，退货商品统计报表，作业人力的使用率分析等。

【知识拓展】　物流管理提升核心竞争力

1. 物流管理与企业竞争力有关

先看一组数据：① 物流成本占总成本的36%，生产成本只有13%；② 物流时间为84%，而加工制造时间仅为12%；③ 资金周转率仅为1.9%；④ 全社会物流费用占GDP的18.1%，如果物流费用降为15%，每年可节约9000多亿元，相当于3个成都市的GDP（根据2008年数据）。

再看物流管理对资金周转率的影响：资金周转率＝年销售额/（库存成本+固定资产），库存成本越大，资金周转率越小，我国资金周转率为1.9次，海尔为15次（也就是说，3万亿资金就相当于45万亿元），日本制造业为15～18次，美国流通业为20～30次。

2. 物流管理可以达到的目标

根据亿博物流咨询公司的研究，供应链可以耗费中国企业高达29%的运营成本。而通过物流管理和供应链优化，可以达到以下目标：① 原材料采购成本将减少7%～11%；② 整个供应链的库存将下降15%～30%；③ 运输成本将下降3%～15%；④ 整个供应链的运作费用将下降15%～25%；

3. 物流管理经典案例

海尔集团剥离物流资产成立海尔物流，从1999年开始创新了一套现代物流管理模式，兴建了现代化的立体自动化仓库，构筑了将物流、商流、资金流和信息流融为一体的供应链管理体系，使呆滞物资降低了73.8%，仓库面积减少了50%，库存资金减少了67%。

亿博物流咨询公司成功演绎锦鑫物流，将原属于四川省物资集团、煤炭集团、华西集团、商业集团等四家省属公司所属物流资（产）源以股份制方式整合改制重组成大型国有省属物流企业，通过物流管理和供应链优化，极大地提高了锦鑫物流的经济效益与社会效益。

4. 物流管理提升核心竞争力

事实与实践已经证明，由于物流能够大幅度降低企业的总成本，加快企业资金周转，减少库存积压，促进利润率上升，从而给企业带来可观的经济效益，国际上普遍把物流称为“降低成本的最后边界”，排在降低原材料消耗、提高劳动生产率之后的“第三利润源泉”，是企业整体利润的最大源泉。所以，各国的企业才越来越重视物流，逐渐把企业的物流管理当做一个战略新视角，变为现代企业管理战略中的一个新的着眼点，通过制定各种物流战略，从物流这一巨大的利润空间去寻找出路，以增强企业的竞争力。

4.2 物流质量管理

一、物流质量管理的含义

物流质量管理是指以全面质量管理的思想，运用科学的管理方法和手段，对物流过程的质量及其影响因素进行计划、控制，使物流质量不断得以改善和提高的过程。物流质量管理包括以下四个主要方面。

（一）物品的质量保证及改善

物流的对象是具有一定质量的实体，具有合乎要求的等级、尺寸、规格、性质、外观。这些质量是在生产过程中形成的，物流过程在于转移和保护这些质量，最终实现对用户的质量保证。因此，对用户的质量保证既依赖于生产，又依赖于流通。现代物流过程不单是消极地保护和转移物流对象，还可以采用流通加工等手段改善和提高商品的质量，由此，物流过程在一定程度上说就是商品质量的“形成过程”。

（二）物流服务质量

物流活动具有服务的本质特性，既要为现代企业生产经营过程服务，也要为现代企业的产品和服务的顾客提供全面的物流服务。服务质量因用户不同而要求各异，因而要掌握和了解用户需要：商品狭义质量的保持程度；流通加工对商品质量的提高程度；批量及数量的满足程度；配送量、间隔期及交货期的保证程度；配送、运输方式的满足程度；成本水平及物流费用的满足程度；相关服务（如信息提供、索赔及纠纷处理）的满足程度等。此外，物流服务质量是变化发展的，随着物流领域“绿色物流”、“柔性物流”等新的服务概念的提出，物流服务也会形成相应的新的服务质量要求。

（三）物流工作质量

工作质量指的是物流各环节、各工种、各岗位的具体工作质量。工作质量和物流服务质量是两个有关联但又不大相同的概念，物流服务质量水平取决于各个工作质量的总和，所以，工作质量是物流服务质量的某种保证和基础。通过强化物流管理，建立科学合理的管理制度，充分调动员工积极性，不断提高物流工作质量，物流服务质量也就有了一定程度的保证。

（四）物流工程质量

物流质量不但取决于工作质量，而且取决于工程质量。在物流过程中，将对物品质量发生影响的各因素（人力因素、体制因素、设备因素、工艺方法因素等）统称为“工程”。

很明显，提高工程质量是进行物流质量管理的基础工作，提高工程质量，就能做到“预防为主”的质量管理。

因此，建立物流质量管理体系，就是要在具备管理职责、人员与物质资源、质量体系结构等要素之外，通过物流需求的调研与评定、物流服务设计、物流服务过程和物流管理业绩的分析与改进等工作，形成一套科学、实用、有效的物流质量管理方法与评估系统。

二、物流质量管理的基本要求

（一）全员参与

要保证物流质量，就涉及物流活动的相关环节、相关部门和相关人员，需要各方紧密配合，共同努力。物流管理的全员性，正是物流的综合性、物流质量问题的重要性和复杂性所决定的。

（二）全程控制

物流质量管理是对物品的包装、储存、运输、配送、流通加工等若干过程进行的全过程管理，同时又是对物品在社会再生产全过程中进行全面质量管理的重要一环。在这一过程中，必须一环紧扣一环地进行全过程管理才能保证最终的物流质量，达到目标质量。

（三）全面管理，整体发展

影响物流质量的因素具有综合性、复杂性，加强物流质量管理就必须全面分析各种相关因素，把握内在规律。物流质量管理不仅管理物流对象本身，而且还管理物流工作质量和物流工程质量，最终对成本及交货期起到管理作用，具有全面性。因此，必须从系统的各个环节、各种资源以及整个物流活动的相互配合和相互协调做起，只有质量管理的整体发展才能最终实现物流管理目标。

三、物流质量管理的原则

（一）物流活动的质量管理原则

（1）必须建立有效的物流质量管理的协作形式，明确主要责任部门和委托、分包等协作部门的质量管理责任。

（2）物流部门或运输等提供物流基本服务的企业应了解供、接货部门的要求，并以此安排工作。

（3）各方要共同防止质量不良的产品或包装进入物流过程。

（4）各方为保证物流质量并取得最好的经济效果，应共同推行包装、装卸、运输等的标准化和规格化，使物流系统的各个环节都有合乎要求的工程质量。

（5）保证使用者的利益，建立对用户的赔偿制度。

（二）接货验收活动的质量管理原则

（1）接货验收的质量管理不以检验为唯一形式。

（2）接货单位应该实行预防前移。

（3）在对进货质量和流通质量没有把握的情况下，要实施认真的检查。

（4）检查严格按标准或合同规定的项目和方法进行。

（三）仓库活动的质量管理原则

（1）有关管理人员要充分了解生产的要求和订货与进货的可能性，并结合仓库管理的经济性，确定最优的库存量和平均库存时间。

（2）应根据经济性的原则来确定管理要求、存放条件和存放方式，进一步确定质量保证的程度。

（3）必须充分了解和掌握有关储存物的情报，在充分了解和掌握其性能、质量、变化条件的基础上确定保管方式。

（4）对产品的质量保护应从两方面着手：一方面是进行技术处理，另一方面是建立和健全仓库的收、发、存组织系统，设立“先入先出”的流程，设有商品包装和储存位置的明确标志，建立有效的收、发、存流程和制度。

（5）推行储存单位、包装制度、标示制度、保管条件、维护方法、装卸搬运、堆码操作方法的标准化。

（6）应用信息化技术，实现仓库管理精细化，不断提高仓库工作质量和工程质量。

四、物流质量考核

物流质量管理最直观最关键的，就是对物流运作系统的考核。物流质量管理的不同环节，有不同的标准与考核指标。如对于运输环节，可以从运输效率、运输网络合理配置等指标来考核；在仓储环节，可以从库存管理水平、理货时间、准确率等方面来考核；在包装环节，可以从包装的轻薄化、集装化和标准化等方面来考核；在配送环节，可以从配送及时性等方面来考核；在供应链方面可以从成本等方面来考核。以制造企业的销售物流为例，应采取以下四方面的指标，可以全面监控反馈物流管理的质量。

一是运作指标，即衡量物流配送实物操作水平的指标。具体包括配送准时率、错误投递率、破损率、特殊情况服务水平、代收货款准时率、录单准确率。

二是仓储服务指标，即在仓储管理中对库存管理、理货操作等方面的监控指标。具体包括订单处理时间、库存准确率、装卸效率、安全指标、作业正确率、库存量。

三是信息指标，即对物流服务中客户预约、信息跟踪反馈、签收单反馈等信息服务的监控。具体包括电话预约指标、信息反馈率、签收单反馈率、意外情况反馈及时率。

四是客户满意度监控指标，即关系到客户直观感受，由客户反馈的指标。具体包括客户满意率、客户投诉率，即客户投诉订单数占全部订单数的比例。

在指标设计过程中，还可以根据需要对每个指标按照物流运作每项工作的具体环节进行细分。在具体考核过程中，应根据物流运作侧重点、对客户承诺水平的不同制定每个考核指标的标准，并选取相应的指标，通过对每项指标分配不同的权重形成指标组合体系，作为考核的依据。

【案例研讨】 JC公司的物流质量管理

一、配送中心的基本情况

JC公司位于美国俄亥俄州哥伦布的配送中心，每年要处理900万笔订货，或每天处理25 000笔订货。该中心为264家地区零售店装运货物，无论是零售商还是消费者的家，该配送中心都能做到48小时之内把货物送到所需的地点。哥伦布的配送中心有200万平方米设施，雇用了1300名全日制员工，旺季时有500名兼职雇员。JC公司接着在其位于密苏里州的堪萨斯城、内华达州的雷诺以及康涅狄格州的曼彻斯特的其他三个配送中心里成功实施了质量创新活动，能够连续24小时为全国90%的地区提供服务。

二、质量管理创新

JC公司认为真正的竞争优势在于优质的服务；其管理部门认为，这种服务的优势应归功于20世纪80年代中期该公司所采取的三项创新活动，即质量循环、精确至上以及激光技术。

（一）质量循环：小改革解决大问题

1982年，JC公司首先启动了质量循环活动，以期维持和改善服务水准。管理部门担心，质量服务的想法会导致管理人员企图简单地花点钱来"解决问题"。经慎重考虑后提出的一些小改革，解决了工作场所中存在的一些主要问题，其中包括工人们建议创建的中央工具库，用以提高工作效率和工具的可获得性。

（二）精确至上：不断消除物流过程的浪费

精确至上的创新活动旨在通过排除收取、提取和装运活动中存在的缺陷，以提高服务的精确性。因此，提供精确的顾客信息和完成订货承诺被视为头等大事。显然，在该层次上讲求服务的精确性，意味着该公司随时可以说出来某个产品项目是否有现货，并且当有电话订货时，便可以告知对方何时送货上门。该公司需要提高的另一个精确性与在卖主处提取产品有关。为了确保产品在质量和数量上的正确性，JC公司针对每次装运中的某个项目，进行质量控制和实际点数检查。如果存在着差异，将对订货进行100%的检查。与此同时将对2.5%的装运进行审计。订货承诺的完成需要把主要精力放在提高精确性上，为此该公司的配送中心经理罗杰•库克曼说道："我们曾一直在犯错误，想在商品预付给顾客之前就能够进行精确的检查。"但问题是，在质量循环中是否已找到了解决办法，或者能够对该过程进行自动化。对此，库克曼感觉到，只有依赖计算机系统，人们才有能力精确地检查。于是，该公司开始利用计算机系统进行协调，把订购商品转移到"转送提取"区域，以减少订货提取者的步行时间。

（三）激光扫描技术：用科技改进质量管理

第三项质量管理创新活动是应用激光扫描技术，以99.9%的精确性来跟踪230 000个存货单位的存货。JC公司最初的密尔沃基的配送中心是用手工来处理各种产品项目的储存和跟踪的，接着便开始用计算机键盘操作替代手工操作，这一举动使产品项目的精确性接近了80%。而扫描技术则被看作既提高记录精度，又提高记录速度的手段。但是，刚开始启动扫描技术时的结果并不理想，因为一系列的扫描过程需要精确地读取每一个包装盒子上的信息。然而，在某些情况下，往往需要扫描四次才获得一次读取信息。看来，JC公司需要一种系统，能够按每秒三次的速度，从任何角度读取各种包装尺寸的产品信息。于是，公司内部的系统支持小组优化了硬件和软件来满足这一目的。其结果是，该配送中心的四个扫描站耗资12 000美元，削减了每个扫描站所需的16个键盘操作人员。

三、质量管理创新需要协调员工与技术的关系

看来，“加重工作”的质量循环与“减轻工作”的技术应用之间，会产生一种有趣的尴尬境地。JC公司需要在引进扫描技术的同时，还要保持其既得利益和改进成果。然而，该公司在时间上的选择却是完美的。因为公司在大举扩展的同时将需要增加雇员。于是，该公司便告诉其雇员，技术进步将不会导致裁员。

讨论与分析：

1. 企业物流质量管理应如何处理好人员与技术的关系？
2. 质量的认识在不断发展，物流在不断发展，企业怎样才能确定有效的质量管理战略？
3. 你认为贯彻质量标准体系与企业文化建设如何协调？

4.3 物流成本管理

一、物流成本的含义

物流成本指物流活动中所消耗的物化劳动和活劳动的货币表现。即产品在包装、运输、储存、装卸搬运、流通加工、物流信息、物流管理等过程中所耗费的人力、物力和财力的总和以及与存货有关的资金占用成本、物品损耗成本、保险和税收成本。

物流成本和其他成本比较，有许多不同之处，但是最突出的只有三点，这三点被归结为物流冰山现象、效益背反（交替损益）和乘法效应现象。

物流冰山现象本来是日本早稻田大学西泽修教授研究有关物流成本问题所提出来的一种比喻，在物流学界，现在已经把它延伸成物流基本理论之一，把它看成是德鲁克学说的另一种描述。物流冰山理论认为，在企业中，绝大多数物流发生的费用，是被混杂在其他费用之中，而能够单独列出会计项目的，只是其中很小一部分，这一部分是可见的，常常被人们误解为物流费用的全貌，其实只不过是浮在水面上的、能被人所见的冰山一角而已。

交替损益现象，是物流成本的另一个特点。物流成本的发生源很多，其成本发生的领域往往在企业里面是不同部门管理的领域，因此，这种部门的分割，就使得相关物流活动无法进行协调和优化，出现此长彼消、此损彼益的现象是经常有的。其实，在任何一个大系统中，系统要素之间经常会出现这种矛盾，系统工程的主要目的，也在于从系统高度寻求总体的最优。

削减物流成本可以产生乘法效应。节约下来的物流成本会直接转换成收益。总物流成本不变，单位物流成本下降一个小的百分点，意味着销售利润上升很多个百分点。物流成本是以物流活动的整体为对象的，是唯一基础性的、可以共同使用的基本数据。可以说，物流成本是进行物流管理、实现物流合理化的基础。

二、物流成本构成

（一）物流成本项目构成

按成本项目划分，物流成本由物流功能成本和存货相关成本构成。其中物流功能成本包括物流活动过程中所发生的包装成本、运输成本、仓储成本、装卸搬运成本、流通加工成本、物流信息成本和物流管理成本，存货相关成本包括企业在物流活动过程中所发生的与存货有关的资金占用成本、物品损耗成本、保险和税收成本。具体内容如企业物流成本项目构成表（表4-1）。

表4-1 企业物流成本项目构成表

<table>
<tr><th colspan="2"></th><th>成本项目</th><th>内容说明</th></tr>
<tr><td rowspan="7">物流功能成本</td><td rowspan="5">物流运作成本</td><td>运输成本</td><td>一定时期内，企业为完成货物运输业务而发生的全部费用，包括从事货物运输业务的人员费用、车辆（包括其他运输工具）的燃料费、折旧费、维修保养费、租赁费、养路费、过路费、年检费、事故损失费、相关税金等</td></tr>
<tr><td>仓储成本</td><td>一定时期内，企业为完成货物储存业务而发生的全部费用，包括仓储业务人员费用，仓储设施的折旧费、维修保养费、水电费、燃料与动力消耗等</td></tr>
<tr><td>包装成本</td><td>一定时期内，企业为完成货物包装业务而发生的全部费用，包括包装业务人员费用，包装材料消耗，包装设施折旧费、维修保养费，包装技术设计、实施费用以及包装标记的设计、印刷等辅助费用</td></tr>
<tr><td>装卸搬运成本</td><td>一定时期内，企业为完成装卸搬运业务而发生的全部费用，包括装卸搬运业务人员费用，装卸搬运设施折旧费、维修保养费、燃料与动力消耗等</td></tr>
<tr><td>流通加工成本</td><td>一定时期内，企业为完成货物流通加工业务而发生的全部费用，包括流通加工业务人员费用，流通加工材料消耗，加工设施折旧费、维修保养费，燃料与动力消耗费等</td></tr>
<tr><td colspan="2">物流信息成本</td><td>一定时期内，企业为采集、传输、处理物流信息而发生的全部费用，指与订货处理、储存管理、客户服务有关的费用，具体包括物流信息人员费用、软硬件折旧费、维护保养费、通信费等</td></tr>
<tr><td colspan="2">物流管理成本</td><td>一定时期内，企业物流管理部门及物流作业现场所发生的管理费用，具体包括管理人员费用、差旅费、办公费、会议费等</td></tr>
<tr><td rowspan="3">存货相关成本</td><td colspan="2">资金占用成本</td><td>一定时期内，企业在物流活动过程中负债融资所发生的利息支出（显性成本）和占用内部资金所发生的机会成本（隐性成本）</td></tr>
<tr><td colspan="2">物品损耗成本</td><td>一定时期内，企业在物流活动过程中所发生的物品跌价、损耗、毁损、盘亏等</td></tr>
<tr><td colspan="2">保险和税收成本</td><td>一定时期内，企业支付的与存货相关的财产保险费以及因购进和销售物品应交纳的税金支出</td></tr>
</table>

（二）物流成本范围构成

按物流成本产生的范围划分，物流成本由供应物流成本、企业内物流成本、销售物流成本、回收物流成本以及废弃物流成本构成。具体内容见表 4-2。

表 4-2　企业物流成本范围构成表

成本范围	内容说明
供应物流成本	经过采购活动，将企业所需原材料（生产资料）从供给者的仓库运回企业仓库为止的物流过程中所发生的物流费用
企业内物流成本	从原材料进入企业仓库开始，经过出库、制造形成产品以及产品进入成品库，直到产品从成品库出库为止的物流过程中所发生的物流费用
销售物流成本	为了进行销售，产品从成品仓库运动开始，经过流通环节的加工制造，直到运输至中间商的仓库或消费者手中的物流活动过程中所发生的物流费用
回收物流成本	退货、返修物品和周转使用的包装容器等从需方返回供方的物流活动过程中所发生的物流费用
废弃物流成本	将经济活动中失去原有使用价值的物品，根据实际需要进行收集、分类、加工、包装、搬运、储存等，并分送到专门处理场所的物流活动过程中所发生的物流费用

（三）物流成本支付形态构成

按物流成本支付形态划分，企业物流总成本由委托物流成本和内部物流成本构成。其中内部物流成本按支付形态分为材料费、人工费、维护费、一般经费和特别经费。具体内容见表 4-3。

表 4-3　企业物流成本支付形态构成表

成本支付形态		内容说明
企业内部物流成本	材料费	资材费、工具费、器具费等
	人工费	工资、福利、奖金、津贴、补贴、住房公积金等
	维护费	土地、建筑物及各类物流设施设备的折旧费、维护维修费、租赁费、保险费、税金、燃料与动力消耗费等
	一般经费	办公费、差旅费、会议费、通信费、水电费、煤气费等
	特别经费	存货资金占用费、物品损耗费、存货保险费和税费
委托物流成本		企业向外部物流机构所支付的各项费用

三、影响物流成本的因素

（一）竞争性因素

企业所处的市场环境充满了竞争。企业之间的竞争，除了产品的价格、质量、性能外，从某种意义上讲，优质的客户服务是决定竞争成败的关键。而高效的物流系统是提高客户服务的重要途径。如果企业能够及时可靠地提供产品和服务，就可以有效地提高客户服务水平。这就依赖于物流系统的合理化。而客户服务水平又直接决定物流成本高低，因而物流成本在很大程度上是由于日益激烈的竞争而不断发生变化的，企业必须对此作出正确反应。例如，要把握订货周期，即缩短企业的订货周期，降低客户的库存；要把握库存水平，合理的库存应保持在使总成本最小的水平上；要抓好运输，采用更快捷的运输方式，可以缩短运输时间、降低运输成本。

（二）产品因素

产品的特征不相同，物流成本就可能不同，其主要表现是：

1. 产品价值

产品价值的高低，直接影响物流成本的大小。一般地讲，随着产品价值的增加，物流成本也会增加，物流过程中伴随着货物移动的风险。产品价值越大，对运输工具的要求越高，仓储的库存成本以及包装成本也随之增加。

2. 产品密度

产品密度越大，相同运输单位所装的货物越多，运输成本就越低，同时库存成本也会降低。

3. 产品废品率

影响物流成本的一个重要方面还在于产品的质量，也即产品废品率的高低，生产高质量的产品可以杜绝因次品、废品的回收或退货而发生的物流成本。

4. 产品破损率

产品破损率较高的物品，对物流成本的影响是显而易见的，易损性产品对物流的各个环节如运输、包装和仓储等，都提出了更高的要求。

5. 特殊运输

有些物品对运输有特殊要求。如对体积较长和较大物品的搬运，需要特殊的装卸工具，有些物品在运输中需要加热或者制冷等，都会增加物流成本。

（三）环境因素

环境因素包括空间因素、地理位置、交通状况等。空间因素主要指物流系统中企业制造中心或仓储相对于目标市场或供货点的位置关系等。若企业距离目标市场太远，交通状况差，则必然增加运输、包装等的成本。若在目标市场建立或租用仓库，也会增加库存成本。可见环境因素对物流成本具有很大的影响。

（四）管理因素

管理成本与生产和流通没有直接的数量依存关系，但却直接影响物流成本的大小，节约办公费、水电费、差旅费等管理成本，相应地可以降低物流成本总水平。另外，企业利用贷款开展物流活动，必然要支付一定的利息（如果是自有资金，则存在机会成本），资金利用率的高低，影响利息支出的大小，从而影响物流成本的高低。

四、物流成本的核算

（一）明确物流成本的核算对象

物流成本会计的核算对象是物流成本，即在产品空间位移过程中所耗费的各种资源的货币表现，也就是物品在实物运动的过程中，如包装、装卸搬运、运输、储存、流通加工、物流信息等各个环节所支出的人力、物力、财力的总和。

（二）选择物流成本的核算方法

我国现在实行的是由财政部统一规定的会计核算制度，因此，不可能单独设置一套用于核算物流成本的凭证、账户、账簿和报表，而只能在现有核算系统的基础上设置一些辅助账户，既满足了核算物流成本，进行物流管理的需要，又不会和现行会计核算制度相抵触。在设置辅助账户时，可以按照不同的方法核算物流成本。

1. 按支付形态划分并核算物流成本

把物流成本分别按运费、保管费、包装材料费、自家配送费（企业内部配送费）、人事费、物流管理费、物流利息等支付形态记账，从中可以了解物流成本总额，对认识物流成本合理化的重要性以及考虑在物流成本管理应以什么为重点十分有效。

2. 按功能划分并核算物流成本

分别按包装、配送、保管、装卸、搬运、信息、物流管理等功能来核算物流费用。从这种方法可以看出哪种功能更耗费成本，比按形态计算成本的方法能更进一步找出实现物流合理化的症结，可以计算出标准物流成本（单位个数、质量、容器的成本），进行作业管理，设定合理化目标。

3. 按适用对象划分并核算物流成本

按适用对象划分并核算物流成本，可以分析出物流成本都用在哪一种对象上。可以分别把商品、地区、顾客或营业单位作为适用对象来进行计算。按支店或营业所核算物流成本，就是要算出各营业单位物流成本与销售金额或毛收入的对比，用来了解各营业单位物流成本中存在的问题，以加强管理。

按顾客核算物流成本的方法，又可分按标准单价计算和按实际单价计算两种计算方式。按顾客计算物流成本，可作为选定顾客、确定物流服务水平等制订顾客战略的参考依据。

按商品核算物流成本是指通过把按功能计算出来的物流费用以各自不同的基准，分配各类商品的方法计算出来的物流成本。这种方法可以用来分析各类商品的盈亏，在实际运用时，要考虑进货和出货差额的毛收入与商品周转率之间的交叉比率。

4. 采用 ABC 作业成本法核算物流成本

ABC 作业成本法以作业为基础，把企业消耗的资源按资源动因分配到作业，然后把作业成本按作业动因分配到成本对象的核算方法。其理论基础是：生产导致作业的发生，作业消耗资源并导致成本的发生，产品消耗作业，因此，作业成本法下成本计算程序就是把各种资源库成本分配给各项作业，再将各项作业成本库的成本分配给最终产品或劳务。

五、降低物流成本的途径及管理方法

（一）降低物流成本的基本途径

1. 通过效率化的配送来降低企业物流成本

企业实现效率化的配送，减少运输次数，提高装载率及合理安排配车计划，选择最佳的运送手段，从而降低配送成本。

2. 利用物流外包降低企业物流成本

企业把物流外包给专业化的第三方物流公司，可以缩短商品在途时间，减少商品周转过程的费用和损失。有条件的企业可以采用第三方物流公司直供上线，实现零库存，降低成本。企业在采用第三方物流公司代理配送模式的情况下，针对区域配送和库存作业成本有所增加这一现象，应采取一些相应的措施，以达到进一步降低成本的目的：一是科学地评估 TPL 代理提出的网络规划方案，优化设计配送系统的网络结构，这是降低区域配送成本的大前提；二是加强对 TPL 代理配送业务的监督与指导，促使 TPL 代理强化车辆调度、运输线路选择及货物配载优化等方面的管理，切实提高配送作业的效率，有效降低区域配送物流成本；三是利用仓储管理信息系统强化库存管理，制订合理的库存策略和仓储方案，采用先进的设备和技术（如液压拖车、电动叉车、条码技术等），降低搬运、盘点、拣货等库存作业费用。

3. 借助现代化的信息管理系统控制和降低物流成本

在传统的手工管理模式下，企业的成本控制受诸多因素的影响，往往不易也不可能实现各个环节的最优控制。企业采用信息系统一方面可使各种物流作业或业务处理能准确，迅速地进行；另一方面通过信息系统的数据汇总，进行预测分析，可控制物流成本发生的可能性。

4. 加强企业职工的成本管理意识

把降低成本的工作从物流管理部门扩展到企业的各个部门，并从产品开发、生产、销售全生命周期中，进行物流成本管理，使企业员工具有长期发展的“战略性成本意识”。

5. 对商品流通的全过程实现供应链管理

掌握物流成本管理方法使由生产企业、第三方物流企业、销售企业、消费者组成的供应链的整体化和系统化，实现物流一体化，使整个供应链利益最大化，从而有效降低企业物流成本。

（二）物流成本管理具体方法

虽然可计量的物流成本如冰山一角，难于全面地用具体的数值来表述，但仍可以运用一些方法来进行分析，即定量地描述物流成本及其变化，从而对物流成本进行管理。

1. 比较分析

（1）横向比较：把企业的供应物流、生产物流、销售物流、退货物流和废弃物物流（有时包括流通加工和配送）等各部分物流费，分别计算出来，然后进行横向比较，看哪部分发生的物流费用最多。如果是供应物流费用最多或者异常多，则详细查明原因，堵住漏洞，改进管理方法，以便降低物流成本。

（2）纵向比较：把企业历年的各项物流费用与当年的物流费用加以比较，如果增加了，再分析一下为什么增加，在哪个地方增加了，增加的原因是什么？假若增加的是无效物流费，则立即改正。

（3）计划与实际比较：把企业当年实际开支的物流费用与原来编制的物流预算进行比较，如果超支了，分析一下超支的原因，在什么地方超支？这样便能掌握企业物流管理中的问题和薄弱环节。

2. 综合评价

比如采用集装箱运输，一可以简化包装，节约包装费；二可以防雨、防晒，保证运输途中物品质量；三可以起仓库作用，防盗、防火。但是，如果由于简化包装而降低了包装强度，货物在仓库保管时则不能往高堆码，浪费库房空间，降低仓库保管能力。由于简化包装，可能还影响货物的装卸搬运效率，等等。那么，利用集装箱运输是好还是坏呢？就要用物流成本计算这一统一的尺度来综合评价。分别算出上述各个环节物流活动的费用，经过全面分析后得出结论，这就是物流成本管理。即通过物流成本的综合效益研究分析，发现问题，解决问题，从而加强物流管理。

3. 排除法

在物流成本管理中有一种方法叫活动标准管理。其中一种做法就是把物流相关的活动划分为两类，一类是有附加价值的活动，如出入库、包装、装卸等与货主直接相关的活动；另一类是非附加价值的活动，如开会、改变工序、维修机械设备等与货主没有直接关系的活动。其实，在商品流通过程中，如果能采用直达送货的话，则不必设立仓库或配送中心，实现零库存，等于避免了物流中的非附加价值活动。如果将上述非附加价值的活动加以排除或尽量减少，就能节约物流费用，达到物流管理的目的。

【相关案例】 奥康极大限度地降低物流成本

奥康提出的物流运营零成本并非是物流运营不花一分钱，只是通过一种有效的运营方式，极大限度地降低成本，提高产品利润。

现代市场的竞争，就是比谁看得准、谁下手狠。特别是对皮鞋行业而言，许多产品是季节性的。对这类产品，就是比时间、比速度。对一些畅销品种，如果能抢先对手一星期上货、一个月出货，就意味着抢先占领了市场。而对于市场的管理终极目的也在于此，如果你的产品慢于对手一步，就会形成积压。

积压下来无法销售掉的鞋子将会进行降价处理，如此一来，利润减少，物流成本加大。实在处理不掉的鞋子，将统一打回总部，二次运输成本随之产生，物流成本也就在无形之中增加了。据了解，奥康将一年分为 8 个季，鞋子基本上做到越季上市。一般情况下，在秋季尚未到来的半个月前，秋鞋必须摆上柜台。这在一定程度上考验奥康的开发设计能力，必须准确地把握产品的时尚潮流信息。为此，奥康在广州、米兰等地设立信息中心，将国际最前沿的流行信息在第一时间反馈到温州总部。这样就可以做到产品开发满足市场需求、减少库存、增加利润。

很多消费者可能都有这样一种经历，电视台上有些大打广告的产品，当你心动准备去购买的时候，跑遍了所在城市的每一个角落，也找不到它们的踪影。如此一来，信息成本加大，进一步导致利润降低。

奥康的广告策略是广告与产品同时上市或广告略迟于产品上市。这样做既可以使产品在上市之初进行预热，又可以收集到产品上市后的相关信息，有利于对返单的鞋子进行产品宣传及进一步的开发设计，达到高销量的要求，同时也降低了物流运营成本。

物流配送零距离。以最短的时间、路程对产品进行配送。传统的库存管理主要通过手工做账与每月盘点的方法来实现，但面对当今市场高速运行、皮鞋季节分化日益明显的态势，不能及时清晰地对库存结构及数量做出准确的反映，就会在企业的运营中出现非常被动的局面。有时企业库存处于警戒线后，却必须在一个月后，经过全国大盘点后才可以得知，而这时，当企业想进行调整的时候已经有些晚了。

为此，奥康采用了用友U8系统，并于2005年在整个集团公司开始试用ERP系统。着手建立了全国营销的分销系统，为每个分公司、办事处配备计算机，使各网点与总部联网，最后达到信息快速共享的目的。

这样，总部与分公司、分公司与终端网点的信息沟通、反馈及处理就全部在计算机上操作完成，形成一个快速的信息反应链，每个销售分公司的销售网点每天的销售情况就一目了然。现在，无论到奥康全国任何一个分公司、办事处的任何一台计算机上，都可以了解到公司产品的库存总数、当天销售、累计销售、某一类型产品的数量及尺码，总部对一些畅销品种就能马上做出反应，打好时间战，产品的南货北调迅速完成。促进了总部的决策活动与全国物流整体把握，把全国物流风险降低，提高整体的经济效益。

据了解，奥康现在除了在台湾、香港、澳门三地没有设立营销机构外，在全国31个省市、自治区都拥有自己的营销网络，106个营销机构，2000多家连锁专卖店，1000多家店中店，并在意大利的米兰成立了境外分公司，在西班牙的马德里设立办事处。强大的终端网络，促使奥康物流“能流”、“速流”。现在，奥康产品三天之内就可以通过专卖店及商场专柜等终端出现在消费者面前，实现了营销工作的第一步—“买得到”。

讨论与分析:

1. 如何处理好营销与物流的关系？
2. 奥康的做法有哪些值得借鉴的地方？

4.4 物流设施与设备管理

一、物流设施与设备在物流系统中的重要意义

物流设施与设备是指进行各项物流活动所需的建筑物、装卸站台、交通运输线路、机械设备器具等，是贯穿于整个物流系统全过程、深入到每个作业环节、实现物流各项作业功能的物质基础。

物流设施与设备是现代物流系统重要的内容，先进的物流设施与设备是物流全过程高效、优质、低成本运行的保证。近年来，以物流中心、配送中心、第三方物流等全新物流业为代表的现代物流业正在我国蓬勃兴起，与此同时，物流设施与设备也得到了相应的发展，物流设施与设备的现代化水平不断提高，越来越趋于自动化、集成化和智能化。物流设施与设备是贯穿于整个物流系统全过程、深入到每个作业环节、实现物流各项作业功能的物质基础要素。

物流设施的布局及水平，物流设备的选择与配置是否合理，直接影响着物流功能的实现，影响着系统的效益。因此，正确理解物流设施与设备在物流系统中的地位与作用，掌握物流设施与设备的概念、分类、特点及用途，合理选择与配置物流设施与设备，正确使用和科学管理物流设施与设备，是对每一个从事物流管理的专业技术人员的基本要求。

二、物流设施与设备的主要类型

物流设施与设备的种类很多，由于功能的不同，形式结构、参数差异很大。目前对物流设施与设备的分类尚无统一的标准。一般将物流设施与设备分为以下几大类。

1. 物流基础性设施

（1）交通枢纽。交通枢纽是在两条或两条以上运输线路的交汇、衔接处形成的，具有运输组织、中转、装卸、仓储信息服务及其他辅助服务功能的综合性设施。它包括全国或区域性铁路枢纽、公路枢纽、水路枢纽港、航空枢纽港及综合枢纽。其中，服务于一种交通方式的枢纽称为单式枢纽，如单一的航空机场、铁路火车站、公路客货运输中心、海运与内河港口等；服务于两种或两种以上交通方式的枢纽称为综合交通枢纽或复式交通枢纽，如物流基地。物流基地是一个规模大、综合性强的物流节点，它的集约功能非常强，是一些小的物流节点集约成的产物，是不同的物流线路共同的交汇点。

（2）交通运输线。交通运输线是连接物流网络中节点要素的各种运输路线的总称，它包括铁路、公路、水路、输送管道等。

（3）基础信息平台。物流信息平台不同于物流信息系统，其任务是为企业的物流信息系统提供基础信息服务（交通状态信息、交通组织管理信息、城市商务信息及经济地理信息等），承担供应链管理过程中不同企业的信息交换、枢纽支持，提供车辆跟踪、定位等共享功能服务，提供政府行业管理决策支持等。

以上这几类设施一般为公益性基础设施，由政府投资建设，战略地位高、辐射范围大。

2. 物流功能性设施

（1）以存放货物为主要职能的节点，如储备仓库、营业仓库、中转仓库、货站等，货物在这种节点上停滞时间较长。

（2）以组织物资在系统中运动为主要职能的节点，如流通仓库、流通中心、配送中心、流通加工点等。

（3）物流系统中的载体，包括货运车辆、货运列车、货运飞机、货运船舶等。

这类设施往往被第三方物流企业所拥有，是提供物流功能性服务的基本手段。

3. 物流机械设备

物流机械设备也称为物流技术装备，它是指在物流活动的各个环节中所使用的物流机械和器具的总称。物流机械设备门类多、品种复杂、功能各异，有的物流机械设备可以一机多用，有的物流机械设备则需要组合配套使用。因此，在对物流机械设备分类时，很难进行严格的界定。通常，按照物流机械设备所完成的物流作业来划分，可把物流机械设备分为：

（1）包装机械。

（2）装卸搬运机械。

（3）集装单元化器具。

（4）仓储机械设备。

（5）流通加工机械。

（6）运输设备。

（7）物流信息技术设备。

三、常见的物流装备

物流装备是指进行各项物流活动所需的各种设备、器具等可供长期使用，并在使用中基本保持原有实物形态的物质资料，它不包括建筑物、装卸站台等物流基础设施。

物流装备作为物流工程中的硬件技术是物流软件技术的强有力支撑，先进的物流技术是通过物流装备来实现的。因此，物流装备是物流工程的物质基础，是构成物流工程的重要组成部分，是实现物流功能的技术手段。

（一）运输装备

交通运输工具有火车、轮船、车辆、飞机和管道五种形式，它是物流系统重要的基础性的构成，主要承担运输任务，使货物实现异地转移，解决供应者和需求者之间场所的分离。下面按五种运输工具分别介绍物流运输装备。

1. 铁路运输装备——机车与车辆

铁路运输装备分为机车和车辆两类。

（1）机车。机车是铁路运输的基本动力。按动力类型来看，机车分为内燃机车、蒸汽机车和电力机车；按运用范围可分为客运机车、货运机车和调车机车。

（2）车辆。用于货物运输的铁路货车主要有：用于运送比较贵重和防潮货物的棚车（P）、运送不易湿损的散装和包装货物的敞车（C）、用于长大件货物的平车（N）。除上述基本货车类型外，专用货车使用广泛。如保温车（B），又称冷藏车，用于运送新鲜蔬菜、鱼、肉、海鲜等易腐食物；罐车（G），用于装运液体、半液体或粉状货物。客车中的行李车、邮政车也具有货车性质。

车辆按照装有车轮的车轴数分为四轴车、六轴车和多轴车，中国铁路车辆以四轴车为主。货车还按载重量分为 20t 以下、25t～40t、60t、65t、75t、90t 等多种不同的车辆，中国目前以制造 60t 车为主。

2. 水路运输工具——船舶

船舶是在江、河、湖、海上进行运输的工具。货船是运送货物的船舶统称，一般不载旅客，若附载旅客，不能超过 12 人。主要常见的类型有：

（1）干货船。又称杂货船，用于装运成包、成箱、成捆的件杂货。

（2）散货船。散货船是专门运输谷物、煤炭、矿石、化肥等大量散装货物的船舶。

（3）集装箱船。集装箱船是载运规格统一的标准货箱的船舶。

（4）油船。油船是用来专门装运散装石油类（原油以及石油产品）液体货物的船舶。

（5）液化气船。液化气船是用来专门装运液化了的天然气和石油气的船舶。

（6）滚装船。滚装船装运的货物单元为载货车辆。载货车辆通过设在船尾部或船首部、船舷部的跳板进出船舶，因此船舶及码头均无需装卸设备，船上也没有货舱口，装卸效率较高。

（7）载驳船。载驳船的运输方式比较特殊，采用大船装小船的形式进行，因此其载货单元通常是载有货物的驳船（队），到港或锚地后，将驳船（队）卸到水中，由拖船或推船将其带走。

（8）冷藏船。冷藏船是设有冷藏设备，用来专门装运易腐鲜货的船舶。

（9）驳船。驳船是内河运输货物的主要运输工具。大多数驳船本身无动力，需要拖船带动运行。

3. 公路运输工具——汽车

汽车分为载客汽车和载货汽车。

（1）载客汽车。包括轿车、微型轿车、轻型轿车、中型客车、大型客车以及特大型客车（如双层客车、铰接客车）等。

（2）载货汽车。按载重吨位划分可分为重型载重汽车、中型载货汽车、轻型载货汽车、微型载货汽车；按用途划分可分为普通载货汽车、专用载货汽车。

4. 航空运输工具——飞机

飞机是航空运输的唯一交通工具，它具有运送速度最快、安全准确等特点。飞机在民用和商用领域一般分为普通型和高载量型；按航行距离可分为短途型和洲际型；按机身宽度可分为窄体飞机和宽体飞机；按用途可分为客机、全货机和客货混合型飞机。世界上主要的飞机机型有波音系列、麦道系列、空中客车系列等。

5. 管道运输

管道运输是货物在管道内借助高压气泵的压力进行运输的一种特殊的运输方式。管道是管道运输的运输工具，它是固定不动的。管道既是运输工具，又是运输通道，二者合为一体。

管道按其铺设工程分为架空管道、地面管道和地下管道，其中地下管道应用最普遍；按其运输对象分为天然气管道、原油管道、成品油管道和输水管道；按其铺设区域分为：陆上管道和海上管道；按其直径大小分为：51mm～102mm、152mm～422mm 等几十种不同管径的管道。按其制造材料分为玻璃管道、不锈钢管道和塑料管道。

（二）仓储装备

仓储装备是实现储存的设备，包括仓库及其配套设备，如货架系统、月台、堆垛起重机、堆垛叉车以及其他辅助设备等。

1. 常见的仓库类型

（1）普通仓库。是指常温保管、自然通风、无特殊功能的仓库。一般又可分为平房仓库，为单层的，一般有效层高在 5m～6m 之间的仓库；楼房仓库，两层及以上的仓库，楼房各层之间通过垂直运输机械或坡道相连；罐式仓库，以各种罐体为储存库的大型容器型仓库等。

（2）立体仓库。是指采用高层货架储存货物，用起重、装卸、运输机械设备进行货物出库和入库作业的仓库。这类仓库主要通过高层货架充分利用空间进行存取货物，所以称为“立体仓库”。

（3）自动化立体仓库。自动化立体仓库采用高层货架储存货物，使用机械自动化设备存取和传送货物，对集装单元货物实行自动化保管和计算机管理，实现了仓储作业的自动化和智能化（图 4-1）。

图 4-1 海尔自动化立体仓库

2. 常见的货架类型

货架是用来存放货物的几何构筑体。货架的基本功能在于使物品分类储存，方便管理和有效利用时间、空间，节省人力。按存取作业方式不同，货架可分为托盘式货架、驶入式货架、阁楼式货架、重力式货架、悬挂式货架、移动式货架和旋转式货架等。

（1）开放层格式货架（图 4-2)。开放层格式货架的每格一般只放一种物品，物品不易混淆，但是层间光线暗，存放数量不大。主要用于规格复杂、多样，必须互相隔开的物品。

（2）抽屉式货架（图 4-3)。它属于封闭式货架的一种，具有防尘、防潮、避光的作用。用于比较贵重的小件物品的存放，或用于怕尘土、怕湿等的贵重物品，如刀具、量具、精密仪器、药品等。

图 4-2 开放层格式货架

图 4-3 抽屉式货架

（3）托盘式货架（图 4-4)。托盘式货架是最常用的选取式货架，可以自由选取存放在货架任一位置的托盘货物。拣取效率高，可按物品堆码的高度，任意调整横梁位置，又可称做可调式托盘货架。

（4）重力式货架（图 4-5)。重力式货架的每一个货格就是一个具有一定坡度的滑道。入库起重机装入滑道的货物单元能够在自重作用下，自动地从入库端向出库端移动，直至滑道的出库端碰上已有的货物单元停住为止。位于滑道出库端的第一个货物单元被出库起重机取走之后，在它后面的各个货物单元便在重力作用下依次向出库端移动一个货位。它适宜于少品种、大批量、快周转货物的存取。

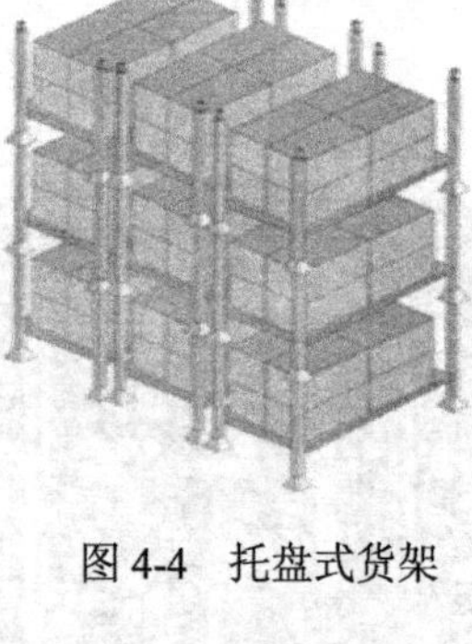

图 4-4 托盘式货架

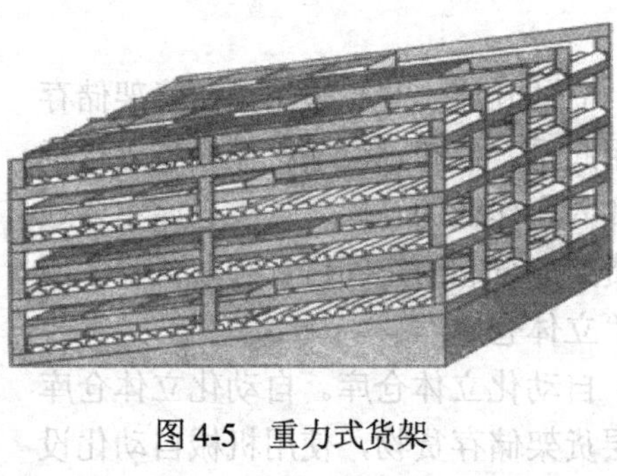

图 4-5 重力式货架

（5）驶入式货架（图 4-6)。驶入式货架在相同的空间内比通常的托盘货架几乎多一倍的储存能力，因为取消位于各排货架之间的巷道，将货架合并在一起，使同一层、同一列的货物互相贯通。叉车或起重机直接驶入货架的最里面存货，由里向外逐一存放，直到放满为止，取货时再从外向里顺序取货。因此它的储存密度大、库容率高，适于存储品种少、大批量以及不受存储时间限制的货物，不适合太长或太重货物。

（6）阁楼式货架（图 4-7）。这是一种充分利用空间的简易货架。在已有的货架或工作场地上建造一个中间阁楼以增加储存面积。阁楼楼板上一般可放轻包及中小件货物或储存期长的货物，可用叉车、输送带、提升机、电动葫芦或升降台提升货物。

（7）移动式货架（图 4-8）。移动式货架易控制，安全可靠。每排货架有一个电机驱动，由装置于货架下的滚轮沿铺设于地面上的轨道移动，可分为敞开式移动货架和封闭式移动货架。其突出的优点是提高了空间利用率。封闭式货架在封闭时确保货物安全，同时又可防尘、防光。

移动式货架在存取货物时需移动货架，所以存取货物时间要比一般货架长，还需要有移动和驱动装置，建造成本高。但它节省场地面积，可直接存取每一项货品，不受先进先出的限制。

（8）悬臂式货架（图 4-9）。悬臂式货架是由在立柱上装设悬臂来构成的，悬臂可以是固定的，也可以是移动的。该货架适合于存放钢管、型钢等长条状的物品或长卷状货品；需配有叉距较宽的搬运设备，高度受限，空间利用率低。

（9）旋转式货架（图 4-10，图 4-11）。旋转式货架设有电力驱动装置，货架沿着由两个直线段和两个曲线段组成的环形轨道运行。由开关或小型计算机操纵。存取货物时，把货物所在货格编号由控制盘按钮输入，该货格以最近的距离自动旋转至拣货点停止。拣货路线短，拣货效率则可以提高。旋转式货架适用于小物品的存取，尤其对于多品种的货物更为方便，它储存密度大，货架间不设通道，易管理、投资少。

图 4-6　驶入式货架

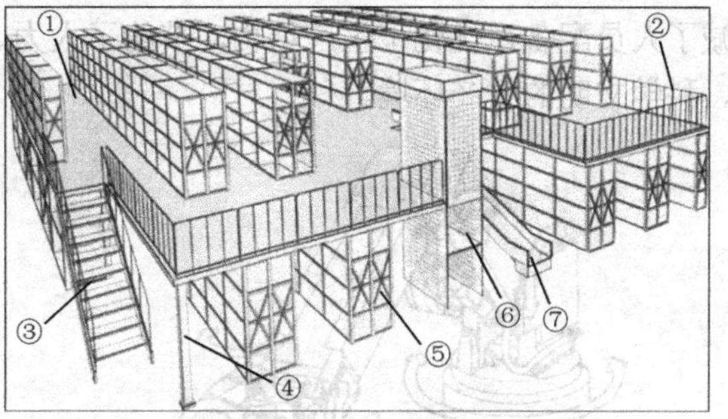

图 4-7　阁楼式货架

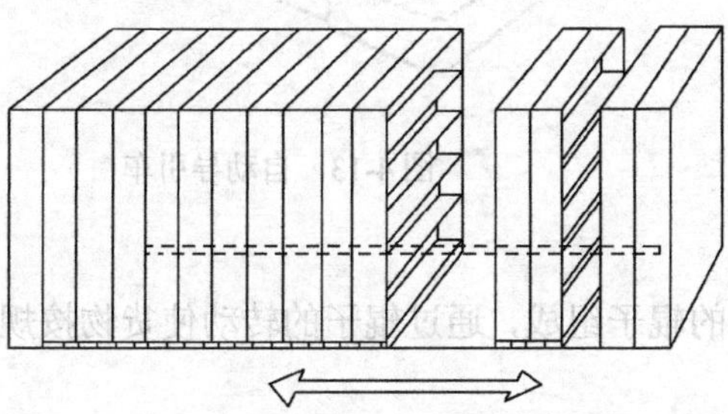

图 4-8　移动式货架

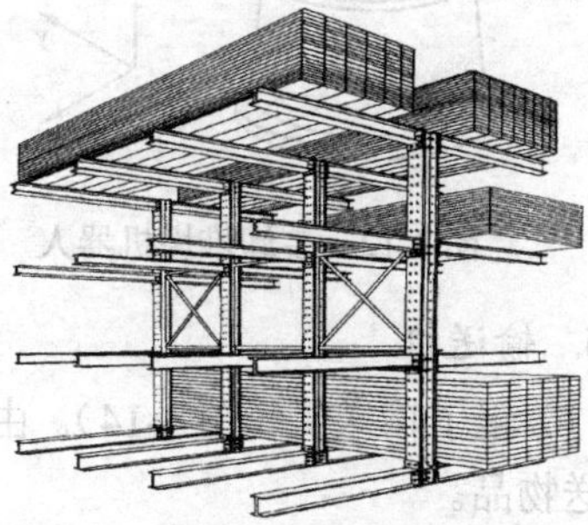

图 4-9　悬臂式货架

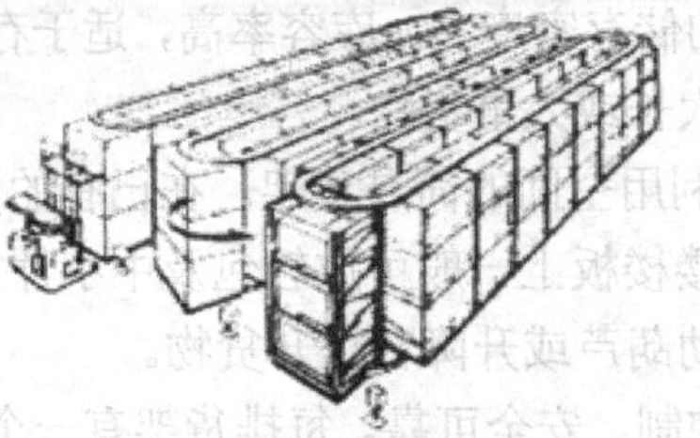

图 4-10 水平旋转式货架

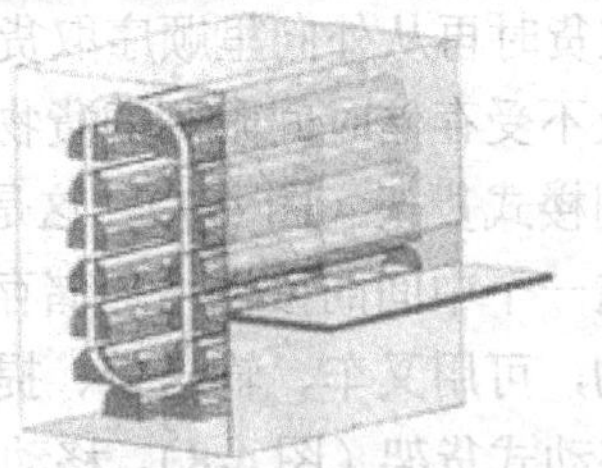

图 4-11 垂直旋转式货架

3. 装卸堆垛机器人

随着物流通信技术开发，装卸堆垛机器人（图 4-12）得到了充分的应用。它的作业速度高，作业准确，尤其适合有污染、高温、低温等特殊环境和反复单调的作业场合。机器人在仓库中的主要作业有码盘、搬运、堆垛和拣选作用。在仓库中利用机器人作业的优点是它能够在搬运、拣选和堆码过程中完成决策，起到专家系统的作用。

4. 自动导引车

自动导引车（Automatic Guided Vehicle）是一种物料搬运设备（图 4-13），能自动在一个位置自动进行货物的装载，自动行走到另一位置完成货物的卸载，自动完成货物装卸的运输装置。通过系统集中控制和计算机管理，对自动导引车的作业过程进行优化，发出搬运指令，控制自动导引车的路线及跟踪输送中的各种信息，完全实现全自动作业，即自动识别、自动运输、自动检测、自动搬运、存取、自动信息交换和自动监控等。

AGV 的应用代替传统的人工搬运的方式，大大促进了企业的技术进步，改善了工作条件和环境，提高了自动化生产水平，有效地解放了劳动生产力，减轻了工人的劳动强度，缩减了人员配备，优化了生产结构，节约了人力、物力、财力，创建了人机友好、和谐宜人、科学文明的生产环境。

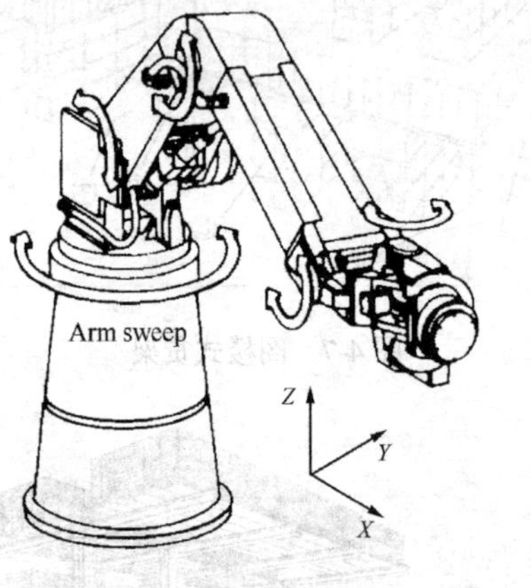

图 4-12 装卸堆垛机器人

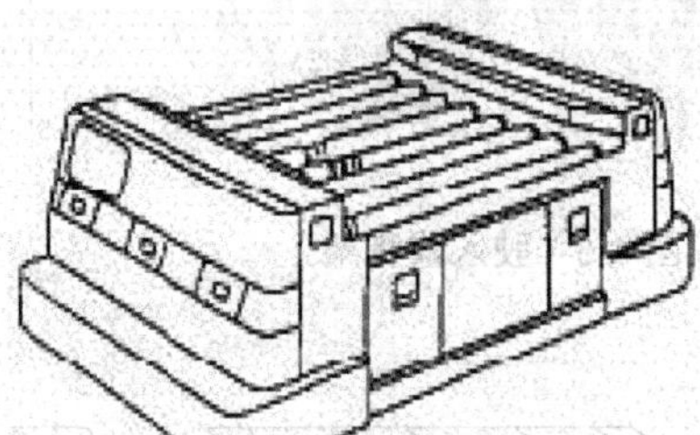

图 4-13 自动导引车

5. 输送机

（1）辊子输送机（图 4-14）。由一系列的辊子组成，通过辊子的转动使货物按规定的速度输送物品。

（2）链式输送机（图 4-15）。以链条为传动元件，链条依托导轨的支撑将货物以承托方式进行输送。

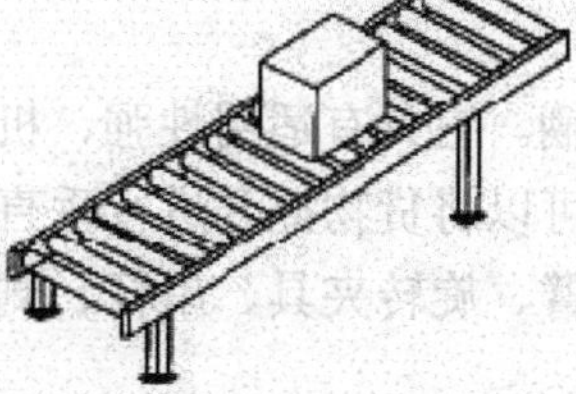

图 4-14 辊子输送机

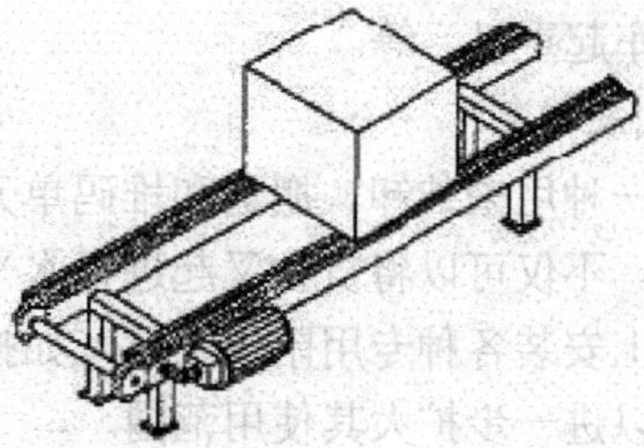

图 4-15 链式输送机

（3）带式输送机（图 4-16）。输送带作为承载和牵引构件，由上下托辊（或托板）支撑，绕过头尾滚筒形成闭合环路，借助传动滚筒与输送带之间的摩擦传递动力，以实现物料和物品的输送。

6. 巷道式堆垛机

巷道式堆垛机（图 4-17）是立体仓库中最重要的运输设备。巷道式堆垛机是随着立体仓库的出现而发展起来的专用起重机。它的主要作用就是在高层货架的巷道内来回穿梭运行，将位于巷道口的货物存入货格，或者相反，取出在货格内的货物把它运送到巷道口。这种使用工艺对巷道式堆垛机在结构和性能上提出了一系列严格的要求。

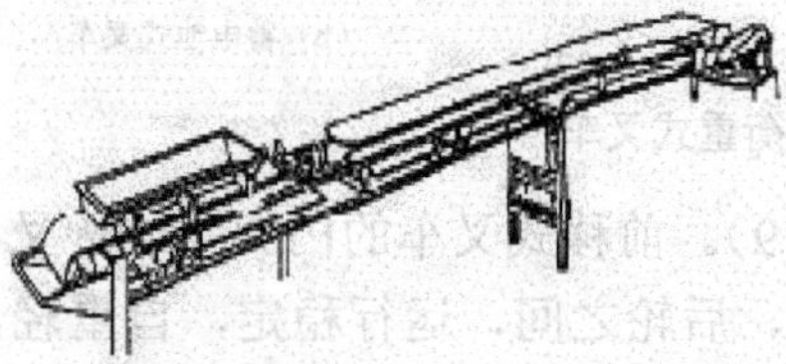

图 4-16 带式输送机

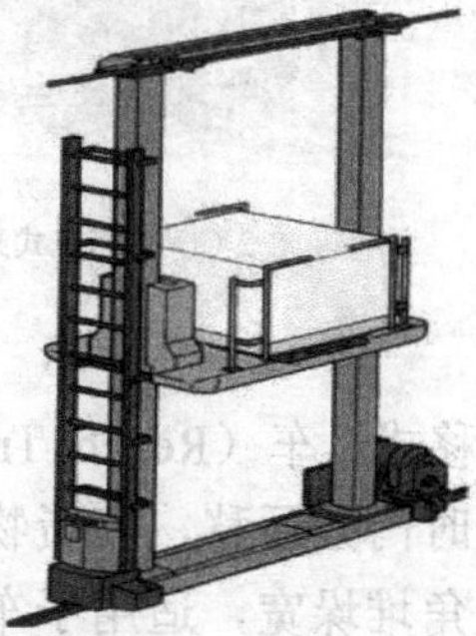

图 4-17 巷道式堆垛机

巷道式堆垛机的额定载重量一般为数十千克到数吨，其中使用最多的是 0.5 吨的。它的运行速度一般为 4m/s～120m/s，提升速度一般为 3m/s～30m/s。

（三）装卸搬运装备

装卸搬运装备是指能够将件货或散料物料在一定的运送线路上，从装载点到卸载点以一定的或变化的速度、循环间歇或连续地运行的设备。以间歇循环工作的装备有起重机械和叉式装卸车，以一定速度连续输送物料工作的装备为连续输送机。

1. 起重机械

起重机械的基本任务是垂直升降重物，并可使重物作短距离的水平移动，以满足重物装卸、转载、安装等作业的要求，它广泛应用于工矿企业、港口码头、车站、仓库等。

（1）简单起重机械。简单起重机械一般只配备一个工作机构，只能实现升降或一个直线方向移动，如千斤顶、手扳葫芦、手拉葫芦、电动葫芦、绞车、升降机等。

（2）通用起重机械。通用不仅指搬运物品的多样性，而且也包括使用场所的广泛性。通用起重机主要有：通用桥式起重机，龙门式起重机，固定回转式起重机和移动回转式起重机（如汽车起重机）等。

2. 叉式装卸车

叉车是一种用来装卸、搬运和堆码单元货物的车辆。它具有适用性强、机动灵活、效率高的优点。不仅可以将货物叉起进行水平搬运，还可以将货物提升进行垂直堆码。如果在货叉叉架上安装各种专用附属工具，如推出器、吊臂、旋转夹具、串杆、侧移叉、倾翻叉等，还可以进一步扩大其使用范围。

（1）平衡重式叉车（图4-18）。平衡重式叉车使用最为广泛。货叉在前轮中心线以外，为了克服货物产生的倾覆力矩，在叉车的尾部装有平衡重式。这种叉车适用于在露天货场作业，一般采用充气轮胎，运行速度比较快，而且有较好的爬坡能力。取货或卸货时，门架可以前移，便于货叉插入，取货后门架后倾以便在运行中保持货物的稳定。

（a）内燃机式叉车

（b）蓄电池式叉车

图4-18 平衡重式叉车

（2）前移式叉车（Reach Truck）（图4-19）。前移式叉车的门架（或货叉）可以前后移动。运行时门架后移，使货物重心位于前、后轮之间，运行稳定，自重轻，降低直角通道宽和直角堆垛宽，适用于车间、仓库内工作。这种叉车采用蓄电池为动力，不会污染周围的空气。在巷道内作业时，巷道宽度比平衡重式叉车小得多，从而可提高仓库面积利用率。

（a）座驾式叉车

（b）站驾式叉车

图4-19 前移式叉车

（3）插腿式叉车（图4-20）。插腿式叉车的货叉在两个支腿之间，因此无论在取货或卸货时，还是在运行过程中，都不会失去稳定性。由于尺寸小，转弯半径小，在库内作业比较方便。但是货架或货箱的底部必须留有一定高度的空间，使叉车的两个支腿插入。由于支腿的高度会影响仓库的空间利用率，必须使其尽量低，故前轮的直径也比较小，对地面平整度的要求就比较高。其起升方式包括手摇机械式、手动液压式和电动液压式三种，适用于工厂车间、仓库内效率要求不高，但需要有一定堆垛、装卸高度的场合。

图 4-20 插腿式叉车

（4）侧面叉车（图 4-21）。侧面叉车主要用于长料货物的搬运。这种叉车有一个放置货物的平台，门架与货叉在车体的中央，可以横向伸出取货，然后缩回车体内将货物放在平台上即可行走。这种叉车司机的视野好，所需通道宽度也较小。

物流业的迅速发展使得许多新型的叉车和堆垛机出现，如侧叉式的（门架不动而货叉做旋转和侧移的动作）和滑板式的高架叉车。高架叉车通道窄，又称为 VNA 叉车，分为人上型和人下型，现在应用越来越广。

图 4-21 侧面叉车

3．搬运机器人

搬运机器人（图 4-22）是一种有若干自由度，运用程序灵活可变，能任意定位，具有独立控制系统，能搬运装卸物件或操纵工具的自动化机械装置。在生产物流搬运设备中主要用于为机床搬运装卸工件，为加工中心更换刀具，在物流的节点和输送线的端点用来装卸堆垛物料，在装配线上用于产品的装配与喷漆等。在生产物流搬运应用搬运机器人不仅能提高劳动生产率，减少成本，保证产品质量，而且还能增加系统的柔性，为生产物流搬运设备提供一种强有力的工具和手段。

（a）直角坐标机器人（b）圆柱坐标机器人（c）关节机器人

图 4-22 几种类型的搬运机器人

（四）集装装备

集装装备可分为两类：集装箱和托盘。在物流自动化作业中，为了提高效率，必须采用集装单元化作业。

1. 集装箱

集装箱（图 4-23）是具有一定规格和强度进行周转用的大型货箱。根据国际标准化组织定义，凡具备以下条件的运输容器可称为集装箱：

图 4-23 常见集装箱（散货集装箱；杂货集装箱；冷藏集装箱）

（1）具备足够的强度，能长期反复使用；

（2）中途运转时，不用搬动箱内的货物，可整体转载；

（3）备有便于装卸的装点，能进行快速装卸；

（4）便于货物的装入与卸出；

（5）具有 1 立方米以上的内部容积。集装箱适合于铁路、水路、公路、航空等多种运输方式的现代化装卸和运输。

为了便于对在国际间流通的集装箱进行监督、管理，每一个集装箱均在适当和明显位置印有长期标志，包括箱主代码、序号和核对数字、国名代码、规格尺寸和箱型代码、最大总量和箱重等。按外形尺寸集装箱可分为国际标准箱和国内标准箱。

2. 托盘

为了使物品能有效地装卸、运输、保管，将其按一定数量组合放置于一定形状的台面上。这种台面有供叉车从下部叉入并将台板托起的叉入口。以这种结构为基本结构的平板台板和在这种基本结构基础上所形成的各种形式的集装器具都可统称为托盘（图 4-24）。我国把托盘定义为：用于集装、堆放、搬运和运输的放置作为单元负荷的货物和制品的水平平台装置。

托盘是一种重要的集装器具，是适应物流装卸机械化发展起来的。为了提高出入库效率和仓库利用率，实现存储自动化作业，通常采用货物连带托盘的存储方法，托盘成为一种存储工具。为了消除转载时码盘、拆盘的工序，人们提出实现托盘流通或联营，即托盘从港内、站内、企业内部使用发展为随车运输，成为一种运输工具；或者从“托盘装卸”—“托盘搬运”—“托盘存储”—“托盘运输”—“托盘售货”，连贯发展成为托盘物流。托盘已经成为实现物流合理化的一个重要条件。

托盘的发展基本与叉车同步，叉车与托盘的共同使用，形成有效系统，大大促进了装卸活动的发展，使长期以来的运输过程“瓶颈”得到改善。可以说，托盘的出现有效地促进了全物流过程的水平提高。

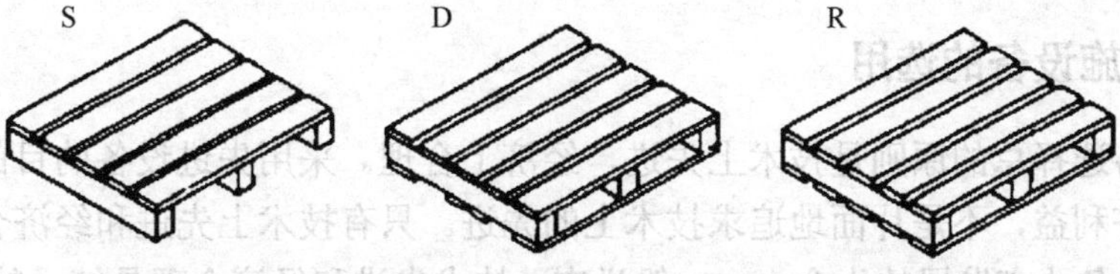

图 4-24　常见的托盘（单面形；一面使用形；两面使用形）

（五）分拣装备

分拣输送系统是将随机的、不同类别、不同去向的物品，按其要求进行分类的一种物料搬运系统（图 4-25）。随着商品经济的发展，在生产和流通领域中的物品分拣作业，已成为耗时、耗力、占地大、差错率高、管理复杂的部门。为此，物品分拣输送系统已经成为物料搬运系统的一个重要分支，广泛应用于邮电、航空、食品、医药等行业的流通中心和配送中心。

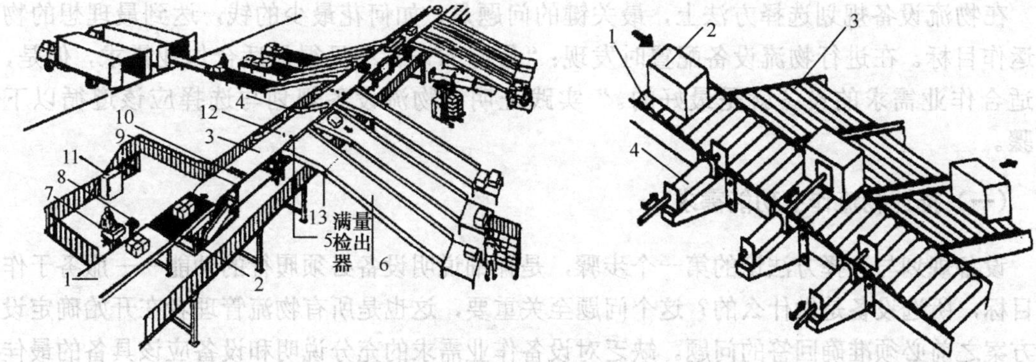

图 4-25　常见的分拣装备（平钢带分拣机；滚柱式分拣机）

（六）包装装备

包装装备（图 4-26）是指完成全部或部分包装过程机器的总称。包装过程包括充填、裹包、封品等工序，以及相应的前后工序，如清洗、干燥、杀菌、计量、标记、紧固、集装、拆卸等。产品包装操作机械化是提高包装工作效率和包装质量的重要手段，是促进产品生产与流通的积极措施。常用的主要包装机械有：①计量充填包装机；②灌装机；③封口机；④裹包机；⑤捆扎机；⑥装箱机。

图 4-26　常见的包装装备（灌装机；裹包机；捆扎机）

四、物流设施设备的选用

设施设备选择总的原则是技术上先进，经济上合理。采用先进设备的目的，是为了获得最大的经济利益，不是片面地追求技术上的先进。只有技术上先进和经济合理两者一致时，先进的设备才有发展的生命力。一般说来，技术先进和经济合理是统一的。这是因为，技术上先进往往表现为设备的生产率高，能够保证作业质量。但是，由于种种原因，有时两者的表现是矛盾的。例如，某台设备的效率比较高，但可能能源消耗量大，或者设备零部件磨损快，这样从全面经济效果来衡量就不一定适宜。再如，某些先进设备自动化水平和生产效率都很高，适合大批量作业，在作业量还不够大的情况下使用，往往会负荷不足，而这类设备价格又高，从经济效果的角度看是不合算的，因此，这样的设备是不可取的。通过以上分析可以看出，在选择机器设备时，必须全面地考虑到技术和经济要求。

在物流设备规划选择方法上，最关键的问题是，如何花最少的钱，达到最理想的物流运作目标。在进行物流设备配置时发现："最好的设备不见得最适合作业需求，但是，最适合作业需求的设备就是最好的。"实践证明，物流设备规划与选择应该遵循以下步骤。

（一）描述物流作业功能需求

设备规划与选择方法论的第一个步骤，是详细说明设备必须履行的功能——服务于作业目标，所选设备是做什么的？这个问题至关重要，这也是所有物流管理者在开始确定设备方案之前必须准确回答的问题。缺乏对设备作业需求的充分说明和设备应该具备的最佳能力的描述，将会导致所选设备不匹配的后果。令人遗憾的是，近年，在中国的物流设施案例中，出现了太多"大马拉小车"和好大喜功的做法。不问青红皂白，烟草制造业动辄上亿元的自动化仓库投入就有此等嫌疑。

为物流中心指定恰当的设备之前，必须对作业、动作、流程，及正在运行的系统有一个清晰的理解。对仓库内的某个作业如何影响其他作业，从设备选择角度来看是极其重要的。例如，叉车搬运前，是否有必要选择规划可伸缩式输送系统以提高非单元化货品的卸货效率。

（二）拟订初步方案

设备规划与选择的第二个步骤是初步拟订设备方案来满足已确定的作业要求。在设备规划过程中，其目的不是确定设备方案的详细规格，而是确定设备的一般分类。例如货架设备，首先要制订的设备方案是以托盘货架，或者是悬臂式货架为分类依据；然后，在设备规划与选择过程中的第四和第五个步骤中，再制定更详细的规格形式，如镀锌还是表面喷塑工艺。在进行设备选择方案的基础上，制定全体的时间进度：用管理工程的方法对设备购入及施工项目进行分析，明确应管理的项目，做出时间进度计划。

（三）设备预算

制订基本预算书，明确必要的物流作业设备项目，对设备购入、支持物流的信息系统设备制订基本预算书。目的不明的预算会浪费资金，也会造成计划进度的延迟，事后的费用追加也会造成资金的紧张和预算膨胀。必须对设备的费用做一个比较详尽、可靠的预算。

（四）对设备进行经济技术评价

评估方案过程中，最重要的一点是，定量（经济评估）与定性分析相结合。

定性定性分析就是对研究对象进行“质”的方面的分析。具体地说是运用归纳和演绎、分析与综合以及抽象与概括等方法，对获得的各种材料进行思维加工，从而能去粗取精、去伪存真、由此及彼、由表及里，达到认识事物本质、揭示内在规律。

定性分析常被用于对事物相互作用的研究中。它主要是解决研究对象“有没有”或者“是不是”的问题。在进行设备选择定性分析时，常考虑的问题有：满足作业能力、满足物流量波动的能力、灵活性（方便重新布置）、空间利用程度、安全性和设备易维护性、工作条件和雇员满意度、方便管理程度、操作难度、故障率及故障损失、备品备件数量、可扩展性、人事问题、失业人员的处置需求，劳动合同约定和工会因素、投入使用时间、环境要求、公共关系效果等因素进行分析。

定量分析，也是经济评价法，用数字说话。首先是成本计算，通常，成本分两类：投资成本和年运行成本。最普遍的投资成本是设备的采购、安装、调试费用。年运行成本是使用设备过程中不断发生的费用。典型的年运行成本项目包含物流作业人员的工资、设备维护费用、税和保险费等。

（五）选择物流设备和物流设备供应商

接下来的工作是说明所需设备的详细规格。通常这个阶段的重要工作是说明设备需求的详细规格。并接触供应商，详细咨询供应商资质及设备的说明。对供应商的考核可以从以下几个方面入手。

（1）响应方面：包括货物供应商是否在承诺时间内提供设备并安装到位；是否在承诺时间内做好准备及业务处理工作等内容；服务偏差度是控制范围内。

（2）价格方面：包括供应商是否按照协议价格提供设备或安装服务；是否根据市场价的变化而调整价格并及时向采购部门提供价格调整信息，所提供的设备价格是否高于市场上同品牌同型号原装产品普遍价格。

（3）质量方面：包括货物类供应商供应的货物是否为原装正规产品，是否完全符合协议规定的质量、规格和性能，是否存在因包装、设计、工艺、材料或服务的缺陷而产生的故障；服务类供应商提供的例如会议场所、客房和饭菜质量等服务是否符合定点协议约定，保单的正确率、车辆维修的返修率不得高于行业标准等内容。

（4）服务方面：包括售后服务是否及时、周到、良好。

五、物流设施设备的改造

设备的现代化技术改造是指为了提高企业的经济效益，通过采用国内外先进的、适合中国情况的技术成果，改变现有设备的性能、结构、工作原理，以提高设备的技术性能或改善其安全、环保特性，使之达到或局部达到先进水平所采取的重大技术措施。

企业进行物流设施设备改造主要是为提高设备的技术水平，以满足物流运作要求，在注意经济效益的同时还必须注意社会效益。为此，企业应注重以下几个方面进行物流设施设备的技术改造。

（一）提高设施设备的工作能力，提高效率

设备经过改造后，要使原设备的技术性能得到改善，提高设施设备的工作能力提高效率，使之达到或局部达到新设备的水平，满足物流作业的要求。比如，改普通货架为重力式货架，提高仓库的存储能力，并提高作业的效率，节省工作环节和费用；增加其重机械吊具和叉车的叉具，实现“一机多用”；改进费事费时的机械式台秤，改为电子称，提高工作效率；改以往的普通货车为专用货车，实现合理运输等。

（二）通过技术改造，改变作业流程，实现机械化操作

物流作业流程的规划，依赖于设施设备的配置，通过设施设备的技术改造改变落后的物流作业流程。比如：通过条码技术和射频技术的使用，改变靠人力识别、记录、输送物品信息的作业流程；采用托盘技术改变运输、装卸、搬运、储存的作业流程。从而实现机械化操作。

（三）提高设备运行安全性

安全是最大的节约，对影响人身安全的设备，应进行针对性改造，防止人身伤亡事故的发生，确保安全生产。

（四）要大力提升物流企业的信息化水平

利用现代信息技术改造传统物流，推广条形码、EOS（电子订货系统）、EDI（电子数据交换）、DRP（配送需求计划）、ASS（自动分拣系统）等先进的物流技术，提高物流企业货物存储、分拣、加工、配送等环节的服务效率和运作质量。充分整合物流信息资源，建立公共信息平台，实现资源共享、数据共用、信息互通。

（五）进行标准化与模块化改造

当前，经济全球化特征日渐明显，中国入世更加快了企业的国际化进程。物流装备也需要走向全球化，而只有实现了标准化和模块化，才能与国际接轨。因此，标准化、模块化成为物流装备发展的必然趋势。标准化既包括硬件设备的标准化，又包括软件接口的标准化。

通过实现标准化，可以轻松地与其他企业生产的物流装备或控制系统对接，为客户提供多种选择和系统实施的便利性。模块化可以满足客户的多样化需求，可按不同的需要自由选择不同功能模块，灵活组合、增强了系统的适应性。同时模块化结合能够充分利用现有空间，并根据货物存取量的变化进行调整物流作业。

（六）智能化与人性化改造

科技的进步使物流装备越来越重视智能化与人性化设计，以降低工人的劳动强度，改

善劳动条件，使操作更轻松自如。

（七）绿色化与节能化

随着全球环境的恶化与人们环境意识的增强，有些企业在选用物流装备时会优先考虑对环境污染小的绿色产品或节能产品。因此，有远见的物流装备供应商也开始关注环保问题，采取有效措施达到环保要求。如采用新的装置与合理的设计，降低设备的震动、噪声与能源消耗量等。

4.5 物流标准化管理

一、物流标准化的含义与特点

物流标准化是指以物流为一个大系统，制定系统内部设施、机械装备，包括专用工具等的技术标准，包装、仓储、装卸、运输等各类作业标准，以及作为现代物流突出特征的物流信息标准，并形成全国以及和国际接轨的标准化体系。

物流标准化的主要特点有以下几方面。

（一）物流标准化涉及面广

和一般标准化系统不同，物流系统的标准化涉及面更为广泛，其对象也不像一般标准化系统那样单一，而是包括了机电、建筑、工具、工作方法等许多种类。虽然处于一个大系统中，但缺乏共性，从而造成标准种类繁多，标准内容复杂，也给标准的统一性及配合性带来很大困难。

（二）物流标准化系统是属于二次系统

这是由于物流及物流管理思想诞生较晚，组成物流大系统的各个分系统，过去在没有归入物流系统之前，早已分别实现了本系统的标准化。并且经多年的应用，不断发展和巩固，已很难改变。在推行物流标准化时，必须以此为依据，个别情况固然可将有关旧标准化体系推翻，按物流系统所提出的要求重建新的标准化体系，但通常还是在各个分系统标准化基础上建立物流标准化系统。这就必然从适应及协调角度建立新的物流标准化系统，而不可能全部创新。

（三）物流标准化更要求体现科学性、民主性和经济性

科学性、民主性和经济性，是标准的“三性”，由于物流标准化的特殊性，必须非常突出地体现这三性，才能搞好这一标准化。科学性的要求，是要体现现代科技成果，以科学试验为基础，在物流中，则还要求与物流的现代化（包括现代技术及管理）相适应，要求能将现代科技成果联结成物流大系统。否则，尽管各种具体的硬技术标准化水平要求颇高，

十分先进，但如果不能与系统协调，单项技术再高也是空的。甚至还起相反作用。所以，这种科学性不但反映本身的科学技术水平，还表现在协调与适应的能力方面，使综合的科技水平最优。

民主性指标准的制订，采用协商一致的办法，广泛考虑各种现实条件，广泛听取意见，而不能过分偏重某一个国家，使标准更具权威、减少阻力，易于贯彻执行。物流标准化由于涉及面广，要想达到协调和适应，民主决定问题，不过分偏向某个方面意见，使各分系统都能采纳接受，就更具有重要性。

经济性是标准化主要目的之一，也是标准化生命力如何的决定因素，物流过程不像深加工那样引起产品的大幅度增值，即使通过流通加工等方式，增值也是有限的。所以，物流费用多开支一分，就要影响到一分效益，但是，物流过程又必须大量投入消耗，如不注重标准的经济性，片面强调反映现代科学水平，片面顺从物流习惯及现状，引起物流成本的增加，自然会使标准失去生命力。

（四）物流标准化有非常强的国际性

由于经济全球化的趋势所带来的国际交往大幅度增加，而所有的国际贸易又最终靠国际物流来完成，各个国家都很重视本国物流与国际物流的衔接，在本国物流管理发展初期就力求使本国物流标准与国际物流标准化体系一致。若不如此，不但会加大国际交往的技术难度，更重要的是在本来就很高的关税及运费基础上又增加了因标准化系统不统一所造成的效益损失，使外贸成本增加。因此，物流标准化的国际性也是其不同于一般产品标准的重要特点。

（五）贯彻安全与保险的原则

物流安全问题也是近些年来非常突出的问题，往往是一个安全事故会将一个公司拖垮，几十万吨的超级油轮、货轮遭受灭顶损失的事例也并不乏见。当然，除了经济方面的损失外，人身伤害也是物流中经常出现的，如交通事故的伤害，物品对人的碰、撞伤害，危险品的爆炸、腐蚀、毒害的伤害等。所以，物流标准化的另一个特点是在物流标准中对物流安全性、可靠性的规定和为安全性、可靠性统一技术标准、工作标准。

二、物流标准化的主要内容

按照标准化工作应用的范围，物流标准可以分为技术标准、工作标准和作业标准以及信息化标准。

（一）物流技术标准

技术标准是指标准化领域中需要协调统一的技术事项所制订的标准。在物流系统中，主要指物流基础标准和物流活动中运输、装卸、仓储、包装、配送、流通加工等方面的技术标准。

1. 物流基础标准

基础标准是制定物流标准应遵循的、全国统一的标准，是制定物流标准必须遵循的技术基础与方法指南，主要包括专业计量单位标准、物流基础模数尺寸标准、物流专业名词

（术语）标准等。

（1）专业计量单位标准。物流标准是建立在一般标准化基础之上的专业标准化系统，除国家规定的统一计量标准外，物流系统还要自身独特的专业计量标准。

（2）物流基础模数尺寸标准。基础模数尺寸是指标准化的共同单位尺寸，或系统各标准尺寸的最小公约尺寸。一般为 600mm×400mm。它的确定不但要考虑国内物流系统，还要考虑到国际物流系统的衔接，具有一定的难度和复杂性。在制定各个具体的尺寸标准时，要以基础模数尺寸为依据，选取其整数倍数为规定的尺寸标准。这样可以大大减少尺寸的复杂性，是物流系统各个环节协调配合，构成系统整体的基础。

（3）集装单元模数尺寸。集装单元模数尺寸是最小的集装尺寸，它是在物流基础模数尺寸的基础上，按倍数推导出来的各种集装设备的基础尺寸，以此尺寸作为设计集装设备尺寸的依据。集装单元模数尺寸以 1200mm×1000mm 为主，也允许 1200mm×800mm 及 1100mm×1100mm。在物流系统中，由于集装尺寸必须与各个环节物流装备相配合，在对整个物流系统设计时，通常以集装尺寸为核心进行设计。集装基础模数尺寸是物流系统各个环节标准化的核心，它决定和影响其他物流环节的标准化。下面以 1210 托盘（1200mm×1000mm）为例，来说明物流基础模数尺寸与集装单元模数尺寸的配合关系（图 4-27）。

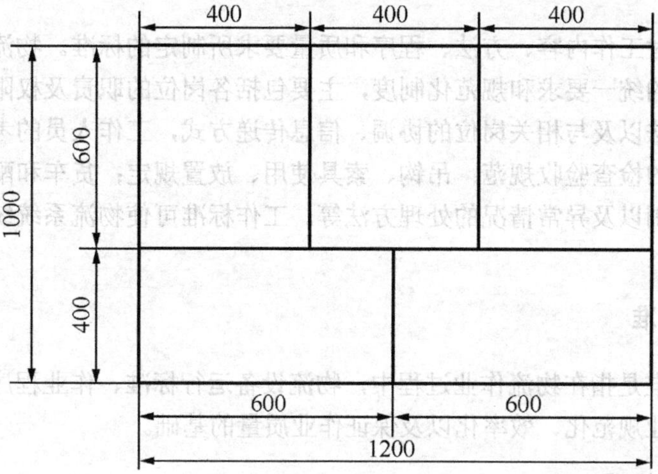

图 4-27　物流基础模数尺寸与集装单元模数尺寸的配合关系图

（4）物流建筑基础模数尺寸。主要是指物流系统中各种建筑物所使用的基础模数，在设计建筑物的长、宽、高尺寸，门窗尺寸，建筑物柱间距，跨度及进深尺寸时，要以此为依据。

（5）物流专业术语标准。包括物流专业名词的统一化、专业名词的统一编码以及定义的统一解释。物流专业术语标准化可以避免由于人们对物流词汇的不同理解而造成物流工作的混乱。

（6）包装的识别与标志标准。对于不断运动中的物流中的物品、工具和机具等，需要有易于区分的标识，有时还需要自动识别。解决的办法是用规范的条形码来代替肉眼识别的标识。标识、条形码的标准化也是重要的标准化内容。

2. 各个分系统的技术标准

（1）运输车船标准。主要指对货车、卡车、货船、拖挂车等运输设备制定的车厢、船舱尺寸、载重能力、运输环境条件等标准，以保证设备之间以及设备和固定设施的衔接。此外，还包括废气排放、噪声等级等标准。

（2）作业车辆标准。包括物流设施内部使用的各种作业车辆，如叉车、台车、手推车等。包括尺寸、运行方式、作业范围、作业重量、作业速度等方面的标准。

（3）传输机具标准。包括水平、垂直输送的各种起重机、传送机、提升机的尺寸、传输能力等技术标准。

（4）仓库技术标准。包括仓库尺寸、建筑面积、有效面积、通道比例、单位储存能力、总吞吐能力、温度、湿度、照明等技术标准。

（5）包装标准。包括包装尺寸、包装材料、质量要求、包装标志以及包装的技术要求等标准。

（6）站台技术标准。包括站台高度、作业能力等技术标准。

（7）集装箱标准、托盘标准。包括托盘、集装系列尺寸标准、荷重标准以及集装箱的材料标准等。

（8）货架、储罐标准。包括货架净空间、载重能力、储罐容积和尺寸标准等。

（二）工作标准

工作标准是对工作内容、方法、程序和质量要求所制定的标准。物流工作标准是对各项物流工作制定的统一要求和规范化制度，主要包括各岗位的职责及权限范围；完成各项任务的程序和方法以及与相关岗位的协调、信息传递方式，工作人员的考核和奖励方法；物流设施、建筑的检查验收规范；吊钩、索具使用、放置规定；货车和配送车辆运行时刻表、运行速度限制以及异常情况的处理方法等。工作标准可使物流系统统一工作方式，提高工作效率。

（三）作业标准

物流作业标准是指在物流作业过程中，物流设备运行标准、作业程序、作业要求等标准。这是实现作业规范化、效率化以及保证作业质量的基础。

（四）信息化标准

现代物流与传统物流的最大区别之一在于计算机网络和信息技术使得原来分离的商流、物流、信息流和采购、运输、仓储、配送等环节紧密相连，形成了一条完整的供应链。信息技术标准化尤其作为基础的信息分类编码标准化工作越来越受到人们的重视。物流信息标准化主要包括 EDI/XML 标准电子报文标准化，物流单元编码标准化，物流节点编码标准化，物流单证编码标准化，物流设施与装备编码标准化，物流作业编码标准化，GPS 标准等。

【课堂讨论】

1. 实行物流标准化体系建设有什么好处？我国目前物流标准体系建设的主体是谁？谁在承担此项工作，目前进展如何？

2. 如何实施标准化体系建设？

三、物流标准化的基点

（一）集装是物流标准化基点

物流是一个非常复杂的系统，涉及的面又很广泛，过去，构成物流这个大系统的许多组成部分也并非完全没有搞标准化，但是，这往往只形成局部标准化或与物流某一局部有关的横向系统的标准化。从物流系统来看，这些互相缺乏联系的局部的标准化之间却缺乏配合性，不能形成纵向的标准化体系。所以，要形成整个物流体系的标准化，必须在这个局部中寻找一个共同的基点，这个基点能贯穿物流全过程，形成物流标准化工作的核心，这个基点的标准化成了衡量物流全系统的基准，成为各个局部的标准化的准绳。

为了确定这个基点，人们将进入物流领域的产品（货物）分成了三类，即零杂货物、散装货物与集装货物。这三类的标准化难易程度是不同的：

零杂货物及散装货物在物流的“节点”上，例如在换载、装卸时，都必然发生组合数量及包装形式的变化，因此，要想在这些“节点”上实现操作及处理的标准化，那是相当困难的。

集装货物在物流过程的始终都是以一个集装体为基本单位，其包装形态在装卸、输送及保管的各个阶段都基本上不会发生变化；也就是说，集装货物在节点上容易实现标准化的处理。至于零杂货物的未来，一部分可向集装靠拢，向标准包装尺寸靠拢；另一部分还会保持其多样化的形态而难以实现标准化。

所以，不论是国际物流还是国内物流，都可以肯定地讲：集装系统是使物流全过程贯通而形成体系，是保持物流各个环节上使用的设备、装置及机械之间整体性及配合性的核心，所以，集装系统是使物流过程连贯而建立标准化体系的基点。

（二）物流全系统标准化取决于和集装的配合性

具体来讲，以集装系统为物流标准化的基点，这个基点的作用之一，就是以此为标准来解决全面的标准化。因此，必须实现集装与物流其他各个环节之间的配合性。

1. 集装与生产企业最后工序（也是物流活动的初始环节）—— 包装的配合性

包装尺寸和集装尺寸的关系应当是：集装是包装尺寸的倍数系列，而包装是集装尺寸的分割系列。

2. 集装与装卸机具、装卸场所、装卸小工具（如吊索、跳板等）的配合性

3. 集装与仓库站台、货架、搬运机械、保管设施乃至仓库建筑（净高度、门高、门宽、通路宽度等）的配合性

4. 集装与保管条件、工具、操作方式的配合性

5. 集装与运输设备、设施，如运输设备的载重、有效空间尺寸等的配合性

在以集装为基本物流单位的物流系统中，经常有许多基本集装单位进一步组合成大集装单位或输送保管单位的情况。例如，将集装托盘货载放入大型集装箱或国际集装箱，就组成了以大型集装箱或国际集装箱为整体的更大的集装单位；将集装托盘货载或小型集装箱放入卡车车厢、货车车厢，就组成了一个大的运输单位等。如果形成了倍数系列的尺寸关系，就能提高装运的密度和形成坚实的货垛。

6. 集装与末端物流的配合性

随着整个经济活动越来越以消费者（再生产者）的需要为转移，消费者的地位越来越强固，质量管理、生产管理、成本管理等经济管理活动都确立了“用户第一”的基本观念，这种观念在物流活动中的反映，就是末端物流越来越受到重视。

末端物流是送达给消费者的物流，因此是以消费者的旨趣为转移的。一般说来，占消费者中大多数的零星消费者的要求，是逆规格化方向而行的，消费者追求多样化，这就使多样化的末端物流与简单化的主体物流（集装系统）的配合性出现困难。

集装物流转变为末端物流，要对简单性的集装进行多样化的分割，以解决集装的简单化与末端物流多样化要求的矛盾。衔接消费者的“分割系列”与衔接生产者的“倍数系列”有时是有矛盾的，标准化要解决的问题就是要选择最优。

7. 集装与国际物流的配合性

从国际经济交往来讲，由于我国是“后发性”国家，以国际标准为主体和国际标准接轨是我们集装标准化应该做的事情。其中最重要的是和国际海运集装箱接轨。这个接轨可以使国际海运集装箱通过我国的铁路和公路运输直达内地，从而充分发挥集装箱联运“门到门”的优势。

四、物流标准化的原则

（一）市场导向原则

物流标准化工作已从“行政需求”转向“市场需求”，有需求的标准才有价值；因此标准制定、颁布、实施都必须根据市场变化进行调整。

（二）一致性与协调性原则

必须考虑物流系统的配合性问题，包括物流各环节间的配合；物流设备、工具与场所的配合；国内物流工具与国际物流的配合；物流系统与其他系统的衔接与配合等。

（三）创新性原则

标准要依据市场变化及国际经济大环境的变化而改变，一方面要与国际接轨，另一方面要根据国内情况，创新与制定一些新的标准并使之成为国际标准。

（四）导向性原则

标准的制定是用来约束企业或组织来按标准进行业务组织与管理，以淘汰不合格的业务运作模式；为企业的发展起到一个导向性作用，以规范物流市场与物流服务，便于标准的科学发展。

五、企业实现物流标准化的好处

（一）物流标准化是物流系统设计的前提

物流标准化是物流系统同一性、一致性的保证，是几个环节有机联系的必要前提。例如，集装箱标准化可以实现不同运输方式之间的无缝连接，对于发展广泛的水陆联运，提高物流作业效率都有着重要意义。

（二）物流标准化对物流成本和效益有重大决定作用

实现物流标准化后，贯通了全系统，可以实现“一贯到户”式的物流，其效益由速度加快，中间装卸、搬运、暂存费用降低，中间损失降低而获得。从而物流成本大大降低，效益显著提高。

（三）物流标准化可以加快物流管理发展进程

物流标准化可以加快物流系统建设，是迅速推行物流管理的捷径。建立物流系统的涉及面广，难度非常大，推行物流标准化可以少走很多弯路，加快推行物流管理的进程。

（四）物流标准化为物流系统与外系统的结合创造了条件

物流系统不是孤立的，为了使物流外系统与物流系统更好地衔接，通过物流标准化简化和统一衔接点是非常重要的。

六、标准化组织简介

目前，世界上约有近 300 个国际和区域性组织，制定标准和技术规则。其中最大的是国际标准化组织（ISO）、国际电工委员会（IEC）、国际电信联盟（ITU）、国际物品编码协会（EAN）与美国统一代码委员会（UCC）联盟等，与物流相关的主要有 ISO 与 EAN。

（一）ISO

目前，ISO/IEC 下设了多个物流标准化的技术委员会来负责全球的物流相关标准的制订、修订工作，已经制订了 200 多项与物流设施、运作模式与管理、基础模数、物流标志、数据信息交换相关的标准。在 ISO 现有的标准体系中，与物流相关的标准约有 2000 条左右，其中运输 181 条、包装 42 条、流通 2 条、仓储 93 条、配送 53 条、信息 1605 条。

（二）EAN.UCC

EAN 就是管理除北美以外的对货物、运输、服务和位置进行唯一有效编码并推动其应用的国际组织，是国际上从事物流信息标准化的重要国际组织，而美国统一代码委员会（UCC）是北美地区与 EAN 对应的组织。近几年来，两个组织加强合作，达成了 EAN.UCC 联盟，以共同管理和推广 EAN.UCC 系统，意在全球范围内推广物流信息标准化。

【知识拓展】 托盘标准尺寸

托盘的尺寸标准是物流单元化重要的标准。托盘与存储的货架、搬运的产品、集装箱、运输车辆、卸货平台以及搬运设施等有直接的关系，因此托盘的规格尺寸是考虑其他物流设备规格尺寸的基点。例如，托盘横梁货架的横梁宽度尺寸最常见的有 2300mm 和 2700mm，前者承放两个 1200mm×1000mm 的托盘，后者承放三个 1200mm×800mm 的托盘。这里，特别值得一提的是要建立有效的托盘公用系统，必须使用统一规格的托盘，托盘标准化是托盘作业一贯化的前提。在选择托盘尺寸时应该考虑以下因素：

1. 要考虑运输工具和运输装备的规格尺寸

合适的托盘尺寸应该符合运输工具的尺寸，可以充分利用运输工具的空间，提高装载率，降低运输费用，尤其要考虑海运集装箱和运输商用车的箱体内尺寸。

2. 要考虑托盘装载货物的包装规格

根据托盘装载货物的包装规格选择合适的托盘，尽量最大限度地利用托盘的表面积，控制所载货物的重心高度。托盘承载货物的合理的指标为：达到托盘80%的表面积利用率，所载货物的重心高度不应超过托盘宽度的2/3。

3. 要考虑托盘尺寸的通用性

应该尽可能地选用国际标准的托盘规格，便于托盘的交换和使用。

4. 要考虑托盘尺寸的使用区域

装载货物的托盘流向直接影响托盘尺寸的选择。通常去往欧洲的货物要选择 1210 托盘（1200mm×1000mm）或 1208 托盘（1200mm×800mm）；去往日本、韩国的货物要选择 1111 托盘（1100mm×1100mm）；去往大洋洲的货物要选择 1140mm×1140mm 或 1067mm×1067mm 的托盘；去往美国的货物要选择 48 英寸×40 英寸的托盘，国内常用 1210（1200mm×1000mm）托盘发往美国。

1200mm×1000mm 托盘在全球应用最广，在中国也得到最广泛的应用。

托盘载荷定义

1. 静载载荷

静载载荷（Static Capacity）是指托盘放在水平且刚性的平面上，货物均匀平铺在托盘上，托盘所能承受的最大载荷重量。

2. 动载载荷

动载载荷（Dynamic Capacity）是指在使用叉车等搬运设备时，托盘在动态作业中，托盘上货物平铺均匀摆放，所能承受的最大载荷重量。

3. 上架载荷

上架载荷（Racked Capacity）指托盘在横梁货架上或其他类似的料架上跨梁架空时，托盘上货物平铺均匀摆放，所能承受的最大载荷重量。

因此，选择托盘的载荷能力时要了解托盘的使用功能，当托盘要上架存储时，上架载荷最为重要。同时，托盘的载荷能力与托盘上货物的摆放方式有很大关系，载荷面积减小，托盘的实际剩余载荷也将减小，而不是原有的额定载荷。

在载荷的概念上，动载和上架载荷不一定能划分清楚。在欧洲托盘标准（EPAL）中，将上架载荷和叉车作业时动载合并为同一载荷，其标准托盘的承载能力定义如下：

（1）当托盘存放在货架上或用叉车货叉作业时，必须满足以下承载能力：

当托盘上的货物随机摆放时，1000kg；

当托盘上的货物平整摆放于整个托盘面时，1500kg；

当托盘上的货物有整体包装并且平整摆放于整个托盘面时，2000kg。

（2）当托盘放在平整、刚性的水平面上，且货物平整均匀摆放在整个托盘面时，多个载荷托盘相互堆垛，最底层的托盘必须能承受额外 4000kg（共 6000kg）的最大载荷。

托盘重要性能指标及测试方法

托盘有多方面的性能指标要求，并且每个指标都应该有一套标准的测试方法，主要的性能指标包括抗弯强度（动载能力）、抗压强度（静载能力）、抗冲击性能（结构刚性）、表面抗滑落性能等。

日本 DIC 托盘，测试托盘架空时抗弯强度（载荷变形量、去载后变形恢复状况）。

欧洲 UTZ 托盘，测试不同托盘在 1000kg 标准载荷下的架空抗弯变形量，以及去载后的恢复状况。

日本 DIC 托盘，测试托盘支撑脚的静态抗压强度。

日本 DIC 托盘，对角跌落实验，测试托盘结构的抗冲击性能（标准跌落高度，对角长度变形量）。

Anti-slip test: 测试托盘表面抗滑落性能。一定重量的包装箱放在托盘上，倾斜托盘角度，直到包装箱开始滑落，测试该临界倾斜角度。

托盘使用和选型的要点

托盘选型可以从以下几方面考虑：

（1）托盘尺寸：根据企业托盘标准和存放物料的尺寸大小确定托盘尺寸，建议尽可能选用社会标准托盘。

（2）应用承载的要求：根据托盘上面存放物料的重量以及物流作业方式，考虑托盘的静载和动载能力需求。

（3）托盘材质：钢结构托盘一般只是为了解决较重货物的承载问题才选用，木托盘和塑料托盘在大部分物流作业场所均可使用。木托盘的刚性好，承载能力比塑料托盘大，不易弯曲变形，但不适合潮湿和卫生要求高的作业场所。塑料托盘是一个整体结构托盘，适合周转而不易损坏，方便清洁，但承载能力不如木托盘。

（4）托盘结构：托盘有不同的结构方式，根据叉车的货叉特点、承载要求以及其他应用工况要求来选择。

（5）成本：木托盘成本低，但中国目前没有托盘标准，同一种结构的木托盘因使用的材质或加工工艺的差异，其质量相差很大，市场价格变化大，在 50～300 元之间。木托盘若管理不善容易损坏，但可以维修。由于石油价格的上涨，塑料托盘的成本比木托盘要高很多。塑料托盘使用寿命比木托盘长，但损坏后不能维修。

同步测试

一、填空题

1．物流管理的发展经历了________管理、________管理和________管理 3 个层次。

2．物流管理按管理进行的顺序可以划分为三个阶段，即________阶段、________阶段和________阶段。

3．物流成本指物流活动中所消耗的________劳动和活劳动的________表现。即产品在包装、运输、储存、装卸搬运、流通加工、物流信息、物流管理等过程中所耗费的人力、物力和财力的总和以及与________有关的________占用成本、________损耗成本、保险和税收成本。

4．按物流成本产生的范围划分，物流成本由________物流成本、企业内物流成本、销售物流成本、________物流成本以及废弃物流成本构成。

5．铁路车辆按照装有车轮的车轴数分为________、________和________，中国铁路车辆以________为主。

6．货架的基本功能在于使物品分类________，方便管理和有效利用时间、________，节省人力。按存取作业方式不同，货架可分为________货架、________货架、________货架、________货架、________货架、________货架和旋转式货架等。

7．机车是铁路运输的基本动力。按动力类型来看，机车分为________机车、________机车和________机车；按运用范围可分为________机车、________机车和________机车。

8．通用起重机主要有：通用________起重机，________起重机，________起重机和________起重机等。

9．按照标准化工作应用的范围，物流标准可以分为________、________、________和________。

10．物流基础标准是制定物流标准应遵循的、全国统一的标准，是制定物流标准必须遵循的技术基础与方法指南，主要包括________标准、________标准、物流专业名词（术语）标准等。

二、选择题

1．现代意义上的物流管理出现在（　　）。

A．20世纪50年代　　B．20世纪60年代

C．20世纪70年代　　D．20世纪80年代

2．物流管理主要有以下特征（　　）。

A．以实现客户满意为第一目标　　B．以实现企业满意为第一目标

C．以信息为中心　　D．重效率更重效果

3．物流质量管理包括以下几个主要方面（　　）。

A．物品的质量保证及改善　　B．物流工作质量

C．物流服务质量　　D．物流工程质量

4．物流质量管理的基本要求主要包括（　　）。

A．全员参与　　B．全程控制　　C．全面管理　　D．发散管理

5．下列关于接货验收活动的质量管理原则正确的是（　　）。

A．接货验收的质量管理以检验为唯一形式

B．接货单位应该实行预防前移

C．在对进货质量和流通质量没有把握的情况下，要实施认真的检查

D．检查严格按标准或合同规定的项目和方法进行

6．物流质量考核的主要指标有（　　）。

A．运作指标　　B．仓储服务指标

C．信息指标　　D．客户满意度指标

7．物流成本和其他成本比较，有许多不同之处，但是最突出的有（　　）。

A．物流冰山现象　　B．效益背反现象

C．减法效应现象　　D．乘法效应现象

8. 物流冰山现象是日本早稻田大学哪位教授提出的（　　）。
A. 西泽修　B. 石田雨龙　C. 三本一郎　D. 小野太郎
9. 产品的特征不相同，物流成本就可能不同，其主要表现是（　　）。
A. 产品价值　B. 产品密度　C. 产品废品率
D. 产品破损率　E. 特殊运输
10. 物流成本的核算方法主要有（　　）。
A. 按支付形态划分并核算物流成本
B. 按功能划分并核算物流成本
C. 按适用对象划分并核算物流成本
D. 采用 ABC 作业成本法核算物流成本
11. 下列关于降低物流成本的说法正确的有（　　）。
A. 通过效率化的配送来降低企业物流成本
B. 利用物流外包降低企业物流成本
C. 借助现代化的信息管理系统控制和降低物流成本
D. 加强企业职工的成本管理意识
E. 对商品流通的全过程实现供应链管理
12. 下列属于物流基础性设施的有（　　）。
A. 交通枢纽　B. 货车　C. 飞机
D. 交通运输线　E. 基础信息平台
13. 叉车是一种用来装卸、搬运和堆码单元货物的车辆，它的特点有（　　）。
A. 适用性强　B. 机动灵活　C. 效率高　D. 不够灵活
14. 下列使用最广泛的叉车是（　　）。
A. 平衡重式叉车　B. 前移式叉车　C. 插腿式叉车　D. 侧面叉车
15. 根据国际标准化组织定义，具备以下条件的运输容器可称为集装箱（　　）。
A. 具备足够的强度，能长期反复使用
B. 中途运转时，不用搬动箱内的货物，可整体转载
C. 备有便于装卸的装点，能进行快速装卸
D. 便于货物的装入与卸出
E. 具有 1 立方米以上的内部容积
16. 物流信息标准化主要包括（　　）。
A. 物流单元编码标准化　B. 物流节点编码标准化
C. 物流单证编码标准化　D. 物流设施与装备编码标准化
E. 物流作业编码标准化
17. 物流工作标准是对各项物流工作制定的统一要求和规范化制度，主要包括（　　）。
A. 各岗位的职责及权限范围
B. 物流设施、建筑的检查验收规范
C. 吊钩、索具使用、放置规定
D. 货车和配送车辆运行时刻表、运行速度限制以及异常情况的处理方法

18. 当我们需要加强某个物流环节的管理，提高某些环节作业水平时可以（　　）为物流成本核算的对象。

A．某一产品　　B．某一物流部门
C．某一物流成本项目　　D．某种物流功能
E．企业生产的某一过程

三、问答题

1．简述物流质量管理的基本要求。
2．降低物流成本的基本途径有哪些？
3．如何选择物流设备供应商？
4．简述物流标准化的主要内容。

职业导航

招聘1：仓储管理员

职位描述：
① 负责管理公司的仓库，对商品进行出入库、盘存、日记账等操作；
② 与各相关部门进行有效沟通，保证运务作业顺利进行；
③ 根据业务发展的实际情况负责与承运商的谈判及相关协议签订；
④ 优化运作方案，降低运作作业成本。
任职资格：
① 大专以上学历，有统计经验；
② 工作积极主动、认真负责；
③ 良好的沟通能力和团队合作精神；
④ 有承运商管理经验优先。

招聘2：物流项目主管

职位描述：
① 负责管辖物流项目（仓储及配送管理）的日常工作；
② 负责日常车辆调配；
③ 定期、准确地向物流经理和相关部门提供有关项目工作现状的信息。
任职资格：
① 25～45岁，中专以上学历；
② 两年以上第三方物流公司运营项目管理经验；
③ 熟悉物流配送体系、仓库管理、进出口等3PL操作系统；
④ 熟悉Word、Excel操作。

招聘3：物流经理

职位描述：
① 负责部门日常物流管理工作，包括运输、仓储、配送、车辆管理等；

② 制订和执行物流工作计划，对物流工作规范进行总结和完善；

③ 监督实施物流体系职责与管理标准；

④ 控制送货和仓储成本；

⑤ 参与制订与控制部门物流运作预算；

⑥ 制订物流解决方案，提升客户满意度；

⑦ 定期汇总上报各项物流管理报表；

⑧ 负责所在部门人员的考核、培训工作。

任职资格：

① 大专及以上学历，管理类、物流类相关专业；

② 两年以上物流相关领域管理工作经验，有互联网经验、零售行业、外资企业物流管理工作经历者优先；

③ 熟悉物流管理业务流程，有丰富的流程管理操作技能；

④ 熟悉 ERP 及物流信息管理系统并有实施经验；

⑤ 良好的沟通及谈判能力，团队管理能力，独立工作能力强，能承受较大工作压力。

招聘 4：仓储运营总监

职位描述：

① 全面负责公司仓储的各项管理工作，制订各仓库运营目标、运营计划，并组织实施与完成；

② 合理安排部门人员和工作，保证仓储及配送正常运营；

③ 完成客户 KPI 考核指标和公司下达运营目标、回款目标，塑造公司形象。

任职资格：

① 大专或大专以上学历，物流仓储、物流管理和其他相关专业；

② 五年或五年以上工作经历，三年以上本行业或相近行业运营管理经验；

③ 熟悉物流配送体系、仓库管理、进出口等 3PL 操作系统；

④ 出色的协调、沟通、分析决策、领导、客户服务能力；

⑤ 熟悉使用 Word、Excel 等办公软件，具备基本的 IT 知识；具备一定的英语能力。

项目实训

物流设备及设施图片及视频观看与分析

一、实训目的

通过观看物流设备及设施图片和影音资料，达到认识物流设施、物流设备的大体情况，并能够根据“物流概论”中所学知识把所有的设备和设施进行分类汇总，增加学生对物流设施的感性认识。

二、实训地点

投影教室

三、实训步骤

（1）回顾物流网络与物流系统的定义及对定义的理解，并翻阅本书介绍的常见物流设施与设备；

（2）观看视频资料和图片资料，按照物流作业的流程顺序一点点展开认识；

（3）同学们自己对观看的设备与设施总结、讨论，分类汇总；

（4）老师和同学们一起归纳总结。

四、实训要求

要求所有同学开动脑筋，认真观看，及时记录和标记；积极讨论，合理总结。

五、实训作业

完成实训报告的书写。

六、实训思考题

1. 指出物流设施与设备的存在领域。

2. 了解物流设施与设备对学习物流的意义。

3. 当前中国物流设施与设备的发展情况怎样？

Module 5 模块5 企业物流

学习目标

1．树立了解企业物流发展的动态和新技术的观念；
2．了解企业物流的结构，把握企业物流合理化的要点；
3．掌握企业采购物流、生产物流、销售物流、逆向物流的相关内容；
4．通过本章介绍的相关案例全面理解现代企业物流的基本流程，并诸之实践；
5．基本具备进行企业物流基本业务运作与管理的能力。

导入案例

SGM是一家中美合资的汽车公司，它拥有世界上最先进的弹性生产线，能在一条流水线上同时生产不同型号、不同颜色的车辆，每小时可生产27辆汽车，在国内首创订单生产模式，即根据市场需求控制产量；同时生产供应采用JIT运作模式。为此该公司需实行零库存管理，所有汽车零配件的库存在运输途中，不占用大型仓库，仅在生产线旁设立小型配送中心，维持最低安全库存。这就要求公司在采购、包装、海运、港口报关、检疫、陆路运输等一系列操作之间的衔接必须十分密切，不能有丝毫差错。

在实际执行过程中，SGM公司的市场计划周期为一周，而运输周期为4个月。这样一来，市场计划无法指导运输的安排，为了确保生产的连续性，该公司只能扩大其零配件的储备量，造成大量到港的集装箱积压。结果形成以下状态：加大库存量，不得不另租用集装箱场地；为解决部分新零件的供应，在库存饱和状态下，只能采取人工拆箱，工人们24小时拆箱仍跟不上生产计划的进度；由于掏箱次数的增多，SGM公司的信息管理系统混乱，无法确认集装箱的实际状态。造成了该公司的物流总成本有较大增加。

请分析该公司的“瓶颈”何在？你认为如何才能解决该公司的困境？

5.1 企业物流

一、企业物流的含义

我国2001年8月正式颁布实施的中国国家标准中给企业物流（Internal Logistics）下的

定义是："企业物流是企业内部的物品实体流动。"

从定义本身看，企业物流只包括企业内生产物流或企业内转换物流，但是这个外延是不够全面的。因为企业物流是企业一体化管理的重要组成部分，它是指以客户满意度为目标和驱动力，在企业内和它的供应、营销渠道上，对货物、服务和相关的信息，从货源地到目的地进行有效的流通和储存，以满足客户要求。因此企业物流活动的范围应从原材料采购开始，到产成品送达顾客，甚至连退货、废弃品回收也应涵盖在内。

企业物流从企业角度上研究与之有关的物流活动，是具体的、微观的物流活动的典型领域。企业物流的根本任务就是企业在物流活动中适时、适地地采用先进的物流技术与其生产和经营活动达到最优的结合，通过有效的物流管理使企业达到最高的经济效益。

在企业实践中，对物流概念形成了较为通俗易懂的表达方式，那就是认为企业物流就是由7个"恰当"组成，即7R表达法。即恰当的产品（Right Product）、恰当的数量（Right Quantity）、恰当的条件（Right Condition）、恰当的地点（Right Place）、恰当的时间（Right Time）、恰当的顾客（Right Customer）和恰当的成本（Right Cost）。7个"恰当"描述了物流的基本活动，强调了空间和时间的重要性，也强调了成本与服务的重要性。更为简略地说，企业物流就是关于某种产品或服务在客户需要的时候，客户能够在指定的地点得到满足。

事实上，现代企业物流是一个挑战与机遇共存的领域，它包括对信息、运输、存货管理、仓储、物料搬运、包装等作业领域的综合管理过程。

二、企业物流的结构

（一）企业物流的水平结构

根据企业物流活动发生的先后次序，可以把企业物流划分为以下四个部分。

（1）供应物流。包括原材料等企业生产经营活动所需的一切生产资料的募购、进货、运输、仓储、库存管理和领用管理等活动。

（2）生产物流。指按照生产计划及其控制，生产资料及在制品等的厂内运输、在制品仓储与管理等活动。

（3）销售物流。指产成品库存管理、仓储发货运输、订货处理及顾客服务等活动。

（4）回收、废弃物物流。指对废旧物资、边角余料等的回收；各种废弃物的处理（如废料、废气、废水等）；消费者（顾客）报废的商品的回收与处理等。在人们的生态、环境意识越来越强烈的今天，对顾客报废的商品的回收与处理日益成为影响顾客满意度的重要因素之一。

（二）企业物流的垂直结构

物流系统通过管理层、控制层和作业层三个层次的协调配合实现其总体功能。

（1）管理层。对整个企业物流系统进行统一计划、实施和控制。其主要内容有物流系统战略规划、物流系统控制及成绩评定，以形成有效的反馈约束和激励机制。

（2）控制层。对企业物流过程的控制，主要包括订货处理与顾客服务、库存计划与控制、生产计划与控制、用料管理和采购等。

（3）作业层。完成物料在企业生产经营过程中的时间和空间转移，主要包括发货与进货运输、厂内运输、包装、保管和流通加工等。

综上所述，企业物流活动贯穿企业生产经营活动的全过程，并对企业生产经营产生重大影响。

三、企业物流合理化

【相关案例】

亚马逊网上书店 2002 年年底开始赢利，这是全球电子商务发展的福音。亚马逊网上书店自 1995 年 7 月开业以来，经历了 7 年的发展历程。到 2002 年年底全球已有 220 个国家的 4000 万网民在亚马逊书店购买了商品，亚马逊为消费者提供的商品总数已达到 40 多万种。几年来在电子商务发展受挫，许多追随者纷纷落马之时，亚马逊却顽强地生存了下来并脱颖而出，创造了令人振奋的业绩：2002 年第三季度的净销售额达 8.51 亿美元，比上年同期增长了 33.2%；2002 年前三个季度的净销售额达 25.04 亿美元，比上年同期增长了 24.8%。虽然 2002 年前三个季度还没有赢利，但净亏损额为 1.52 亿美元，比上年同期减少了 73.4%；2002 年第四季度的销售额为 14.3 亿美元，实现净利润 300 万美元，是第二个赢利的季度。亚马逊的扭亏为盈无疑是对 B2C 电子商务公司的巨大鼓舞。

为什么在电子商务发展普遍受挫时亚马逊的旗帜不倒？是什么成就了亚马逊今天的业绩？亚马逊的快速发展说明了什么？

（一）物流合理化的含义

所谓物流合理化，就是根据物流系统中的各种职能因素的相互联系、相互制约、相互影响的关系，把物流中的运输、保管、包装、装卸搬运、流通加工、配送以及物流信息等作为一个系统来研究、规划、组织与管理，使企业物流过程最优化；以较低的物流成本、适当的数量、适当的质量、适当的时刻、适当的地点、适当的价格、最好的服务将物资送到各个使用地。

（二）企业物流合理化的意义

（1）降低物流费用，减少产品成本。

（2）缩短生产周期，加快资金周转。

（3）压缩库存、减少流动资金的占用。

（4）通过物流改善、提高企业的管理水平。

（三）企业物流合理化的基本原则

1．近距离原则

运输与装卸搬运只能增加产品成本，而不会增加产品价值，因此，在条件允许的情况下，应使物料流动距离最短，以减少运输与装卸搬运量。

2．优先原则

在进行物流系统规划和设计时，应将彼此之间物流量大的设施布置得近一些，而物流量小的设施与设备可以布置得远一些。

3. 尽量避免迂回和倒流原则

迂回和倒流现象严重影响了物流系统的效率与效益，甚至干扰生产过程的顺利进行，必须使其减少到最低程度，尤其是系统中的关键物流。

4. 在制品库存最小原则

在制品是企业生产过程中的发源物，同时又是一种“浪费”，应通过合适的手段（生产计划、管理模式、设备改造、设备规划等）使其库存降低到最低限度。

5. 集装单元和标准化搬运原则

物流过程中使用的各种托盘、料架等工位器具，要符合集装单元和标准化搬运原则，以提高装卸搬运效率、提高物料活性指数、提高装卸搬运质量、提高物流系统机械化和自动化水平。企业集装单元和标准化搬运的使用，反映了企业的物流管理水平。

6. 尽量简化搬运原则

物料装卸搬运不仅要有科学的设备、宣传品和工具，还要有科学的操作方法，使装卸搬运作业尽量简化，环节尽量少，提高物流系统的可靠性。

7. 利用重力原则

可利用高度差，采用滑板、滑道等方法，使物料进行移动。因此，在物流系统中，使用重力方式进行物料搬运是最经济的方法。但在应用时，应防止产品、零件以及设备等的磕碰与损坏。

8. 合理提高物料活性指数原则

物料活性指数是反映物料流动难易程度的指标，在备件允许的情况下，应尽量提高。

9. 合理提高搬运机械化水平原则

使用机械化装备可以提高装卸搬运的质量和效率。

10. 系统化原则

在进行物流系统合理化时，既要重视个别环节的机械化、省力化、标准化，又要解决物流系统的整体化和系统化，而且应把系统化和整体化放在第一位，使物流系统整体性能好、整体效益最好。

11. 柔性化原则

随着生产力的高速发展、产品的日益丰富以及个性化需求时代的到来，企业的生产组织向小批量、多品种的生产方式转化。因此，物流系统应柔性化，以适应产品的不断更新和变动。

12. 满足生产工艺和管理要求原则

物流系统应首先满足生产工艺和生产管理的要求，并与企业其他系统相协调、相配合，使企业生产系统发挥出更大的作用。

13. 满足环境要求原则

物流系统的规划、设计和改造，应符合可持续发展战略思想和绿色制造的要求，与其他系统（如自然、人文等）相互协调，决不能为追求物流系统的功能与效益而损害环境。

（四）企业物流合理化的途径

（1）各种设施在生产空间的合理布置。

（2）合理控制库存。

（3）均衡生产。

（4）合理配置和使用物流机械。

（5）健全物流信息系统。

5.2 采购物流

一、采购物流的含义

采购物流是指包括原材料等一切生产物资的采购、进货运输、仓储、库存管理、用料管理和供应管理，也称为原材料采购物流。它是生产物流系统中相对独立性较强的子系统，并且和生产系统、财务系统等生产企业各部门以及企业外部的资源市场、运输部门有密切的联系。采购物流是企业为保证生产节奏，不断组织原材料、零部件、燃料、辅助材料供应的物流活动，这种活动对企业生产的正常、高效率运行发挥着保障作用。企业采购物流不仅要实现保证供应的目标，而且要在低成本、少消耗、高可靠性的限制条件下来组织采购物流活动，因此难度很大。

企业在采购物流领域的竞争关键在于：如何降低这一物流过程的成本，同时有一个使用户（在企业中是下一道工序或下一个生产部门）满意的服务水平。

采购物流在不同的企业里，重点有所不同。在加工制造型企业，采购基本上是采购原材料、零部件、毛坯料，甚至有时候还是半成品。在零售企业里采购的一般是商品，而不会去采购原材料和零部件，而且商品也有销售包装，有配套说明书。

二、采购物流的基本流程

采购物流过程因不同企业、不同供应环节和不同的供应链而有所区别，这个区别就使企业的采购物流出现了许多不同种类的模式。但是，尽管不同的模式在某些环节具有非常复杂的特点，但是采购物流的基本流程是相同的，其过程有以下几个环节。

（一）取得资源

取得资源是完成以后所有供应活动的前提条件。取得什么样的资源，这是核心生产过程提出来的，同时也要按照采购物流可以承受的技术条件和成本条件辅助这一决策。

（二）组织到厂物流

所取得的资源必须经过物流才能达到企业。这个物流过程是企业外部的物流过程，在物流过程中，往往要反复运用装卸、搬运、储存、运输等物流活动才能使取得的资源到达企业的门口。

（三）组织厂内物流

如果企业外物流到达企业的“门”，便以“门”作为企业内外的划分界限，例如以企业的仓库为外部物流终点，便以仓库作为划分企业内、外物流的界限。这种从“门”和仓库开始继续到达车间或生产线的物流过程，称作采购物流的企业内物流。

传统的企业采购物流，都是以企业仓库为调节企业内外物流的一个节点。因此，企业的供应仓库在工业化时代是一个非常重要的设施。

【相关案例】

摩托罗拉是一家跨国公司，供应商遍及全球各地，实行统一采购，根据订单的需求以及成本因素统一安排生产，物流管理在企业的生产经营过程中起着举足轻重的作用。国际、国内航空运输业和交通状况以及一些政策因素的变化对于像摩托罗拉这样的跨国公司的影响相当大。比如，两年前的美国西海岸封港事件就直接导致了摩托罗拉运输成本增加和运输周期延长，以至于企业在全球范围的物流运作受到了影响。

摩托罗拉专门设有一个管理团队从事物流管理，负责摩托罗拉物流、运输工作的协调和管理以及物流服务商的选择和管理，团队的主要成员由摩托罗拉各个事业部的物流骨干人员以及总公司骨干人员组成。从2000年开始，摩托罗拉每年安排一次全球性的招标会，确定物流服务商。而在2000年以前，每个事业部都有自己的物流服务商，共20多家货运代理公司为摩托罗拉服务。

摩托罗拉招标选择物流服务商的基本原则是，根据公司全球总的物流量，按一个统一的标准进行招标，统筹考虑，最终按照“5+2”的方式来确定，即5家货运代理企业、2家快递服务商，这不仅大大地减少了物流服务商的数量，以更加集中的货物量获得具有竞争力的价格，也便于对物流服务商进行日常管理。

摩托罗拉个人通信事业部配运中心经理张东风先生告诉我们：通过招标方式，一方面可以使摩托罗拉获得国内外优秀的物流服务商提供的优质服务；另一方面，这种招标方式也在物流服务商之间形成一种潜在的竞争机制，如果某个物流服务商不能够为摩托罗拉提供始终如一的完善服务，就有可能被淘汰，使其他物流服务商也有机会入围，从而在整个物流行业形成一种竞争向上的氛围，促进物流服务质量的提高。通过对物流服务商的统一招标选择，摩托罗拉全球范围内的资源得到了整合，物流成本降低了30%~40%。

摩托罗拉对物流服务商的管理有以下几个突出的特点。

1. 采取收货方付费的原则

摩托罗拉在全球范围内，不论是供应商、还是摩托罗拉跨国公司内部间的物流运输，都是谁收货谁付费，并严格按照全球统一的FCA条款进行。国际FCA条款中规定，作为收货方有权选择和指定物流服务公司，因为这些公司最清楚当地的海关、商检和其他政府部门的规定及政策，从而便于提供“门到门”的物流服务。

2. 物流服务商不用交纳运输保险费，所有货物运输保险费由摩托罗拉美国总部统一交纳

只要收货方或发货方中有任何一方是摩托罗拉公司或收发货双方都是摩托罗拉公司，其物流服务商的运输费中则不含有保险费，而且也不需要为运输单独另付保险费，使物流业务操作手续简便。一旦产生货损，物流服务商将按IATA条款进行赔付，摩托罗拉将按索赔程序由指定的保险公司进行追索。保险条款中有一定限额的免赔额，因此，选择好的物流服务商是摩托罗拉公司首先考虑的问题。

3. 实行全球运输管理——百分考核制

IT 电子产品的价值相当高，一箱电路板可能价值上百万美元。在运输过程中，这些产品、零部件又不包含保险费，因此，物流服务商的招标选择以及管理工作非常重要。为此，摩托罗拉还成立了一个全球性物流资源公司，通过多种方式对备选的物流服务企业的资信、网络、业务能力等方面进行周密的调查，并给初选合格的企业以少量业务进行试运行，实际考察这些企业的服务能力与质量。对不合格者，则取消其对摩托罗拉的服务资格；对获得物流服务资格的企业则进行严格的月度作业考评，主要考核内容包括运输周期、信息反馈、单证资料准确率、财务结算、货物安全、客户投诉等，考核标准是按照各项的完成率加权，考核结果按百分制评定。摩托罗拉根据这些考核分数值确定其服务质量，并与合同以及业务量挂钩，如果分数值在 98 分以上，属于优秀服务商，增加其业务量；如果分数值在 94～98 分之间，属于合格服务商，需进一步改进；如果分数值在 93 分以下，会自动解除合同。同时针对生产线和客户的不同需求情况，摩托罗拉还要求物流服务商提供多种服务。对运输周期的考评，有两种最典型的方式：一种是标准服务，满足标准时限；另一种是应急快速服务，满足生产线和客户的紧急需求。在对服务商的考评过程中，物流服务商的急货处理能力也是摩托罗拉重要的考核指标。

4. 物流业务量分配遵循“80/20”原则

摩托罗拉的物流业务量首先按全球大区进行划分，每个区域的物流业务量按 80%和 20%合同量分配，即在招标中，服务与价格比较好的物流公司可以得到 80%的业务量，位于其次的物流服务公司得到 20%的业务量。“80/20”原则包含有两层含义：一是那些优秀的物流服务公司可以获得更多的业务量，从而确保对摩托罗拉的物流服务及时到位；二是如果 80%的货物由于某些原因不能及时到达生产线，还有 20%的货物来补充，有效地避免生产线因缺货而停滞，确保生产的顺利进行。同时，也创造了一个公平竞争的环境，如果处理 80%业务量的货代公司服务考核不达标，按照合同就会减少以后的业务量，而处理 20%业务量的货代公司如果服务质量不错也有机会去获取更多的业务合同。同时，保持某些重要线路上有两家服务商同时操作，可以避免因某种原因某一家服务商不能提供服务时，另外一家可以迅速接管整个业务，从而避免风险。

三、采购物流组织方式

企业的采购物流有三种组织方式：第一种是委托社会销售企业代理采购；第二种是委托第三方物流企业代理采购；第三种是企业自购。这三种方式都有低层次的、高层次的不同管理模式，其中供应链方式、零库存供应方式、准时供应方式、虚拟仓库供应方式都值得我们关注。

（一）委托社会销售企业代理采购

企业作为用户，在买方市场条件下，利用买方的主导权力，向销售方提出对本企业进行供应服务的要求，作为向销售方面进行采购订货的前提条件。实际上，销售方在实现了自己生产的和经营的产品销售的同时，也实现了对用户的供应服务，以此占领市场。这种供应服务是销售方企业发展的一个战略手段。

这种方式的主要优点，是企业可以充分利用市场经济造就的买方市场优势，对销售方即物流的执行方进行选择和提出要求，有利于实现企业理想的采购物流设计。

这种方式存在的主要问题，是销售方的物流水平可能有所欠缺，因为销售方毕竟不是专业的物流企业，有时候很难满足企业采购物流高水平化、现代化的要求，例如，企业打算建立自己的广域供应链，这就超出了销售方面的能力而难以实现。

（二）委托第三方物流企业代理采购

第二种方式是在企业完成了采购程序之后，由销售方和本企业之外的第三方去从事物流活动。当然，这第三方从事的物流活动，应当是专业性的，而且有非常好的服务水平。这个第三方所从事的采购物流，主要向买方提供了服务，同时也向销售方提供服务，在客观上协助销售方扩大了市场。

由第三方去从事企业采购物流的最大好处是，能够承接这一项业务的物流企业，必定是专业物流企业，有高水平、低成本、高服务从事专业物流的条件、组织和传统。不同的专业物流公司，瞄准物流对象的不同，有自己特有的形成核心竞争能力的物流装备、设施和人才，这就使企业有广泛选择的余地，进行采购物流的优化。

在网络经济时代，很多企业要构筑广域的或者全球的供应链，这就要求物流企业有更强的能力和更高的水平，这是一般生产企业不可能做到的；从这个意义来讲，必须要依靠第三方物流来做这一项工作。

（三）企业自购

第三种方式是由企业自己组织所采购的物品供应的物流活动。这在卖方市场的市场环境状况下，是经常采用的采购物流方式。

本企业在组织供应的某些种类物品方面，可能有一些例如设备、装备、设施和人才方面的优势；这样，由本企业组织自己的采购物流也未尝不可，在新经济时代这种方式也不能完全否定。

四、采购物流新的服务方式

采购物流领域新的服务方式主要有下列两种。

（一）准时供应方式

在买方市场环境下，采购物流活动的主导者是买方。购买者（用户）有极强的主动性，用户企业可以按照最理想方式选择采购物流；而采购物流的承担者，作为提供服务的一方，必须以最优的服务才能够被用户所接受。从用户企业一方来看，准时供应方式是一种比较理想的方式。

准时供应方式是按照用户的要求，在计划的时间内或者在用户随时提出的时间内，实现用户所要求的供应。准时供应方式大多是双方事先约定供应的时间，互相确认时间计划，因而有利于双方做采购物流和接货的组织准备工作。

采用准时供应方式，可以派生出零库存方式、即时供应方式、到线供应方式等多种新的服务方式。

（二）即时供应方式

即时供应方式是准时供应方式的一个特例，是完全不依靠计划时间而按照用户偶尔提出的时间要求，进行准时供应的方式。这种方式一般作为应急的方式采用。

在网络经济时代，由于电子商务的广泛开展，在电子商务运行中，最基本消费者所提出的服务要求，大多缺乏计划性，而又有严格的时间要求，所以，在新经济环境下，这种供应方式有被广泛采用的趋势。

需要说明的是，这种供应方式由于很难实现计划和共同配送，所以，一般成本较高。

五、原材料采购物流管理

企业在原材料采购物流环节中蕴涵着大量节约成本的机会，这些机会能带来大量成本节约，并缩短原材料的采购提前期。一些领先的电子制造商正通过与运输提供商紧密合作，利用后者的全面服务获得更高效率的物流运作。以下六个方面是在原材料采购物流管理中的要点。

（一）确定谁为原材料运输掏钱

有些供应商喜欢将原材料运输成本包括在他们产品的价格之中。需要特别小心这种做法，因为他们可能会提出最小订单数量要求，并可能导致成本的增加。

（二）让供应商将运费预付改成运费到付

即采购企业接管了产品运输或承运商的运输费率时再付钱给供应商。如果是发货人控制运费率，则被视为预付。花些工夫比较这两种不同的付费方式，你将可以找到削减成本和改善控制的机会。“免费运输”是一种带欺骗性的说法，因为运输产品总会产生费用，免费运输的招牌可能带来危险和对一些必要因素的忽视。

采购企业可与采购团队紧密合作，列出期望。借助采购团队的力量与供应商进行谈判，寻找最佳的原材料运输方式。

（三）改善原材料运输环节的可见度

实现高效原材料运输的一个关键因素是洞察供应商，以追踪和控制库存动向。许多运输商可以提供关于在途货物的实时信息。控制你的原材料物流，使原材料运输有更高的可见度，这样就可以有效率地配备货场人员，及时了解关键原材料何时到达。

（四）利用运输规模获得成本的降低

将进货、出货和退货运输合计在一起，这样能够提高采购企业的谈判力量，从而可以获得更高的总体运输成本折扣。保证运输商能给采购企业提供原材料运输的折扣，并将采购企业在原材料采购端节约的运输成本纳入整个公司的奖励体系。考虑建立一个专门的平台来记录每一家物流服务商的服务数量，以使采购企业的总额折扣最大化。

（五）制订全面的供应商管理计划

该计划不仅需要定义供应商期望，还需要提供评估和反馈供应商绩效的方法，这是保证原材料运输流程具备一致性和可靠性的最有效方法之一。除此以外，该计划还需包括路线指南，涉及的内容有包装箱标签、装箱单、提单指南、指定运输商和不遵守条例的惩罚制度等。

（六）发展牢固的供应商关系

在原材料物流管理中最容易被忽视的因素是与原材料供应商和运输商之间的关系。一些厂商试图通过书面合同和业绩指标来管理这种关系。虽然这些很重要，但与供应商和运输商的紧密合作关系，经常可以在采购企业遇到问题时，简化解决流程。许多改善流程的想法来自于合作，而不是严格执行协议。

企业掌握这六点，可以带来大量的成本节约。

5.3 生产物流

一、生产物流的含义

企业生产物流是指伴随企业内部生产过程的物流活动，即按照工厂布局、产品生产过程和工艺流程的要求，实现原材料、配件、半成品等物料在工厂内部供应库与车间、车间与车间、工序与工序、车间与成品库之间流转的物流活动。

广义的生产物流涉及的内容包括厂址的选择、工厂总平面的布置、车间布置、设备布置、工艺流程设计、生产过程的时间及空间组织、物料搬运等。狭义的生产物流一般指在企业的生产过程中所发生的有关物料移动、加工成半成品、成品到最终成品入库的一系列有关原材料、配件等的空间移动的过程。

生产物流是企业生产活动与物流活动的有机结合，对生产物流流程的优化设计离不开对企业生产因素的考虑，二者是不可分割的。生产物流的优化设计主要从三个方面入手：第一，生产流程对物流线路的影响；第二，生产能力对物流设施配备的要求；第三，生产节拍对物流量的影响。

企业生产物流的过程大体为：原材料、零部件、燃料等辅助材料从企业仓库和企业的“门口”开始，进入到生产线开始端，再进一步随生产加工过程各个环节运动，在运动过程中，本身被加工，同时产生一些废料、余料，直到生产加工终结，再运动至成品仓库便终结了企业生产物流过程。

生产物流的发展历经了人工物流——机械化物流——自动化物流——集成化物流——智能化物流五个阶段。

二、生产物流的主要模式与特点

（一）项目型

项目型生产物流是一种凝固性物流，在此生产过程中物料流动性不强。其特点包括：

（1）物料凝固；

（2）物料投入量大；

（3）产品生产周期长；

（4）生产的适应性强。

（二）单件小批量型

单件小批量型是指需要生产的产品品种多但每一种生产的数量甚少，生产重复度低的生产物流系统。其特点为：

（1）物料需求与具体产品制造存在一一对应的相关需求，因此生产的重复程度低；

（2）由于单件生产，产品设计和工艺设计存在重复性，从而物料的消耗定额不容易进行准确制订；

（3）由于生产品种的多样性，使得制造过程中采购物料所需的供应商多变，外部物流较难控制。

（三）多品种小批量型

多品种小批量型是指生产的产品品种繁多并且每一品种有一定的生产数量，生产的重复度中等的生产物流系统。其特点为：

（1）品种数量多单产量有限；

（2）产品设计系列化，零部件制造标准化、通用化；

（3）一般采用混流生产；

（4）使用 MRP 实现物料相关需求的计划；

（5）物料的消耗定额很容易确定，成本很容易降低；

（6）运用 FMS（柔性制造系统）使生产系统能适应不同的产品或零件的加工要求，并能减少加工不同零部件之间的换模时间；

（7）外部物流的协调性很难控制。

（四）单一品种大批量型

单一品种大批量型是指生产的产品品种数量相对单一，而产量却相当大，生产重复度非常高且大批量配送的生产物流系统。其特点为：

（1）品种数量单一，但产量相当大，产品设计和零件制造标准化、通用化、集中化；

（2）很强的零件互换性和装配的简单化使生产效率极大地提高，生产成本低，产品质量稳定。

（五）多品种大批量型

多品种大批量型是一种以多品种大批量生产提供满足客户特定需求的生产物流系统。其特点为：

（1）实现大批量生产和传统订制生产的有机结合；

（2）物料的采购、设计、加工、装配、销售等流程要满足个性化定制要求；

（3）产品设计的可定制性与零部件制造过程中与物料的性质与选购、生产技术手段的柔性与敏捷性有很大关联；

（4）库存不再是生产物流的终节点；

（5）生产品种的多样性和规模化制造，要求物料的供应商、零部件的制造商以及成品的销售商之间的选择将是全球化、电子化、网络化。

三、生产物流的主要领域

（一）工厂布置

工厂布置是指在工厂范围内，各生产手段的位置确定，各生产手段之间的衔接和以何种方式实现这些生产手段。具体来讲，就是机械装备、仓库、厂房等生产手段和实现生产手段的建筑设施的位置确定。这是生产物流的前提条件，应当是生产物流活动的一个环节。在确定工厂布置时，单考虑工艺是不够的，必须要考虑整个物流过程。

（二）工艺流程

工艺流程是技术加工过程、化学反应过程与物流过程的统一体。在以往的工艺过程中，如果认真分析物料的运动，会发现有许多不合理的运动。例如，厂内起始仓库搬运路线不合理，搬运装卸次数过多；仓库对各车间的相对位置不合理；在工艺过程中物料过长的运动、迂回运动、相向运动等。这些问题都反映了工艺过程缺乏物流考虑。

工艺流程有两种典型的物流形式：

（1）加工物固定，加工和制造操作处于物流状态。例如建筑工程工艺、大型船舶制造，等等。

（2）加工和制造的手段固定，被加工物处于物流状态。这种工艺形式是广泛存在的形式，化学工业中许多在管道或反应釜中的化学反应过程，水泥工业中窑炉内物料不停运动完成高温热化学反应过程，高炉冶金过程、轧钢过程。更典型的是流水线装配机械、汽车、电视机等，属于这种类型。

（3）被加工物及加工手段都在运动中完成加工的工艺。除去上述两类极端工艺外，许多工艺是两类的过渡形式，并具有两类的特点。

（三）物流节点

生产物流节点，主要以仓库形式存在，虽然都名为仓库，但生产物流中各仓库的功能、作用乃至设计、技术都是有区别的。一般说来，生产物流中的仓库有两种不同类型。

1. 储存型仓库

一般来讲，在生产物流中，这种仓库是希望尽量减少的。在生产物流中，这不是主体。

2. 衔接型仓库

衔接型仓库是生产企业中各种类型中间仓库的统称，有时称中间仓库。

中间仓库完全在企业的可控范围之内，因此，可以采用种种方法缩减这种仓库，甚至完全取消这种仓库，解决这一问题需要管理方法与调整技术并用。从技术方面来讲，是调整半成品生产与成品生产的速率，在这一方面，现在采用的看板方式和物料需求计划方式（MRP 方式）都有可能解决这一问题，以达到生产物流的优化。

【相关案例】 晋亿实业的第三利润源

位于浙江嘉善的晋亿公司占地面积 30 万平方米，厂房面积 17 万平方米，总投资 13 亿元，其中半数用于投资固定资产，主要包括制造设备、物流设施和信息管理系统，建有私家内河码头及存放 10 万吨产品的自动化立体仓库，公司主要生产各类高品质紧固件，产品远销美国、日本、欧洲等市场。

晋亿最终选定在嘉善建厂显然有其道理。嘉善位于沪杭铁路、302 国道和大运河三线交汇处，有高速公路直通，离火车站约 5 分钟车程。晋亿公司的原材料库与大运河河岸直接相通，并自建三座码头接驳货物。由于河运成本低，这条河已成为晋亿目前采购原材料的主要运输通路，有八成以上的原材料通过水路运抵工厂。有了良好的外部物流环境，晋亿的重点是整合内部物流体系。

内部物流体系首先解决的是螺丝制造过程中原材料、模具、半成品、包装及制成品的流转，根据螺丝产品的制造特性和制造程序，每个组织单元（车间或仓库）的分布都是精心规划的，而且每个组织单元之间都有轨道连通，使物品在相关工序之间方便而快捷地运送。

然而，对于制造螺丝产品而言，一个最主要的特性是——投入的原材料品种相对单一，因此供应物流的管理相对简单，但经过数道加工程序之后，会产出成千上万种不同规格的半成品、成品，货物的流量类似一个“大喇叭”。因此，随着不同物理状态的半成品或成品数量的迅速增加，整个工序的管理难度也不断加大。

更为复杂的是，螺丝产品的制造并非连续生产，加之许多订单要求是非标准件，需要特殊的工序，因此，不同规格的螺丝一旦进入大规模生产，其间物流的流量与路径就相当复杂。问题是，数以万计不同规格的半成品、成品以及大量的模具在动态与静态之间转换时，如何与仓库之间进行及时、准确地存取？手工管理条件和传统的仓库管理方式显然无力解决这些问题，尤其在整个制造系统高速运行的状况下。例如 m16 型螺栓存放在仓库的什么地方？怎么从堆积如山的成品仓库中找到 m21 型螺丝？如何知道仓库账物是否相符呢？如何完成生产车间与仓库之间的快速搬运呢？显然，大规模、多品种的生产与物流管理之间的矛盾同步增长，出入库与仓储管理的难度越来越大。

自动化立体仓库帮大忙

为解决出入库与仓储管理的困难，晋亿公司建立了自动化立体仓库。自动化立体仓库采用开放式立体储存结构，半成品、模具和制成品 3 个自动仓库分别设计了 10 万个库位单元。库位单元的区分首先解决了仓库空间的有序利用，仅就空间而言，晋亿公司三个自动仓库相比于传统仓库节省了 6 万平方米。

传统的观念认为仓库只是存放物品的地方，因为仓库本身并不具有生产力，人们更多的是关心制造系统的投入与管理，而忽视了仓库管理的改进。

然而，晋亿公司的实践证实了另外一个命题——工业经济时代的制造业，由于生产设备自动化程度已经非常高，产能的增长轻而易举。换言之，处于生产线上的“动态产品”物流自动化并不困难，企业可以实现低成本的作业管理，而管理处于仓库的“静态物品”由于设备和工具落后则显得非常困难，因为在整个物流过程中传统仓库成为约束流量的“瓶颈”，尤其是产品动/静态快速高频转换（出入库）时无法同步，无形中企业付出了高昂的管理成本，甚至无法做到大规模生产。这一命题显然成立，从物流路径的角度分析，传统仓库已是滞后的工具，晋亿应用先进的自动仓储技术旨在突破这一“瓶颈”。

晋亿的自动化立体仓库采用开放式立体储存结构，半成品、模具和制成品三个自动仓库分别设计了4968个、14400个和41488个库位单元，5万多个库位单元的区分首先解决了仓库空间的有序利用。以制成品仓库为例，其存放高度达18米，可存放15层，存放空间相当于传统仓库的5倍。仅就空间而言，晋亿三个自动仓库相对于传统仓库节省了18000多平方米，这意味着晋亿因此节省了相当于4个足球场的面积。

同时，自动仓库采用电脑自动控制输送设备和高架吊车，使货物的搬运、存取完全自动化，自动仓库的分布与制造系统紧密结合在一起。实际上，晋亿的自动仓库与制造系统构成了一个一体化的物流体系，其中半成品与模具自动仓库是配合制造工序必不可少的一部分，而成品自动仓库成为实现企业内/外产品转移的物流中心。

立体化、机械化与信息化是自动仓库的三大特性，也是晋亿实现地尽其利、货畅其流的主要技术基础。尤为重要的是，IT技术的应用是晋亿整个管理体系实现整合的基础平台。

信息管理系统显威力

自动化仓储技术解决了晋亿内部物流的一个核心环节问题。公司借助MIS计算机信息管理系统和互联网，实现了产、供、销的科学控管，而MIS生产管理系统则有效地解决了其前端的制造物流过程这一问题，并且与自动仓库系统整合为一套完整的信息管理系统。

更为重要的是，自动仓库从根本上解决了传统仓库和手工状况下无法实现的库存管理“瓶颈”。首先是账物明晰，运用条码技术，每一个库位的货物都有一个唯一的“身份证号码”，在信息系统的管理下，对于货物的出入、存放、盘点管理，都有一本“清晰的账”，传统方式下无法实现的“先进先出”管理难题迎刃而解。

自动仓库技术解决了晋亿内部物流的一个核心环节问题，再反观其前端的制造物流过程，虽然从表面形式上看，单一工序的自动化容易做到，但要使多个工序之间同步联动，并且由于每一个工序的产能差距不一，需要平衡产能，同时需要结合订单及各种因素合理进行排产，因此，要实现一组非连续的工序自动化——大规模协同制造也是一个相当复杂的问题。

晋亿MIS系统有效地解决了这一问题，并且使MIS与自动仓库系统整合为一套完整的信息管理系统。晋亿的信息管理系统包括业务、生产、技术、成本、采购、材料及制成品等9个相互关联的子系统，晋亿借此实现按订单生产、采购和交货。晋亿的目标显然不止于制造业，更重要的战略升级是——运用其成熟的物流管理技术做中国第一家五金行业的专业第三方物流公司。

四、精益生产

精益生产又称精良生产，其中“精”表示精良、精确、精美；“益”表示利益、效益，等等。精益生产就是及时制造，消灭故障，消除一切浪费，实现零缺陷、零库存。它是美国麻省理工学院在一项名为“国际汽车计划”的研究项目中提出来的。他们在做了大量的调查和对比后，认为日本丰田汽车公司的生产方式是最适用于现代制造企业的一种生产组织管理方式，称为精益生产，以针对美国大量生产方式过于臃肿的弊病。精益生产综合了大量生产与单件生产方式的优点，力求在大量生产中实现多品种和高质量产品的低成本生产。精益生产的主要原则有以下几条。

（一）消除八大浪费

企业中普遍存在的八大浪费涉及：过量生产、等待时间、运输、库存、过程（工序）、动作、产品缺陷以及忽视员工创造力。

（二）关注流程，提高总体效益

管理大师戴明说过："员工只须对15%的问题负责，另外85%归咎于制度流程。"什么样的流程就产生什么样的绩效。改进流程要注意目标是提高总体效益，而不是提高局部的部门的效益，为了企业的总体效益即使牺牲局部的部门的效益也在所不惜。

（三）建立无间断流程以快速应变

建立无间断流程，将流程中不增值的无效时间尽可能压缩以缩短整个流程的时间，从而快速应变顾客的需要。

（四）降低库存

需指出的是，降低库存只是精益生产的其中一个手段，目的是为了解决问题和降低成本，而且低库存需要高效的流程、稳定可靠的品质来保证。很多企业在实施精益生产时，以为精益生产就是零库存，不先去改造流程、提高品质，就一味要求下面降低库存，结果可想而知，成本不但没降低反而急剧上升，于是就得出结论，精益生产不适合本企业。这种误解是需要极力避免的。

（五）全过程的高质量，一次做对

质量是制造出来的，而不是检验出来的。检验只是一种事后补救，不但成本高而且无法保证不出差错。因此，应将品质内建于设计、流程和制造当中去，建立一个不会出错的品质保证系统，一次做对。精益生产要求做到低库存、无间断流程，试想如果哪个环节出了问题，后面的将全部停止，所以精益生产必须以全过程的高质量为基础。否则，精益生产只能是一句空话。

（六）基于顾客需求的拉动生产

在需要的时候，仅按所需要的数量生产，生产与销售是同步的。也就是说，按照销售的速度来进行生产，这样就可以保持物流的平衡，任何过早或过晚的生产都会造成损失。过去丰田使用"看板"系统来拉动，现在辅以ERP或MRP信息系统则更容易达成企业外部的物资拉动。

（七）标准化与工作创新

标准化的作用是不言而喻的，但标准化并不是一种限制和束缚，而是将企业中最优秀的做法固定下来，使得不同的人来做都可以做得最好，发挥最大成效和效率。而且，标准化也不是僵化、一成不变的，标准需要不断地创新和改进。

（八）尊重员工，给员工授权

尊重员工就是要尊重其智慧和能力，给他们提供充分发挥聪明才智的舞台，为企业也为自己做得更好。在丰田公司，员工实行自主管理，在组织的职责范围内自行处理工作上的事情，不必担心因失误而受到惩罚，出错一定有其内在的原因，只要找到原因施以对策，下次就不会出现了。

（九）团队工作

在精益企业中，灵活的团队工作已经变成了一种最常见的组织形式，有时候同一个人同时分属于不同的团队，负责完成不同的任务。最典型的团队工作莫过于丰田的新产品发展计划，该计划由一个庞大的团队负责推动，团队成员来自各个不同的部门，有营销、设计、工程、制造、采购等，他们在同一个团队中协同作战，大大缩短了新产品推出的时间，而且质量更高、成本更低，因为从一开始很多问题就得到了充分的考虑，在问题带来麻烦之前就已经被专业人员所解决。

（十）满足顾客需要

满足顾客需要就是要持续地提高顾客满意度，为了一点眼前的利益而不惜牺牲顾客的满意度是相当短视的行为。丰田从不把这句话挂在嘴上，总是以实际行动来实践，尽管产品供不应求，丰田在一切准备工作就绪以前，从不盲目扩大规模，保持稳健务实的作风，以赢得顾客的尊敬。丰田的财务数据显示其每年的利润增长率几乎是销售增长率的两倍，而且每年的增长率相当稳定。

（十一）精益供应链

在精益企业中，供应商是企业长期运营的宝贵财富，是外部合伙人，他们信息共享，风险与利益共担，一荣俱荣、一损俱损。遗憾的是，很多国内企业在实施精益生产时，与这种精益理念背道而驰，为了达到“零库存”的目标，将库存全部推到了供应商那里，弄得供应商怨声载道：你的库存倒是减少了，而我的库存却急剧增加。精益生产的目标是降低整个供应链的库存。不花力气进行流程改造，只是简单地将库存从一个地方转移到另一个地方，是不解决任何问题的。当你不断挤压盘剥你的供应商时，你还能指望他们愿意提供任何优质的支持和服务吗？到头来受损的还是你自己。如果你是供应链中的强者，应该像丰田一样，担当起领导者的角色，整合出一条精益供应链，使每个人都受益。

（十二）“自我反省”和“现地现物”

精益文化里面有两个突出的特点：“自我反省”和“现地现物”。

“自我反省”的目的是要找出自己的错误，不断地自我改进。丰田认为“问题即是机会”。当错误发生时，并不责罚个人，而是采取改正行动，并在企业内广泛传播从每个体验中学到的知识。这与很多国内企业动不动就罚款的做法是完全不同的。绝大部分问题是由于制度流程本身造成的，惩罚个人只会使大家千方百计掩盖问题，对于问题的解决没有任何帮助。

“现地现物”则倡导无论职位高低，每个人都要深入现场，彻底了解事情发生的真实情况，基于事实进行管理。这种“现地现物”的工作作风可以有效避免“官僚主义”。在国内的上市公司中，中集集团可以说是出类拔萃，在它下属的十几家工厂中，位于南通的工厂一直做得最好，其中一个重要原因就是南通中集的领导层遵循了“现地现物”的思想，高层领导每天都要抽出时间到生产一线查看了解情况、解决问题。

【知识拓展】 中国企业在实施精益生产中常见的问题

1. 管理人员同作业人员的观念没改变

相关主要执行者的观念没改变，配合上不到位，难以达到精益生产的预期目的。

2. 急功近利

那种要求“立竿见影”短期内就“大见成效”，发生大的转变的思想是不符合精益生产不断改进的原则的。

3. 没找到好的切入点

找到一个好的导入精益生产的切入点，以最容易做到，最明显的改善成果来让每一个人都感受到新的工作方式的好处，从此改变意识，建立信心。

4. 样板区先行

制订详细的试行计划，以样板区的形式先行作业，并将样板作业时所出现的问题点均改善后，再推广到全厂。

5. 现场“5S”作业没做好

“5S”所要求的素养等观念没执行好，不养成一个好的工作态度，难以实施精益生产。

6. 实施过程遇到困难就停滞不前

“三个臭皮匠，胜过诸葛亮”要集思广益，准备多个解决方案。打开心胸，吸取不同意见，不要解释不能做的理由，要想出做下去的办法。不要等到十全十美，有五分把握就可以动手。

7. 投入资金太多

改善要以不花钱为原则，不要一碰到问题点就想到投入新设备、新技术，应该尽量避免投入大量资金，能在现有的设施或基础上给以改进也是最好的方案。

8. 缺乏整体配合

认为精益生产方式的实施只是IE工程师的责任，与其他的单位无关，例如：采购、物流、工程等单位不能充分协作的话，就算是有好的方案，但也只是“昙花一现”，无法持续发挥精益的效能。

5.4 销售物流

一、销售物流的含义

销售物流（Distribution Logistics）是指生产企业、流通企业出售商品时，物品在供方与需方之间的实体流动。是企业为保证本身的经营利益，不断伴随销售活动，将产品所有权转给用户的物流活动。在现代社会中，市场环境是一个完全的买方市场，因此，销售物流活动带有极强的服务性，以满足买方的要求，最终实现销售。在这种市场前提下，销售往往以送达用户并经过售后服务才算终止，因此，销售物流的空间范围便很大，这是销售物流的难度所在。在这种前提下，必须通过包装、送货、配送等一系列物流活动来实现销售，这就需要研究送货方式、包装水平、运输路线等并采取各种诸如少批量、多批次，定时、定量配送等特殊的物流方式达到目的。

二、销售物流的流程

销售物流的起点，一般情况下是生产企业的产成品仓库，经过分销物流，完成长距离、干线的物流活动，再经过配送完成市内和区域范围的物流活动，到达企业、商业用户或最终消费者。销售物流是一个逐渐发散的物流过程，这和供应物流形成了一定程度的镜像对称，通过这种发散的物流，使资源得以广泛地配置。

三、销售物流模式

销售物流有三种主要的模式：生产者企业自己组织销售物流；第三方物流企业组织销售物流；用户自己提货的形式。

（一）生产企业自己组织销售物流

这是在买方市场环境下的主要销售物流模式之一。也是我国当前绝大部分企业采用的物流形式。

生产企业自己组织销售物流，实际上把销售物流作为企业生产的一个延伸或者是看成生产的继续。生产企业销售物流成了生产者企业经营的一个环节。而且，这个经营环节是和用户直接联系、直接面向用户提供服务的一个环节。在企业从“以生产为中心”转向以“市场为中心”的情况下，这个环节逐渐变成了企业的核心竞争环节，已经逐渐不再是生产过程的继续，而是企业经营的中心，生产过程变成了这个环节的支撑力量。

生产企业自己组织销售物流的好处在于，可以将自己的生产经营和用户直接联系起来，信息反馈速度快、准确程度高，信息对于生产经营的指导作用和目的性强。企业往往把销售物流环节看成是开拓市场、进行市场竞争中的一个环节，尤其在买方市场前提下，格外看重这个环节。

生产企业自己组织销售物流，可以对销售物流的成本进行大幅度的调节，充分发挥它的“成本中心”的作用，同时能够从整个生产者企业的经营系统角度，合理安排和分配销售物流环节的力量。

在生产企业规模可以达到销售物流的规模效益前提下，采取生产者企业自己组织销售物流的办法是可行的，但不一定是最好的选择。主要原因，一是生产者企业的核心竞争力的培育和发展问题，如果生产者企业的核心竞争能力在于产品的开发，销售物流可能占用过多的资源和管理力量，对核心竞争能力造成影响；二是生产企业销售物流专业化程度有限，自己组织销售物流缺乏优势；三是一个生产企业的规模终归有限，即便是分销物流的规模达到经济规模，延伸到配送物流之后，就很难再达到经济规模，因此可能反过来影响市场更广泛、更深入的开拓。

（二）第三方物流企业组织销售物流

由专门的物流服务企业组织企业的销售物流，实际上是生产者企业将销售物流外包，将销售物流社会化。

由第三方物流企业承担生产企业的销售物流，其最大优点在于，第三方物流企业是社会化的物流企业，它向很多生产企业提供物流服务，因此可以将企业的销售物流和企业的供应物流一体化，可以将很多企业的物流需求一体化，采取统一解决的方案。这样可以做到：第一是专业化；第二是规模化。这两者可以从技术方面和组织方面促进成本的降低和服务水平的提高。

在网络经济时代，这种模式是一个发展趋势。

（三）用户自己提货的形式

这种形式实际上是将生产企业的销售物流转嫁给用户，变成了用户自己组织供应物流的形式。对销售方来讲，已经没有了销售物流的职能。这是在计划经济时期广泛采用的模式，将来除非十分特殊的情况下，这种模式不再具有生命力。

四、降低销售物流成本的途径

（一）加强订单管理，与物流相协调

订单的重要特征表现在订单的大小、订单交货时间等要素上。订单的大小和交货时间要求往往会有很大的区别，在有的企业中，很多小订单往往会在数量上占了订单总数的大部分，它们对物流和整个物流系统的影响有时也会很大。因此，有的企业为了提高物流效率，降低物流成本，在订单量上必须充分考虑商品的需求特征和其他经营管理要素的需要。

（二）销售物流的大量化

就是通过延长备货时间，以增加运输量，提高运输效率，减少运输总成本。例如，许多企业把产品销售送货从“当日配送”改为“次日配送”或“周日指定配送”，就属于这一类。这样可以更好地拿捏配送货物量，大幅度提高配货装载效率。为了鼓励运输大量化，日本采取一种增大一次物流批量折扣收费的办法，实行“大量（集装）发货减成收典则”，因实行物流合理化而节约的成本由双方分享。现在，这种以延长备货时间来加大运输或配送量的做法，已经被许多企业所采用。需要指出的是，这种做法必须在能够满足客户对送货时间要求的前提下进行。

（三）商流与物流相分离

现在，商流与物流分离的做法已经被越来越多的企业所采纳。其具体做法是订货活动与配送活动相分离，由销售系统负责订单的签订，而物流系统负责货物的运输和配送。

（四）增强销售物流的计划性

以销售计划为基础，通过一定的渠道把一定量的货物送达指定地点。如某些季节性消费的产品，可能会出现运输车辆过剩与不足，或装载效率下降等因素。为了调整这种波动性，可事先同买主商定时间和数量，制订出运输和配送计划，使生产厂商按计划供货。在日本啤酒行业，这种方法被称为“定期、定量直接配送系统”的计划物流。

（五）实行差别化管理

这是指根据商品流转快慢和销售对象规模的大小，把保管场所和配送方法区别开来。对周转快的商品分散保管，反之集中保管，以压缩流通库存，有效利用仓库空间；对供货量大的实行直接送货，供货量小而分散的实行营业所供货或集中配送。差别化方针既要节约物流成本，又要提高服务水平。

（六）物流的共同化

这是实施物流成本控制的最有效措施。超出单一企业界限的物流合理化，是最有前途的物流发展方向。一方面，通过本企业组合而形成的垂直方向的共同化，实现本系列集团企业内的物流一元化、效率化，如实行同类商品共同保管、共同配送，另一方面，通过与其他企业之间的联系，而形成水平方向的共同化，来解决两个以上产地和销售地点相距很近而又交叉运输的企业物流问题。加强合作以提高装载效率，压缩物流设备投资，如解决长途车辆空载和设施共同利用问题。

【相关案例】

雅芳的“直达配送”物流解决方案

雅芳公司的多元化销售模式使其销售业绩持续攀升。但是，雅芳产品从各地分公司到专卖店、专柜的过程中，却常常发生问题。

究其原因，雅芳公司发现是经销商的满意度发生了偏移，而这种偏移主要是物流不畅导致的。雅芳公司规定经销商必须到各地分公司取货，但由于经销商分布很广，取货时，有的经销商常常要坐一整天车才能到达分公司仓库，有些没车的经销商拿到货物后还要租车运回、自行装卸，这给他们造成了很大困难。

不仅经销商感到吃力，雅芳公司也感到运作成本太高。雅芳采用这种方式通过长途陆运或空运将货物从广州工厂运到各地分公司的仓库，然后通知经销商到各分公司提货，要配合这种物流模式，雅芳在中国的75家分公司就要建75个大大小小的仓库，分散的库存导致信息的不畅通，雅芳销售额流失巨大。加上多个环节操作使雅芳不得不投入大量的人力成本，这种消耗大、速度慢、管理难的物流模式严重阻碍了雅芳的发展。

为了解决这一问题，2001年年初，雅芳公司决心重组在中国的供应链体系。经过将近一年的考察、研究，雅芳公司最终拿出了一套叫做“直达配送”的物流解决方案。雅芳在北京、上海、广州、重庆、沈阳、郑州、西安、武汉等城市共设立了8个物流中心，取消了原来在各分公司设立的几十个大大小小的仓库。雅芳生产出的货物直接运输到8个物流中心，各地经销商、专卖店通过网上直接向雅芳总部订购货物，然后由总部将这些订货信息发到所分管的物流中心，物流中心据此将经销商所订货物分拣出来整理好，在规定的时间内送到经销商手中。这其中涉及的运输、仓库管理、配送服务，雅芳全部交给专业的第三方物流（3PL）企业去打理。“直达配送”项目确定以后，雅芳公司还通过招标方式选择了中邮物流和大通国际运输为公司提供3PL服务。2002年3月，雅芳首先与大通国际运输在广州试点，随后又逐步覆盖广东其他城市，再到福建、广西、海南。2002年5月，中国邮政物流开始为雅芳提供以北京为中心的华北地区直达配送业务，并逐步渗透到东北、西南等地。中邮物流重组了雅芳产品销售物流体系，并与雅芳实现了信息系统对接，还开通了网上代收货款服务。到目前为止，共速达与心盟物流也都成为雅芳的3PL提供商。

另外，在中国邮政物流与雅芳公司前期成功合作的基础上，国家邮政总局委托重庆市邮政管理局为雅芳产品在重庆市的指定专卖店、分公司所属专柜、经销商管理专柜进行“门对门”的产品配送服务，市邮管局指定邮区中心局全面负责并实施雅芳产品在“重庆分拨中心”的配送任务。这不仅仅是一次为邮政企业创造经济效益的绝好机会，也是邮政物流一次难得的锻炼机遇。中心局精心策划，周密安排，出台了一系列雅芳产品运输、配送、仓储及服务方案：改造整修1100平方米仓储库房，提供特殊产品恒温保存空间；选派经验丰富、业务素质好的司押人员担负配送任务；制订多种配送流程方案支持雅芳配送时限等。

中心局在运输、仓储、配送、信息服务和资金收付结算等物流环节均制订了科学、完善的操作规程和监管制度，确保在每个环节注入“精益意识”，以优质服务和良好信誉打造精益物流品牌。在雅芳一体化物流体系中，该局还指定专人负责网上数据信息管理，实现了数据信息管理的网络化。经过3个多月的初期运作，雅芳产品配送服务得到了国家邮政总局的肯定和雅芳公司的认可，配送准时率99%，物品完好率100%，信息反馈率98%，客户满意率99%，均达到国家邮政总局的要求。

目前，雅芳产品配送业务已辐射至四川省和贵州省，重庆邮政作为西南地区雅芳产品配送分拨中心的服务范围已覆盖川、黔、渝两省一市。近期，雅芳产品配送将辐射至云南，从而实现重庆邮政一体化物流向西南地区的顺利延伸。

可以说，大通国际运输和中邮物流已为雅芳公司提供了包括干线运输、仓储、配送、退货处理、信息服务、代收货款等多项服务，雅芳的供应链开始变得紧凑起来。重新调整物流系统给雅芳公司带来的最明显的变化是：过去70多家分公司仓库减少为8个区域分拨中心后，物流操作人员由过去的600人减少到182人，降低了物流成本和物流资产占用。

而且，在配送时间上，实行直达配送前，如果厦门的一家经销商要货，必须先通过雅芳厦门分公司订货，由分公司统计好各经销商的订单后给总部下订单，再由广州工厂将货物运到厦门分公司，分公司通知经销商自提。这样的过程通常需要5～10天左右。实行直达配送以后，从经销商上网订货到送达只需要2～3天时间，降低了缺货损失。

事实上，在将物流外包到物流公司以后，雅芳开始专注于企业产品的生产和销售方面的业务，各分公司也从过去的烦琐物流事务当中摆脱出来，专注于市场开拓，一年间产品销售量平均提高了45%，北京地区达到70%，市场份额不断扩大。通过雅芳物流转换的成功，可以看出物流对于企业，尤其是对于跨国企业的重要性。

5.5 逆向物流

一、逆向物流的含义与特点

（一）逆向物流的含义

逆向物流是指为价值恢复或处置合理而对原材料、中间库存、最终产品及相关信息从消费地到起始点的有效实际流动所进行的计划、管理和控制过程。

（二）逆向物流的特点

逆向物流作为企业价值链中特殊的一环，与正向物流相比，既有共同点，也有各自不同的特点。二者的共同点在于都具有包装、装卸、运输、储存、加工等物流功能。但是，逆向物流与正向物流相比又具有其鲜明的特殊性。

1. 分散性

换言之，逆向物流产生的地点、时间、质量和数量是难以预见的。废旧物资流可能产生于生产领域、流通领域或生活消费领域，涉及任何领域、任何部门、任何个人，在社会的每个角落都在日夜不停地发生。正是这种多元性使其具有分散性。而正向物流则不然，按量、准时和指定发货点是其基本要求。这是由于逆向物流发生的原因通常与产品的质量或数量的异常有关。

2. 缓慢性

人们不难发现，开始的时候逆向物流数量少，种类多，只有在不断汇集的情况下才能形成较大的流动规模。废旧物资的产生也往往不能立即满足人们的某些需要，它需要经过加工、改制等环节，甚至只能作为原料回收使用，这一系列过程的时间是较长的。同时，废旧物资的收集和整理也是一个较复杂的过程。这一切都决定了废旧物资缓慢性这一特点。

3. 混杂性

回收的产品在进入逆向物流系统时往往难以划分为产品，因为不同种类、不同状况的废旧物资常常是混杂在一起的。当回收产品经过检查、分类后，逆向物流的混杂性随着废旧物资的产生而逐渐衰退。

4. 多变性

由于逆向物流的分散性及消费者对退货、产品召回等回收政策的滥用，有的企业很难控制产品的回收时间与空间，这就导致了多变性。主要表现在以下四个方面：

（1）逆向物流具有极大的不确定性；

（2）逆向物流的处理系统与方式复杂多样；

（3）逆向物流技术具有一定的特殊性；

（4）相对高昂的成本。

二、逆向物流的分类

（一）按照回收物品的渠道来分

按照回收物品的特点可分为退货逆向物流和回收逆向物流两部分。退货逆向物流是指下游顾客将不符合订单要求的产品退回给上游供应商，其流程与常规产品流向正好相反。回收逆向物流是指将最终顾客所持有的废旧物品回收到供应链上各节点企业。

（二）按照逆向物流材料的物理属性分

按照逆向物流材料的物理属性可分为钢铁和有色金属制品逆向物流、橡胶制品逆向物流、木制品逆向物流、玻璃制品逆向物流等。

（三）按成因、途径和处置方式及其产业形态来分

按成因和处置方式的不同，逆向物流可分为投诉退货、终端使用退回、商业退回、维修退回、生产报废与副品，以及包装六大类别。

三、逆向物流的原则

（一）“事前防范重于事后处理”原则

逆向物流实施过程中的基本原则是“事前防范重于事后处理”，即“预防为主、防治结合”的原则。因为对回收的各种物料进行处理往往给企业带来许多额外的经济损失，这势必增加供应链的总物流成本，与物流管理的总目标相违背。因而，对生产企业来说要做好逆向物流一定要注意遵循“事前防范重于事后处理”的基本原则。循环经济、清洁生产都是实践这一原则的生动例证。

（二）绿色原则

绿色原则即将环境保护的思想观念融入企业逆向物流管理过程中。

（三）效益原则

生态经济学认为，在现代经济、社会条件下，现代企业是一个由生态系统与经济系统复合组成的生态经济系统。物流是社会再生产过程中的重要一环，物流过程中不仅有物质循环利用、能源转化，而且有价值的转移和价值的实现。因此，现代物流涉及了经济与生态环境两大系统，理所当然地架起了经济效益与生态环境效益之间彼此联系的桥梁。经济效益涉及目前和局部的更密切相关的利益，而环境效益则关系更宏观和长远的利益。经济效益与环境效益是对立统一的。后者是前者的自然基础和物质源泉，而前者是后者的经济表现形式。

（四）信息化原则

尽管逆向物流具有极大的不确定性，但是通过信息技术的应用（例如使用条形码技术、GPS 技术、EDI 技术等）可以帮助企业大大提高逆向物流系统的效率和效益。因为使用条形码可以储存更多的商品信息，这样有关商品的结构、生产时间、材料组成、销售状况、处理建议等信息就可以通过条形码加注在商品上，也便于对进入回收流通的商品进行有效及时的追踪。

（五）法制化原则

尽管逆向物流作为产业而言还只是一个新兴产业，但是逆向物流活动从其来源可以看出，它就如同环境问题一样并非新生事物，它是伴随着人类的社会实践活动而生，只不过在工业化迅猛发展的过程中使这一“暗礁”浮出水面而已。然而，正是由于人们以往对这一问题的关注较少，所以市场自发产生的逆向物流活动难免带有盲目性和无序化的特点。如近年来我国废旧家电业异常火爆，据分析调查往往是通过对旧家电“穿”新衣来牟取利

润的，这是以侵犯广大农户和低收入消费群体的合法权益为基础的，这亟须政府制定相应的法律法规来引导和约束。而具有暴利的“礼品回收”则会助长腐败，是违法的逆向物流，应坚决予以取缔。还有废旧轮胎的回收利用，我国各大城市街区垃圾箱受损、井盖丢失、盗割铜缆等现象就与城市盗窃者长期地逍遥法外不无关系，固体废物走私犯罪活动蔓延势头，如废旧机电、衣物及车辆的流通，汽车黑市等违法的逆向物流活动都亟须相关的法规来约束。

（六）社会化原则

从本质上讲，社会物流的发展是由社会生产的发展带动的，当企业物流管理达到一定水平，对社会物流服务就会提出更高的数量和质量要求。企业回收物流的有效实施离不开社会物流的发展，更离不开公众的积极参与。在国外企业与公众参与回收物流的积极性较高，在许多民间环保组织如绿色和平组织（Green Peace）的巨大影响力下，已有不少企业参与了绿色联盟。

四、逆向物流的战略价值

逆向物流战略受到越来越多企业的重视，事实上，很多企业因此而受益。逆向物流的战略价值主要表现以下几个方面。

（一）提高潜在事故的透明度，改进产品或服务

逆向物流在促使企业不断改善品质管理体系上，具有重要的地位。ISO90012000 版将企业的品质管理活动概括为一个闭环式活动——计划、实施、检查、改进，逆向物流恰好处于检查和改进两个环节上，承上启下，作用于两端。企业在退货中暴露出的品质问题，将透过逆向物流资讯系统不断传递到管理阶层，提高潜在事故的透明度，管理者可以在事前不断地改进品质管理，以根除产品的不良隐患。

通过设计良好的逆向物流系统，在顺畅地进行产品回收和再处理等过程外，企业还可以收集宝贵的客户反馈信息。企业开展逆向物流活动，其实也是一种处理客户投诉的方式，可以及时消除客户不满、恢复信誉、确立企业的品质。解决用户抱怨与再次购买之间有着十分密切的关系，据统计，如果用户提出抱怨，且对其解决感到满足的人有 70%，则其中再次购买的人竟有 54.3%；对企业处理抱怨“非常满意”的用户中，会有 95.8%的用户再度购买产品和服务。此外，从产品的设计、质量到售后服务，使用过该产品的消费者对产品都能提出极具价值的建议，这为企业改进产品质量，设计更符合消费者需求的产品提供帮助。再有，通过对产品退货率及退货分布情况的统计，企业对经销商、零售商的销售情况了解更为详细，依靠逆向物流系统，有效加强对销售渠道的控制。最后，越来越多的厂商承诺无理由退货，这在一定程度上提高了退货率，要减少逆向物流的发生，厂商必须在产制环节上下工夫，努力提高产品质量。

（二）提高顾客价值，增加竞争优势

在当今顾客驱动的经济环境下，顾客价值是决定企业生存和发展的关键因素。众多企业通过逆向物流提高顾客对产品或服务的满意度，赢得顾客的信任，从而增加其竞争优势。

对于最终顾客来说，逆向物流能够确保不符合订单要求的产品及时退货，有利于消除顾客的后顾之忧，增加其对企业的信任感及回头率，扩大企业的市场份额。如果一个公司要赢得顾客，它必须保证顾客在整个交易过程中心情舒畅，而逆向物流战略是达到这一目标的有效手段。另外，对于供应链上的企业客户来说，上游企业采取宽松的退货策略，能够减少下游客户的经营风险，改善供需关系，促进企业间战略合作，强化整个供应链的竞争优势。特别对于过时性风险比较大的产品，退货策略所带来的竞争优势更加明显。

（三）降低企业成本，提高企业长期赢利水平

减少物料耗费，提高物料利用率是企业成本管理的重点，也是企业增效的重要手段。然而，传统管理模式的物料管理仅仅局限于企业内部物料，不重视企业外部废旧产品及其物料的有效利用，造成大量可再用性资源的闲置和浪费。由于废旧产品的回购价格低、来源充足，对这些产品回购加工可以大幅度降低企业的物料成本。美国宇航局重新利用改制与翻新的零部件，使飞机制造费节省了 40%～60%。在美国的地毯行业，很多大公司积极开展地毯回收计划，就是为了用低成本的回收尼龙代替昂贵的原材料，因为地毯中的 1/3～1/2 是纤维，而纤维中有 60%是尼龙。在我国，废旧电池的回收现在也开展起来，人们可以通过以旧换新的方式，减少对旧电池的肆意丢弃，对于消费者来说，可以比原价低很多的价格买回新电池，而电池的制造企业也可以通过加工制造出新电池，而且成本要低很多，同时企业的利润显著增加。随着未来资源供求矛盾的进一步突出，逆向物流的优越性将越来越显著。

（四）改善环境行为，塑造企业形象

随着人们生活水平和文化素质的提高，环境意识日益增强，消费观念发生了巨大变化，顾客对环境的期望越来越高。另外，由于不可再生资源的稀缺以及环境污染日益加重，各国都制定了许多环境保护法规，为企业的环境行为规定了一个约束性标准。企业的环境业绩已成为评价企业运营绩效的重要指标。为了改善企业的环境行为，提高企业在公众中的形象，许多企业纷纷采取逆向物流战略，以减少产品对环境的污染及资源的消耗。

五、逆向物流管理

（一）提高企业的逆向物流意识

逆向物流多由对不满意产品的退货、不合格材料和残次品的退（召）回、包装品的循环复用、废弃物的处理、有害物品的回收等引起的，因此，我国多数企业认为逆向物流是负面的。再加上对逆向物流的操作缺乏相应的技术和管理手段，使得企业只注重在正向物流上下工夫。相比之下，我国企业领导对逆向物流也普遍不够重视，并将其排除在企业经营战略之外。因此，必须通过宣传教育使其认识到逆向物流的重要性，通过法规约束强化逆向物流的意识，促使企业尽快实施其逆向物流活动。

（二）选择合适的渠道建设模式

逆向物流活动的方式主要体现在产品渠道的选择上，根据国内外的实践，目前核心企

业选择的逆向物流渠道，第一种是与正向物流共用一个通道，这种方式的优点在于投入少，成本低，渠道各个节点之间相互了解，企业可以比较准确地了解市场的变化。也由于逆向物流的展开，使得核心企业加大对渠道上的合作伙伴的投入，如产品性能知识培训等。缺点在于一旦销售旺季来临，出现两种流向业务资源不足时，很容易重正向而轻逆向物流。第二种是自建新渠道，它的优点在于企业能掌握第一手的市场资料，信息失真的程度大大降低，同时能够给消费者专业性的指导或服务，当然，这种方式投入也是巨大的，从设立机构到购买设备、广告宣传、招聘人才等，是大多数企业所不能承受的。第三种为共建新渠道，是指与竞争对手一起出资，以多种形式组建新渠道，共享专业的逆向物流的价值。正如前文中提到的我国家电企业将面临巨大的欧盟绿色壁垒，据悉，中国家电行业协会、中国机电进出口商会和十几家大型家电企业正在商讨家电行业开展联合回收。而在这之前，索尼、惠普、伊莱克斯以及博朗四家企业在三年前就达成协议，组建联合服务采购公司，在欧盟范围内展开保费电子电器产品的回收再循环。第四种是逆向物流外包，第三方物流企业提供逆向物流服务有很多优势，如专业化运作可以在很大程度上提高逆向物流管理效率，且厂商不必要建立自己的逆向物流系统而进行较大投资和承担风险等。

（三）建设完备的逆向物流管理信息系统

现代物流是建立在现代信息技术上的物流。同样，逆向物流的管理离不开信息技术。通过对回收产品信息的收集和统计，对每次回流物品原因及最后处置情况编订代码，统计回流物品的回流率等，企业才能精确地跟踪整个回流过程并计算处理成本，并为客户提供及时的服务，为企业赢得信用。构建完善的逆向物流管理系统应当从以下三个方面着手。

首先，应当建立准确迅速的信息采集系统，通过使用条形码、无线射频等技术，对产品的信息进行管理，便于对进入逆向物流领域的产品进行及时有效的跟踪；其次，建立并完善物流信息处理系统，对逆向物流从入口到最后处理的全过程进行信息跟踪和处理，能显著缩短逆向物流处置周期；最后，应当建立可靠有效的信息传递网络，通过基于 Internet 的 EDI 系统能够及时传递退货及回收产品信息，实现在制造企业和销售企业之间的信息共享。

（四）加强逆向物流的起始点控制，降低物流操作量的随机性

加强对起始点控制是逆向物流管理措施中的重要一环。由于逆向物流与正向物流有着特殊的特征，如逆向物流的分散性、复杂性和不确定性，使得逆向物流战略在开展时面临巨大的风险。而起始点控制就是在逆向物流的流程入口对产品是否应进入流程进行判定并初步决定回返产品在逆向物流渠道上的流向和处理方法。在实践中，通常零售店的雇员是逆向物流起始点处的把关者，因此，必须加强对这些雇员的培训，在退货逆向物流流程的入口，对顾客要求回流的物品进行审查，加速逆向物流流程。当然也可以通过信息技术的手段。例如美国一家公司 Nintendo 开发了一套专门的起始点控制系统，在顾客退货时，零售商可以通过扫描进入数据库获得该产品的销售信息，解决产品的非质量问题。在实施这个系统后，Nintendo 公司的商品回流降低达 80%，回流额度降低到 2%以下。

（五）扩大公众参与，实施企业可持续发展

实施逆向物流战略不仅仅是受制于国家的政策或法令，或迫于环保组织的压力。企业

一旦真正实施逆向物流，就应当以此作为企业可持续性发展的必要保障。根据1992年里约会议通过的《环境与发展宣言》中第27条明确指出："环境问题最好是在全体有关市民的参与下，在有关级别上加以处理。"特别是在发展中国家，企业应当主动加大对绿色产品的宣传，使得公众更加配合本企业逆向物流的开展。例如对回收物品，企业可以用信函、报纸、电视等方式向顾客告示新的回收政策；也可以在自己的网站上提供丰富的回收物品的导向及相关信息。另外，在电子商务条件下，合理建立购物网站对提高消费者的满意度、降低商品退货率、增加退货与回收的便利等也起到非常重要的作用。

同步测试

一、填空题

1. 根据企业物流活动发生的先后次序，可以把企业物流划分为_________、_________、_________和_________。

2. 企业物流系统构成的垂直结构包括_________、_________和_________三个层次。

3. 采购物流在不同的企业里，重点有所不同。在加工制造型企业，采购基本上是采购_________、_________、_________，甚至有时候还是半成品。在零售企业里采购的一般是_________。

4. 企业的采购物流有三种组织方式：第一种是委托_________代理采购；第二种是委托_________代理采购；第三种是_________。

5. 销售物流有三种主要的模式：_________自己组织销售物流；_________组织销售物流；_________自己提货的形式。

6. 逆向物流按照回收物品的渠道可分为_________逆向物流和_________逆向物流两部分。

二、不定项选择题

1. 企业物流合理化的好处有（　　）。
   A．降低物流费用，减少产品成本
   B．缩短生产周期，加快资金周转
   C．压缩库存、减少流动资金的占用
   D．通过物流改善提高企业的管理水平

2. 企业物流合理化的可通过哪些途径实现（　　）。
   A．各种设施在生产空间的合理布置　　B．合理控制库存
   C．均衡生产　　D．合理配置和使用物流机械
   E．健全物流信息系统

3. 项目型生产物流在生产过程中物料流动性不强，其特点包括（　　）。
   A．物料凝固　　B．物料投入量大
   C．产品生产周期长　　D．生产的适应性强

E．物料投入量小

4．多品种小批量型是指生产的产品品种繁多并且每一品种有一定的生产数量，生产的重复度中等的生产物流系统。其特点为（　　）。

A．品种数量多单产量有限

B．产品设计系列化，零部件制造标准化、通用化

C．一般采用混流生产

D．使用 MRP 实现物料相关需求的计划

E．物料的消耗定额很容易确定，成本很容易降低

5．按照逆向物流材料的物理属性可分为（　　）。

A．钢铁和有色金属制品逆向物流　　B．橡胶制品逆向物流

C．木制品逆向物流　　D．玻璃制品逆向物流

E．退货逆向物流

6．逆向物流的战略价值主要表现在以下几个方面（　　）。

A．提高潜在事故的透明度，改进产品或服务

B．提高顾客价值，增加竞争优势

C．降低企业成本，提高企业长期赢利水平

D．改善环境行为，塑造企业形象

三、问答题

1．简述企业物流合理化的基本原则及其实现途径。

2．在原材料采购物流管理中应该掌握哪些要点？

3．降低销售物流成本的途径有哪些？

4．简述逆向物流的含义与特点。

职业导航

招聘1：物流主管（生产企业）

职位描述

① 物流设备的管理、异常协调、跟踪；

② 日常进销存作业执行的检核、分析、改善；

③ 库区整体设置规划；

④ 第三方物流供应商的开发、评估、合同的签订；

⑤ 运输费用的结算、分析；

⑥ 上级领导交办的其他工作。

任职资格

① 大专（含）以上学历，统计学、会计、物流等相关专业；

② 三年以上物流同岗位工作经验；

③ 具有良好的沟通协调能力及团队合作精神。

招聘 2：物流工程师

职位描述

① 配套厂至整车厂物流规划；
② 配套厂包装式样书检查与审核；
③ 配套厂产能及物流条件调查；
④ 取货频率、路线规划及 SNP 制订；
⑤ 调度物流成本核算；
⑥ 3PL 物流成本核算，3PL 年度考核及管理；
⑦ 零部件交货追踪及异常处理。

任职资格

① 汽车工程、物流、机电类相关专业毕业，大专及以上学历；
② 具备 1 年以上物流经验；
③ 有整车厂工作经验者优先。

招聘 3：物流管理专员

职位描述

① 协助部门负责人完成日常管理工作；
② 供应链优化设计，仓储、配送等职能的统筹、管理；
③ 部门日常报表数据的整理、分析、汇总工作；
④ 第三方物流供应商的日常管理、考核等工作；
⑤ 保障 ERP 系统在部门内的通畅运行，并做好系统管理、培训相关工作；
⑥ 及时完成上级领导交办的其他工作。

任职资格

① 大专以上学历，物流相关专业毕业，相关岗位两年以上工作经验；
② 熟悉并能熟练操作 ERP 系统及相关办公软件；
③ 具有良好的协调沟通能力，能够承受一定的工作压力；
④ 工作踏实，责任心强，诚实守信，吃苦耐劳；
⑤ 有物流企业从业经验者优先。

招聘 4：物流经理

职位描述

① 负责物流部的日常管理工作，包括：运输、仓储、配送、车辆管理等；对部门员工的职责进行清晰的划分和管理；
② 负责组织物流部的收发货，实现快而准确的流程；
③ 和营运部进行沟通，确保商品信息能及时、准确发布；
④ 负责仓库的货品的质量监督，确保发货货品的品质；
⑤ 负责仓库的盘点和审核工作；
⑥ 负责与货运公司的合作。

任职资格

① 物流管理、统筹学、计算机专业专科以上学历；

② 三年仓储物流相关工作经验，一年以上同等职位工作经验；

③ 熟悉服装企业物流运营特点及仓储系统的运作；

④ 策略性的规划能力，掌握全局的统筹能力，协作性的团队管理能力；

⑤ 能熟练运用 Office 软件。

项目实训

某企业生产计划及原材料采购计划制订方法调查

一、实训目的

（1）了解不同企业生产计划及原材料采购计划的制订方法；

（2）通过以组为单位进行实地调查获取资料的方式，培养学生的团队合作精神，增强学生发现问题、分析问题与解决问题的能力以及人际交往与沟通能力。

二、实训前准备

（1）知识准备：通过课堂讲解使学生熟练掌握生产计划及原材料采购计划制订方法的相关知识。

（2）学生分组：每 6 人为一组，每组选出一位小组长。

（3）实训地点：物流管理专业各产学研合作单位。

三、实训步骤及要求

（1）为每小组分配一个事先联系好的产学研合作企业。

（2）以小组为单位到目标企业进行实地调查。

（3）完成调查报告。

（4）要求资料翔实、准确、具体。

四、实训报告

在通过实地调查获得相关资料后，以组为单位完成调查报告。调查报告题名为：某企业生产计划及原材料采购计划制订方法调查报告。报告中应包含以下内容：

（1）调查时间；

（2）调查企业；

（3）调查对象；

（4）调查结果——某企业生产计划及原材料采购计划的制订方法，并列举实例说明。

五、实训考核

实训成绩根据实训报告的完成情况进行评定。考评内容包含以下几项：

（1）实训报告是否按要求的规范格式完成；

（2）相关资料是否通过实地调查获得，调查资料是否翔实、准确、具体；

（3）调查结果描述是否清楚，有没有通过收集到的企业实例进行说明。

Module 6 模块6 第三方物流与物流园区

学习目标

1. 理解第三方物流的内涵，了解企业选择第三方物流的价值；
2. 掌握物流服务设计和优化的基本思路与技巧；
3. 懂得如何衡量第三方物流的服务水平、了解第三方物流的发展战略；
4. 理解物流园区的含义，了解物流园区的主要功能及类别；
5. 了解我国物流园区发展现状及趋势。

导入案例

目前，夏晖集团在全球五大洲 16 个国家设立分公司，拥有超过 2700 名员工，集团旗下有四大事业体系：专注于物流配送的 HPR Pateners，专注于海运的 Perseco，专注于冷藏冷冻设备租赁的 Primms，专注于促销活动和玩具设计业务的 The marketing store 以及负责欧洲麦当劳物流配送的 Alpha 五家公司。在中国负责麦当劳物流业的是 HPR Pateners 亚太区的一个分支。

在麦当劳 1981 年开始进入中国后，夏晖公司也随之来到中国，并在中国建立了麦当劳专有的物流中心。目前，该物流中心在北京、上海、广州都设立了食品分发中心，同时在沈阳、武汉、成都、厦门建立了卫星分发中心和配送站，与设在香港和台湾地区的分发中心一起，建立起全国性的服务网络，为中国麦当劳的发展提供强有力的后备支持。夏晖为麦当劳各个餐厅完成订货、储存、运输及分发等一系列工作。通过它的协调与联结，使每一个供应商与每一家餐厅达到畅通与和谐，为麦当劳餐厅的食品供应提供最佳的保证。

麦当劳的物流有什么特点？作为国际型的大企业，麦当劳为什么自己不做物流，而要外包给夏晖公司做？夏晖作为专业化的第三方物流公司，能为麦当劳带来什么优势？

6.1 第三方物流

一、第三方物流概述

第三方物流（Third-Party Logistics，简称 3PL 或 TPL）的概念源自于管理学中的

Out-souring，意指企业动态地配置自身和其他企业的功能和服务，利用外部的资源为企业内部的生产经营服务；将 Out-souring 引入物流管理领域，就产生了第三方物流的概念。所谓第三方物流是指生产经营企业为集中精力搞好主业，把原来属于自己处理的物流活动，以合同方式委托给专业物流服务企业，同时通过信息系统与物流企业保持密切联系，以达到对物流全程管理的控制的一种物流运作与管理方式。因此第三方物流又叫合同制物流。

中国国家标准（GB/T 18354—2006）“物流术语”中是这样定义第三方物流的：由供方与需方以外的物流企业提供所需要的全部或部分物流服务的业务模式。

第三方物流是相对“第一方”发货人和“第二方”收货人而言的。3PL 既不属于第一方，也不属于第二方，而是通过与第一方或第二方的合作来提供其专业化的物流服务，它不拥有商品，不参与商品的买卖，而是为客户提供以合同为约束、以结盟为基础的、系列化、个性化、信息化的物流代理服务。最常见的 3PL 服务包括设计物流系统、EDI 能力、报表管理、货物集运、选择承运人、货代人、海关代理、信息管理、仓储、咨询、运费支付、运费谈判等。

第三方物流内部的构成一般可分为两类：资产基础供应商和非资产基础供应商。对于资产基础供应商而言，他们有自己的运输工具和仓库，他们通常实实在在地进行物流操作。而非资产基础供应商则是管理公司，不拥有或租赁资产，他们提供人力资源和先进的物流管理系统，专业管理顾客的物流功能。广义的第三方物流可定义为两者结合。

进入 21 世纪，世界物流业的发展呈现了社会化的趋势，把企业的物流功能部分或全部外包给第三方物流公司承担，可以降低成本，提高客户服务水平。采用第三方物流来策划、管理与运作的趋势已越来越明显。

二、企业选择第三方物流的价值

随着物流日益成为企业的新的利润源泉，越来越多的企业开始关注自身的物流成本和利润，而第三方物流作为物流专业化的集中表现，在世界范围内受到广大企业的青睐。尽管目前我国的第三方物流市场还处于一个较低的发展水平，但是随着我国加入 WTO 和全球经济一体化的趋势日益加剧，第三方物流必然成为一个新的经济增长点，这是因为第三方物流能够帮助客户获得诸如利润、价格、速度、服务、信息的准确性和真实性以及在新技术引入方面的潜在优势。

企业采用第三方物流的价值主要体现在以下几个方面。

（一）有助于企业核心竞争能力的培养

任何企业的资源都是有限的，因此在不断加剧的市场竞争中，核心竞争力在企业的发展中处于主导地位。对于并非以物流为核心业务的企业而言，将物流业务外包给第三方物流企业，有助于使企业专注于自身的核心能力发挥，提高竞争力。

（二）节省费用，减少资本积压

专业的第三方物流提供者利用规模生产的专业优势和成本优势，通过提高各环节能力的利用率节省费用，使企业能从分离费用结构中获益。

降低成本、提高利润率是企业追求的目标。第三方物流是提供物流服务的专业机构，具有专业化的物流运作管理经验，拥有强大的购买力和货物配载能力，不仅可以从运输公司或者其他物流服务商那里得到比其他的客户更为低廉的运输报价，而且能充分利用专业化的物流设备、设施和先进的物流信息系统，通过自身广泛的节点网络实施共同配送，最大限度地取得整体最优效果，从而为企业降低物流成本。物流成本通常被认为是企业经营中较高的成本之一，控制了物流成本，就等于控制了总成本。表 6-1 是某企业选择第三方物流与物流自营的费用对照表。

表 6-1　某企业选择第三方物流与物流自营的费用对照

第三方物流费用		物流自营费用	
费用项目	万元/年	费用项目	万元/年
长途运输费	47.98	长途运输费	47.98
仓储费	1.35	保养费税费	21.00
保险费	30.00	保险费	30.00
配送费	108.00	工资奖金 1	35.60
服务费	12.60	工资奖金 2	29.00
		仓库费用	2.70
		车辆油费	13.20
		管理费	28.00
		不可预见费	18.00
		折旧	35.00
		办公室房租	16.00
各项合计	200.00		277.00
占销售额	3.33%		4.62%

上表证明：第三方物流比企业自营物流更能够节省物流费用。

（三）分散风险

企业自营物流面临着两种风险：一是投资风险；二是存货风险。

首先，企业自营物流要进行物流设施设备的投资，如建设或租赁仓库、购买车队、构建信息网络等。这样的投资往往比较大，而如果企业的物流管理能力较低，不能将企业拥有的物流资源有效协调、整合起来，致使物流效率低下，那么企业在物流固定资产上的投资将无法获得满意的投资回报率，也就是说企业要面临投资失败的风险。

其次，由于企业自身的配送能力、管理水平有限，为了及时对顾客订货做出有效反应，防止缺货和快速交货，往往需要采取高水平库存策略，即在总部和各分散的订货点维持大量的存货。大量的库存不仅占用大量的资金，而且存在存货贬值的风险。企业如果通过第三方物流企业进行专业化配送，由于配送能力的提高，存货流动的速度加快，企业可以减少内部的安全库存量，并不需要或很少需要进行物流领域的固定资产投资，最终可以减少以上风险或将以上风险分散一部分给第三方物流企业。通过第三方物流企业进行专业化配送，企业用于物流运作的固定成本转化为可变成本，有利于加快资金周转。

（四）提升服务水平

帮助企业提高顾客服务水平和质量是第三方物流追求的根本目标。利用第三方物流企业信息网络和节点网络，能够加快对顾客订货的反应能力，加快订单处理，缩短从订货到交货的时间，进行门对门运输，实现货物的快速交付，提高顾客满意度。通过第三方物流先进的通信技术可加强对在途货物的监控，及时发现、处理配送过程中的意外事故，保证订货及时、安全地送达目的地，尽可能实现对顾客的承诺。产品的售后服务、送货上门、退货处理、废品回收等也可由第三方物流企业来完成，保证企业为顾客提供稳定、可靠的高水准服务。第三方物流的服务价值还体现在以下方面：① 第三方物流制订出的以顾客为导向、量体裁衣式的物流方案有助于提高企业的市场形象；② 可以在不增加固定成本投入的情况下，不断地获取最新的物流技术和物流设备的应用；③ 企业可以利用第三方物流的配送网络拓展自身的销售渠道，进入新的市场。

当然，除了独特的经济效益外，第三方物流还具有为大多数人所忽视的一大价值，即其社会效益。第三方物流可将社会的众多闲置物流资源有效整合、利用，有助于缓解城市交通压力，减少能源消耗，减少废气排放量和噪音污染等，有利于环境的保护与改善，促进经济的可持续发展。因此，第三方物流的成长和壮大可带动中国物流业的发展，对中国产业结构的调整和优化有着重要的意义。

【相关案例】 波导的愿望

波导在国产手机中的地位，按销售数据看，是绝对的老大。因此，从原材料的采购、运输，到将成品铺散到其所谓的“中国第一网”的每一个节点，这个过程可以说是中国国产手机物流的一个缩影。

据波导总部负责物流的人士称，目前波导共有120多家原材料供应商，而销售商更是一个庞大的数目。波导现有的物流模式是“手电筒”式，即由总部统一负责采购，按照各地的订单来分配成品，再由承运商，包括东航、中外运和EMS，把成品运送到41个一级经销商手里，然后再由他们把成品分拨到更多的经销点。可以想象，三家生产基地面对着41家分公司，出错率自然难以掌握，而反应速度也得不到大的提高。

“手电筒的光线有限，要想照到所有的地方是很困难的事情。”波导目前的实力还不足以把“手电筒”变成“探照灯”，所以它希望能够对自己的物流体系进行改造。项目负责人提供的波导物流设想是“扁平式”——波导将和第三方物流公司合作，在全国建立4个区域性的物流配送中心，由生产基地直接向它们供货。而配送中心将执行包装、扫描串号、仓储和分拨配送的功能。这样，物流版图就变成了一个新的格局——生产基地的配送和分拨任务都交由配送中心完成。如果能够实现这个设想，那么宁波基地生产的手机就能够在48小时内进入北京各经销点的柜台。

波导有关人士坦言，目前的物流状况相对其业务的发展是滞后的。他们希望能逐步做到将运输、仓储和管理都外包给第三方物流公司。除了比过去多节约一点成本外，还可以缩短生产对需求的反应速度。

讨论与分析：

1. 波导的物流服务有什么特殊要求？
2. 波导选择第三方物流可以为其带来哪些优势？

三、第三方物流服务的设计与提供

（一）物流服务的设计

物流服务作为竞争手段，首先必须超出同行业的其他企业。它不应是防御性的物流，即不应该毫无创新性地模仿他人的做法，而应该是进攻性的，积极地改善物流服务，形成自身的个性特征。

任何企业要想设计出具有竞争优势的物流服务，应注意以下几点：

（1）首先要弄清楚有哪些物流服务项目，分析不同服务项目的顾客满意程度。

（2）通过问卷调查、专访或座谈等形式，收集有关物流服务信息，了解顾客服务要求，并分析企业能否满足这些要求以及经济性怎样等。

（3）分析本企业在激烈市场竞争中相对于其他企业的优势和劣势。了解本企业和竞争对手在物流需要上的满意程度（一般称为基准点分析）。基准点分析即把本企业产品、服务以及这些产品和服务在市场上的供给活动与最强的竞争对手进行比较评估。

（4）建立物流机制，并对整套物流机制进行追踪调查。

（二）提供增值物流服务

增值物流服务是指针对特定客户或特定的物流活动，在基本服务基础上提供的定制化服务。

增值服务是竞争力强的企业区别于一般小企业的重要方面。有时，在基本服务的基础上也能够实现增值服务。例如丰田汽车公司提出一个星期的交货期，在基本服务的基础上为客户提供了其他公司无法做到的增值服务；摩托罗拉公司可以根据客户的要求生产出定做的产品，这也为客户提供了增值服务。增值服务的特征就是，在提供基本服务的基础上，满足更多的顾客期望，为客户提供更多的利益和不同于其他企业的优质服务，它是企业的闪光点。增值服务可以分别在以下四个领域中完成：

（1）以顾客为核心的服务——第三方专业配送；

（2）以促销为核心的服务——专卖、直销；

（3）以制造为核心的服务——定制化生产的物流；

（4）以时间为核心的服务——准时生产。

增值物流服务是在完成物流基本功能基础上，根据客户需求提供的各种延伸业务活动。

在竞争不断加剧的市场环境下，不但要求物流企业在传统的运输和仓储服务上有更严格的服务质量，同时，还要求它们大大拓展物流业务，提供尽可能多的增值性服务。目前，湖南一些物流企业开展的物流增值服务的内容主要包括：① 订单处理；② 货物验收；③ 流通加工；④ 代理货物保险；⑤ 送货代收款；⑥ 货物回收；⑦ 产品替换服务。同时，湖南更先进的一些龙头物流企业还在尝试开展更高级的一些物流服务，如：① 为企业提供库存分析报告进行库存控制；② 根据企业需求建立分销中心；③ 企业整体的供应链设计等。

（三）物流服务的改进

根据日本新泻产业大学菊池康也教授“物流服务与成本的关系”的研究观点，企业在对物流水平改进时，可以朝以下四个方向努力：

（1）在物流服务水平不变的前提下考虑降低成本。不改变物流服务水平，通过优化物流系统来降低物流成本，这是一种追求效益的方法。

（2）为提高物流服务不惜增加物流成本。这是许多企业在面对特定顾客或其特定商品面临激烈竞争时采取的积极做法。

（3）在成本不变的前提下提高物流服务水平。这是一种追求效益的办法，也是一种有效地利用成本性能的办法。

（4）用较低的成本来实现较高的物流服务。这是增加销售、增加效益，具有战略意义的办法。

四、第三方物流服务水平的衡量

物流服务水平的衡量，主要是对存货可得性、物流任务的完成质量、服务的可靠性三方面进行评价。

（一）存货可得性

1. *存货可得性是指当顾客下订单时所拥有的库存能力*

目前，存货储备计划通常是建立在需求预测的基础上的，而对特定产品的储备还要考虑其是否畅销、该产品对整个产品线的重要性、收益率以及商品本身的价值因素等。存货可以分为基本库存和安全库存。可得性的一个重要方面就是物流服务商的安全库存策略，安全库存的存在是为了应付预测误差和需求等各方面的不稳定性。

许多物流服务商开发了各种物流安排方案，以提高其满足顾客需求的能力。一家物流服务商可以经营两家仓库，其中一个指定为主要仓库，而另一个作为后备的供给来源。主要仓库是物流服务商用于输出其绝大多数产品的地点，以便利用自动化设施、效率及其所处地点的优势。一旦主要仓库发生缺货时，就可以利用后援仓库来保证一定的顾客服务水平。

高水准的存货可得性需要进行大量的精心策划，而不仅仅是在销售量预测的基础上给各个仓库分配存货。在库存管理中，有ABC库存策略。包括对存货实施ABC管理和对客户实施ABC管理。

2. 可得性的衡量指标

（1）缺货率。缺货率是指顾客下订单时缺货发生的概率。将全部产品所发生的缺货次数汇总起来，就可以反映一个物流服务商实现其基本服务承诺的状况。

（2）供应比率。供应比率（Fill Rate）是指按顾客订单供货成功的比例，用来衡量需求满足的程度时，我们不仅要了解需求获得满足的次数，而且要了解有多少需求量得到了满足，而供应比率就是衡量需求量满足的概率。如一个顾客订购50个单位的货物，而只能得到47个单位，那么订货的供应比率为94%。

（二）物流任务的完成

物流任务的完成可以通过以下几个方面来衡量：

1. 速度

完成周期的速度是指从订货起到货物实际抵达时的这段时间。根据物流系统的设计不同，完成周期所需的时间会有很大的不同，即使在今天高水平的通信和运输技术条件下，订货周期可以短至几个小时，也可以长达几个星期。但总的来说，随着物流效率的提高，完成周期的速度正在不断地加快。

2. 一致性

一致性是指物流服务商面对众多的完成周期而能按时递送的能力，是履行递送承诺的能力。

虽然服务速度至关重要，但大多数物流经理更强调一致性。一致性是物流作业最基本的问题。物流服务商履行订单的速度如果缺乏一致性，并经常发生波动的话，那就会使得客户摸不着头脑，在制订计划时发生困难。

3. 灵活性

作业灵活性是指处理异常顾客服务需求的能力。物流服务商的物流能力直接关系到处理意外事件的能力。物流服务商需要灵活作业的典型事件有：

（1）修改基本服务安排计划；

（2）支付独特的销售和营销方案；

（3）新产品引入；

（4）产品衰退；

（5）供给中断；

（6）产品回收；

（7）特殊市场的定制或顾客的服务层次；

（8）在物流系统中履行产品的修订或定制，诸如定价、组合或包装等。

在许多情况下物流优势的精华就存在于灵活性中。

4. 故障与修复

故障与修复能力是指物流服务商有能力预测服务过程中可能会发生的故障或服务中断，并有适当的应急计划来完成恢复任务。因为在物流作业中发生故障是在所难免的，因此故障的修复也很重要。

（三）服务可靠性

可靠性是根据客户订单的要求，按照预定的提前期，安全地将订货送达客户指定的地方。对客户来说，在许多情况下，可靠性比提前期更重要。如果提前期是固定的，客户将其库存调整到最低水平，不需要保险存货来避免由于波动的提前期造成的缺货。主要包括三方面的内容：① 提前期的可靠性；② 安全获得的可靠性；③ 正确供货的可靠性。管理者必须连续监控这三方面的可靠性，认真做好信息反馈工作，了解客户的反应及要求，提高客户服务系统的可靠性。

物流质量与物流服务可靠性密切相关。物流活动中最基本的质量问题就是如何实现已计划的可得性及作业完成能力。实现物流质量的关键是如何对物流活动进行评价。

五、第三方物流的发展战略

（一）资源战略

物流企业发展第三方物流，需要集中把握和有效运用企业经营资源，主要表现在：首先，准确认识和深入分析企业经营资源的基础状况，正确选择第三方物流发展的方向。其次，积极探索企业资源的有效配置方式，有力促进第三方物流发展的速度。最后，认真研究企业资源的可持续发展问题，确保第三方物流的健康发展。因此物流企业实施资源战略，以供应链管理重构业务流程，构筑第三方物流发展优势，就应把握资源转换方式，不断提高资源产出效益。

（二）联盟战略

物流企业发展第三方物流需要本着“优势互补、利益共享”的原则，借助产权方式、契约方式实行相互合作，共同拓展物流市场，降低物流成本，提高物流效益。首先是物流资源的联盟：将中小工业企业分散的物流资源、物流功能要素通过一定的方式联合在一起，形成物流一体化的资源优势。其次是物流地理区域和行业范围的联盟：根据各行各业企业的特性，在一定地理区域或一定行业范围实行物流联盟，形成高效运作体系。最后是与企业建立发展第三方物流的联盟，通过组建服务协会，协调和指导物流企业与工业企业在发展第三方物流中的各种关系。

（三）成本领先战略

成本领先战略适合有实力的企业。当企业与其竞争者提供相同的产品和服务时，只有想办法做到产品和服务的成本长期低于竞争对手，才能在市场竞争中最终取胜，这就是成本领先战略。在生产制造行业，往往通过推行标准化生产，扩大生产规模来摊薄管理成本和资本投入，以获得成本上的竞争优势。而在第三方物流领域，则必须通过建立一个高效的物流操作平台来分摊管理和信息系统成本。在一个高效的物流操作平台上，当加入一个相同需求的客户时，其对固定成本的影响几乎可以忽略不计，自然具有成本竞争优势。那么，怎样才能建成高效的物流操作平台呢？

物流操作平台由以下几部分构成：相当规模的客户群体形成的稳定的业务量，稳定实用的物流信息系统，广泛覆盖业务区域的网络。

稳定实用的信息系统是第三方物流企业发展的基石，物流信息系统不但需要较高的一次性投资，还要求企业具有针对客户特殊需求的后续开发能力。企业可以根据自身的需求选择不同的物流系统，但任何第三方物流企业都不可能避开这方面的投入。

对于一个新的第三方物流企业，除非先天具有来自其关联企业的强大支持，一般不大可能直接拥有广泛的业务网络和相当规模的客户群体，万事开头难，能否在一定时间内跨越这道门槛是企业成功与否的关键。对于一个第三方物流企业来讲，这是企业发展的一个必经阶段。如果能够在两三年中完成业务量的积累和网络的铺设，企业将迎来收获的季节；反之，往往意味着资金的浪费和企业经营的寒冬。

对于一个全新的企业，主要有三个途径能够完成这一任务。第一个途径是在严密规划的基础上，采用较为激进的方式，先铺设业务网络和信息系统，再争取客户。这种方式较为冒险，只有资金实力非常强的企业才可能这样做。一些外资公司就声称要在很短的时间内在全国成立几十家分公司或办事处。第二个途径是与某些大公司结成联盟关系，或成立合资物流公司以获取这些大公司的物流业务。在国内家电行业和汽车行业都有这类案例。这种方式较为稳妥，使企业在短期内获得大量业务，但这种联盟或合资物流由于与单一大企业的紧密联系，会在一定程度上影响其拓展外部业务的能力。最后一种途径是建立平台，它是更为缓慢的方式，边开发客户，边铺设网络。走这条道路的企业，可以考虑采用集中化战略。

（四）集中化战略

集中化战略就是把企业的注意力和资源集中在一个有限的领域，这主要是基于不同的领域在物流需求上会有所不同，如 IT 企业更多采用空运和零担快运，而快速消费品更多采用公路或铁路运输。每一个企业的资源都是有限的，任何企业都不可能在所有领域取得成功。第三方物流企业应该认真分析自身的优势所在及所处的外部环境，确定一个或几个重点领域，集中企业资源，打开业务突破口。在物流行业中，我们不难发现，伯灵顿全球有限公司（BAXGlobal）、英国英运物流集团（EXEL）等公司在高科技产品物流方面比较强，而马士基物流（Maersk Logistics）和美集物流（APLL）则集中于出口物流，国内的中远物流则集中在家电、汽车及项目物流等方面。集中化战略也告诉我们，在国内企业对第三方物流普遍认可以前，第三方物流企业必须集中于那些较为现实的市场。应该强调的是，这种集中化战略不仅仅指企业业务拓展方向的集中，更需要企业在人力资源的招募和培训、组织架构的建立、相关运作资质的取得等方面都要集中，否则，简单的集中只会造成市场机遇的错过和资源的浪费。

（五）差异化战略

差异化战略是指企业针对客户的特殊需求，把自己同竞争者区分开来，向客户提供不同于竞争对手的产品或服务，而这种不同是竞争对手短时间内难以模仿的。企业集中于某个领域后，就应该考虑怎样把自己的服务和该领域的竞争对手区别开来，打造自己的核心竞争力。如果具有特殊需求的客户能够形成足够的市场容量，差异化战略就是一种可取的战略。在实际市场拓展中，医药行业对物流环节 GMP 标准的要求，化工行业危险品物流的特殊需求，VMI 管理带来的生产配送物流需求，都给物流企业提供差异化服务提供了空间。

一般来说，物流企业依据其差异化战略可以把顾客分为三类。第一类是对企业贡献最大的前 5%的顾客；第二类是后 15%的顾客；第三类是其余 80%的顾客。根据著名的帕托累 20/80 原理，20%的顾客创造了企业 80%的利润。所以保留住这两类顾客就可保留住企业大部分利润来源。可见第一类顾客是企业最重要的顾客，第二类顾客也是很重要的顾客，而第三类顾客则是相对次要的顾客。对于这三类顾客分别采取差异化的服务方针。对这三类顾客，第一类顾客提供 VIP 服务，第二类顾客提供会员制服务，第三类顾客提供标准化服务。从而形成物流企业的服务差异化战略。对第一类顾客的 VIP 化服务就是企业与这类顾客保持最紧密联系甚至结成战略联盟，采取主动积极的服务甚至作出一些超前的服务设想和服务储备。企业可以在组织结构业务流程等多方面上去适应对方，为对方提供专人专项的服务，尽最大的努力去满足对方的需求。可以为顾客提供一体化的物流服务，从顾客角度出发为顾客设计系统的物流流程，来降低总的物流成本和提高顾客满意度。

（六）创新战略

物流的发展过程就是一个不断创新的过程。物流企业发展第三方物流，实施创新战略，首先要创新观念，打破传统思想，借鉴国际先进物流管理思想，与企业实践有机结合起来，探索具有物流特色的新思想和新方法；其次要创新组织，充分运用现代信息技术手段，建立网络化物流新型组织；再次要创新服务，深入研究企业物流需求，通过引进、模仿和创新物流技术手段，不断设计、创新和提供有效的物流服务；最后要创新制度，既要建立以产权制度为核心的现代企业制度，也要根据发展需要建立完善的合理的物流管理体制。

（七）品牌战略

物流企业发展第三方物流必须确立品牌战略，充分发挥品牌效应，获取良好效益。首先，要树立物流发展的精品名牌意识，严格制订各项物流质量标准，才会不断提高物流服务水平。其次，要引进先进技术手段，设计创造物流服务的精品名牌意识，严格制订各项物流质量标准，才会不断提高物流服务水平。再次，要引进先进技术手段，设计出物流服务的精品内容、名牌项目。最后，要强化物流技术与管理人员素质培训，建立优秀的物流人才队伍，确保企业名牌战略的实现。

6.2 物流园区

一、物流园区的含义

物流园区（Logistics Park）的概念起源于日本，又称物流团地，近几十年在欧洲一些国家得到快速发展。由于物流园区具有集聚效应，能给腹地范围内的物流企业和其所在城市带来极大的社会与经济效益，加上中央政府对物流行业的重大扶持，国内各大中小城市正掀起一股建设物流园区的热潮。

根据2007年5月1日正式实施的国标《物流术语》，官方对物流园区的概念定义为：物流园区是指为了实现物流设施集约化和物流运作共同化，或者出于城市物流设施空间布局合理化的目的而在城市周边等各区域，集中建设的物流设施群与众多物流业者在地域上的物理汇聚。换句话说，物流园区是对城市或区域物流节点进行统一规划和建设的具有经济开发性质的物流功能区域。园区内经营实体通过实行专业化和规模化经营，共享相关基础设施以及配套服务，发挥物流企业整体优势，促进了物流技术和服务水平的提高，从而达到降低运营成本，提高规模效益的目的。

构成物流园区的基本要素主要包括物流作业对象、物流基础设施及技术装备、园区运营主体等三方面。

（1）物流作业对象。是指物流服务需求者委托给入驻园区的物流服务供给者的外包服务对象，包括有关货物、为完成有关服务功能所需要的包装材料、加工原料等其他辅助性材料以及有关市场需求与供给信息等。

（2）物流基础设施及技术装备。是指为保证园区各项业务运作所需的各种设施设备，包括仓库、厂房、各种运输装卸搬运设备及办公等辅助性设备等。

（3）园区运营主体。根据园区性质来确定运营主体，既可以是园区投资建设机构，也可以是后期以租赁、参股等方式入驻园区的物流企业或机构。

二、物流园区的主要功能

物流园区的功能主要可以分为两个方面，首先是社会功能，其次是业务功能。社会功能主要包括促进区域经济发展、完善城市功能、整合区域资源及提升产业竞争力等。具体业务功能主要包括运输、仓储、包装、装卸、搬运、流通加工、配送、信息与咨询服务等。

另外，不同物流园区具有不同的功能定位，所承担的物流业务也不尽相同。因此，物流园区所完成的物流作业应根据物流园区的功能定位、需求特征、地理位置等因素综合规划，对各种物流功能进行组合配置。

（一）宏观社会功能

不同于一般的经济开发区和各类工业园区，物流园区具有很强的基础性、公共性和服务性的特点，属于基础设施建设类项目。从物流园区的起源来看，其功能定位主要有两大原因：① 解决城市交通压力、环境污染以及功能结构调整；② 提高物流运作效率、降低物流成本，实现物流园区的经济合理性。

物流园区对所在城市以及地区经济发展所表现出来的宏观社会功能可以从以下几个方面来理解：

1. 发挥集聚功能

物流园区的建立将过去分散各处的货站、货场以及货物集聚一处，采用规范化流程、现代化技术手段、规模化设施设备以及综合化信息平台对物流活动进行有效的组织和管理，充分发挥集聚功能，提高运作效率、降低运营成本。

2. 改善城市环境

通过空间的重新布局和功能的重新组合，减少了交通线路、货站以及相关物流设施在城市市区的占地，通过联合运输，减少车辆出行次数，提高装载率，集中进行车辆清洁、维修和处理，从而减少噪音、尾气、货物对城市环境的污染，改善城市环境。

3. 促进区域经济发展

物流园区通过一体化的管理和规模化运作，保证满足区域物流需求。同时，运作效率的提高和运营成本的降低，也减少对企业成本的压力，从而促进了区域经济的发展，提高了区域经济的竞争力。

4. 实现多种运输方式的有效衔接和多式联运

通常，物流园区的建设依托城市交通枢纽或港口，可以实现公路、铁路、港口等不同交通方式的有效衔接，从而实现多种运输形式的联运。同时，不同物流节点的运输形式不同，通过物流园区进行联合运输和有效衔接，可以将以往散杂、分散形式的货物纳入联合运输的模式。

5. 提升物流服务水平

物流园区的空间集聚和功能集聚效益，缩短了物流服务时间，提高了物流服务速度，减少了搬运、装卸、储存等运作环节，提高了准时服务水平，减少了货物损毁，降低了物流费用，极大地提升了物流服务水平，有利于实现规模化、综合化和现代化的物流服务。

（二）微观业务功能与配套功能

物流园区的业务功能是一种基础功能，表现在通过园区的设施设备、技术方法、组织管理等资源为客户提供各种物流服务的能力。如图 1-1 所示。一般来说，物流园区的业务功能包括存储、运输、装卸、搬运、包装、流通加工、分拣以及信息服务等。同时还包括与之配套的办公、金融、生活、综合服务等功能。

1. 存储功能

要求配备一定的储存设施和设备。由于物流园区中所涉及的很多作业环节如运输、配送等都要与仓储活动相联系，所以存储的职能是必不可少的，它保证了物流活动的开展，具有支撑作用。

2. 运输、配送功能

对于城际间的货物运输，物流园区应能提供多式联运服务以达到最佳运输模式组合、最高效率、最短路径、最少时间、最低费用的要求。对于市内货物配送，主要是能满足生产商与销售商之间的配送、生产商或销售商与超市门店之间的配送、供应商与生产企业之间的配送、电子商务环境下的物流配送服务等，物流园区应能提供给客户不同的配送路线和价格服务，以满足不同层次客户的各自需求。

3. 装卸、搬运功能

物流园区应配备专业化的装卸、提升、运送、码垛等装卸搬运机械，提高装卸搬运作业效率，减少作业可能对商品造成的损毁。

4. 包装功能

在物流园区内的包装作业不仅要负责商品的组合、拼装、加固，形成适于物流和配送的组合包装单元，必要时还要根据客户的需要对商品进行必要的商业包装。

5. 流通加工功能

为了方便客户，物流园区应为战略合作伙伴如制造商和分销商提供必要的流通、加工服务。

6. 配载功能

从提高作业效率和降低成本出发，应改进传统的无序、不安全、高费用和低效率的人工配载，逐步实现计算机优化配载。

7. 拼箱、拆箱功能

实现集装箱的集零化整，提高集装箱的装载率；实现集装箱的化整为零，货物分拣后进行零担配送。

8. 分拣功能

当供应商的货物以大包装、粗包装进库时，根据物流需要，在物流园区进行分拣和小包装加工，优化外包装，提高商品附加值。

配套服务功能包括：① 停车场、加油、检修、配件供应等车辆辅助服务功能。② 银行、保险、证券等金融配套服务功能。③ 住宿、餐饮、娱乐、购物、旅游等生活配套服务功能。④ 来自工商、税务、海关等部门的一条龙相关服务。

（三）物流增值服务功能

随着经济全球化发展，企业竞争加剧，客户企业除了要求提供运输、仓储、包装等一般性服务外，还希望物流园区提供物流网络设计、需求分析、订货管理、订单处理、信息服务等一系列的增值服务。从国内外物流发展经验来看，物流增值服务是现代物流业发展的一个趋势和新的利润增长点。

1. 结算和物流金融服务功能

物流园区与银行等金融机构合作，为园区内的企业及其客户提供相关的物流金融服务，既包括存货质押融资等服务，也包括在从事代理、配送的情况下替货主向收货人结算货款等。

2. 需求预测功能

物流园区应能根据园区商品进货、出货信息来预测未来一段时间内的商品进出库量，进而预测市场对商品的需求。

3. 物流技术开发与系统设计

吸引相关物流高科技企业进驻园区，利用园区企业密集的资源优势，发展物流软件开发与物流设施设备的技术开发，形成利润增长点。

4. 物流咨询与培训

利用物流园区运作的成功经验及相关的物流业务咨询优势，吸引物流咨询企业进驻发展，充分发挥高校、科研、企业、政府多方合作的优势，开展物流人才培训业务。

5. 供应链物流管理

深层次介入生产流通商的供应链管理，从采购供应到生产流程中的零配件、半成品上下线、产成品的销售配送，提供基于供应链一体化的物流管理。

6. 信息服务功能

搭建物流园区信息平台，实现区域公共物流信息系统共享。同时与全国物流大系统实现联网，提供实时信息服务。如供需信息发布、信息交换、车辆配载、配送服务、统计清算、全程物流运输监管服务（GPS、GIS、ITS）等。

三、物流园区的类别

（一）按服务对象和服务范围的不同划分的三种物流园区

1. 国际型物流园区

依托港口、陆路口岸，与集装箱运输和海关监管通道相结合的大型转运枢纽；

2. 区域型物流园区

跨区域的长途运输和城市配送体系之间的转换枢纽；

3. 市域配送型物流园区

支持商贸和城市生活的物流园区。

以上划分方式为规划期间物流园区的功能定位进行了初步界定，但实际上物流园区的服务对象和服务范围并非一个绝对准确的划定范围，因此多数物流园区往往同时具有以上三种类型的交叉定位，而以其中某一种为主。

（二）根据开发主体和发起者的不同划分的三种物流园区

1. 公共投资型物流园区

这种类型的物流园区在德国较为多见，国内规划的也有相似实例，如国内深圳平湖物流基地、上海西北物流园区。根据对德国物流园区的考察分析表明，德国现有物流园区多数为公共投资型物流园区，但也不排除个别的私营企业完全投资行为。对德国 11 个物流园区的分析结果显示，其中 10 个为公共投资或公共—私人合作投资型物流园区，1 个为完全企业投资型。

2. 私有投资型物流园区

没有公共机构的资金支持，完全或绝大部分由私有公司投资开发的物流园区为数较少，但也不乏其人投资这种回报率较低、回收期较长的大型基础设施项目。如法国的普洛罗吉斯公司创建并经营的 9 家物流园区以及其 1999 年兼并的位于巴黎附近奥尔列菲斯-波伊斯的加诺罗尔物流园区均属此范畴。英国的达芬崎物流园区的发展和资金筹集也是主要通过私人投资者来实现的。这种情况在国内也有体现，如台湾高雄物流园区和上海南方综合物流中心（根据其设施特征及经营构想文章将其定义为物流园区范畴）。

3. 公共—私人合资型物流园区

实际上，绝对的公共机构或绝对的私人财团独资相投物流园区这种大型公益性的物流基础设施的例子并不多见，国内外现行的物流园区大多均为公共机构主导、多渠道融资建设开发的。

四、我国物流园区发展现状及趋势

进入 21 世纪以来，我国物流园区得到快速发展，在提高物流组织化水平和集约化程度、转变物流企业运营方式、促进经济结构调整和发展方式转变等方面，正在发挥越来越重要的作用。中国物流与采购联合会和中国物流学会最近发布了《第三次全国物流园区（基地）调查报告》，对我国物流园区的发展现状和存在的问题进行了分析。

（一）当前我国物流园区发展呈现三大特点

报告显示，我国目前最终核实确认的物流园区（基地）数量为 754 家。必须指出的是，当前社会各界都有一种感觉，就是物流园区数量众多、遍地开花，但调查显示的实际情况并非如此。在全国物流园区名录中，调研组汇集各种信息来源形成了 1204 个物流园区初步名单，但其中有 450 个物流园区经多次核实查无实处。主要原因是这些园区仅仅提出了概念，而在现实中并不存在。

问卷调查结果显示，从占地规模来看，物流园区占地以 0.1 平方公里～1 平方公里（150

亩～1500 亩）居多，占 46%。从物流园区建设投资的规模来看，以 1 亿元～10 亿元为主，占到 44%。具体来说，我国物流园区发展呈现三大特点。

1. 企业自主管理为主流，服务领域不断拓展

问卷调查结果显示，物流园区管理主要以企业自主管理为主，占 62%；由政府设立的管委会管理的占 33%。这两种方式成为目前物流园区管理的主要方式。

从园区主要业务功能来看，虽然仓储、运输、配送等传统业务功能仍占主导地位，但是加工、交易、转运、报关和金融物流等服务发展迅速。

园区商品流转呈现出品种多、服务领域广、综合性强的特点。

在典型园区访谈中发现，部分运营物流园区正在不断寻求服务创新。例如，开始推动基于产业联动的服务创新，包括物流与商贸业、与制造业的联动发展；基于产业融合的服务创新，包括物流与金融、物流与电子商务的服务融合；基于多式联运的服务创新，如保税物流、口岸物流、国际物流的拓展服务。以新业态带动物流园区功能升级和服务提升的趋势已经出现。

2. 园区布局网络化发展，功能集聚特征明显

在经济全球化、组织网络化的背景下，物流园区的服务范围逐渐扩大，并通过贸易不断向周边区域辐射。通过跨区域合作，形成网络化服务体系，逐渐成为现代经济对物流园区发展的必然要求。随着我国经济发展和城市化推进，部分城市土地资源供求出现失衡，城市功能分区已经成为城市土地优化以及推进城市化进程的主要形式。物流园区的出现则是城市功能分区发展的具体体现，而物流资源空间集聚的经济、社会效应又强化了物流园区建设的必要性，城市化规模扩张将使物流园区的集聚效应持续增强。部分地区形成了核心架构辐射全省的大园区分布格局，呈现出明显的集聚性业态。目前，布局合理、产业集聚、功能集成的网络化物流服务体系在我国部分省市逐步形成，整合区域网络资源，带动区域经济协调发展的功能日益增强。

3. 信息化建设得到重视，公共信息服务平台需求迫切

调查显示，我国物流园区非常重视信息化建设工作。从信息化投入现状来看，投入超过 500 万元的物流园区占 50%，超过 1000 万元的占 33%。

从物流园区信息系统的开发方式来看，采用委托定制方式的比例达到 56%，显示物流园区在信息化系统建设中大多能结合自身业务需求和服务特点。

从物流园区未来发展的重点工作来看，提高信息化水平选项在所有园区重点工作统计中排在第一位，可见信息化在物流园区运营中的作用越来越受到重视。由于物流园区往往是物流企业和物流设施的集聚地，所以部分物流园区运营商或地方政府常常将区域物流公共信息平台的建设与物流园区建设相结合，通过物流园区支撑物流公共信息平台的运营，反过来通过物流公共信息平台提升物流园区的信息化水平。这表明实体物流园区需要信息化改造提升，而信息技术手段也必须依托和服务于实体物流运营，相互之间只有融合联动，才有发展前途。

（二）我国物流园区发展面临七大问题

1. 物流园区界定不清，产业政策难以落实

虽然《物流园区分类与基本要求》国家标准已颁布多年，但物流业多种业态的不断创

新发展导致社会各界对物流园区理解上存在差异。例如，什么样的物流服务业态可以算是物流园区？占地几十平方公里的园区究竟是不是物流园区？如何甄别物流园区和综合批发市场？这样一些基础性问题亟待澄清。物流园区业态不易界定，标准落后于产业发展，造成了统计口径不易把握政府管理缺乏产业针对性、促进物流业发展相关政策难以落实等现实问题。

2. 部分地区物流园区建设存在"圈地"现象

当前我国物流园区建设如火如荼，但也有一些呼声将此现象称为"虚热"，这主要是有一些地产开发商借助物流地产的概念，介入土地一级开发，并将之转手再卖给物流企业，其目的在于赚取土地升值的差价，而不是真正要推动物流产业发展。这种问题造成的直接后果就是物流园区建设缺乏必要的科学规划，不能形成网络优势和协同优势，且标准化程度低、运作效率低，长此以往将会极大地限制我国物流产业发展。为应对这一问题，政府主管部门应协调经济、交通运输、城市规划、国土资源等各方利益，使各方利益与城市整体发展目标相一致。并在此基础上制订物流地产领域的法律法规，规范物流企业用地审批流程，使物流用地的使用和出让更加透明化和公平化。

3. 定位不明确，缺乏独特性

我国许多物流园区在规划和布局上不科学，对自身定位不明确，缺乏地方特色，导致同质化恶性竞争。导致物流园区的直接收益不明显。部分物流园区在论述其建设理由时，往往列举区位交通优势明显、物流需求市场空间巨大、政策与基础条件优越三大优势，但缺乏对实际物流需求的市场调研，仅凭一些宏观统计数据就完成了园区可行性论证，导致物流园区功能布局和设计缺乏区域经济特色，园区服务辐射区域重叠、服务同质化现象比较明显，容易造成重复建设、资源浪费，不利于物流园区健康发展。

一般情况下物流仓储空置率在5%以下才能保证10%的利润，如果空置率达到15%将会无利可图，当前我国综合服务型物流园区数量最多，占69%，而专业性的物流园区却很少，其中商贸服务型物流园区、货运服务型物流园区、生产服务型物流园区仅占15%、11%和5%。物流园区传统业务的赢利空间正在不断缩小，因此物流园区应该向专业化、高端化、增值化方向发展。专业化物流的发展也会推动物流园区向专业领域渗透，物流园区专业化发展将会成为趋势。如制造、钢铁、化工等产业积聚区的物流园区将会依靠稳定的市场需求快速发展。

4. 土地政策影响深远，土地资源成为物流园区发展"瓶颈"

随着我国城镇化进程加快，以及18亿亩耕地红线的约束，土地资源日渐紧缺。调查显示，物流园区用地问题是制约我国物流园区发展的最大"瓶颈"之一。用地政策是物流园区最希望得到的扶持政策，在沿海经济发达地区尤为突出。征地困难成为我国物流园区发展过程中遇到的最大阻力，而缺乏物流园区运营优惠政策成为紧随其后的阻力和困难。

近年来，与土地相关的各种成本均有明显提升，导致物流园区发展过程中经营成本不断增高。问卷调查结果表明，在有数据反馈的园区中，物流用地价格超过50万元/亩的比例达到20%以上。而与之形成鲜明对比的是，物流园区仓库租金价格普遍偏低，每月每平方米租金不足20元的比例超过60%。这样，迫使很多物流园区不得不在维持物流运作之外想办法。

5. 园区人才缺乏现象突出，综合服务能力亟待增强

问卷调查结果表明，从人才需求状况来看，仓储、特种作业与运输三类业务人才需求

仅占全部人才需求的 16%、13%、12%；物流信息管理、营销管理、供应链设计以及国际物流业务管理等人才需求很大，占比均在 30%以上；而综合性物流管理人才的需求更是居首位。这在很大程度上反映出物流园区提高服务水平的迫切需要。

6. 政府管理模式影响大，政策环境有待持续改善

物流园区的建设和运营具有跨行业、跨地区、多功能、多层次的属性，客观上需要政府统筹规划、相关部门协同配合，共同促进园区健康发展。

问卷调查结果显示，目前影响企业入驻以及园区经营环境的因素大多与体制政策环境有关。在影响物流园区经营的关键因素中，政策法规体系建设、规范市场两项指标分别排在前两位。而在当地政府给园区或入驻企业获得较大收益的政策选项中，简化行政监管和审批手续排在第一位，甚至高于税收返还支持、用地政策优惠、用电优惠、融资优惠、加大信贷等直接关系园区经济效益的政策措施。

7. 经验推广机制不畅，应开展试点及示范性项目

当前我国物流园区大多数都是独立经营，缺乏统一的规划与指导，这就造成园区间交流不畅，发展经验不能及时共享。解决这一问题要从国家层面进行，首先从税收、用地、融资等方面进行规范，以引导物流园区的健康、快速发展。其次应进一步开展示范性项目，探索适合我国广大地区物流园区建设与经营路径，以此指导各地区物流园区运作。

（三）我国物流园区的七大发展趋势

1. 网络化

应当说，网络化（也称联盟化）是新兴经济发展的重要特征，也是现代物流产业的主要特征，既包括实体服务网络（“地网”），也包括互联网技术的应用（“天网”）。摆脱“点式经营”的弊端，以加盟、联盟的方式形成强大的物流园区跨区域实体服务网络，进一步提高物流效率、减少物流环节、降低物流成本，则是物流园区未来发展的主流方向。

2. 聚集化

中小企业集群（产业聚集区）是指在某一特定领域内互相联系的、在地理位置上集中的公司和机构的集合，是介于市场和正式组织之间的一种中间性组织。而企业众多、分散、组织集中度低是物流企业的重要特征，因此，物流园区可以成为物流企业特别是中小物流企业创业成长的孵化器和加速器，既可以满足物流企业的业务发展需要，又可以实现政府经济管理功能的对接和过渡。

3. 交易化

物流园区从单纯的仓储功能向现代物流发展，首先就是与商贸的结合，使得物流园区具有交易服务等众多综合性功能。而且作为低成本、共享式销售网络重要节点的商贸物流园区以其拥有的产业集群效应，承担着市场信息反馈、价格发现、商品展示、采购配送、技术研发、国内外贸易等诸多功能，起着沟通生产和消费的桥梁作用。进一步说，伴随着物流园区交易功能的扩展，电子结算、仓单质押、融资担保等金融服务功能也会得到充分发挥。

4. 信息化

物流园区作为服务物流企业的第四方物流运营商，就是通过与客户共同成就事业的软

硬一体化的物流信息服务平台，服务并培育专业第三方物流企业。而软平台的核心就是一体化电子商务系统，即通过系统实现平台内外高度协同互动，建立起信息化系统的竞争优势，通过聚集与整合平台内外的客户资源，大力拓展对外部社会资源的低成本聚集与整合经营，形成信息化赢利模式，并产生平台服务增值收益。物流园区信息化的价值就是整合与效率。

5. 平台化

所谓“平台”，简单地说就是一个载体。物流园区作为平台化运营商，要搭建公共服务体系，除了为入驻企业提供基础物业管理服务外，还要在营业手续办理、仓储配送、信息发布、人才培训等方面，为入驻企业提供全方位的服务。

6. 专业化

在重大需求发生改变的形势下，物流园区专业化服务的提升成为未来重点发展方向。随着中国经济的持续快速发展，社会分工日益深化。与传统服务方式相比，专业化物流服务综合成本更低、配送效率更高，更加贴近客户需求，已成为现代物流发展的方向。专业化物流的发展会推动物流园区向专业化领域渗透。可以预见，物流园区专业化发展将成为趋势，特别是依托诸如钢铁、汽车、家电、电子、食品冷链等产业集聚区的物流园区将会依靠稳定的市场需求，得到快速发展。

7. “无水港”化

发展国际物流，“无水港”项目建设成为热点。“无水港”是在内陆经济中心城市设立的对外开放的国际商港，是沿海港口在内陆经济中心城市的虚拟港口和现代物流的操作平台，为内陆地区经济发展提供方便快捷的国际港口服务的“桥头堡”。“无水港”常常集成口岸、物流、增值服务等功能。货物在“无水港”内“一站式”完成订舱、报关、报验、签发提单等一切通关手续，相当于把海港搬到了内陆。然后通过海铁联运的方式将货物运送到沿海港口，集装箱就可以直接装船出海。将港口功能引入内陆城市，有助于实现陆地国际物流与海洋国际物流“无缝连接”，密切内陆地区产业与世界各国产业之间的链接，使内陆市场与国际市场一体化发展。

【相关案例】 没有成功的物流，就没有成功的奥运会

2008 年北京奥运会，奥运物流不仅意味着在短短 17 天时间内，要将来自全世界 200 多个参赛国和地区的上百万运动员、各国代表成员、媒体记者、工作服务人员、观众，将超过 100 多万件自备比赛器材进行汇集、运送、安置，还包含从赛事筹备到进行阶段，再到比赛结束的回收阶段，存在着大量的物资运输、储存和流动需求。协调好这一系列的物流活动，是奥运赛事成功举办的关键。

从近几届奥运会物流的成功经验来看，各国奥运物流管理部门都合理划分了自营物流和外包物流的范围。如悉尼奥运会的物流管理部门只负责奥运物流主要仓库的仓储管理和配送业务，其他物流业务则外包给了第三方物流公司。雅典奥组委将主要仓库的物流业务外包给第三方物流公司，自身不参与具体的物流业务，通过签订详细明确的协议，对奥运物流起到协调、监督和管理的作用。延续现代奥运物流的成功经验，北京奥组委综合考虑国内外物流企业的实力和实施经验后，将整个赛事所涉及物流的方案和实施活动，全部外包给了国际第三方物流巨头 UPS。

北京奥组委最终选择美国 UPS 负责统一管理北京奥运物流中心的运作，把国内物流企业关在门外，有着突出的理由：历经百年成长的 UPS 已经发展成为产值 400 多亿美元的跨国公司，是世界上最大的包裹运送公司，提供多种服务，能够使货物流、信息流与资金流实现同步协调运作，其业务网点遍布世界 200 多个国家和地区。1998 年，UPS 进入中国，在中国经历了近 20 年的快速发展，具有承办奥运会物流的成功经验，具有组织综合性物流的能力以及高水平的业务操作能力和完善的国际物流体系，这些都是国内企业目前还望尘莫及的，也是 UPS 最终被选中的根本原因。

讨论与分析：

1. 奥运物流有什么特点？在运作上有什么困难？
2. 你认为 2008 年北京奥运会给中国物流企业带来哪些启示和机会？

同步测试

一、填空题

1．所谓第三方物流是指__________企业为集中精力搞好主业，把原来属于自己处理的物流活动，以合同方式委托给专业__________企业，同时通过__________与物流企业保持密切联系，以达到对物流全程管理的控制的一种物流运作与管理方式。因此第三方物流又叫__________。

2．物流服务水平的衡量，主要是对__________、物流任务的__________、__________三方面进行评价。

3．构成物流园区的基本要素主要包括__________对象、__________及技术装备、园区__________等三方面。

4．物流园区的功能主要可以分为两个方面，首先是________功能，其次是________功能。

二、不定项选择题

1．企业要想设计出具有竞争优势的物流服务，应注意以下几点（　　）。

A．首先要弄清楚有哪些物流服务项目，分析不同服务项目的顾客满意程度

B．通过问卷调查、专访或座谈等形式，收集有关物流服务信息，了解顾客服务要求，并分析企业能否满足这些要求以及经济性怎样等

C．分析本企业在激烈市场竞争中相对于其他企业的优势和劣势

D．建立物流机制，并对整套物流机制进行追踪调查。

2．企业在对物流水平改进时，可以朝以下哪几个方向努力（　　）。

A．在物流服务水平不变的前提下考虑降低成本

B．在物流服务水平下降的前提下增加成本

C．为提高物流服务不惜增加物流成本

D．在成本不变的前提下提高物流服务水平

E．用较低的成本来实现较高的物流服务

3．第三方物流的发展战略主要有（ ）。

A．资源战略　B．联盟战略　C．成本领先战略

D．集中化战略　E．差异化战略

4．不同于一般的经济开发区和各类工业园区，物流园区对所在城市以及地区经济发展所表现出来的宏观社会功能主要有（ ）。

A．集聚功能　B．改善城市环境

C．促进区域经济发展　D．提升物流服务水平

E．实现多种运输方式的有效衔接和多式联运

5．按服务对象和服务范围的不同，物流园区的形式主要划分为（　　）。

A．国际型物流园区　B．区域型物流园区

C．市域配送型物流园区　D．公共投资型物流园区

E．私有投资型物流园区

6．由供方与需方以外的物流企业提供所需要的全部或部分物流服务的业务模式是（　　）。

A．第一方物流　B．第二方物流　C．第三方物流

D．第四方物流　E．物流企业物流

三、问答题

1．什么是第三方物流？企业选择第三方物流的价值何在？

2．请举例说明物流服务设计和优化的基本思路与技巧。

3．请结合企业实际谈谈第三方物流的发展战略。

4．简述物流园区的主要功能。

5．谈谈我国物流园区发展现状及趋势。

6．结合中国现状，谈谈中国第三方物流企业发展面临的困境。

四、案例分析

“大众包餐”是一家提供全方位包餐服务的公司，服务分为递送盒饭和套餐服务。

通常每天都有顾客打电话来订购盒饭，但由于设施等原因，“大众包餐”要求顾客只能在上午10点前电话预订，以便确保当天递送到位。

在套餐服务方面，该公司的核心能力是为企事业单位提供冷餐大型聚会，以及一般家庭的家宴和喜庆宴会上。客户所需的各种菜肴和服务可以事先预约，但由于这项服务的季节性很强，又与各种社会节日和法定假日相关，需求量忽高忽低，有旺季和淡季之分，因此要求顾客提前几周甚至一个月前来预定。

大众包餐公司内的设施布局类似于一个加工车间。主要有5个工作区域：热食品工作区、冷菜工作区、卤菜工作区、汤类与水果准备区，以及一个配餐工作区，专为装盒饭和预定的套菜装盒共享。此外，还有三间小冷库储存冷冻食品，一间大型干货间储藏不易变质的物料。由于设施设备的限制和食品变质的风险制约了大众包餐公司的发展规模。

虽然饮料和水果可以外购，有些店家愿意送货上门，但总体上限制了大众包餐公司提

供柔性化服务。

公司聘用了10名员工：两名厨师和8名食品准备工，旺季时另外雇佣一些兼职服务员。

包餐行业的竞争是十分激烈的，高质量的食品、可靠的递送、灵活的服务以及低成本的运营等都是这一行业求生存谋发展的根本。近来，大众包餐公司已经开始感觉到来自越来越挑剔的顾客和几位新来的专业包餐商的竞争压力。顾客们愈来愈需要的多样化、服务的柔性化，以及响应的及时化。

公司老板最近参加了现代物流知识培训班，对准时化运作和第三方物流服务的印象很深，深思着这些理念正是大众包餐公司要保持其竞争能力所需要的东西。

请你为大众包餐公司完成下列工作：

（1）大众包餐公司实施准时化服务的方案设计；

（2）大众包餐公司的经营活动引进第三方物流服务的可行性分析。

职业导航

招聘1：物流运营经理

职位描述

① 监督并执行公司各项操作规范和流程，根据客户需求制订并不断完善操作方案；
② 定期对公司操作成本进行分析并提出改善建议；
③ 根据运营实际需要提出相应改进措施，不断提升服务质量；
④ 管理公司各项工作，包括车辆调度、货物取派、货物发运等；
⑤ 监督公司人员的服务质量，跟进各类服务质量事故处理；
⑥ 定期参与大客户走访，不断提高客户满意度；
⑦ 管理公司团队完成各项操作及客服工作，达成各项工作管理指标；
⑧ 积极、妥善处理操作过程中的突发事件和客户投诉。

任职资格

① 具备大中型物流企业操作部门经理职位三年以上管理经验；
② 熟悉国内快递、物流操作的各个环节；
③ 具有丰富的国内航空、铁路、公路操作经验；
④ 熟悉本地地理环境和道路交通；
⑤ 具备良好的综合素质，高度的责任心和敬业精神；
⑥ 具备优秀的组织、计划、协调能力和丰富的团队管理经验；
⑦ 有一定英语基础，熟练应用各类日常办公软件；
⑧ 具有物流专业教育背景、第三方物流管理经验者优先。

招聘2：物流销售代表

职位描述

① 具有强烈的敬业精神和灵活的销售手段，开发寻找新客户，有效地维护客户资源；

② 向客户介绍本公司的相关服务，管理客户档案，完成客户经理交办的其他任务；

③ 定期拜访客户，与客户进行沟通，及时掌握客户需要，了解客户动态；

④ 定期对客户档案进行分析、整理，提供销售分析数据；

⑤ 接受客户投诉，妥善解决问题；

⑥ 参与合同的谈判与签订。

任职资格

① 高中以上学历，有一年以上工作经验；

② 普通话标准，有良好的沟通及表达技巧；

③ 有物流行业销售经验者优先。

招聘3：采购物流经理

职位描述

① 制定仓库管理标准并定期评估，与公司其他部门的沟通与协调，参与公司宏观管理和策略制订；

② 重组仓库业务流程，仓库考核设计及实施，审定和修改仓库的工作规定和管理制度；

③ 负责仓库日常运作监督指导，调整整合仓库资源，签发仓库各级文件和单据；

④ 对仓储运输部相关制度、方案、工作流程提出建议；

⑤ 负责管理第三方物流的业务操作和成本。

任职资格

① 大专以上学历，三年以上运输管理经验；

② 具备一定物流专业知识；具备财务管理等方面的知识；

③ 熟悉大中型企业仓储操作流程，具有一定的管理经验；

④ 熟悉、了解车辆性能和熟悉第三方物流操作流程；

⑤ 具有优秀的沟通、协调、执行能力。

招聘4：物流顾问

职位描述

① 大专及以上学历；

② 物流管理，市场营销，计算机科学与应用等相关专业毕业；

③ 一年以上市场拓展工作经验，熟悉物流业务者优先；

④ 懂得基本的计算机维护；

⑤ 能独立开展市场拓展工作；

⑥ 具备强有力的执行能力；

⑦ 良好的销售、沟通技巧；

⑧ 敢于冒险，勇于奋进，能吃苦耐劳；

⑨ 具备良好的道德品质与从业素质。

项目实训

宝供物流发展战略案例研讨

一、实训目的

通过让学生参与第三方物流案例讨论，达到深刻理解第三方物流内涵、运作模式及业务特征的目的，以检验学生掌握和灵活运用所学知识。

二、实训地点

投影教室

三、实训方法

每4～6人为1个小组，每个小组均要完成案例讨论。

四、实训步骤

(1) 以小组为单位，学生在学习理论课后阅读并讨论案例（案例和讨论内容见《宝供物流的发展战略》），并写出初步讨论结果。

(2) 在课堂上由小组的代表进行陈述与展示。

(3) 老师和同学们一起点评、完善和归纳总结。

五、实训要求

要求所有同学开动脑筋，积极讨论，合理总结。

六、实训作业

以小组为单位，提交一份讨论总结。

案例：《宝供物流的发展战略》

宝供物流企业集团，是国内第一家注册成立的物流企业集团，在综合物流企业中一直坐头把交椅，它以“宝供”的名字为人们所熟知。

十几年间，宝供何以能从一家普通的铁路货物中转站，发展成为国内领先、接轨国际、网络覆盖全国的第三方大型物流集团？这还要从宝供的一个个率先说起。1994年，宝供率先提出为客户提供24小时门到门服务，现在看来很平常的一种服务在当时却是全国第一家。经过试用，这套服务为宝供换来了宝洁这个国际大客户三年的订单。这也为宝供以后的发展赢得了第一桶金。1997年，在当时很多企业还不了解物流概念的时候，宝供在全国率先把企业网络系统建立在了互联网上，这为宝供带来了全国各地的客户，也为将来建立覆盖全国的网络奠定了基础。2000年，宝供确定以客户价值为导向，率先提出要成为供应链一体化的提供商。2003年开始，宝供不断完善供应链服务内容，同时进行大规模的物流基地建设，并开始打造全球双向一体化的服务平台。目前，宝供在国内60多个城市设有7个分公司、8个子公司和50多个办事处，形成了一个覆盖全国，并向美国、澳大利亚、泰国、中国香港等国家和地区延伸的物流运作网络。每年通过宝供配送的产品价值大约800多亿元，运营吞吐量500万吨。

在宝供第三方物流商角色的形成中，宝洁是个关键的推动因素。1994年，宝洁在广州的生产基地建成投产。对一个刚刚进入中国的跨国公司，物流效能的高低关系到它在中国的成功与否。宝供送的第一批货，宝洁相当满意：准时准点和破损率比合同规定的低得多。宝洁从此开始给宝供加大业务量，甚至一度把广州生产基地所有的铁路货运业务交给宝供。随着业务量的增大，宝供在信息反馈上却不能符合客户的要求。能否建立信息系统，对各个储运环节进行全方位实时实地的监控协调管理，关系着宝供的生死。1999年，经过两年多的设计、调试、试行、修正，宝供建成全方位的数据信息库，从报表自动生成订单成本核算，财务模块信息，并根据公司发展的需要，根据客户对信息的要求，不断加以完善、提升，宝供把信息系统的应用从原来信息采集层次推进到企业经营层次。同年投入运行的Internet的业务成本核算系统，对控制成本、减少支出、改善经营、增加效益非常有效，直观的数据统计为领导层决策提供了充分的依据。宝供的储运效率很快得以提升，时间缩短1/3，标准率达到95%，公路货运达到99%以上。主要的物流操作全部由分公司完成，总公司业务部只负责监控协调。

至今，宝供已累计投入数千万元人民币建立了物流信息管理系统，已经实现了全国范围内物流运作信息实时动态的跟踪管理，确保信息处理、传递、反馈的及时性、有效性和正确性。使用了该套系统之后的半年时间里，其客户数由原先的不到10家发展到50多家，其中不乏如宝洁、雀巢、飞利浦等跨国集团。对于宝供而言，信息系统已经不仅是实现业务自动化的手段，而且也已成为企业的核心竞争资源。

从小货运站到做大物流，宝供储运有限公司的成长有外方推动力量，更有它自身学习钻研物流运作理念的动力。在市场中，它以自身的优质服务，避开了低层次的价格竞争，通过信息系统的建设，把优势集中到为客户提供更快捷的信息网服务和减少流通环节中去，打造了它的服务品牌和企业形象。

宝供物流作为中国民营物流的排头兵之一，经历了从小到大，从单一业务到综合业务的成长过程，并建立了高科技、多功能的物流基地。在各个时期，宝供都以正确的战略思想保证了其本身的发展壮大，成功地实现了它的跳跃。

讨论内容：

1. 宝供是如何开展第三方物流服务的？

2. 结合宝供的发展历程，说明第三方物流公司的发展需要经过哪些步骤，具体体现在哪些方面，并谈谈宝供的运作有何可以借鉴的经验。

3. 相比于国外其他成熟的、国际化的物流企业，宝供还存在一定的差距，其劣势主要表现在哪些方面？今后的路在何方？请就宝供今后的方向及发展战略提出自己的想法和建议。

4. 当前本地区有哪些具有代表性的第三方物流企业，它们分别承担哪些业务？

Module 7 模块7 国际物流

学习目标

1. 理解国际物流的含义与特点，了解国际物流的发展趋势；
2. 了解国际物流的基本节点与线路；
3. 掌握国际物流运作子系统的主要内容。

导入案例

新加坡港——全球海运中心，平均每2~3分钟就有一艘船进出港，每天约处理42艘货柜船的装卸作业，每个月货柜吞吐量超过100万TEU。因此，货柜码头的作业，便成为一项精确规划的科学，在此原则下，运用自动化及先进的系统来帮助客户提高竞争力，便成为新加坡港的重要课题。

在过去5年，新加坡港投资了1.6亿新元在信息科技运用上，目前有超过350个应用系统在处理港埠管理、规划与作业上，其主要系统有PORTNET负责对外的电子数据通信与交换。PORTNET所提供的服务，主要有数据库查询服务，包括船舶靠港时程、货柜/货物清单、货柜/货物追踪及化学危险品数据库等；提供海运相关信息，船舶动态数据；电子文件交换、货柜舱单、危险品申报、靠港申请及出港时程预报等通关自动化，透过贸易网络（Trade Net）、关贸网络网网相连，可与政府国贸及签审机关进行数据交换。

7.1 国际物流概述

一、国际物流的含义

国际物流是指在两个或两个以上国家（或地区）之间所进行的物流活动。国际物流的实质是按国际分工协作的原则，依照国际惯例，利用国际化的物流网络、物流设施和物流技术，实现商品在国际间的流动与交换，以促进区域经济的发展和世界资源优化配置。例如耐克公司，一般是通过全球招标采购原材料，然后在祖国大陆、台湾地区或东南亚生产，再将产品分别运送到欧洲、亚洲的几个中心仓库，通过配送环节，实现就近销售。

二、国际物流的特点

（一）国际物流系统范围广、环节多

国际物流系统往往需要跨越多个国家和地区，系统的地理范围大。需要跨越海洋和大陆，物流渠道长，还需要经过报关、商检等业务环节。这就需要在物流运营过程中合理选择运输路线和运输方式，尽量缩短运输距离，缩短商品在途时间，合理组织物流过程中的各个环节，加速商品的周转并降低物流成本。

（二）国际物流环境复杂、风险大

由于各国社会制度、自然环境、经营管理方法、生产习惯等的不同，特别是不同国家之间物流环境上的差异，使得在国际间组织好商品流动成为一项复杂的工作。由于物流环境的差异就迫使一个国际物流系统需要在几个不同法律、人文、习俗、语言、科技、设施的环境下运行，无疑会大大增加物流的难度和系统的复杂性。例如，不同国家的不同物流适用法律使国际物流的复杂性远高于一国的国内物流，甚至会阻断国际物流；不同国家不同经济和科技发展水平会造成国际物流处于不同科技条件的支撑下，甚至有些地区根本无法应用某些技术而迫使国际物流系统总体水平的下降；不同国家不同标准，也造成国际间"接轨"的困难，因而使国际物流系统难以建立；不同国家的风俗人文也使国际物流受到很大局限。

国际物流的复杂性导致国际物流风险增加。国际物流的风险主要包括政治风险、经济风险和自然风险。政治风险主要指由于所经过国家的政局动荡，如罢工、战争等原因造成商品可能受到损害或灭失；经济风险又可分为汇率风险和利率风险；自然风险则指物流过程中，可能因自然因素，如海风、暴雨等引起的商品延迟、商品破损等风险。

（三）国际物流以远洋运输为主，并由多种运输方式组合

国际物流运输方式有海洋运输、铁路运输、航空运输、公路运输以及由这些运输手段组合而成的国际复合运输方式等。国际运输方式的选择和组合不仅关系到国际物流交货周期的长短，还关系到国际物流总成本的大小。运输方式选择和组合的多样性是国际物流一个显著的特征。海运是国际物流运输中最普遍的方式，特别是远洋运输是国际物流的重要手段，谁能提高远洋运输效率，降低远洋运输成本，谁就能在国际物流竞争中占有优势地位。在国际物流活动中，由门到门的运输方式越来越受到货主的欢迎，使得能满足这种需求的国际复合运输方式得到快速发展，逐渐成为国际物流中运输的主流。全球复合运输方式的目的是追求整个物流系统的效率化和缩短运输时间，中国远洋运输公司、美国 Federal Express、欧洲 DHL、日本邮船公司等世界有名的运输公司在向货主提供门到门运输服务方面走在了前列。

（四）国际物流的标准化要求高

要使国际间物流畅通起来，统一标准是非常重要的，如果没有各国统一的标准，国际物流水平很难提高。目前，美国、欧洲基本实现了物流工具和设施的统一标准，如托盘采用 1000mm×1200mm 标准、集装箱的几种统一规格及条形码技术等，大大降低了物流费用，

降低了运转的难度。而标准不统一的国家，必然在运转、换车等许多方面要耗费较多的时间和费用，从而降低其国际竞争能力。在物流信息传递技术方面，欧洲各国不仅实现企业内部的标准化，而且也实现了企业之间及欧洲统一市场的标准化，这就使欧洲各国之间系统比亚洲、非洲等国家交流更简单、更具效率。

（五）国际物流必须有国际化信息系统的支持

国际化信息系统是国际物流，尤其是国际联运非常重要的支持手段。国际化信息系统建立的难度，一是管理困难，二是投资巨大，而且由于世界上有些地区物流信息水平较高，有些地区较低，所以会出现信息水平不均衡，使信息系统的建立更为困难。建立国际物流信息系统一个较好的办法就是与各国海关的公共信息系统联网，以及时掌握有关各个港口、机场和联运线路、站场的实际情况，为供应和销售物流提供决策支持。国际物流是最早发展 EDI 的领域，以 EDI 为基础的国际物流将会对物流的国际化产生重大影响。

三、国际物流发展历史

（一）第一阶段：20 世纪 50 年代至 80 年代初

这一阶段物流设施和物流技术得到了极大的发展，建立了配送中心，广泛运用电子计算机进行管理，出现了立体无人仓库，一些国家建立了本国的物流标准化体系，等等。物流系统的改善促进了国际贸易的发展，物流活动已经超出了一国范围，但物流国际化的趋势还没有得到人们的重视。

（二）第二阶段：20 世纪 80 年代初至 90 年代初

随着经济技术的发展和国际经济往来的日益扩大，物流国际化趋势开始成为世界性的共同问题。美国密歇根州立大学教授波索克斯认为，进入 20 世纪 80 年代，美国经济已经失去了兴旺发展的势头，陷入长期倒退的危机之中。因此，必须强调改善国际性物流管理，降低产品成本，并且要改善服务，扩大销售，在激烈的国际竞争中获得胜利。与此同时，日本正处于成熟的经济发展期，以贸易立国，要实现与其对外贸易相适应的物流国际化，并采取了建立物流信息网络，加强物流全面质量管理等一系列措施，提高物流国际化的效率。这一阶段物流国际化的趋势局限在美、日和欧洲一些发达国家。

（三）第三阶段：20 世纪 90 年代初至今

这一阶段国际物流的概念和重要性已为各国政府和外贸部门所普遍接受。贸易伙伴遍布全球，必然要求物流国际化，即物流设施国际化、物流技术国际化、物流服务国际化、货物运输国际化、包装国际化和流通加工国际化，等等。世界各国广泛开展国际物流方面的理论和实践方面的大胆探索。人们已经形成共识：只有广泛开展国际物流合作，才能促进世界经济繁荣，物流无国界。

四、国际物流发展的趋势

由于现代物流业对本国经济发展、国民生活提高和竞争实力增强有着重要的影响，因此，世界各国都十分重视物流业的现代化和国际化，从而使国际物流发展呈现出一系列新的趋势和特点。

（一）国际物流系统更加集成化

传统物流一般只是货物运输的起点到终点的流动过程，如产品出厂后从包装、运输、装卸到仓储这样一个流程。而现代物流从纵向看：它将传统物流向两头延伸并注入新的内涵，即从最早的货物采购物流开始，经过生产物流再进入销售领域，其间要经过包装、运输、装卸、仓储、加工配送等过程到最终送达用户手中，甚至最后还有回收物流。从横向看：它将社会物流和企业物流、国际物流和国内物流等各种物流系统，通过利益输送、股权控制等形式将它们有机地组织在一起，即通过统筹协调、合理规划来掌控整个商品的流动过程，以满足各种用户的需求和不断变化的需要，争取做到效益最大和成本最小。

国际物流的集成化，是将整个物流系统打造成一个高效、通畅、可控制的流通体系，以此来减少流通环节、节约流通费用，达到实现科学的物流管理、提高流通的效率和效益的目的，以适应在经济全球化背景下“物流无国界”的发展趋势。可以说，过去物流企业的单个企业之间的竞争，现在已经演变成一群物流企业与另一群物流企业的竞争、一个供应链与另一个供应链的竞争、一个物流体系与另一个物流体系的竞争。物流企业所参与的国际物流系统的规模越大，物流的效率就越高，物流的成本就越低，物流企业的竞争力就越强，这种竞争是既有竞争、又有合作的“共赢”关系。国际物流的这种集成化趋势，是一个国家为适应国际竞争正在形成的跨部门、跨行业、跨区域的社会系统，是一个国家流通业正在走向现代化的主要标志，也是一个国家综合国力的具体体现。

当前，国际物流向集成化方向发展主要表现在两个方面：一是大力建设物流园区；二是加快物流企业整合。物流园区建设有利于实现物流企业的专业化和规模化，发挥它们的整体优势和互补优势；物流企业整合，特别是一些大型物流企业跨越国境展开“横联纵合”式的并购，或形成物流企业间的合作并建立战略联盟，有利于拓展国际物流市场，争取更大的市场份额，加速本国物流业深度地向国际化方向发展。

（二）国际物流管理更加网络化

在系统工程思想的指导下，以现代信息技术提供的条件，强化资源整合和优化物流过程是当今国际物流发展的最本质特征。信息化与标准化这两大关键技术对当前国际物流的整合与优化起到了革命性的影响。同时，又由于标准化的推行，使信息化的进一步普及获得了广泛的支撑，使国际物流可以实现跨国界、跨区域的信息共享，物流信息的传递更加方便、快捷、准确，加强了整个物流系统的信息连接。现代国际物流就是这样在信息系统和标准化的共同支撑下，借助于储运和运输等系统的参与、借助于各种物流设施的帮助，形成了一个纵横交错、四通八达的物流网络，使国际物流覆盖面不断扩大，规模经济效益更加明显。以法国 KN 公司为例，该公司在没有自己的轮船、汽车等运输工具的情况下，通过自行设计开发的全程物流信息系统，对世界各地的物流资源进行整合，在全球 98 个国家、600 个城市开展物流服务，形成了一个强大的物流网络。目前，该公司空运业务已排名世界第五，每周运输量 1.9 万次，海运业务一年毛利约为 40 亿欧元。

（三）国际物流标准更加统一化

国际物流的标准化是以国际物流为一个大系统，制定系统内部设施、机械装备、专用工具等各个分系统的技术标准；制定各系统内分领域的包装、装卸、运输、配送等方面的工作标准；以系统为出发点，研究各分系统与分领域中技术标准与工作标准的配合性；按配合性要求，统一整个国际物流系统的标准；最后研究国际物流系统与其他相关系统的配合问题，谋求国际物流大系统标准的统一。随着经济全球化的不断深入，世界各国都很重视本国物流与国际物流的相互衔接问题，努力使本国物流在发展的初期，其标准就力求与国际物流的标准体系相一致。否则，不仅会加大与国际交往的技术难度，更重要的是，在现在的关税和运费比较高的基础上，又增加了与国际标准不统一所造成的工作量，将使整个外贸物流成本增加。因此，国际物流的标准化问题必须引起各国的重视。目前，跨国公司的全球化经营，正在极大地影响物流全球性标准化的建立。一些国际物流行业和协会，在国际集装箱和 EDI 技术发展的基础上，开始进一步对物流的交易条件、技术装备规格，特别是单证、法律条件、管理手段等方面推行统一的国际标准，使物流的国际标准更加深入地影响到国内标准，使国内物流日益与国际物流融为一体。

（四）国际物流配送更加精细化

随着现代经济的发展，各产业、部门、企业之间的交换关系和依赖程度也愈来愈错综复杂，物流是联系这些复杂关系的交换纽带，它使经济社会的各部分有机地连接起来。在市场需求瞬息万变和竞争环境日益激烈的情况下，更快的响应速度，要求物流企业必须及时了解客户的需求信息，全面跟踪和监控需求的过程，及时、准确、优质地将产品和服务递交到客户手中。协同配合的能力，则要求物流企业必须与供应商和客户实现实时的沟通与协同，使供应商对自己的供应能力有预见性，能够提供更好的产品、价格和服务；使客户对自己的需求有清晰的计划性，以满足自己生产和消费的需要。国际物流为了达到零阻力、无时差的协同，需要做到与合作伙伴间业务流程的紧密集成，加强预测、规划和供应，共同分享业务数据、联合进行管理执行以及完成绩效评估等。只有这样，才能使物流作业更好地满足客户的需要。

由于现代经济专业化分工越来越细，相当一些企业除了自己生产一部分主要部件外，大部分部件需要外购。国际间的加工贸易就是这样发展起来的，国际物流企业伴随着国际贸易的分工布局应运而生。为了适应各制造厂商的生产需求，以及多样、少量的生产方式，国际物流的高频度、小批量的配送也随之产生。早在 20 世纪 90 年代，中国台湾计算机业就创建了一种“全球运筹式产销模式”，就是采取按客户订单、分散生产形式，将计算机的所有零部件、元器件、芯片外包给世界各地的制造商去生产，然后通过国际物流网络将这些零部件、元器件、芯片集中到物流配送中心，再由该配送中心发送给计算机生产厂家。

自 20 世纪 80 年代以来，美国、欧洲等一些发达国家开始进行了一场“物流革命”，其内容是对物流各种功能、要素进行整合，使物流活动系统化、专业化，出现了专门从事物流服务活动的“第三方物流”企业。随后，各种专业化的物流服务企业在欧美发达国家大量涌现并加速发展，使物流服务功能更强大，服务质量更精细。物流产业已经成为发达国家服务业中的一个重要组成部分。

（五）国际物流园区更加便利化

为了适应国际贸易的急剧扩大，许多发达国家都致力于港口、机场、铁路、高速公路、立体仓库的建设，一些国际物流园区也应运而生。这些园区一般选择靠近大型港口和机场兴建，依托重要港口和机场，形成处理国际贸易的物流中心，并根据国际贸易的发展和要求，提供更多的物流服务。如日本，为了提高中心港口和机场的国际物流功能，重点在京滨港、名古屋港、大阪港、神户港进行超级中枢港口项目建设，对成田机场、关西机场、羽田机场进行扩建，并在这些国际中心港口和空港附近设立物流中心，提高国际货物的运输和处理能力。这些国际物流中心，一般都具有保税区的功能。此外，港口还实现24小时作业，国际空运货物实现24小时运营。在通关和其他办证方面，也提供许多便利。

国际物流和国内物流，实际上是货物在两个关税区的转接和跨国界的流动，要实现国内流通体系和国际流通体系的无障碍连接，必须减轻国际物流企业的负担、简化行政手续、提高通关的便利化程度。日本在这方面实行了同一窗口办理方式，简化了进出口以及机场港口办理手续，迅速而准确地进行检疫、安全性和通关检查。因此，国际物流园区的便利化发展，不仅有赖于物流企业本身的努力，而且特别倚重于政府的支持。而如何围绕机场、港口建立保税区、保税仓库，提供“点到点”服务、“一站式”服务，则是国际物流中心规划必须深入考虑的问题。

（六）国际物流运输更加现代化

国际物流的支点离不开运输与仓储。而要适应当今国际竞争快节奏的特点，仓储和运输都要求现代化，要求通过实现高度的机械化、自动化、标准化手段来提高物流的速度和效率。国际物流运输的最主要方式是海运，有一部分是空运，但它还会渗透在其国内的其他一部分运输中，因此，国际物流要求建立起海路、空运、铁路、公路的“立体化”运输体系，来实现快速便捷的“一条龙”服务。为了提高物流的便捷化，当前世界各国都在采用先进的物流技术，开发新的运输和装卸机械，大力改进运输方式，比如应用现代化物流手段和方式，发展集装箱运输、托盘技术，等等。

【知识拓展】 国际贸易对物流提出新的要求

（1）质量要求。国际贸易结构正在发生巨大变化，传统的初级产品、原材料等贸易品种逐渐让位于高附加值、精密加工的产品。随着高附加值、高精密度商品流量的增加，对物流工作质量也提出了更高的要求。

（2）效率要求。国际贸易合约的履行是由国际物流活动来完成的，而在整个物流活动中涉及不同运输工具、多种运输方式以及装卸搬运等多重环节的衔接，这就要求对整个物流系统进行整合，以促进物流效率的提高。

（3）安全要求。国际物流所涉及的环节多、风险大、情况复杂，要受到自然和政治经济等多方面因素的影响，其中任何一个环节出现问题都会影响到整个物流活动的进行。因此，只有对各方面因素进行综合考虑才能保证国际物流安全、有效地运行。

（4）经济要求。国际物流费用是国际贸易交易中的一项重要开支，国际贸易的特点决定了国际物流的环节多、运期长。这就要求国际物流企业要选择最佳的物流方案，控制物流费用，以减少国际贸易中的物流开支，提高国家贸易企业在国际市场上的竞争力。

7.2 国际物流网络

国际物流网络主要由国际物流节点与线路组成。

一、国际物流节点

（一）国际物流节点的概念及种类

国际物流节点是指那些从事与国际物流相关活动的物流节点。在国际物流中由于各个物流系统的目标不同以及节点在网络中的地位不同，节点的主要作用也往往不同。国际物流节点主要分为转运型节点、储存型节点、流通型节点和综合性节点。其中口岸、港口、保税区、出口加工区、保税物流园区、保税物流中心、保税港区、自由贸易区是国内物流所不具有的特殊节点，这些特殊节点在国际物流中发挥着重要作用。

1. 转运型节点

转运型节点是以接连不同运输方式为主要职能的节点。例如：铁道运输线上的货栈、编组站、车站，不同运输方式之间的转运站、终点站，水运线上的港口、码头，空运中的空港等都属于此类节点。一般而言，由于这种节点处于运输线上，又以转运为主，所以国际货物在这种节点上停滞的时间较短。

2. 储存型节点

储存型节点是以存放货物为主要职能的节点例如：储备仓库、营业仓库、中转仓库、口岸仓库、港口仓库、货栈等。国际货物在这类节点上停滞的时间较长。

3. 流通型节点

流通型节点是以组织国际货物在系统中运动为主要职能的节点。如流通仓库、流通中心、配送中心就属于这类节点。

4. 综合性节点

综合性节点是指在国际物流系统中集中于一个节点中全面实现两种以上主要功能，并且在节点中并非独立完成各种功能，而是将若干功能有机结合于一体的集约型节点，如国际物流中心。国际物流中心是指国际物流活动中商品、物资等集散的场所。就大范围国际物流而言，某些小国家或地区可能成为物流中心，如中国香港、新加坡等就具有国际物流中心的地位。而自由贸易区、保税区、出口加工区、保税物流园区、保税港区等则具有一般意义上的物流中心的功能。当前人们所说的国际物流中心多指由政府部门和物流服务企业共同筹建的具有现代化仓库、先进的分拨管理系统和计算机信息处理系统的外向型物流集散地。

综合性节点是为适应国际物流大量化和复杂化而产生的，它使国际物流更为精密准确，在一个节点中要求实现多种转化而使物流系统简化。综合性节点是国际物流系统中节点发展的方向之一。

（二）口岸

1. 口岸的含义

口岸是由国家指定对外经贸、政治、外交、科技、文化、旅游和移民等往来，并供往来人员、货物和交通工具出入国（边）境的港口、机场、车站和通道。简单地说，口岸是国家指定的对外往来门户，是国际货物运输的枢纽。它是一种特殊的国际物流节点。许多企业都在口岸设有口岸仓库或物流中心。口岸物流是国际物流的组成部分。

2. 口岸的分类

口岸可以从不同的角度进行分类，常用的分类方法有以下两种：

（1）按照批准开放的权限划分，可将口岸分为一类口岸和二类口岸。

一类口岸是指由国务院批准开放的口岸（包括中央管理的口岸和由省、自治区、直辖市管理的部分口岸）。

二类口岸是指由省级人民政府批准开放并管理的口岸。

（2）按照出入国境的交通运输方式划分，可将口岸分为港口口岸、陆地口岸和航空口岸三种。

货物进出口环节的所有管理操作，都有电子底账可查，都可以按照职能分工进行联网核查、核注、核销。通过中国电子口岸，在网上办理业务，方便企业进出，企业既节省时间，又减少奔波劳累，从而可以提高贸易效率，降低贸易成本。

（三）港口

1. 港口及其种类

港口是水陆空交通的集节点和枢纽，工农业产品和外贸进出口物资的集散地，船舶停泊（飞机起降）、装卸货物、上下旅客、补充给养的场所。由于港口是联系内陆腹地和海洋运输（国际航空运输）的一个天然界面，因此，人们也把港口作为国际物流的一个特殊节点。

港口按其基本功用，可分为商港、渔港、军港和避风港四大类型。本节所阐述的港口，仅指与国际物流有关的商港。现代商港不仅是水陆空运输的枢纽和货物集散地，而且也是一个巨大的生产单位，其规模的大小，一般以其吞吐量的大小来表示。

2. 港口的作用

按照综合物流的观点，港口在现代国际生产、贸易和运输系统中处于十分重要的战略地位，并且发挥着日益重要的作用。港口不仅是货物水陆空运输的中转地，而且提供了发展转口贸易、自由港和自由贸易区的机会。当前，港口商业化的趋势在不断增强，今后，它在国际贸易与国际物流方面的作用将进一步被突出。

对于国际物流来说，港口仍然是不同运输方式汇集的最大、最重要的节点。在港口地区落户的有货主、货运代理行、船东、船舶代理行、商品批发部、零售商、包装公司、陆上运输公司、海关、商品检验机构及其他各种有关机构。在综合物流时代，港口的功能发生了很大的变化。功能更加广泛的现代港口，将朝着全方位增值服务中心的方向发展。

概括来讲，它主要具备五个“中心”的功能。

第一，物流服务中心。港口首先应该为船舶、汽车、火车、飞机、货物、集装箱提供中转、装卸和仓储等综合物流服务，尤其是提高多式联运效率和港口竞争能力。

第二，商务中心。现代港口应该为用户提供方便的运输、商贸和金融服务，如代理、保险、融资、货代、船代、通关等。

第三，信息与通信服务中心。现代港口不但应该为用户提供市场决策的信息及其咨询，而且还要建成电子数据交换（EDI）系统的增值服务网络。

第四，现代产业中心。现代港口应该发挥区位优势，发展相关产业。

第五，后援服务中心。现代港口应该提供人才培训、供应和海员服务及贸易谈判等设施，并提供舒适的生活娱乐空间，加强港城一体化关系，优化城市功能。

这些功能的宗旨是使港口起到简化贸易和物流过程的作用，使港口在现代物流节点上尽量地减少间隔和提供最大的增值服务。只有满足了这些条件，并能成功地进行市场营销，港口才能增强竞争力和发展后劲，巩固和提高在综合运输物流链中的地位和作用，也才可能成为腹地经济与贸易发展的重要门户，成为地区物流的枢纽与中心。

【知识拓展-1】 世界20大港口

2012年下半年，世界10大港口（按货物吞吐量排名）依次为：宁波—舟山港、上海港、新加坡港、天津港、鹿特丹港、广州港、青岛港、大连港、唐山港、釜山港。

【知识拓展-2】 我国主要港口

2006年9月15日，交通部《中国沿海港口布局规划》出台，该规划确定了中国沿海将形成五大区域港口群，并在主要货类运输上形成八大运输系统。这五大区域港口群，自北向南依次是环渤海地区、长江三角洲地区、东南沿海地区、珠江三角洲地区和西南沿海地区。

环渤海地区港口群主要由辽宁、津冀和山东沿海港口群组成，服务于中国北方沿海和内陆地区的社会经济发展。其中辽宁沿海港口群以大连东北亚国际航运中心和营口港为主，津冀沿海港口群以天津北方国际航运中心和秦皇岛港为主，山东沿海港口群以青岛、烟台、日照港为主。

长江三角洲地区港口群依托上海国际航运中心，以上海、宁波、连云港港为主，服务于长江三角洲以及长江沿线地区的经济社会发展。

东南沿海地区港口群以厦门、福州港为主，服务于福建省和江西等内陆省份部分地区的经济社会发展和对台“三通”的需要。

珠江三角洲地区港口群由粤东和珠江三角洲地区港口组成，依托香港经济、贸易、金融、信息和国际航运中心的优势，在巩固香港国际航运中心地位的同时，以广州、深圳、珠海、汕头港为主，服务于华南、西南部分地区，加强广东省和内陆地区与港澳地区的交流。

西南沿海地区港口群由粤西、广西沿海和海南省的港口组成，以湛江、防城港、海口港为主，服务于西部地区开发，为海南省扩大与岛外的物资交流提供运输保障。

《规划》还确定了涉及国计民生的八个主要运输货种合理运输系统的布局方案，分别是煤炭、石油、铁矿石、集装箱、粮食、商品汽车、陆岛滚装和旅客运输。

中国沿海港口布局规划实施后，中国将形成一个布局合理、层次分明、功能明确、节约资源、安全环保、便捷高效、衔接协调、市场有序的沿海港口运输体系。具体在主要货类运输系统上是：

煤炭运输：根据中国"北煤南运"总体格局，装船港由北方沿海的秦皇岛港、唐山港、天津港、黄骅港、青岛港、日照港、连云港港等组成，卸船港由华东、华南等沿海煤炭消费地区的电力企业专用码头和公用港区煤炭转运设施组成。

石油运输：依托石化企业布点，以 20 万～30 万吨级专业化的进口原油卸船码头和二程中转储运设施以及成品油、天然气中转储运设施组成，并满足国家石油储备要求。

铁矿石运输：临近钢铁企业或与钢铁企业的调整布局相适应，由 20 万～30 万吨级高效、专业化的进口铁矿石卸船码头和二程接卸中转设施组成。

集装箱运输：以大连、天津、青岛、上海、宁波、苏州、厦门、深圳、广州九大干线港为主，相应发展沿海支线港。

粮食运输系统：与国家粮食流通、储备、物流通道相配套，专业化运营。

商品汽车运输及物流系统：依托汽车产业布局和内外贸汽车进出口口岸，向专业化发展。

陆岛滚装运输：以大陆、岛屿间滚装运输为重点，适应沿海岛屿社会经济协调发展的需要。

旅客运输：将形成以人为本、安全、舒适、便捷的运输系统。

2007 年 10 月，中国拥有上海、宁波、广州、天津、青岛、深圳、秦皇岛、大连、日照、营口 10 个沿海亿吨大港，其总吞吐量占全国主要港口的一半以上。自 2003 年以来，中国港口货物吞吐量和集装箱吞吐量已经连续 4 年居世界第一。据有关资料显示，2007 年年底，中国沿海港口（含长江干线南京以下港口）共拥有生产性泊位约 5340 个，其中万吨级以上深水泊位 1391 个，综合通过能力达到 40 亿吨，集装箱吞吐能力达到 8849 万标准箱。全国高等级航道达到 8900 多公里。

1. 上海港

地处我国东海中部，扼长江入海的咽喉。黄浦江横贯于中，成为天然商港。该港可同时靠泊万吨级船舶 60 余艘。该港进出口货物主要有钢铁、粮食、煤、石油、化肥、杂货等。是我国主要外贸港口之一，外贸物资吞吐量占全港的 20%，也是我国最大的集装箱运输港。

2. 大连港

港内风平浪静，平均水深 9 米，最深处 12 米，平均气温摄氏 10℃，是四季通航的天然良港，该港有 7 个装卸作业区，分别有石油、煤炭、木材、干货等专业码头，其中万吨级泊位 30 个，最大的泊位可靠 10 万吨级油轮。

3. 秦皇岛港

气候比较温和，是我国北方著名的终年不冻港，我国最大的能源输出港和世界上最大的煤港。该港水深 11.5 米。港区内建有仓库 25 座，堆场面积达 75 万平方米，该港年吞吐量仅次于上海、大连港，居全国第三位。

4. 天津港

天津港位于渤海湾西岸，是我国首都出海门户。由天津、塘沽、新港三部分组成。新港部分是天津港主体。该港现有通往150多个国家和地区的航线。新港进出口主要货物有盐、粮食、化肥、钢铁及杂货等，是我国主要外贸港口之一。

5. 青岛港

该港进出口主要货物有煤、盐、石油、钢铁、矿建材料、化肥等，是我国外贸主要港口之一，占全港吞吐量45%，每年进出的外贸船舶达1300多艘次。现已开通运往美国的集装箱班轮航线。

6. 广州黄埔港

地处广州市东南侧珠江口内，是一个天然深水良港。港内水域宽阔，水深浪静，万吨级客货轮通行无阻。该港港内航道全长115公里，有两个作业区，共有泊位16个，其中万吨级泊位13个。港区内建有仓库25座，面积达11.4万平方米。

该港出口的主要货物有石油、水泥、非金属矿、大米、木薯片、白糖、化工品、日用品、有色金属。进口的主要货物有煤炭、石油、金属矿石、钢铁、水泥、木材、非金属矿石、化肥、粮食、原糖、化工品等。

广州黄浦港是我国主要外贸港口之一，已同世界上63个国家和地区265个港口有贸易船舶往来，开辟了25条航线。

7. 湛江港

为我国天然深水良港。港外有硇州、东海、南三诸岛为屏障，形成一道天然的防波堤。港内水域宽阔，水深浪静，万吨级船舶可随时进出港口。该港航道全长65公里，有三个作业区，共有泊位18个，总长2378米，其中有5万吨和25万吨油轮码头各一个，万吨级泊位8个。

8. 宁波港

宁波港位于东海之滨，全国海岸线中段，由于地理条件十分优越，是一个大有发展前途的深水良港。该港分宁波、镇江和北仑三个港区，共有21个泊位。其中北仑港还有我国自行设计建造的10万吨级矿石中转码头，全长351米，宽36.5米。

9. 深圳港

深圳港位于珠江口以东，南海大亚湾以西的深圳市两翼。分为西部港区和东部港区。西部港区位于珠江口东岸入海前缘，主要包括蛇口、赤湾、妈湾和东角头和福永等港区；东部港区位于南海大鹏湾西北部，主要包括盐田和沙渔涌、下洞等港区。

深圳港货物以集装箱为主，兼营化肥、粮食、饲料、糖、钢材、水泥、木材、砂石、石油、煤炭、矿石等。1997年以来，集装箱吞吐量连续6年排行国内沿海港口第2位，2002年，深圳港集装箱吞吐量761.8万标准箱，跃居全球集装箱港口第6位。2004年深圳港货物吞吐量达1.35亿吨，增长20.33%；集装箱吞吐量1365万标准箱，增幅为28.22%，较上年净增300万标准箱，在世界港口中继续位居第四。

随着深圳港进出口货量不断增长，国际班轮公司纷纷在深圳增设机构并增加运力。马士基海陆、地中海航运等公司在深圳年承运量均超过100万标准箱，32家班轮公司已在深圳设立分公司和办事处，马士基海陆、美国总统轮船等已将华南操作部从境外迁至深圳。深圳港国际班轮航线总数已达131条。

【知识拓展-3】 世界主要港口介绍

1. 鹿特丹港（Rotterdam）

原世界第一大港。吞吐能力现在已达3亿吨以上，是荷兰和欧盟的货物集散中心，运入西欧各国的原油、石油制品、谷物、煤炭、矿石等都经过这里，有“欧洲门户”之称。

2. 纽约（New York）

纽约是美国第一大城市，面积830平方公里，人口1100万。纽约是美国及世界重要国际贸易港口与经济、金融中心。

3. 神户（Kobe）

神户是日本第一大港。锚地深度约40英尺泥底。有36个浮筒可以系带29条远洋船。现有231个泊位。

4. 汉堡（Hamburg）

汉堡是世界最大港口之一，每年约有18500艘船只停靠，其中定期航线船只18700艘，平均每天24艘，每小时1艘。

5. 安特卫普（Antwerp）

安特卫普是比利时第二大工业中心，北欧北部的贸易中心，也是世界著名大港之一，年吞吐量在9000万吨到1亿吨之间。

6. 横滨港（Yokohama）

横滨港是日本第三大城市，重工业中心，是日本天然良港之一。进口货物主要是原油，约占60%，其次为粮食、矿产品、原盐等。出口货物主要是船舶、汽车等运输机械，约占40%，其次为机械产品、日用品、化工产品等。

7. 新奥尔良港（New Orleans）

新奥尔良港是美国南部路易斯安那州大商埠。新奥尔良既是深水远洋港口，又是内河航运集散地。港口南通墨西哥湾，内与密西西比、密苏里、俄亥俄等河相连，腹地广阔，是美国河、海、陆联运中心。主要出口货物有机械设备、纸张、粮食、煤炭、硫黄等，进口货物主要是石油、矿石、钢铁、香蕉、甘蔗等。

该港口码头总长40公里，共280多个泊位，全是深水泊位。其中公用泊位101个，公用杂货泊位70多，全集装箱泊位3个，配有集装箱桥。另有滚装船泊位7个，散货泊位11个。私营泊位187个，其中石油泊位148个。码头水深由30～60英尺不等。有52万平方米的公用仓库。

8. 休斯敦（Huston）

休斯敦为美国主要出口小麦、进口钢材的大港之一。该港航道宽300～400英尺，深36～40英尺。港区内有100个以上码头，全长达25英里。其中杂货码头52个。

该港进出口主要货物有原油、石油制品、钢铁制品、纸张、糖、咖啡、棉花、小麦等。

9. 新加坡（Singapore）

新加坡位于马来半岛南端的新加坡岛南岸，市区面积974平方公里，是东南亚重要工商业城市，世界第四大金融中心。20世纪60年代即成为世界第四大港，现为世界第一大港。由于地理位置优越，新加坡已成为250多条国际海运航线的中心，是东南亚与欧洲、北美和日本之间的货物转运枢纽。

新加坡港水域面积约470平方公里。港内水深达11米，有远洋泊位26个、油轮泊位70个。每天有200多艘海轮进出港。

10. 马赛港（Marseilles）

马赛港是法国最大海港，第二大城市。是地中海沿岸一天然良港。马赛港有优良的导航设备，进港船在320公里处即可通过无线电导航设备安全航行。

马赛港由贝雷湖、福斯湾与拉弗拉港组成。港口水面达4000多公顷，码头长27公里，有泊位190多个，仓库170万平方米，港内有80公里长的铁路和各种现代化装卸设施。

其中石油占80%以上。出口主要是工业制成品。进口以石油、液化天然气为主，此外还进口粮食、油料、咖啡、棉花、化肥、糖、皮革、香料等。

11. 伦敦港（London）

伦敦是英国首都，政治、文化、经济、交通中心，世界大城市之一。伦敦港也是西北欧最大的集装箱港，年装卸货量超过6000万吨，经由伦敦进口的货物占英国进口额的80%。

伦敦港有三个码头区：皇家码头区、印度与米勒沃尔码头区、提尔伯里码头区。伦敦的集装箱码头就位于提尔伯里码头区。经伦敦进口的货物有原料、粮食、食品、水果、蔬菜、糖、茶叶、酒类、木材、纸浆、橡胶、皮革等。出口主要是工业制造品、汽车、机械、钢材等。

（四）自由港或自由贸易区

自由港（Free Port）也被称为自由口岸，自由贸易区（Free Trade Zone）也称为对外贸易区、自由区、工商业自由贸易区等。自由港或自由贸易区都是划在关境以外，对进出口商品全部或大部分免征关税，并且准许在港内或区内开展商品自由储存、展览、拆散、改装、重新包装、整理、加工和制造等业务活动，以便于本地区的经济和对外贸易的发展，增加财政收入和外汇收入。

自由贸易区是国际物流中多功能的综合物流节点。在自由贸易区内，可以提供仓储、再加工、展示及各种服务，未售出的各种商品可以储存，或针对市场需要对商品进行分类、分级和改装，或进行商品展销，以便选择有利时机，就地销售或改运临近市场销售。许多自由贸易区都直接经营转口贸易，因其具有优越的地理位置和各种方便及优惠的条件，所以大量货物是在流经自由贸易区后投放世界市场的。最重要的是，各国的自由贸易区普遍豁免关税和减免其他税收，还在土地使用、仓库、厂房租金、水电供应等方面采取低收费的优惠政策。这是大量商品、物品聚集于此的重要原因。

自由贸易区各种功能的发挥，促进了国际贸易的发展。自由贸易区的方便于商品进出、储存及整理的条件，以及可以降低产品成本并增加市场竞争能力的优惠措施，吸引了广大的投资者，极大地促进了国际贸易和国际物流的发展。

1. 自由贸易区的分类

一般说来，自由港或自由贸易区可以分为两种类型。一种是把港口或设区的所在城市都划为自由港或自由贸易区，如香港整个就是自由港。在香港，除了个别商品外，绝大多数商品可以自由进出，免征关税，甚至允许任何外国商人在那里兴办工厂或企业。另一种是把港口或设区的所在城市的一部分划为自由港或自由贸易区。例如，汉堡自由贸易区是由汉堡市的两部分组成的，只有划在卡尔勃兰特航道以东的自由港和划在卡尔勃兰特航道以西的几个码头和邻近地区才是汉堡自由贸易区。这个自由贸易区位于港区的中心，占地5.6平方英里。外国商品只有运入这个区内才能享有免税等优惠待遇，不受海关监督。

2. 自由贸易区的分布

据统计，全世界目前大约有各种形式、各种名称的自由贸易区700多个，遍及五大洲100多个国家和地区。其中约1/3是由发达国家和地区设立的，其余约2/3是由发展中国家和地区设立的。

（1）欧洲的自由贸易区。欧洲已有20多个国家和地区设立了100多个自由贸易区，其中以南欧、中欧、西欧最为集中，东北欧的密度较低。南欧的西班牙、意大利、希腊、直布罗陀4个国家和地区共设立了32个自由贸易区，其中西班牙最多，为18个；中欧的瑞士有28个自由贸易区；西欧的英国、法国、德国、爱尔兰和荷兰共设有自由贸易区24个。

（2）美洲的自由贸易区。北美洲以美国设区最多，到1990年已超过200个，遍及全国各个地区。拉丁美洲的自由贸易区基本上呈从南到北的线状分布，到目前为止已发展到26个国家共100多个自由贸易区。其中较为成功的主要有巴西的玛瑙斯自由贸易区、墨西哥的下加利福尼亚自由边境区、巴拿马的科隆自由贸易区和海地的太子港自由贸易区等。墨西哥在拉美国家中设立的自由贸易区最多。

（3）亚洲的自由贸易区。世界上的自由贸易区集中在亚太地区，其中东盟地区（菲律宾、马来西亚、新加坡、印度尼西亚和泰国等）的自由贸易区密度很高，在世界自由经济区中占有重要地位。

（4）非洲的自由贸易区。自20世纪70年代以来，非洲已有20多个国家设立了130多个自由经济区，主要集中在毛里求斯、突尼斯和埃及3个国家。

（5）大洋洲的自由贸易区。1986年6月澳大利亚政府在达尔文市创办了大洋洲第一个自由贸易区；1988年，斐济宣布设立自由贸易区。自由贸易区在大洋洲正处于日益发展之中。

（6）中国的自由贸易区。起步较晚，改革开放以来相继建立了经济特区、经济技术开发区等，但这些区域在运作和形式上与国际上通行的自由贸易区还有很大差别。2013年9月29日，上海自由贸易试验区正式挂牌成立，总面积为28.78平方公里，相当于上海市面积的1/226，范围涵盖上海市外高桥保税区、外高桥保税物流园区、洋山保税港区和上海浦东机场综合保税区等4个海关特殊监管区域。

3. 自由贸易区的一般规定

各国对自由港或自由贸易区的规定大同小异，归纳起来，主要有以下几点：

（1）关税方面的规定。对于允许自由进出自由港或自由贸易区的外国商品，不必办理报关手续，免征关税。少数已征收进口税的商品如烟、酒等再出口，可退还进口税。但是，如果港内或区内的外国商品转运入所在国的国内市场销售，即必须办理报关手续，缴纳进口税。这些报关的商品，既可以是原来货物的全部，也可以是一部分；既可以是原样，也可以是改样；既可以是未加工的，也可以是加工品。有些国家对在港内或区内进行加工的外国商品往往有特定的征税规定。例如，美国政府规定，用美国的零配件和外国的原材料装配或加工的产品，进入美国市场时，只对该产品所包含的外国原材料的数量或金额征收关税。同时，对于该产品的增值部分也可免征关税。又如，奥地利政府规定，外国商品在其自由贸易区内进行装配或加工后，商品增值1/3以上者，即可取得奥地利原产地证明书，可免税进入奥地利市场；增值1/2以上者，即可取得欧洲自由贸易联盟原产地证明书，可免税进入奥地利市场和其他欧洲自由贸易联盟成员国市场。

（2）业务活动的规定。对于允许进入自由港或自由贸易区的外国商品，可以储存、展览、拆散、分类、分级、修理、改装、重新包装、重新贴标签、清洗、整理、加工和制造、销毁、与外国的原材料或所在国的原材料混合、再出口或向所在国国内市场出售。

由于各国情况不同，有些规定也有所不同。例如在加工和制造方面，瑞士政府规定储存在区内的外国商品不得进行加工和制造，如要从事这项业务，必须取得设立在伯尔尼的瑞士联邦海关厅的特别许可，方可进行。但是，在第二次世界大战后，许多国家为了促进经济与对外贸易的发展，都在放宽或废除这类规定。

（3）禁止和特别限制的规定。许多国家通常对武器、弹药、爆炸品、毒品和其他危险品以及国家专卖品如烟草、酒、盐等禁止输入或凭特种进口许可证才能输入；有些国家对少数消费品的进口要征收高关税；有些国家规定对某些生产资料在港内或区内使用也应缴纳关税，例如意大利规定在的里雅斯特自由贸易区内使用的外国建筑器材、生产资料等也包括在应征关税的商品范围之内。此外，有些国家如西班牙等，还禁止在区内零售。

（五）保税区与出口加工区

1. 保税区

有些国家如日本、荷兰等，没有设立自由港或自由贸易区，但实行保税区制度。保税区（Bonded ana）又称保税仓库区，是海关所设置的或经海关批准注册的，受海关监督的特定地区和仓库。外国商品存入保税区内，可以暂时不缴纳进口税；如再出口，不缴纳出口税；如要运进所在国的国内市场，则需办理报关手续，缴纳进口税。运入区内的外国商品可进行储存、改装、分类、混合、展览、加工和制造等。此外，有的保税区还允许在区内经营金融、保险、房地产、展销和旅游业务。因此，许多国家对保税区的规定与自由港、自由贸易区的规定基本相同，保税区起着类似自由港或自由贸易区的作用。

西方国家在保税区的仓库，有的是公营的，有的是私营的；有的货物的储存期限为1个月到半年，有的期限可达3年；有的允许进行加工和制造，有的不允许进行加工和制造。

按照职能不同，保税区一般分为指定保税区、保税货棚、保税仓库、保税工厂、保税陈列场等。

1990年，经国务院批准，我国借鉴国际通行的做法，按照自由贸易区模式建立了中国第一个保税区——上海外高桥保税区，随后又先后建立了天津港、深圳福田、深圳沙头角、大连、广州、张家港、青岛、宁波、福州、厦门、汕头、海口、深圳盐田港和珠海保税区，使保税区总数达到了15个。我国的保税区为海关监管区域，不完全等同于国外的自由贸易区（自由港）、出口加工区。对其政策的制定主要是根据中国国情，同时，也参考和借鉴了上述国外类似区域的有关政策和通行做法。

我国的保税区在发挥招商引资、出口加工、国际贸易、转口贸易和仓储等功能，带动区域经济发展等方面显示出了独特的优势。

保税区具有进出口加工、国际贸易、保税仓储商品展示等功能，享有“免证、免税、保税”政策，实行“境内关外”运作方式，是中国对外开放程度最高、运作机制最便捷、政策最优惠的经济区域之一。由于保税区按照国际惯例运作，实行比其他开放地区更为灵活优惠的政策，它已成为中国与国际市场接轨的“桥头堡”。经过多年的探索和实践，全国各个地区的保税区已经根据保税区的特殊功能和依据地方的实际情况，逐步发展成为当地经济的重要组成部分，目前集中开发形成的功能有保税物流和出口加工。

随着中国加入WTO，全国保税区逐步形成区域性格局，南有以广州、深圳为主的珠江三角洲区域，中有以上海、宁波为主的长江三角洲区域，北有以天津、大连、青岛为主的渤海湾区域，三个区域的保税区成为中国与世界进行交流的重要口岸，并形成独特的物流运作模式。

保税区实行境内、关外的管理。即保税区的商品出口他国（地）完全自由，进入国内要按进口征税，内地商品进入保税区按正常出口管理。由此可见，在保税区经营进出口贸易，在保税区注册即可，无需国家主管部门批准。保税区出口（转口）不需申领配额、许可证，输入内地的属于配额、许可证管理的商品，由内地的进口商申领；内地企业出口到保税区的属于配额、许可证管理的商品也由内地企业申领配额、许可证，都与保税区的相关企业无关。保税区进口汽车（包括自用）不需在内地申领进口配额，进口多少由保税区企业或外商权衡费用得失决定；汽车销往内地必须由内地购买者申领到配额才能进口。内地的进出口配额、许可证管理和签发部门，都不得给保税区企业分配配额、签发许可证；实行公开招投标的，保税区的企业也无权参与投标。

内地在保税区办的企业除部分从事加工出口，主要从提供各种服务中收益。政府管理部门的收益是土地租金等，而不是税收。保税区企业进口用汇，只能在指定银行开证，也可以在外资银行开证。出口收汇可以结汇，也可以保留现汇账户。

2. 出口加工区

出口加工区，又称为工业型自由贸易区。它是指一个国家或地区在其港口或邻近港口、国际机场的地方，划出一定的范围，新建和扩建码头、车站、道路、仓库和厂房等基础设施以及提供免税等优惠待遇，鼓励外国企业在区内投资设厂，生产以出口为主的制成品的加工区域。出口加工区的类型主要有综合性出口加工区（即区内可以经营多种出口加工工业）和专业性出口加工区（即在区内只准经营某种特定的出口加工产品）。出口加工区内外资企业可以免税进口原材料、机械设备及其他零部件，制成品出口也享受免税待遇。它以开拓远洋市场为目标，利用外资和外国技术高产品加工出口，以促进本国（或地区）工业和经济的发展。

出口加工区是海关监管的特殊封闭区域，其功能比较单一，仅限于产品外销的加工贸易，区内可设置出口加工企业及其相关仓储、运输企业。出口加工区将实行封闭式的区域管理模式，在管理手段等方面较之传统的监管模式具有较大的优越性，海关在实行24小时监管的同时，将简化现行手续，为规范的出口加工企业提供更宽松的经营环境和更快捷的通关便利，实现出口加工货物在主管海关“一次申报，一次审单，一次查验”的通关要求，逐步满足现代跨国型企业“零库存生产”的需要。

出口加工区是20世纪50年代末出现的新的经济特区，它是自由贸易区的一种发展形式。加工区是自由贸易区与工业区的综合体。在吸引外资方面，加工区既提供了自由贸易区的某些优惠条件以发展贸易和转口贸易，又提供了发展工业生产所必需的基本设施。因此，加工区兼具贸易与工业生产两种功能。在这两种功能中，一般是以发展出口加工业为主，兼营进出口贸易，而有的自由贸易区虽然也具有商业贸易与工业生产两种功能，但仍主要以商业为主，以此带动出口工业产品的生产。它与自由贸易区的区别在于自由贸易区主要是发展贸易和转口贸易，增加商业收入以繁荣设区国经济，而出口加工区则通过规定有关的投资优惠条件，引进外资和先进技术，发展面向出口的加工工业，取得工业方面的收益，并以此促进设区国经济的发展。

（六）保税物流园区与保税物流中心

1. 保税物流园区

依据《中华人民共和国海关对保税物流园区的管理办法》，保税物流园区是指经国务院批准，在保税区规划面积或者毗邻保税区的特定港区内设立的、专门发展现代国际物流业的海关特殊监管区域。保税物流园区可以存储进出口货物及其他未办结海关手续货物、对所存货物开展流通性简单加工和增值服务、进出口贸易及转口贸易、国际采购、分销和配送、国际中转、检测、维修、商品展示和经海关批准的其他国际物流业务。保税物流园区内不得开展商业零售、加工制造、翻新、拆解及其他与园区无关的业务。

保税物流园区除了在传统意义的保税区的保税功能以外的最突出的政策特色为如下三点：第一，国内货物进入园区视同出口，办理报关手续，对出口到保税区的国内企业可以实行退税（不必等货物真正装船离港后才能返回关单退税联）；第二，园区内货物内销按货物进口办理报关手续、货物按实际状态征税；货物不可以更改初始入区的状态（税号不变）但可以更改包装和标志；第三，园区内货物自由流通，不征增值税和消费税。

保税物流园区的具体功能为：第一，国际中转。对进入园区的境外货物进行分拆、集拼、开展中转货物集运、多国别货物快速集并和国际联合快运等业务。第二，国际配送。对进入园区的境外和国内货物进行分拣、分配、分销、分送等配送分拨业务向境内外配送。第三，国际采购与国际贸易。采购进入园区的境外和国内货物、经进出口集运的综合处理或增值加工、向境内外分销。园区企业可以开展进出口贸易、转口贸易，园区与境外之间的货物贸易及服务贸易。

保税区和保税物流园的相同之处：保税区和保税物流园都有保税仓库，保税区包括保税仓库和出口加工区，保税物流园相当于保税仓库。区别在于：理论上一般货物进入保税区也属于出口，但必须等货物确实离境后才可退税，保税物流园的货物只要进入区内就可以退税，因此，保税物流园适合做“一日游”的业务，就是货物进入区内（出口），再直接出区（进口），完成一日游业务，这样就可以退税，园内也有仓库，但是费用比保税区要高。物流园区具有更优于保税区的国际自由贸易区，可以进行简单加工，具有国际中转、分拨配送、国际采购、国际转口贸易四大功能。

2. 保税物流中心

保税物流中心是封闭的海关监管区域，具备口岸功能。一般是由地方政府负责组织筹建和申报，由海关总署负责验收和批准设立的海关监管区域。保税物流中心分两类：A 型，主要由一家企业投资建设并为该企业自有物流服务。B 型，主要由一家或多家投资主体投资建设，并由两家以上大型物流企业入驻运营的公共保税中心，是封闭的海关监管区域，具备口岸功能。

保税物流中心的功能有九项：保税仓储；国际物流配送；简单加工和增值服务；检验检测；进出口贸易和转口贸易；商品展示；物流信息处理；口岸；入物流中心出口退税。

保税物流中心的主要作用：一是解决一般贸易出口商品入中心退税问题；二是解决一

般贸易进口商品保税问题；三是解决加工贸易中的深加工和结转货物问题。

保税物流中心的政策优势：进入中心视同进出口；深加工结转货物只要报关进入中心即可享受退税，避免像过去那样须将货物运到香港（不做任何加工）再运回国内“一日游”。中心内注册的企业，可自动获得进出口经营权、国际货运代理权、货物境内运输权。

建设保税物流中心（B 型）的作用：有利于引进跨国公司、知名企业、国际新兴产业等大型项目到当地投资，提高招商引资的档次和水平。有效整合物流资源，推进区域性物流中心建设，促进供应链形成，加快产业结构优化。

海关保税物流中心内注册企业可以向相关部门审批获得进出口经营权、国际货运代理权、货物境内运输权，根据业务需求自由开展境内外的物流服务。

境内外进入海关保税物流中心的货物给予保税。境内货物进入海关保税物流中心视同出口，实施入中心即退税。海关保税物流中心与境外之间进出的货物，除国家禁止进出口的和实行出口被动配额管理的外，不实行进出口配额、许可证管理。放宽对海关保税物流中心进出货物的外汇管制。

（七）保税港区

保税港区是经国务院批准设立的，在港口作业区和与之相连的特定区域内，集港口作业、物流和加工为一体，具有口岸功能的海关特殊监管区域。保税港区是我国对外开放进程中的新生事物，是自由港在我国的特殊形式。

保税港区的政策，实际上是出口加工区与保税物流园区的叠加。它规范了“一线放开、二线管住、区内自由”以及“卡口分道、货物分流、区域分段、程序分列”等监管模式，实行中转、配送、采购、转口、进口及保税物流园区、出口加工区、国外货物进港保税、国内货物进港退税、区内货物自由流动等十大强力政策，实际上已与国际上通行的自由贸易区相近。

保税港区享受的政策源自于2005年6月22日《国务院关于设立洋山保税港区的批复》，即“保税港区享受保税区、出口加工区相关的税收和外汇管理政策。主要税收政策为：国外货物入港区保税；货物出港区进入国内销售按货物进口的有关规定办理报关，并按货物实际状态征税；国内货物入港区视同出口，实行退税；港区内企业之间的货物交易不征增值税和消费税。”

2007 年 10 月 3 日正式施行的《中华人民共和国海关保税港区管理的暂行办法》规定：保税港区具有口岸、物流、加工三大主要功能，具体包括仓储物流，对外贸易，国际采购、分销和配送，国际中转，检测和售后服务维修，商品展示，研发、加工、制造，港口作业等功能。可以全面发展港口作业、中转、国际配送、国际采购、转口贸易、出口加工、展示等方面业务。

与目前保税区、出口加工区、保税物流园区等海关特殊监管区相比，保税港区非常具有明显的政策优势。保税区具有保税仓储和保税加工功能，不具备港口作业功能，也不能享受出口退税政策；出口加工区仅具有保税加工功能；保税物流园区具备有保税物流、保税仓储功能，可享受出口退税政策，但不具备保税加工功能；保税港区是将保税区、出口加工区和保税物流园区三者和港口功能集于一身，即在上述三个区域内可以开展的业务在保税港区内都可以进行。另外，跨境工业园区的功能与出口加工区基本相同，而综合保税区则是设立在内陆地区的保税区，具有了保税加工和保税物流的功能，但没有港口功能。

可以看出，保税港区叠加了保税区、出口加工区、保税物流园区乃至港口码头通关的所有政策和功能，这将是海关特殊监管区域未来整合和发展的方向。可以说，保税港区是按照我国国情实际需要，适应跨国公司运作和现代物流发展需要的新型海关监管区域，是我国目前港口与陆地区域相融合的保税物流层次最高、政策最优惠、功能最齐全、区位优势最明显的监管区域。

保税港区将以其最优惠的政策、最齐全的功能和最大的开放度，迅速积聚资源并发展壮大。但这并不是设立保税港区的初衷，通过保税港区辐射带动区域经济发展，才是保税港区更为重要的价值所在。保税港区的建立，是海关特殊监管区域整合的产物，也是我国打造国际航运中心的战略部署，将成为带动区域发展的新“引擎”。

总体上看，保税港区对于所在区域所具有的辐射带动的“引擎”作用是一样的，但具体到不同的区域，保税港区的作用又各有不同。

上海洋山保税港区的设立，意在帮助上海确立国际航运中心地位，提升长江三角洲乃至整个中国经济的国际参与度。当前，我国进出口贸易发展迅速，但遗憾的是，目前众多港口城市中没有一个具备成熟的国际中转能力，绝大部分进出口货物都通过周边国家和地区进行输送。而拥有保税港区的洋山港的定位就是世界级的航运中心。预计到2010年，洋山港将实现集装箱年吞吐量1500万标箱，其规模相当于再造一个上海港。

大连大窑湾保税港区则寄托了东北老工业基地振兴和建设东北国际航运中心的希望。大窑湾保税港区的设立有利于促进东北大物流的发展，使大连成为东北地区国际物流服务中心。同时，东北地区发展外向型经济，加速产业结构的调整和改造，迫切需要一个具有自由港功能的航运中心发挥物流、资金流和信息流的集散、辐射作用，并占领东北地区航运制高点。

海南洋浦保税港区作为华南地区、尤其是环北部湾区域唯一的保税港区，其定位是：建成环北部湾地区面向东南亚最为开放的航运中心和石油、天然气、化工原料、纸制品、公共货物保税仓储、中转交易的物流中心以及化工下游产品出口加工基地，提升海南在泛北部湾区域合作中的地位。

天津东疆保税港区是为推进滨海新区开发开放而设立的，旨在使滨海新区早日建成北方国际航运中心和国际物流中心，从而带动环渤海和中国北方经济的“崛起”。

保税港区内的综合物流企业（绿色通道A类企业）可以利用保税港区的特殊政策优势从事以下综合物流业务：

（1）国际配送：利用保税区的特殊政策，对进口的保税货物进行分拣、分配、分销、分送等配送分拨业务，或进行临港增值加工后（商业性简单加工、批量转换后）向国内外配送。

（2）国际采购：对采购进入保税区的国际货物和进口保税货物进行出口集运的综合处理（如刷唛、更换包装、打托盘等）或临港增值加工后向国内外分销。

（3）国际中转：为保税区转口贸易业务提供清关、运输、仓储、转运至境内外各港口等服务和贴标刷唛、分拣、更换包装、简单装配、打托盘等增值服务。

（4）寄售服务：利用保税区“免征、免税、保税”的优惠政策，为境内外客户提供寄售服务，包括货权控制、货物管理、代收货款、客户管理等服务。

（5）手册管理：解决加工手册周转困难，利用先理货后报关、退运等方式满足客户对特殊物流服务的需求。

（6）进口拆箱：进口集装箱拼装货物的清关、拆箱、转运、仓储、分拨、配送全系列服务。

（7）供应商管理库存：根据客户不同的要求制订各种门到门的物流解决方案，提供专业的供应商管理、原材料库存管理、物流供应链方案设计、费用评估分析等全过程系列服务。

（8）保税物流园区内各种业务形式：货物深加工和手册结转，解决货物“香港一日游”的问题；分批出区，集中报关等业务。

二、国际物流连线

国际物流连线是指连接国内外众多收发货节点间的运输线，如各种海运航线、铁路线、飞机航线以及海、陆、空联合运输航线。这些网络连线是库存货物的移动（运输）轨迹的物化形式；每一对节点间有许多连线，以表示不同的运输路线、不同产品的各种运输服务；各节点表示存货流动的暂时停滞，其目的是为了更有效地移动（收或发）。

国际物流连线实质上也是国际物流流动的路径。它主要包括国际远洋航线及海上通道、国际航空线、国际铁路运输线与大陆桥、国际主要输油管道等。

（一）国际远洋航线

国际远洋航线是指贯通一个或数个大洋的航线，它包括太平洋航线、大西洋航线、印度洋航线、北冰洋航线以及通过巴拿马运河或苏伊士运河的航线等。如由我国各港出发跨越大洋航行至欧洲、非洲、美洲和大洋洲等的航线。航线的形成主要取决于以下几方面的因素：

第一，安全因素。安全因素是指船舶航行的路线须考虑到自然界的种种现象，如风向、波浪、潮汐、水流、暗礁及流冰等。因为上述种种现象会影响到船舶航行的安全。

第二，货运因素。货运因素是指该航线沿途货运量的多寡。货运量多，航行的船舶就多，也必定是繁忙的航线。

目前国际大洋航线密如蛛网，其中主要有以下几条：

1. 太平洋航线

（1）远东—北美西海岸航线。该航线包括从中国、朝鲜、日本、俄罗斯远东海港到加拿大、美国、墨西哥等北美西海岸各港的贸易运输线。

（2）远东—加勒比、北美东海岸航线。该航线常经夏威夷群岛至巴拿马运河后到达。

（3）远东—南美西海岸航线。

（4）远东—东南亚航线。该航线是中、朝、日货船去东南亚各港，以及经马六甲海峡去印度洋、大西洋沿岸各港的主要航线。东海、台湾海峡、巴士海峡、南海是该航线船只的必经之路，航运繁忙。

（5）远东—澳大利亚、新西兰航线。

（6）澳、新—北美东西海岸航线。由澳、新至北美西海岸多经苏瓦、火奴鲁鲁等太平洋上的重要航站到达。至北美东海岸则取道帕皮提，过巴拿马运河而至。

2. 大西洋航线

（1）西北欧—北美东海岸航线。该航线是西欧、北美两个世界工业最发达地区之间的原料、燃料和产品交换的运输线，两岸拥有世界重要的港口，运输极为繁忙。

（2）西北欧、北美东海岸—加勒比航线。西北欧—加勒比航线多半出英吉利海峡后横渡北大西洋。它同北美东海岸各港出发的船舶一样，一般都经加勒比海。除去加勒比海沿岸各港外，还可经巴拿马运河到达美洲太平洋岸港口。

（3）西北欧、北美东海岸—地中海—苏伊士运河—亚太航线。它是世界上最繁忙的航段，也是北美、西北欧与亚太海湾地区间贸易往来的捷径。该航线一般途经亚速尔、马德拉群岛上的航站。

（4）西北欧、地中海—南美东海岸航线。该航线一般经西非大西洋岛屿至加纳利、佛得角群岛上的航站。

（5）西北欧、北美东海岸—好望角—远东航线。该航线一般是巨型油轮的油航线。佛得角群岛、加纳利群岛是过往船只停靠的主要航站。

（6）南美东海岸—好望角—远东航线。这是一条以石油、矿石为主的运输线。该航线处在西风漂流海域，风浪较大，一般西航偏北行，东航偏南行。

3. 印度洋航线

印度洋航线以石油运输线为主，此外还有不少是大宗货物的过境运输。

（1）波斯湾—好望角—西欧、北美航线。该航线主要由超级油轮经营，是世界上最主要的海上石油运输线。

（2）波斯湾—东南亚—日本航线。该航线东经马六甲海峡（20万载重吨级以下船舶可行）或龙目、望加锡海峡（20万载重吨级以上超级油轮可行）至日本。

（3）波斯湾—苏伊士运河—地中海—西欧、北美运输线。该航线目前可通行载重达30万吨级的超级油轮。

除了以上三条油运线之外，印度洋上的其他航线还有：远东—东南亚—东非航线；远东—东南亚、地中海—西北欧航线；远东—东南亚—好望角—西非、南美航线；澳、新—地中海—西北欧航线；印度洋北部地区—欧洲航线。

4. 世界集装箱海运干线

目前，世界海运集装箱航线主要有：远东—北美航线；北美—欧洲、地中海航线；欧洲、地中海—远东航线；远东—澳大利亚航线；澳、新—北美航线；欧洲、地中海—西非、南非航线。

5. 我国的主要海运航线

（1）近洋航线。

① 港澳线。到香港、澳门地区。

② 新马线。到新加坡、马来西亚的巴生港、槟城和马六甲等港。

③ 暹罗湾线，又可称为越南、柬埔寨、泰国线。到越南海防、柬埔寨的磅逊和泰国的曼谷等港。

④ 科伦坡、孟加拉湾线。到斯里兰卡的科伦坡、缅甸的仰光、孟加拉的吉大港和印度东海岸的加尔各答等港。

⑤ 菲律宾线。到菲律宾的马尼拉港。

⑥ 印度尼西亚线。到爪哇岛的雅加达、三宝垄等。

⑦ 澳大利亚、新西兰线。到澳大利亚的悉尼、墨尔本、布里斯班和新西兰的奥克兰、惠灵顿。

⑧ 巴布亚新几内亚线。到巴布亚新几内亚的莱城、莫尔兹比港等。

⑨ 日本线。到日本九州岛的门司和本州岛的神户、大阪、名古屋、横滨和川崎等港口。

⑩ 韩国线。到釜山、仁川等港口。

⑪ 波斯湾线，又称阿拉伯湾线。到巴基斯坦的卡拉奇；伊朗的阿巴斯、霍拉姆沙赫尔；伊拉克的巴士拉；科威特的科威特港；沙特阿拉伯的达曼。

（2）远洋航线。

① 地中海线。到地中海东部黎巴嫩的贝鲁特、的黎波里；以色列的海法、阿什杜德；叙利亚的拉塔基亚；地中海南部埃及的塞得港、亚历山大；突尼斯；阿尔及利亚的阿尔及尔、奥兰；地中海北部意大利的热那亚；法国的马赛；西班牙的巴塞罗那和塞浦路斯的利马索尔等港。

② 西北欧线。到比利时的安特卫普；荷兰的鹿特丹；德国的汉堡、不莱梅；法国的勒弗尔；英国的伦敦、利物浦；丹麦的哥本哈根；挪威的奥斯陆；瑞典的斯德哥尔摩和哥德堡；芬兰的赫尔辛基等。

③ 美国、加拿大线。包括加拿大西海岸港口温哥华；加拿大东岸港口蒙特利尔、多伦多；美国西岸港口西雅图、波特兰、旧金山、洛杉矶；美国东岸港口纽约、波士顿、费城、巴尔的摩和美国墨西哥湾港口的莫比尔、新奥尔良、休斯顿等港口。其中美国、墨西哥湾各港也属美国东海岸航线。

④ 南美洲西岸线。到秘鲁的卡亚俄；智利的阿里卡及伊基克、瓦尔帕莱索、安托法加斯塔等港。

（二）国际航空线

1. 世界重要航空线

（1）西欧—北美的北大西洋航空线。主要往返于西欧的巴黎、伦敦、法兰克福与北美的纽约、芝加哥、蒙特利尔等机场。

（2）西欧—中东—远东航空线。该航线连接西欧各主要机场至远东的香港、北京、东京等各机场。途经的重要航空站有雅典、开罗、德黑兰、卡拉奇、新德里、曼谷和新加坡等。

（3）远东—北美的北太平洋航线。这是远东的北京、香港、东京等主要国际机场，太平洋上空至北美西海岸的温哥华、西雅图、旧金山和洛杉矶等国际机场，再连接北美大西洋岸的航空中心的航线。太平洋的火奴鲁鲁等国际机场是该航线的重要中续加油站。

此外，还有北美—南美、西欧—南美、西欧—非洲、西欧—东南亚—澳新、远东—澳新、北美—澳新等重要国际航空线。

2. 国际航空站

目前不少国家的首都和重要城市都建有国际航空站，下面列出了部分主要的航空站。

（1）亚洲：北京、上海、香港、东京、马尼拉、新加坡、曼谷、仰光、加尔各答、孟买、卡拉奇、德黑兰、贝鲁特。

（2）北美洲：华盛顿、纽约、芝加哥、亚特兰大、洛杉矶、旧金山、西雅图、蒙特利尔、温哥华。

（3）欧洲：伦敦、巴黎、法兰克福、苏黎世、罗马、维也纳、柏林、哥本哈根、雅典、华沙、莫斯科、布加勒斯特。

（4）非洲：开罗、喀士穆、内罗毕、约翰内斯堡、拉各斯、达喀尔、阿尔及尔、布拉柴维尔。

（5）拉丁美洲：墨西哥城、加拉加斯、里约热内卢、布宜诺斯艾利斯、圣地亚哥、利马。

（三）国际铁路运输线

1. 国际货物运输中的主要铁路干线

（1）加拿大连接东西两大洋的铁路。

① 鲁珀特港—埃德蒙顿—温尼伯—魁北克（加拿大国家铁路）；

② 温哥华—卡尔加里—温尼伯—散德贝—蒙特利尔—圣约翰—哈利法克斯（加拿大太平洋大铁路）。

（2）美国连接东西两大洋的铁路。

① 西雅图—斯波坎—俾斯麦—圣保罗—芝加哥—底特律（北太平洋铁路）；

② 洛杉矶—阿尔布开克—堪萨斯城—圣路易斯—辛辛那提—华盛顿—巴尔的摩（圣菲铁路）；

③ 洛杉矶—图森—帕索—休斯顿—新奥尔良（南太平洋铁路）；

④ 旧金山—奥格登—奥马哈—芝加哥—匹兹堡—费城—纽约（联合太平洋铁路）。

（3）中东—欧洲铁路。从伊拉克的巴士拉，向西经巴格达、摩苏尔、叙利亚的穆斯林米亚、土耳其的阿达纳、科尼亚、厄斯基色希尔至博斯普鲁斯海峡东岸的于斯屈达尔，过博斯普鲁斯大桥至伊斯坦布尔，接巴尔干铁路，向西经索非亚、贝尔格莱德、布达佩斯至维也纳，连接中、西欧铁路网。

2. 大陆桥

大陆桥（Land Bridge）是指把海与海连接起来的横贯大陆的铁路。大陆桥运输则是利用大陆桥进行国际集装箱海陆联运的一种运输方式。目前广泛使用的大陆桥有西伯利亚大陆桥、新亚欧大陆桥。

（1）西伯利亚大陆桥（Siberian Land Bridge）。西伯利亚大陆桥把太平洋远东地区与前苏联波罗的海、黑海沿岸及西欧大西洋岸连接起来，为世界最长的大陆桥。十几年来，这条大陆桥运输路线的西端已从英国延伸到了包括西欧、中欧、东欧、南欧、北欧的整个欧洲大陆和中东各国，其东端也不只是到日本，而发展到了韩国、菲律宾、中国内地和中国香港等地。从西欧到远东，经大陆桥为 13000 千米，比海上经好望角航线缩短约 1/2 的路程，比经苏伊士运河航线缩短约 1/3 的路程，同时，运费要低 20%～25%，时间也可节省 35 天左右。

（2）新亚欧大陆桥（A-E．Land Bridge）。新亚欧大陆桥东起中国连云港，经陇海线、兰新线，接北疆铁路，出阿拉山口，最终抵达荷兰鹿特丹，全长约 10800 千米，途经中国、哈萨克斯坦、俄罗斯、白俄罗斯、波兰、德国、荷兰等国，辐射 30 多个国家和地区。新亚欧大陆桥 1992 年 12 月正式投入营运，为亚欧联运提供了一条便捷、快速和可靠的运输通道，能更好地促进世界经济与技术的交流与合作。

7.3 国际物流运作系统

国际物流运作系统是由商品的包装、储存、运输、保险、检验、报关、流通加工和其前后的整理、再包装以及国际配送等子系统组成。运输和储存子系统是物流系统的主要组成部分。国际物流通过商品的储存和运输，实现其自身的时间和空间效益，满足国际贸易活动和跨国公司经营的要求。

一、运输子系统

国际货物运输是国际物流系统的核心。商品通过国际货物运输作业由卖方转移给买方。国际货物运输具有路线长、环节多、涉及面广、手续繁杂、风险性大、时间性强等特点。运输费用在国际贸易商品价格中占有很大比重。国际运输主要包括运输方式的选择、运输单据的处理以及投保等有关方面。国际货物运输方式主要有：国际海上货物运输、国际铁路货物运输、国际公路货物运输、国际航空货物运输与国际多式联运。

二、仓储子系统

商品储存、保管使商品在其流通过程中处于一种或长或短的相对停滞状态，这种停滞是完全必要的。因为，商品流通是一个由分散到集中，再由集中到分散的源源不断的流通过程。国际贸易和跨国经营中的商品从生产厂家或供应部门被集中运送到装运港口，有时须临时存放一段时间，再装运出口，是一个集和散的过程。它主要是在各国的保税区和保税仓库进行的。主要涉及各国保税制度和保税仓库建设等方面。

三、国际货物运输保险子系统

货物在国际运输过程中，可能因遇到自然灾害和意外事故而遭致损失，为了转嫁货物在运输过程中的风险损失，就需要办理货物运输保险，这是同自然灾害和意外事故作斗争的一种经济措施。货物通过投保运输险，将不定的损失变为固定的费用，在货物遭到承保范围内的损失时，可以从保险公司及时得到经济上的补偿。由于进出口货物需要通过海洋运输、陆上运输、航空运输和邮包运输，因此，国际货物运输保险也相应地分为海运货物保险、陆运货物保险、空运货物保险和邮包运输保险。

四、商品检验子系统

由于国际贸易和跨国经营具有投资大、风险高、周期长等特点，使得商品检验成为国际物流系统中重要的子系统。通过商品检验，确定交货品质、数量和包装条件是否符合合同规定。如发现问题，可分清责任，向有关方面索赔。在买卖合同中，一般都订有商品检验条款，其主要内容有检验时间与地点、检验机构与检验证明、检验标准与检验方法等。

五、报关子系统

报关是国际物流系统中相当重要的子系统。所谓报关是指商品在进出境时，由进出口商品的收、发货人或其代理人，按照海关规定格式填报《进出口商品报关单》，随附海关规定应交验的单证，请求海关办理商品进出口手续。

《海关法》规定，进出口商品必须从设有海关的地点进境或者出境，进口商品的收货人、出口商品的发货人或代理人应当向海关如实申报、接受海关监管。对一般进出口的商品，海关的监管程序是：申请报送、交验商品、缴纳税费、凭单取货。

海关在规定时间内接受报关单位的申报后，审核单证是否齐全、填写是否正确，报关单内容与所附各项单证的内容是否相符，然后查验进出口商品与单证内容是否一致，必要时海关将开箱检验或者提取样品。商品经查验通过后，如属应纳税商品，由海关计算税费，填发税款缴纳证，待报关单位交清税款或保付税后，海关在报关单、提单、装货单或运单上加盖放行章后结关放行。当进出口商品、进出境物品放行后，海关发现有少征或漏征税款时，可在自物品放行之日起一年内，向纳税义务人补征，因纳税义务人违反规定造成的，可延至3年内追征；当海关发现多征税款后，应立即退还。

六、商品包装子系统

杜邦定律（美国杜邦化学公司提出）认为：63%的消费者是根据商品的包装装潢进行购买的，国际市场和消费者是通过商品来认识企业的，而商品的商标和包装就是企业的面孔，它反映了一个国家的综合科技文化水平。 现在我国出口商品存在的主要问题是：出口商品包装材料主要靠进口；包装产品加工技术水平低，质量上不去；外贸企业经营者对出口商品包装缺乏现代意识，表现在缺乏现代包装观念、市场观念、竞争观念和包装的信息观念。仍存在着“重商品、轻包装”，“重商品出口、轻包装改进”等思想。为提高商品包装系统的功能和效率，应提高广大外贸职工对出口商品包装工作重要性的认识，树立现代包装意识和包装观念；尽快建立起一批出口商品包装工业基地，以适应外贸发展的需要，满足国际市场、国际物流系统对出口商品包装的各种特殊要求；认真组织好各种包装物料和包装容器的供应工作。这些包装物料、容器应具有品种多、规格齐全、批量小、变化快、质量要求高等特点以便扩大外贸出口和创汇能力。

七、国际物流信息子系统

该子系统主要功能是采集、处理和传递国际物流和商流的信息情报。没有功能完善的信息系统，国际贸易和跨国经营将寸步难行。国际物流信息的主要内容包括进出口单证的作业过程、支付方式信息、客户资料信息、市场行情信息和供求信息等。国际物流信息系统的特点是信息量大，交换频繁；传递量大，时间性强；环节多、点多、线长。所以要建立技术先进的国际物流信息系统。国际贸易中EDI的发展是一个重要趋势。我国应该在国际物流中加强推广EDI的应用，建设国际贸易和跨国经营的高速公路。上述主要系统应该和配送系统、装卸搬运系统以及流通加工系统等有机联系起来，统筹考虑、全面规划，建立我国适应国际竞争要求的国际物流系统。

【相关案例-1】 天津中远国际货运有限公司打造国际物流的“绿色通道”

天津中远国际货运有限公司（以下简称天津中货）是天津市口岸货运代理行业的领军企业。在为客户提供服务中，天津中货一直注重延伸服务的触角、拓展服务的范围，尽量为每一个客户量身打造个性化服务。

根据市场需要，客户要求，天津中货陆续推出了独具特色的“一站式服务”、“绿色服务”、“零距离服务”、“阳光行动”和“精品航线”等。“一站式服务”：客户只需进行一次委托，面对一张面孔，即可通过中货内部衔接紧密、责任清晰的体系达到货物轻松出运的目的。公司“一站式服务”人员全面承担起委托订舱，各类更改，安排提箱、装箱、代理报关商检，领取提单、账单、退税单、核销单，提供各类信息等职责，免去传统货运服务模式中客户的诸多烦恼。“绿色服务”是在“一站式服务”基础上推出的特色服务品牌。这一服务品牌借“绿色”国际流行安全色的内在含义，在货运业务具体销售、操作过程中对特定的服务对象，由天津中货派出高素质的业务人员直接进驻客户办公地点，直接为客户提供面对面的进出口优质服务，包括售前服务、订舱保障、运价优先、顺利清关、仓储运输、运费收取、单证传递等，使特定客户的订舱货物如同进入一条安全快捷的绿色通道。

天津中货在某种程度上还充当了物流顾问的角色。以企业长期从事集装箱运输业的优势，天津中货根据客户的不同需求提出货运方案，从客户的角度出发为客户尽量节约成本，提高运输质量，赢得了客户的信赖，在货主心目中，天津中货已成为优质服务的象征。

【相关案例-2】 务实的索尼全球物流运营

索尼集团公司是日本一家跨国经营和生产电子产品的厂商，在全球拥有 75 家工厂和 200 多个销售网点。据国际物流专家估计，仅在电子产品方面，索尼集团公司每年的全球集装箱货运量已经超过 16 万标准箱，是世界上规模比较大的发货人之一。为了充分发挥跨国经营的杠杆作用，扩大其在国际市场上的竞争能力，该集团公司每年都会与承运人及其代理展开全球性商谈，以便进一步改善物流供应链，提高索尼集团公司的经济效益。

一、每年一度的全球物流洽谈

索尼集团公司每年都会举行一次与承运人的全球物流洽谈会，通过认真谈判把计划中的集装箱货运量配送给选中的承运服务提供人。在一年中，如果索尼提供的箱量低于许诺，索尼向承运人赔款；如果箱量超过许诺，索尼不要求承运人提供回扣。在合同中，索尼只要求承运人提供半年至一年的运价成本。索尼集团公司这样做的目的是为了加强与同样艰苦奋斗、拼搏不止的承运人的合作和联系，建立和提供质量上乘、价位低廉的物流链服务网络。负责与承运人展开全球性物流谈判的一般是索尼物流采购公司总经理。他的任务非常艰巨复杂，但是可以用两句话概括：落实成交条件，扩大物流成本节约范围。在全球性谈判中究竟要选用哪一家承运人，这不仅要看承运人开出的运价，更要看承运人实质性的东西，即全面评估有关承运人过去三年中的经营业绩、信誉程度、交货速度、船舶规范和性能，还有一些对公司命运至关重要的因素，如客户服务、售后服务、经营管理作风、经营风险意识、公司高级职员自身素质，等等。这体现了索尼运营物流的务实态度。

二、务实的经营理念与立足长远的物流理念

索尼的经营理念是：“竭尽全力，接近客户。要想客户之所想，急客户之所急。凡是客户想到的，索尼争取先想到；凡是客户还没有想到的，索尼必须抢先想到。”这种理念也已经渗透到公司的物流活动中来。几年以前，索尼曾经遇到这么一件事情：欧洲市场客户急需当地市场已经断档多时的索尼牌超高速凸轮缓冲器，这种用于电视接收设备的产品当时只在日本本土生产，在欧洲和世界各地的索尼公司均不生产，这种产品以往都是通过集装箱海运发往世界各地。但是索尼集团公司最高执行官当即决定，急事特办，采用运价比海运高出十几倍的空运物流，把凸轮缓冲器运到欧洲国际市场和其他急需这种产品的市场。如果索尼集团当时不这样做，欧洲和其他地区的零售商货架上一直找不到索尼产品，消费者必然会另外寻找途径，索尼就会逐渐失去市场，等于把竞争的胜利花环主动让给对手。索尼公司虽然在缓冲器产品的物流上多赔了一些运费，但是用局部的牺牲赢得了全局的胜利，保持和扩大了市场信誉和占有率。

与经营理念相对应，索尼的物流理念是：必须从战略高度去审视和经营物流，每时每刻都不能忽视物流，满足客户及市场的需要是物流的灵魂，索尼集团公司麾下的各家公司必须紧紧跟随市场的潮流。

索尼物流涉及采购、生产和销售等项目，一般是在不同地区与承运人商谈不同的物流项目。如索尼公司在北美和亚洲的物流谈判不包括采购项目，但在欧洲的物流谈判就包括采购项目，这是因为索尼是跨国经营集团，要做的是全球性的物流，需要的是全球性物流供应链管理。

三、独特务实的远洋运输业务处理方式

随着国际分工的细化，索尼公司不可能把某一个特定消费市场所需要的所有产品全部生产出来。当然，倘若分布在世界各地的索尼子公司能够把工厂所在地四周和附近市场所需要的产品全部生产出来，把本地的这些市场全部包下来，那是最理想的。但是由于产品成本的问题，在实际操作上，这是不可能的。为了既要把市场包下来，同时又要保证产品成本不上扬，务实的索尼集团公司鼓励各地区索尼子公司互相协作，尽量从别的地区寻找本地区缺乏而又必需的零部件产品。

索尼在处理自己产品的远洋运输业务中，往往是与集装箱运输公司直接洽谈运输合同而不是与货运代理谈，但是在具体业务中索尼也乐意与货运代理打交道。索尼与其他日本实业公司不同的是，索尼与日本的商船三井、日本邮船、川崎船务等实力雄厚的航运集团结成联盟。因此索尼集团公司在业务上始终保持独立自主。但是索尼非常重视电子信息管理技术（EICT），使用比较先进的通用电子信息服务（GEIS）软件，与日本和世界各地的国际集装箱运输公司建立密切的电子数据交换联系（EDIL）。

为了进一步降低物流成本，索尼集团公司常常根据实际需要，办理集装箱货物的多国拼箱。例如，索尼公司把半箱货物的集装箱从某产地发往新加坡，在那里把另外一种产品补充装入箱子，变成满箱货物的集装箱，然后继续运输，直至北美或者欧洲某目的港。这种物流方法的最大好处，首先是避免了等候时间，因为集装箱运输时间本身就是用金钱买来的，降低成本的同时也大幅度减少通关时间。现在索尼集团已经把新加坡和中国台湾高雄作为索尼产品多国拼箱的集装箱枢纽港。其他方法还有满箱货物的“工厂直接装箱”，或者在一个国家内的几家索尼子公司的产品进行拼箱。索尼集团目前把这些物流服务委托给中国香港东方海外集运公司和马士基海陆船务公司。索尼集团公司在对美国的跨太平洋出口贸易航线上，常常把产品集中到北美内地某一个配送中心站，或者把货物运送到洛杉矶附近混合中心进行中转或者拼箱，充分发挥索尼集团在北美的亚特兰大、纽约和洛杉矶等地区拥有的仓储能力。索尼集团还利用欧洲荷兰作为其拼箱中心。凡是准备运往东欧地区的货物先从其他各国进口和集中到荷兰这个拼箱中心，然后发送到东欧各地的配送站。但是发往莫斯科的货物一向不是从荷兰出去的，而是先运往芬兰的赫尔辛基，然后再从那里转运到莫斯科和俄罗斯其他腹地。

四、全球各地物流分支机构联合服务

分布在世界各地，特别是一些主要国家的物流分支机构已经成为索尼物流管理网络中的重要环节，目前这种环节的重要作用已经越来越显著。

过去索尼分布于各个国家物流分支机构的主要功能是为在同一个国家的索尼公司提供服务，经过进行改革调整，把这些物流分支机构的服务联合起来，发挥全球性索尼物流网络功能。虽然机构还是原有物流机构，但是功能更大，服务范围更广泛，索尼公司的物流成本降低，经济效益得到极大提高。例如：新加坡或者马来西亚有一家索尼物流分支公司把来自当地的零部件拼装箱，运到位于日本的另一家索尼物流分支公司。后者收到集装箱货后，立即拆箱，把货物迅速配送到分布于日本各地的索尼工厂车间。近来在索尼物流分支机构中全球业务最多的是索尼物流新加坡公司，该公司主要经营东南亚各国到越南和中国的物流服务。

五、组织“牛奶传送式”服务

索尼集团公司在世界各地组织“牛奶传送式”服务，进一步改善索尼公司在全球，特别是在亚洲地区的索尼产品运输质量。牛奶传送式服务是一种日本人特有的快递服务，高效、快捷、库存量合理，又深得人心，特别受到要求数量不多、产品规格特别的客户的欢迎，他们非常赞同这种服务方式，因而起到了很好的口碑效应。这种服务非常灵活，客户可以通过电话、传真和电子邮件申请服务，甚至可以租用“牛奶传送式”服务车辆进行自我服务。索尼新加坡物流公司正在进一步缩短海运和空运物流全程时间。由于采用出口优先规划，海运已经缩短到 4 天，空运缩短到 1 天。

索尼集团公司向系统内的各家索尼物流公司提出了三大要求：

一是竭尽全力缩短从产品出厂到客户手中的过程和时间，特别是要缩短跨国转运，多式联运和不同类型运输方式之间货物逗留的时间，必须做到“零逗留时间，零距离，零附加费用，零风险”物流服务。

二是大力加强索尼集团公司和物流链服务供应方之间的合作关系和始终保持电子数字信息交换联系的畅通。

三是当前最紧迫的任务是在东欧地区和中国地区迅速建立索尼物流的基础设施。因为索尼认为，“如果物流服务质量低劣，任何严重问题都可能产生”。

讨论与分析：

索尼的全球物流运营有什么特点？其全球物流运营有哪些值得学习的地方？

同步测试

一、填空题

1. 国际物流是指在两个或____________以上国家（或地区）之间所进行的物流活动。国际物流的实质是按国际____________的原则，依照国际惯例，利用国际化的物流____________、物流________和物流________，实现________在国际间的流动与交换，以促进区域经济的发展和世界________优化配置。

2. 国际物流节点主要分为________节点、________节点、流通型节点和综合性节点。其中口岸、港口、________、出口加工区、________物流园区、保税物流中心、保税港区、________贸易区是国内物流所不具有的特殊节点，这些特殊节点在国际物流中发挥着重要作用。

3. 上海自由贸易区（2013 年 9 月 29 日正式挂牌成立）的范围涵盖上海市________保税区、外高桥保税物流园区、________保税港区和上海浦东机场综合保税区等 4 个海关特殊监管区域。

4. 保税物流园区的具体功能为：第一，国际________。对进入园区的境外货物进行分拆、集拼、开展中转货物集运、多国别货物快速集并和国际联合快运等业务。第二，国际________。对进入园区的境外和国内货物进行分拣、分配、分销、分送等配送分拨业务向境内外配送。第三，国际________与国际________。

5. 保税物流中心分两类：A 型，主要由一家企业投资建设并为该企业________服务。B 型，主要由一家或多家投资主体投资建设，并由两家以上大型物流企业入驻运营的公共________，是封闭的海关监管区域，具备口岸功能。

6. 保税物流中心的功能有九项：保税________；国际物流________；简单加工和增值服务；检验检测；进出口贸易和转口贸易；商品展示；物流信息处理；口岸；入物流中心出口________。

7. 保税物流中心的主要作用：一是解决一般贸易________商品入中心退税问题；二是解决一般贸易________商品保税问题；三是解决________贸易中的深加工和结转货物问题。

8. 新亚欧大陆桥东起中国________，经陇海线、兰新线，接北疆铁路，出阿拉山口，最终抵达荷兰________，全长约 10800 千米。

9. 国际物流运作系统是由商品的包装、储存、运输、保险、________、________、流通加工和其前后的整理、再包装以及国际配送等子系统组成。国际物流通过商品的储存和运输，实现其自身的________和________效益，满足国际贸易活动和跨国公司经营的要求。

10. 国际货物运输方式主要有：国际________货物运输、国际________货物运输、国际________货物运输、国际________货物运输与国际________联运。

11. 国际货物运输保险一般分为________货物保险、________货物保险、________货物保险和________运输保险。

12. 在买卖合同中，一般都订有商品检验条款，其主要内容有检验________与地点、检验机构与检验________、检验________与检验方法等。

13. 对一般进出口的商品，海关的监管程序是：________、________、________、________。

二、不定项选择题

1. 国际物流的特点有（　　）。

A．国际物流系统范围广、环节多
B．国际物流环境复杂、风险大
C．国际物流的标准化要求高
D．国际物流必须有国际化信息系统的支持
E．国际物流以远洋运输为主，并由多种运输方式组成

2．国际物流发展呈现出一系列新的趋势和特点主要表现为（　　）。
A．国际物流系统更加集成化　　B．国际物流管理更加网络化
C．国际物流标准更加统一化　　D．国际物流配送更加精细化
E．国际物流园区更加便利化

3．按照出入国境的交通运输方式划分，可将口岸分为（　　）。
A．港口口岸　B．陆地口岸　C．航空口岸
D．一类口岸　E．二类口岸

4．港口按其基本功用，可分为（　　）。
A．商港　B．渔港　C．军港
D．避风港　E．散货港

5．保税物流园区最突出的政策特色主要有（　　）。
A．国内货物进入园区视同出口，办理报关手续
B．对出口到保税区的国内企业不可以实行退税
C．园区内货物内销按货物进口办理报关手续，货物按实际状态征税
D．进口货物不可以更改初始入区的状态（税号不变），但可以更改包装和标志
E．园区内货物自由流通，不征增值税和消费税

6．保税物流园区的主要功能有（　　）。
A．国际中转　B．分拨配送　C．国际采购
D．国际转口贸易　E．国内贸易

7．保税物流中心的主要作用有（　　）。
A．解决一般贸易出口商品入中心退税问题
B．解决一般贸易进口商品保税问题
C．解决加工贸易中的深加工和结转货物问题
D．解决一般贸易进口商品入中心退税问题
E．解决特殊贸易进口商品保税问题

8．国际货物运输的主要特点有（　　）。
A．路线长　B．环节多　C．涉及面广
D．手续繁杂　E．风险性大

9．国际物流信息的主要内容包括（　　）。
A．进出口单证的作业过程　　B．支付方式信息
C．客户资料信息　　D．市场行情信息
E．供求信息

三、简答题

1．简述国际物流的含义与特点。

2．国际物流的发展体现在哪几个方面？

3．国际物流的基本节点有哪些？

4．国际物流运作的基本系统包括哪几个子系统？

职业导航

招聘 1　招聘国际物流业务经理

职位描述

从事内陆国际物流集装箱堆场的运作、CFS 仓库管理、国际货代、报关报检等。一旦录用，年内先到国内大型沿海港口进行为期 2～3 个月带薪学习、实习。

任职资格

① 全日制普通高校大专以上学历，国际贸易、国际商务、国际经济、物流管理、集装箱管理等专业。年龄要求：18～40 岁，性别不限。品貌端正，无违法违纪行为或其他不良记录；

② 具有较好的英语基础；

③ 具有一定的计算机操作能力，能熟练使用 Office 、Excel 等办公软件；

④ 工作细心、责任心强，具有较强的服务意识和团队精神；

⑤ 身体健康，无慢性疾病或家族遗传性疾病；

⑥ 具有码头堆场拆装箱业务、CFS 货运站、闸口、进出口货物报关报检、国际货代、仓储管理、集装箱管理等工作经验者优先。工作经验丰富者，可以适当放宽条件。

招聘 2　招聘海关事务经理

职位描述

① 对公司立项客户通关状况进行跟踪，协助解决通关疑难问题，必要时现场解决；

② 共享合作方资源，推动电子化通关模式的创新；

③ 监督各部门通关系统的使用并进行考核，实现报关电子化管理；

④ 整理通关法律法规政策，分析解读保税制度和减免税制度，并与公司各部门共享；

⑤ 整理分析各种通关模式和政策，提供相关政策咨询；

⑥ 督促并协助各报关网点分析报关差错原因，跟进落实解决方案；

⑦ 组织专业培训，提供培训教材；

⑧ 挖掘现有客户需求，提供延伸服务，推广增值服务；

⑨ 独立处理或帮助、指导下属处理突发和有疑问的事件，并将处理结果向上级汇报。

任职资格

① 大专及以上学历，报关、货代或管理专业优先；

② 三年以上报关工作经验，其中包括一年相关管理工作经验；

③ 有报关员资格证书，具有团队合作精神；责任心强；

④ 熟悉基本通关操作模式、海关法律法规、保税制度、减免税制度。

招聘3 商品归类员

职位描述

① 为公司各部门进行商品归类，按照海关规范要求，对客户HS编码归类提出建议，并为报送提供规范的中文品名和商品描述；

② 积极与客户联系，了解客户进出口的基本信息，以做出相对准确的归类建议；

③ 对不同的客户分别建立商品信息数据库，包括企业商品料号、中文品名、英文品名、商品描述、单价和照片等信息；

④ 协助现场报关员到现场海关对归类方面的问题进行沟通；

⑤ 建立和维护电子账册系统；

⑥ 完成领导交办的其他事项。

任职资格

① 大专以上学历，有报关资格证书；

② 男女不限，20～35岁；

③ 积极上进，有责任心；

④ 熟练使用Office软件，熟悉相关商品知识；

⑤ 请注明可到岗时间，期望薪资。

项目实训

国际物流运作案例研讨

一、实训目的

通过让学生参与国际物流运作案例讨论，达到深刻理解国际物流内涵、运作模式及发展趋势的目的，以检验学生掌握和灵活运用所学知识的能力。

二、实训地点

投影教室。

三、实训方法

每4～6人为一个小组，每个小组均要完成案例讨论。

四、实训步骤

（1）以小组为单位，学生课后上网查找国际物流运作案例加以讨论，并写出初步讨论结果，制作PPT。

（2）在课堂上由小组的代表进行陈述与展示。

（3）老师和同学们一起点评、完善和归纳总结。

五、实训要求

要求所有同学开动脑筋，积极讨论，合理总结。

六、实训思考题

当前本地有哪些从事国际物流的企业，它们分别承担哪些公司的业务？

Module 8 模块8 物流金融

学习目标

1. 了解物流金融的概念与作用；
2. 掌握物流金融的主要模式及流程；
3. 能找出物流企业开展物流金融的问题并提出相应的解决对策。

导入案例

UPS公司于2001年5月并购了美国第一国际银行（First International），将其改造成UPS金融部门（UPS Capital），使其物流金融业务走在了全世界前列。在UPS提供的物流金融服务中，UPS在收货的同时直接给出口商提供预付货款，货物即是抵押，这样，小型出口商们得到及时的现金流；UPS再通过UPS银行实现与进口商的结算，而货物在UPS手中，也不必担心进口商赖账。对于出口企业来说，借用UPS的资金流，货物发出之后立刻就能变现，如果把这笔现金再拿去做其他的流动用途，便能提高资金的周转率。UPS开展的物流金融的赢利模式是：当UPS为发货人承运一批货物时，UPS首先代提货人预付一半货款；当提货人取货时则交付给UPS全部货款。UPS将另一半货款交付给发货人之前，产生了一个资金流动的时间差，即这部分资金在交付前有一个沉淀期。在资金的这个沉淀期内，UPS用这一笔资金从事贷款，而贷款对象仍为UPS的客户或者限于与快递业务相关的主体。在这里，这笔资金不仅充当交换的支付功能，而且具有了资本与资本流动的含义，这种资本的流动是紧密地服务于业务链的。

8.1 物流金融概述

一、物流金融的产生背景

我国加入WTO以来，被企业视为“第三利润源泉”的第三方物流得到了长足发展，近几年以每年增长16%～25%的速度发展，它们主要是一些原来的国家大型仓储运输企业和中外合资独资企业，大多数还是以仓储经营模式为主的传统型企业，在市场竞争越来越激烈的环境下，第三方物流企业的利润率已经下降到2%～3%，尽管第三方物流前景乐观，但是在我国，这些企业在现行经营制度下的前景令人堪忧，主要表现在以下几个方面：① 没有建立起较为完善的现代企业制度；② 经营意识、模式与市场要求相距甚远；③ 企业管理水平较低；④ 企业规模较小、综合化程度较低；⑤ 企业信息化程度低。

面对竞争越来越激烈的市场，众多的物流公司开始了对第三方物流业务模式的探讨和实践，物流服务逐渐向价值链的其他环节延伸，如提供采购、销售、电子商务、金融等衍生服务，可以说物流衍生服务是物流企业发展的高级阶段。物流金融服务就是物流衍生服务的重要组成部分，是物流与资金流结合的产物。中国物资储运总公司于 1991 年开始研究物流金融这一新型业务模式，那时银行还在计划经济体制下，还没有完全进入到现代商业运作模式中，因此没有对这一新型模式进行深入研究，1999 年中储无锡仓库开始了物流金融业务的第一单，当时一年质押贷款额也就是 3000 万元，到现在中储的质押贷款额已经超过了 100 亿，并且以每年 200%～300%的速度递增。

近年来，物流金融在我国发展迅速，成为物流企业和金融企业拓展发展空间、增强竞争力的重要领域，“物流、资金流和信息流结合”也从概念变成了现实。

二、物流金融的概念

物流金融是指在面向物流业的运营过程，通过应用和开发各种金融产品，有效地组织和调剂物流领域中货币资金的运动。这些资金运动包括发生在物流过程中的各种存款、贷款、投资、信托、租赁、抵押、贴现、保险、有价证券发行与交易，以及金融机构所办理的各类涉及物流业的中间业务等。

物流金融是为物流产业提供资金融通、结算、保险等服务的金融业务，它伴随着物流产业的发展而产生。在物流金融中涉及三个主体：物流企业，客户和金融机构。物流企业与金融机构联合起来为资金需求方企业提供融资，物流金融的开展对这三方都有非常迫切的现实需要。物流和金融的紧密融合能有力支持社会商品的流通，促使流通体制改革顺利进行。物流金融正成为国内银行一项重要的金融业务，并逐步显现其作用。

物流金融是物流与金融相结合的复合业务概念，它不仅能提升第三方物流企业的业务能力及效益，也可为企业融资及提升资本运用的效率。对于金融业务来说，物流金融的功能是帮助金融机构扩大贷款规模降低信贷风险，在业务扩展服务上能协助金融机构处置部分不良资产、有效管理 CRM 客户，提升质押物评估、企业理财等顾问服务项目。从企业行为研究出发，可以看到物流金融发展起源于“以物融资”业务活动。物流金融服务是伴随着现代第三方物流企业而生，在金融物流服务中，现代第三方物流企业业务更加复杂，除了要提供现代物流服务外，还要与金融机构合作一起提供部分金融服务。

三、物流金融的作用

（一）增强物流企业的竞争优势

对于物流企业而言，物流金融是物流企业的新功能，主要特点是：在保管的基础上增加监管功能；对客户和金融业负责，是独立公正的第三方；专业化的服务确保货物的安全；服务领域向供应链延伸，理论上可以做到全程监管服务；承担货物损失的赔偿责任。

1. 物流金融可以提高第三方物流企业相对于对手的竞争优势

“贷款难”一直是困扰我国中小企业的难题，第三方物流企业通过向中小企业提供物流金融服务，可以缓解中小企业资金缺乏的问题，因而受到中小企业的青睐。因此物流金融正成为第三方物流企业获取竞争优势的重要手段。在物流企业提供的金融服务中，仓单质押是典型的为中小企业提供融资的服务。

2. 物流金融可以成为第三方物流企业的新的利润源泉

首先，提供物流金融服务的物流企业可以通过向中小企业收取手续费获取一笔不小的利润。其次，在提供物流金融服务中产生的货币的时间价值也为企业带来了利润。

3. 物流金融中的保险服务可以提高物流公司的防风险能力

物流活动中的风险存在于物流活动的各个环节，包括运输、装卸、包装等。因此可以利用物流金融中的保险服务为物流活动保驾护航，从而提高物流公司的防风险能力。

（二）提高银行贷款质量与数量

对于银行而言，物流金融是一种金融产品，其主要特点是：有实际的货物作为贷款保证；有第三方中介——物流企业对货物实施监管，并对货物的真实性、安全性承担责任；贷款安全系数提高，贷款规模扩大；有稳定的客户。

银行开展物流金融业务的主要客户是一些中小型企业和民营企业，企业只要交一些保证金，银行就可以提供3～4倍的贷款用于企业的生产和销售。以广东发展银行为例：广发行目前80%以上的客户为中小企业，70%以上的贷款投向这些企业，提供金融服务的中小企业大概有几万家。

对企业而言，物流金融监管融资是获取资金和服务的重要途径，可以解决贷款问题（贷款必须有担保，信誉担保风险太大，不动产担保需评估，手续繁杂）；充分利用金融和物流业的服务扩大规模，降低融资成本。物流金融业务是一套综合服务解决方案，间接地可以帮助企业迅速建立销售、配送网络，增加企业流动资金，降低其运营成本。开展物流金融业务可以使企业专于自己的核心产业，将非核心的业务外包给第三方物流处理，增强企业的市场竞争力，使企业运作一体化。

例如：一家商贸企业A，每次只有75万元现金可用于向厂商B购货，销售200万元商品需要56天。采用物流金融融资模式后，A企业只需用60万元作保证金就可以开出200万元的银行承兑汇票向厂商B购买商品，厂商B认可后将商品发至银行指定的某物流公司在A企业所在地的仓库，并由物流公司负责质押监管。A企业再在银行存入15万元补充保证金后，银行计算发货量，当天通知物流公司将商品发至A企业进行销售。这样，A企业用37天便完成了按原销售模式需56天才能完成的200万元销售规模，销售额扩大了近50%，商品周转时间缩短$\frac{1}{3}$左右，而对于厂商B说，如果整个销售网络全面采用物流金融业务，那将使其整体销售额扩大50%左右。

8.2 物流金融主要模式与流程

物流金融的主要模式包括融通仓业务、代理结算业务与供应链物流金融业务。

一、融通仓业务

融通仓是一种对物流、信息流和资金流综合管理的创新，是物流服务、金融服务、中介服务和风险管理服务的继承，以及这些服务间的组合与互动。融通仓的核心思想是在各种流的整合和互补互动关系中寻找机会和时机，其目的是为了提升顾客服务质量、提高经营效率、减少运营资本、拓宽服务内容、减少风险、优化资源使用、协调多方行为、提升供应链整体绩效和增加整个供应链竞争力，等等。实际操作中主要可分为仓单质押和保兑仓业务。

（一）仓单质押业务

所谓仓单质押是指货主把货物存储在仓库中，然后可以凭仓库开具的仓单向银行申请贷款，银行根据货物的价值向货主企业提供一定比例的贷款。仓单是仓库接受货主的委托，将货物存入库以后向货主开具的说明存货情况的存单。第三方物流企业开展的仓单质押业务，不仅仅是指企业的仓单，也包括存货、权利单证（如仓单、提单、应付和应收单据凭证等）。对于物流企业而言，开展仓单质押业务一方面增加配套服务功能，提高仓储的附加值，提升企业综合价值和竞争力，稳定和吸引众多客户进驻市场开展经营业务；另一方面物流企业作为银行和客户都信任的第三方，可以更好地融入客户的商品产销供应链中，同时也加强了与银行的同盟关系。仓单质押业务模式可以用图8-1表示。

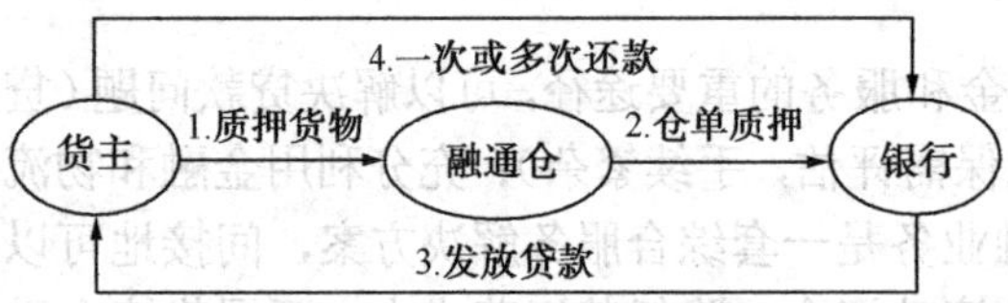

图8-1 仓单质押业务模式

仓单质押具有以下功能：① 有利于生产企业的销售；② 有利于商贸企业获得融资；③ 有利于回购方（交易所或会员单位）拓展自身业务；④ 以标准仓单作为质押获得融资；⑤ 使得贷款人与回购人紧密合作，达到双赢。

这一融资方式的大致过程如下：银行作为信用贷款的提供方、第三方物流企业作为融通仓服务的提供方、生产经营企业作为资金的需求方和质押物的提供方三方协商签订长期合作协议，生产经营企业在协作银行开设特殊账户，并成为提供融通仓服务的第三方物流企业的会员企业，生产经营企业采购的原材料或待销售的产成品进入第三方物流企业设立的融通仓，同时向银行提出贷款申请；第三方物流企业负责进行货物验收、价值评估及监管，并根据此向银行出具证明文件；银行根据贷款申请和价值评估报告酌情给予生产经营企业发放贷款；生产经营企业照常使用和销售其融通仓内产品；第三方物流企业在确保销售产品的收款账户为生产经营企业的协作银行开设的特殊账户的情况下予以发货；生产经营企业以其所得货款还贷。如果生产经营企业不履行或不能履行贷款债务，银行有权从质押物中优先受偿。

（二）保兑仓业务

保兑仓业务是指银行向生产商（卖方）及其相应的经销商（买方）提供的一系列金融服务，是一种“银行—生产商—经销商”的三方合作模式。保兑仓业务模式可以用图8-2表示。

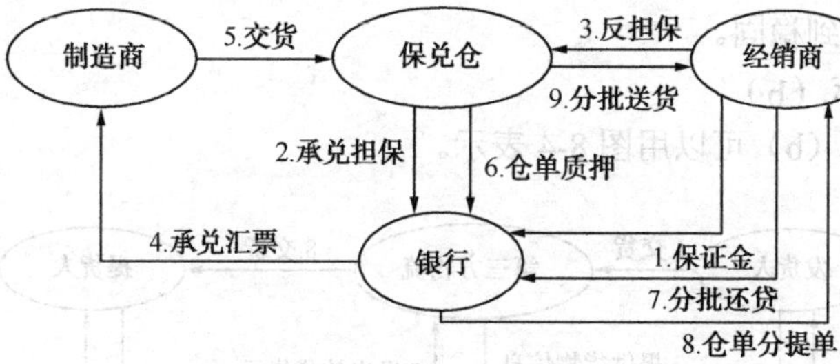

图 8-2 保兑仓业务模式

根据服务协议，一方面，银行向买方收取一定比例的保证金，为买方签发银行承兑汇票，专项用于向卖方贷款的支付保证和到期支付；另一方面，银行根据买方存入的保证金签发等额的《提货通知单》，卖方只凭银行签发的《提货通知单》向买方发货，买方销货后向银行续存保证金，银行再签发《提货通知单》，卖方凭银行签发的《提货通知单》向买方发货，如此循环操作，直至保证金账户余额达到银行承兑汇票金额。票据到期，银行保证兑付。

通过这种模式，一方面可以缓解经销商自有流动资金的不足，使其享受到大批量订货和付款方面的优惠政策；另一方面不仅使生产商提前获得生产资金，保证其产品的正常生产，而且能够帮助生产商增加销售渠道，锁定市场销售终端，扩大市场份额。

二、代理结算业务

（一）垫付货款模式

在最基本的垫付货款模式中包括第三方物流企业、发货商、提货商三方。其运作的基本原理是：第三方物流企业承担两者之间的货物运输，在向发货商提货时，向其支付去除物流费用的部分或全部的货款。当提货商提货时，物流企业向其索要货款，如果提货商拒绝支付，第三方物流企业有权要求发货商回购货物。如果第三方物流企业资金实力不强的话可以与银行合作，发货商将货物的所有权交给银行，而银行给发货商提供融资。当提货商向银行支付货款时，第三方物流企业可根据银行指令为提货商送货。如果提货商没有支付货款，银行可以要求发货商回购货物。在这一流程中，第三方物流企业主要提供对货物的监管。

1. 垫付货款模式（a）

垫付货款模式（a），如图 8-3 所示。发货人除了与提货人签订的《购销合同》外，还应该与第三方物流供应商签订《物流服务合同》，在该合同中发货人应无条件承担回购义务。垫付货款模式的流程是：发货人委托第三方物流供应商送货，第三方物流供应商垫付扣除物流费用的部分或者全部货款，第三方物流供应商向提货人交货，根据发货人的委托同时向提货人收取发货人的应收账款，最后第三方物流供应商与发货人结清货款。对第三方物流企业而言，其赢利点是将客户与自己的销售连在一

图 8-3 垫付货款模式（a）

起，客户群的基础得到稳固。

2. 垫付货款模式（b）

在垫付货款模式（b）可以用图 8-4 表示。

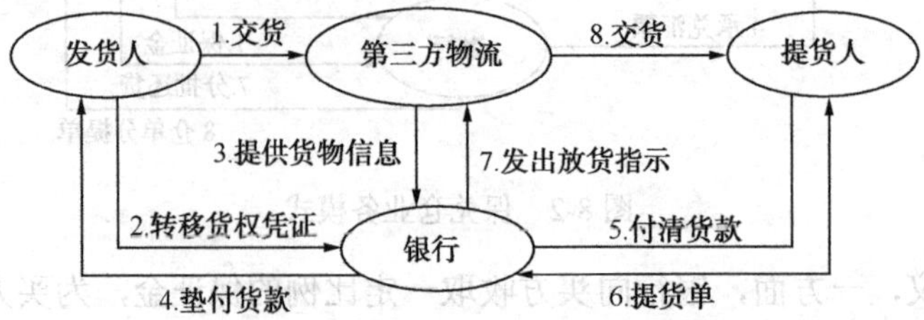

图 8-4 垫付货款业务模式（b）

在货物运输过程中，发货人将货权转移给银行，银行根据市场情况按一定比例提供融资。当提货人向银行偿还贷款后，银行向物流公司发出放货指示，将货权还给提货人。当然，如果提货人不能在规定的期间内向银行偿还贷款，银行可以在国际、国内市场上拍卖掌握在银行手中的货物或者要求发货人承担回购义务。

物流公司的任务主要包括：第一，银行为了控制风险，就需要了解质押物的规格、型号、质量、原价和净值等情况，要查看货权凭证原件，辨别真伪，由于这些工作超出了银行的日常业务范畴，这时候银行离不开物流公司的协助。第二，一般情况下，商品是处于流动变化当中的，作为银行不可能了解它每天变动的情况，而安全库存水平是可以融资的底线，但是如果物流公司能够掌握商品分销环节，向银行提供商品流动的情况，则可以大大提高这一限额。如果物流公司有完善的信息系统，能够提供包括商品销售的网点分布、单点销量、平均进货周期、结款信誉度等资料，使银行、生产商随时得知商品的现有状况，更好地控制风险。

（二）代收货款模式

垫付货款模式主要是针对 B2B 的业务中，而对于 B2C 业务则适用代收货款模式。物流企业在送货时，代替发货商向顾客收取货款，再将货款转交给发货商。不论是垫付模式还是代收模式，第三方物流公司都会获得一个资金的沉淀期，这批资金对于物流企业来说就是一笔不必付利息的融资。而且，通过提供这样的服务，物流企业和交易双方成为利益相关者，有利于形成核心竞争力。代收货款模式，如图 8-5 所示。

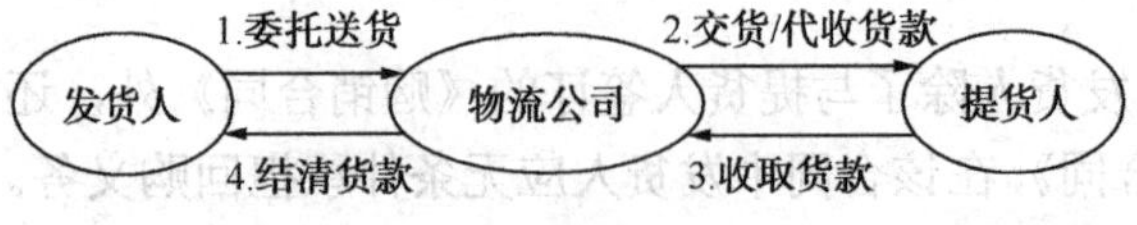

图 8-5 代收货款模式

垫付货款模式常见于 B2B 业务中，而代收货款模式常见于 B2C 业务。代收货款模式中：发货人与第三方物流供应商签订《委托配送和委托收款合同》，第三方物流供应商每日向用户送货上门同时根据合同代收货款，每周或每月第三方物流供应商与发货人结清货款。与垫付货款模式（a）一样，代收货款模式的资金在交付前有一个沉淀期。在这个沉淀期内，第三方物流供应商等于获得了一笔不用付利息的资金。

三、供应链物流金融业务

供应链层次的物流金融服务，即第三方物流企业及银行提供的物流金融服务同时融入主体生产企业的采购物流和销售物流中，提供集采购融资、生产库存监理、销售资金回笼的一揽子物流服务，形成第三方物流企业与主体生产企业的战略联盟，巩固物流金融提供方的竞争优势地位。

供应商将生产原材料运送到生产企业。由于企业生产是价值链增值的过程，对于连续生产的企业，生产过程中的半成品、未销售出的成品相比原材料实现了增值。生产企业对半成品、成品进行评估质押，通过具有丰富物流管理经验第三方物流做货物监管，从银行获得贷款支付部分采购应付账款。经销商进行采购时支付货款给银行，银行向进行监管的第三方物流发出发货指令，第三方物流才将货物运送至经销商处。同时银行替生产企业将剩余部分拖欠账款转交供应商，并对生产企业应收账款进行结算。在这个过程中，生产企业需要连续不断地补充半成品和成品达到规定的数量才能实现成品销售。

具体过程：① 供应商将生产原材料运至生产企业；② 生产企业将半成品，部分未销售成品进行估价质押；③ 第三方物流为银行提供质押物的监理服务；④ 银行根据质押物价值对供应商支付部分采购应付账款；⑤ 经销商采购产品，将货款支付至银行；⑥ 银行对第三方物流签发发货通知；⑦ 第三方物流将货物送至经销商；⑧ 银行替生产企业支付剩余应付账款给供应商，同时结算生产企业的应收账款。

★请根据以上 8 个步骤绘制供应链物流金融流程图。

对于生产企业来说，第三方物流以及银行的介入，实现大量流动资产的变现，解决了长期不能及时对供应商回款的问题。同时，半成品、成品的质押还对企业销售起了推动作用；供应商能够及时获得部分回款，使得自身资金链得到维持；银行通过发放贷款获得利息收益，并通过掌握销售账款，更加了解生产企业金融能力，对降低长期贷款风险有益。对于第三方物流企业来说，提供供应链级别的物流金融服务，首先拓展了物流企业的服务领域，将服务范围扩大到生产企业的采购物流、生产物流和销售物流三个阶段，排挤其他物流提供商的进入，与企业形成战略联盟关系，全面融入企业供应链。其次，这一增值服务可以通过收取手续费，提供所加工的信息产品等形式增加第三方物流企业的经济收益，还可以使企业的服务水平和管理能力得到提高，为以后其他的相关服务做好准备。物流与金融的业务整合对银行、第三方物流企业、生产（借方）企业、上游供应商都有较强的吸引力，可以达到四方得利、共同发展的“多赢”目的。

【知识拓展】 中国诚通物流金融业务的探索与实践

一、中国诚通发展物流金融的基本情况

中国诚通集团（CCT）所属成员企业中国物资储运总公司（CMST）是国内最大的仓储企业，在中国开展物流金融业务最早、规模最大。中国诚通集团是国务院国资委监管的大型中央企业，在全国各主要城市拥有 100 多家标准化大型仓库，占地面积 1300 多万平方米，库房面积 200 万平方米，货场面积 370 万平方米，拥有铁路专用线 120 多条，存储能力为 1000 万吨，年吞吐能力为 4000 万吨。

良好的市场品牌、规范的管理经验，尤其是遍布国内各主要城市的仓库网络，是诚通集团开展仓单质押融资监管业务独有的优势。

早在20世纪90年代初，集团下属中国物资储运总公司就提出了与银行合作，开展仓单质押融资监管业务的建议，为此做了大量的调查研究工作，并在1996年开发出中国第一个具有物资银行功能的质押管理软件，但由于银行认识不统一，此事未取得突破性的进展。1999年中国物资储运总公司开始了仓单质押业务，通过6年实践，已探索出了多种仓单质押融资监管业务模式，并不断创新，业务量逐年扩大。目前中储与中信银行、广发银行、招商银行、光大银行、浦发银行、交通银行、华夏银行、工商银行、农业银行、建设银行、中国银行、深发展等包括四大国有商业银行等在内的数十家金融机构建立了合作关系。为近500家企业提供质押融资监管服务，质押融资规模累计达150亿元。抵押产品涉及黑色金属材料、有色金属材料、建材、食品、家电、汽车、纸张、煤炭、化工等诸多种类。至今为止，没有出现过一起呆、死账，银行和企业十分满意。

二、中国诚通物流金融业务模式

经过10多年的探索和实践，中国诚通所属企业探索出了多种物流金融业务运作模式，并在实践中得到了进一步修正和完善。

（一）主要质押品种

质押货物前期多选择质地稳定，市场价格波动小，大宗货物变现能力强的工业原料、农产品和大量消费产品，如黑色金属、有色金属、建材、化工原料（化工粒子、化肥）、木材和煤炭等，后来在业务逐步成熟的基础上，新开发了汽车、纸张、家电、食品等品种。

（二）主要质押模式

仓单质押模式在实践中不断探索、完善，具有广阔的探索空间。诚通所属中储总公司在多年实践中探索出了静态和动态等多种质押模式。

1. 静态质押（固定期限的仓单质押）

（1）单一仓单质押：单一仓单固定期限质押，货主履行债务期间，在银行指定保证金账户解入足额保证金后，银行解除质物监管，释放质物。

（2）多仓单质押：考虑货主对流动资金的要求，可分多个仓单分别质押，每份仓单对应不同的保证金，当货主履行债务期间，在银行指定保证金账户解入针对不同仓单的足额保证金后，银行可解除对相应部分仓单质物监管，释放对应仓单的质物。

2. 动态质押

（1）循环质押（滚动质押）：考虑到仓单的有效期（仓单有效期、质物保质期）等因素，在质押期间，按与银行的约定，货主可用相同数量的产品替代原有质物，保证银行债权对应的质物价值不变。

（2）置换仓单质押：在质押期间，按与银行的约定，货主可用新仓单置换替代原有仓单，银行释放相应的原有质押仓单，同时保管人解除对相应质物的特别监管。置换后保证银行债权对应质物的价值不减少（可以增加）。

（3）信用或保证金置换仓单质押：在质押期间，按与银行的约定，货主可用增加保证金或提供新的信用担保等方式置换替代原有质押仓单，置换后保证银行债权对应质物的价值不减少（可以增加），银行释放相应的质押仓单，同时保管人解除对相应质物的特别监管。

（4）动态控制存量下限质押（流动质押）：可分为动态控制存数量下限和动态控制存价值量下限两种。动态控制存数量下限，与循环质押相同；动态控制存价值量下限，与置换仓单质押相同，在保证银行债权对应质物的价值不减少的情况下进行。

（三）主要监管方式

与多种质押模式相配套，诚通所属中储总公司实践了相应的监管方式。

1. 库内质押监管

在中储库内完成监管。

2. 库外（外租库）质押监管

中储总公司（或所属仓库），在外租赁仓库专门用于“仓单质押”业务，并派专门业务人员对仓库和质物进行监管。

3. 多库质押监管

为满足客户“仓单质押”全国性业务的需要，由中储通过全国仓储网络统一进行业务协调和监控，开展多库质押业务。

（四）质押赢利模式

目前系统开展的仓单质押业务从赢利模式上分类主要有三种：一是纯监管业务模式，仓库只承担货物监管责任，可从客户处另外收取一定的监管费；二是仓库代替银行向客户融资，开展质押业务，获取利差；三是买方信贷（也称保兑仓），目前上海大场公司、沈阳物流中心等公司在开展此项业务。

三、中国诚通物流金融业务发展趋势

质押监管业务在诚通所属中储系统发展迅猛，目前中储共为近500多家客户提供质押融资服务，质押融资规模每年近30多亿元。预计年底能达到40亿元。

目前中储系统的质押监管业务已由传统的静态质押监管向动态质押监管全面发展，动态质押监管业务已成为主要监管模式；业务正向库外和多库监管发展，并与现有业务结合发展。结合方式主要有以下三种：

（1）与国内贸易的结合。买方信贷即保兑仓业务，由中储仓库为银行监管货物，银行为客户提供专项用于向卖方支付货款的融资授信方式。

（2）与加工制造业供应链管理的结合。开展融通仓业务，仓库通过输出管理，派人员对制造企业的原料或成品实施质押监管，银行为制造企业贷款。

（3）与国际货运代理业务的结合。在进口业务中，代理开证监管，代理监管货物，提单分拆；在出口业务中，代理集港，代理监管，信用证打包等。

【相关案例】 深发展的动产质押融资

深圳发展银行（简称深发展）是国内较早开展动产质押融资的银行。深发展自2003年起在银行内部贯彻供应链金融的营销理念，这套营销理念和设计技巧在内部被称之为“1+N–基于核心企业的供应链金融服务”。深发展先后与中国对外贸易运输（集团）总公司、中国物资储运总公司和中国远洋物流有限公司签署战略合作协议，为中小企业量身定制了三大类共30多项产品与服务，累计投放信贷资金数千亿元人民币。

深发展的动产质押融资方式，包括贷款、开立银行承兑汇票、信用证、保函、保证贴现商业承兑汇票等，服务渗透到钢铁、汽车、有色金属、石油化工、煤炭、棉花、粮食、纺织、木材、造纸、塑料原材料等十几个国民经济重要行业，涉及几十大类货物、上百个品牌的产品。深发展供应链金融服务运用最充分的市场有全国的钢材、汽车市场，华南的能源市场和华北的粮食市场等，尤其是在华南能源市场上的成功引起了新加坡（全球石油贸易集散地）以至欧美银行的高度关注。客户办理动产质押可采用逐批质押、逐批融资的方式。企业需要销售时可以交付保证金提取货物，也可以采用以货易货的方式，用符合银行要求的、新的等值货物替代打算提取的货物。任何一个供应链节点的企业，都可以在深发展选择到符合自己的融资产品。

深发展动产质押融资业务办理流程为：① 深发展、客户、仓库（物流企业）签订《仓储监管协议》；② 客户将存货质押给深发展；③ 深发展为客户提供授信；④ 客户补缴保证金或打入款项或补充同类质押物；⑤ 深发展向仓库（物流企业）发出放货指令。如下图所示。

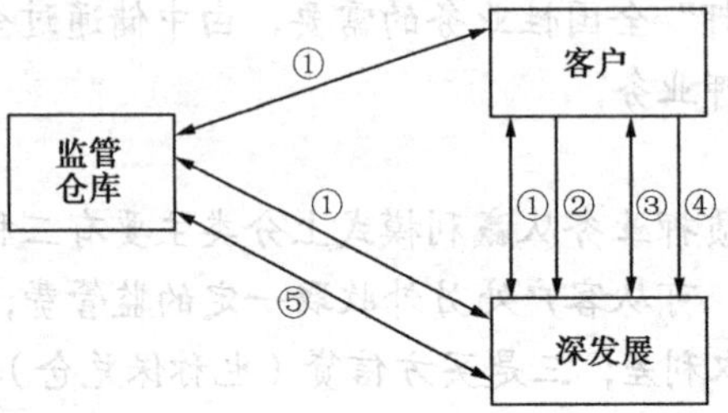

资料显示2002年至今，深发展的物流金融业务量年复合增长率超过50%。深发展在物流金融业务中获得了新的客户，培植了新的利润增长点，而且物流金融的不良率仅为0.4%，成为该行公司业务中风险低、收益高的主打业务。

讨论与分析：

1. 深发展的动产质押融资是如何实现的？
2. 阅读本案例后，你是如何对物流金融进行再认识的？

方案：采用分组讨论模式，训练团队协作精神。

同步测试

一、填空题

1. 物流金融是指在面向物流业的运营过程，通过应用和开发各种________，有效地组织和调剂物流领域中________的运动。

2. 物流金融是为物流产业提供________、________、________等服务的金融业务，它伴随着物流产业的发展而产生。在物流金融中涉及三个主体：________，________和________。

3. 物流金融的主要模式包括________业务、________业务与________业务。

4. 融通仓是一种对______、______和______综合管理的创新，是物流服务、______服务、________服务和风险管理服务的继承，以及这些服务间的组合与互动。

5. 供应链层次的物流金融服务，即第三方物流企业及银行提供的物流金融服务同时融入主体生产企业的________物流和________物流中，提供集________、________监理、________回笼的一揽子物流服务，形成________企业与主体________企业的战略联盟，巩固物流金融提供方的竞争优势地位。

二、不定项选择题

1. 对于物流企业而言，物流金融是物流企业的新功能，主要特点是（　　）。
   A. 在保管的基础上增加监管功能
   B. 专业化的服务确保货物的安全
   C. 对客户和金融业负责，是独立公正的第三方
   D. 承担货物损失的赔偿责任
   E. 领域向供应链延伸，理论上可以做到全程监管服务
2. 对于银行而言，物流金融是一种金融产品，其主要特点是（　　）。
   A. 贷款安全系数提高　　B. 贷款规模扩大
   C. 有稳定的客户　　D. 有实际的货物作为贷款保证
   E. 第三方中介——物流企业对货物实施监管，并对货物的真实性、安全性承担责任
3. 融通仓实际操作中主要可分为（　　）。
   A. 仓单质押　　B. 保兑仓业务
   C. 垫付货款模式　　D. 代收货款模式
   E. 供应链物流金融
4. 仓单质押具有以下功能（　　）。
   A. 有利于生产企业的销售
   B. 有利于商贸企业获得融资
   C. 有利于回购方（交易所或会员单位）拓展自身业务
   D. 以标准仓单作为质押获得融资
   E. 使得贷款人与回购人紧密合作，达到双赢

三、简答题

1. 简述物流金融的作用。
2. 简述物流金融的主要模式及其业务流程。
3. 结合中国物流企业的发展情况，谈谈物流企业如何正确对待物流金融业务。

职业导航

招聘　物流经理/主管（物流金融）

职位描述：负责物流金融方面的业务开发、管理。

任职资格

① 本科以上学历，相关专业毕业，两年以上同行业同等职位工作经验；
② 对物流管理熟悉，特别是熟悉物流金融业务的开展；
③ 具有良好的沟通协调能力，在行业内具有良好的人脉关系；
④ 条件稍逊者可应聘物流主管。

项目实训

某物流公司物流金融业务调查

1. 实训目的

（1）了解物流金融业务的基本流程；

（2）通过以组为单位进行实地调查获取资料的方式，培养学生的团队合作精神，增强学生发现问题、分析问题与解决问题的能力以及人际交往与沟通的能力。

2. 实训前准备

（1）知识准备：通过课堂讲解使学生熟练掌握物流金融的相关知识；

（2）学生分组：每6人为一组，每组选出一位小组长；

（3）实训地点：拥有物流金融业务的某物流企业。

3. 实训步骤及要求

（1）为每小组分配一个事先联系好的物流企业；

（2）以小组为单位到目标企业进行实地调查；

（3）完成调查报告；

（4）要求资料翔实、准确、具体。

4. 实训报告

在通过实地调查获得相关资料后，以组为单位完成调查报告。调查报告题名为：某物流公司物流金融业务调查报告，报告中应包含以下内容：

（1）调查时间；

（2）调查企业；

（3）调查对象；

（4）调查结果——某物流公司物流金融业务的基本情况，并列举实例说明。

5. 实训考核

实训成绩根据实训报告的完成情况进行评定。考评内容包含以下几项：

（1）实训报告是否按要求的规范格式完成；

（2）相关资料是否通过实地调查获得的，调查资料是否翔实、准确、具体；

（3）调查结果描述是否清楚，有没有通过收集到的企业实例进行说明。

模块9 物流绿色化与专业化

Module 9

学习目标

1. 理解绿色物流的含义，掌握绿色物流管理的基本内容；
2. 掌握冷链物流的运作条件与基本流程；
3. 了解农产品物流的含义与特点；
4. 了解危险品物流的含义与特点。

导入案例

日本自1956年从美国全面引进现代物流管理理念后，大力进行物流现代化建设，将物流运输业改革作为国民经济中最为重要的核心课题加以研究。把物流行业作为本国经济发展生命线的日本，从一开始就没有忽视绿色物流的重要意义，除了在传统的防止交通事故、抑制道路沿线的噪声和振动等方面加强政府部门的监管和控制外，还特别出台了一些实施绿色物流的具体目标，如货物的托盘使用率、货物在停留场所的滞留时间等，以此来降低物流对环境造成的负荷。

1989年，日本提出了10年内3项绿色物流推进目标，即含氮化合物排出标准降低三至六成，颗粒物排出降低六成以上，汽油中的硫成分降低1/10。1992年，日本政府公布了汽车二氧化碳限制法，并规定了允许企业使用的5种货车车型，同时在大都市特定区域内强制推行排污标准较低的货车。1993年，除了部分货车外，日本政府要求企业必须承担更新旧车辆、使用新式符合环境标准货车的义务。

另外，为解决地球的温室效应、大气污染等各种问题，日本政府与物流业界积极控制污染排放，积极实施在干线运输方面推动模式转换（由汽车转向对环境负荷较小的铁路和海上运输）和干线共同运行系统的建构，在都市内的运送方面推动共同配送系统的建构以及提倡节省能源行驶等。在2001年出台的《新综合物流实施大纲》中，其重点之一就是要减少大气污染，加强地球环境保护，对可利用的资源进行再生利用，实现资源、生态和社会经济的良性循环，建立适应环保要求的新型物流体系。

9.1 绿色物流

一、绿色物流的内涵

（一）发展绿色物流的背景

现代物流的飞速发展为社会经济的发展做出了巨大贡献，但同时也带来了一系列的社会问题，如运输车辆的燃油消耗所造成的空气污染，包装所带来的废弃物污染，运输和流通加工所带来的噪声污染、资源浪费、城市交通堵塞等。现代物流活动中的各个元素都在不同程度上因存在非绿色因素而对环境造成污染。

（1）输送过程的非绿色因素主要表现为两个方面：一方面，交通工具本身产生了较为严重的环境污染；另一方面，输送的商品也有可能对环境造成损害。如石油在海运过程中发生泄漏而造成大片海域污染，这样的污染常常是致命的，并且在很长时期内都无法恢复常态。

（2）保管过程中的非绿色因素主要有两个方面：一方面是商品保管中必须用一些化学方法对之进行养护，如喷洒杀虫、杀菌剂，对周边生态环境会造成污染；另一方面，一些商品，如易燃、易爆、化学危险品，由于保管不当，爆炸或泄漏也对周边环境造成污染和破坏。

（3）流通加工对环境也有非绿色影响因素，表现为加工中资源的浪费或过度消耗，加工产生的废气、废水和废物都对环境和人体构成危害。

（4）包装过程中的非绿色因素主要表现在两个方面：一方面，是包装材料的环境污染；另一方面，是过度的包装或重复的包装，造成资源的浪费，不利于可持续发展，同时也无益于生态经济效益。

（5）装卸过程中的非绿色因素有：如装卸不当，商品体的损坏，造成资源浪费和废弃，废弃物还有可能对环境造成污染。

可见，现代物流活动对环境的不利影响，已经威胁到我们的日常生活。21世纪，人类面临人口膨胀、环境恶化、资源短缺的三大危机，绿色物流将备受关注。

（二）绿色物流的概念

基于物流对环境造成的破坏，绿色物流概念应运而生。

绿色物流（Green Logistics 或 Environmental Logistics）是指在物流过程中抑制物流对环境造成危害的同时，实现对物流环境的净化，使物流资源得到最充分利用。它包括物流作业环节和物流管理全过程的绿色化。从物流作业环节来看，包括绿色运输、绿色包装、绿色流通加工等。从物流管理过程来看，主要是从环境保护和节约资源的目标出发，改进物流体系，既要考虑正向物流环节的绿色化，又要考虑供应链上的逆向物流体系的绿色化。绿色物流的最终目标是可持续发展，实现该目标的准则是经济利益、社会利益和环境利益的统一。

绿色物流的目标是将环境管理导入物流业的各个系统，加强物流业中保管、运输、包装、装卸搬运、流通加工等各个作业环节的环境管理和监督，有效遏止物流发展造成的污染和能源浪费。具体说来，绿色物流的目标不同于一般的物流活动。一般的物流活动主要是为了实现物流企业的赢利、满足顾客需求、扩大市场占有率等，这些目标最终均是为了实现某一主体的经济利益。而绿色物流，除追求上述经济利益目标之外，还追求节约资源、保护环境这一既具有经济属性又具有社会属性的目标。

（三）绿色物流的发展

20 世纪 90 年代初期，西方国家的企业界及物流学术界的学者们就提出绿色物流的概念，绿色物流很快就得到了政府、学术界和企业界的高度重视。一方面，政府通过立法限制物流过程中的环境影响，例如欧盟国家、美国和日本等国家都制定了严格的法规限制机动车尾气排放和废弃物污染；另一方面，发达国家提出了发展循环型经济的目标，积极扶持逆向物流的发展。很多跨国公司都积极响应这一行动，如施乐、柯达、美辛、惠普等大型跨国公司都实施了逆向物流的项目，并且收益显著。

进入 21 世纪，物流行业把有效利用资源和维护地球环境放在发展的首位，建立全新的从生产到废弃全过程效率化的信息流与物质流循环化的绿色物流系统。目前，世界上各国都在尽力把绿色物流的推广作为物流业发展的重点，积极开展绿色环保物流的专项技术研究（如在物流系统和物流活动的规划与决策中尽量采用对环境污染小的方案，如采用排污量小的货车车型、近距离配送、夜间运货，以减少交通阻塞、节省燃料和降低排放等），促进新材料的广泛应用和开发，进行回收物流的理论和实践研讨，以及积极出台相应的绿色物流政策和法规，努力为物流的绿色化和可持续发展奠定基础。

【相关案例】　日本的“地下物流”研究

地下物流技术在相对人口集中、国土狭小的日本得到了广泛的关注。2000 年，日本将地下物流技术列为未来 10 年政府重点研发的高新技术领域之一，主要致力于研究开通物流专用隧道并实现网络化，建立集散中心，形成地下物流系统。

日本建设厅的公共设施研究院对东京的地下物流系统进行了二十多年的研究，研究内容涉及了东京地区地下物流系统的交通模拟、经济环境因素的作用分析以及地下物流系统的构建方式等诸多方面。拟建系统地下通道总长度达到 201 千米，设有 106 个仓储设施，通过这些设施可以将地下物流系统与地上物流系统连接起来。系统建成之后能承担整个东京地区将近 36%的货运，地面车辆运行速度提高 30%左右；运输网络分析结果显示，每天将会有超过 32 万辆的车辆使用该系统，成本效益分析预计系统每年的总收益能达到 12 亿日元，其中包括降低车辆运行成本、行驶时间和事故发生率以及减少二氧化碳和氮化物的排放量带来的综合效益。该系统规模大、涵盖范围广，它的优点在于综合运用各学科知识，并与地理信息系统（GIS）紧密结合，前期研究深入、透彻，保证了地下物流系统的高效率、高质量、高经济效益以及高社会效益。

（四）绿色物流的特点

1. 绿色物流是共生型物流

传统物流往往以对环境与生态的破坏为代价，实现物流的效率化。绿色物流注重从环境保护与可持续发展的角度，求得环境与经济发展共存，通过物流革新与技术进步，减少或消除物流对环境的负面影响。绿色物流并不是消极地抑制物流规模来减少物流对环境的负面影响，而是采取积极有效的措施，实现物流与环境的共同进步。

2. 绿色物流是资源节约型物流

绿色物流不仅注重物流过程对环境的影响，而且强调对资源的节约。据《哈佛商业评论》报道，全部物流中，大约只有1%的物料真正地用在最终产品上，并在出售后6个月仍在使用。资源浪费现象不仅存在于生产、消费领域，也存在于流通领域。如过量储存造成物品陈旧、老化、变质，运输过程的商品破损，流通加工过程边角余料的浪费等。早在计划经济时期，我国物资部门就提出了“管供、管用、管节约”的方针，这在今天仍然是适用的，只不过以前是依靠行政手段，现在主要依靠法律手段和经济手段。

3. 绿色物流是低熵型物流

熵是指在一个封闭系统中，总呈现出有效能量减少而无效能量增加的一个不可逆过程。工业文明是建立在化石能源（石油、煤炭）基础上的，而化石能源是不可再生的。人类目前对太阳能、风能等开发利用尚处于初级阶段，远不足以支撑我们庞大的经济体系。低熵物流首先是低能耗物流，但其含义要丰富得多。如物品存放状态的有序度越低，熵越大，故低熵物流要求物品存放有序、搬运活性高。此外，库存量越大，库存时间越长，熵越大。低熵物流要求通过延迟响应、以信息替代物流等手段减少库存，减少熵的增加。

4. 绿色物流是循环型物流

传统物流只重视从资源开采到生产到消费的正向物流，而忽视废旧物品、再生资源的回收利用所形成的逆向物流。循环物流包括原材料副产品再循环、包装物再循环、废品回收、资源垃圾的收集和再资源化等。

（1）原材料副产品再循环。指采掘、加工过程中产生的边角余料和报废产品及副产品的回收和再循环利用，这个过程一般由生产企业完成，不进入社会物流领域。但生产企业规模较小，无法直接回收利用的，也可通过社会物流系统回收。

（2）包装物再循环。某些包装物可由生产厂家回收重复使用，如啤酒瓶、周转箱等；多数包装物如塑料、纸板等可通过社会物流系统回收后用于生产再生塑料和再生纸等。

（3）废品回收。废旧设备、器材经回收后，经过拆解加工，部分零件、材料可直接利用，部分作为再生资源利用。

（4）资源垃圾的收集和再资源化。工业、生活和环境的废弃物经过收集、分类，仍可加以利用，如制造肥料、发电等。

二、绿色物流的作用

绿色物流不仅对环境保护和经济的可持续发展具有重要的意义，还会给企业带来巨大的经济效益。实践证明，绿色物流能实现经济利益、社会利益和环境利益的统一。

（一）绿色物流的社会价值

绿色物流首先表现为一种节约资源、保护环境的理念。因此，实施绿色物流管理是一项有利于社会经济可持续发展的战略措施。

首先，实施绿色物流管理将企业推向了可持续发展的前沿，这有助于树立良好的企业形象，赢得公众信任。对于企业而言，实施物流绿色化管理战略，将给企业带来明显的社会价值：包括良好的企业形象、企业信誉、企业责任等。企业伦理学指出，企业在追求利润的同时，还应努力树立良好的企业形象、企业信誉、履行社会责任。因为良好的社会形象能给企业提供新的经济机遇和市场竞争优势。这也是为什么很多跨国公司非常关注公益事业、关注社会问题的根本原因。

其次，实施绿色物流管理的企业更容易获得一些环境标准的认证，从而在激烈的市场竞争中占据优势。如ISO14000环境管理体系。

（二）绿色物流的经济价值

生态经济学理论告诉我们，生态系统是具有经济价值的，生态系统与经济系统之间存在一种固有的平衡。严格的环境标准，一方面将迫使企业选择更加环保的物流方式；另一方面，也将迫使企业更加有效地利用资源，从而降低成本，增强了竞争能力。因此，我们不能只看到解决环境问题需要实际成本的一面，还应该认识到，环境方面的改善会给企业带来更多的经济机遇和参与国际竞争的机会，带来巨大的实实在在的经济效益。西方国家的最新研究及实践表明，一个在环境绩效方面表现良好的企业通常也具有良好的赢利表现。

实施绿色物流管理为企业创造的经济价值体现在以下四个方面：

一是绿色物流利于树立良好的企业形象、企业信誉，提高市场占有率，从而增加品牌价值和寿命，从而间接地增强企业的竞争力，使企业更容易获得股民和其他投资者的青睐。在中国的当前环境下，企业如果能够于人之先实施绿色物流，建立企业绿色文化、树立绿色形象、大打绿色品牌，则绿色经营就能提高、甚至成为企业的核心竞争力，企业将获得别人不可比拟的优势。

二是企业通过对资源的节约利用，对运输和仓储的科学规划和合理布局，将大大降低物流成本，降低物流过程的环境风险成本，从而为企业拓展了利润空间。一般认为，产品从投产到销出，制造加工时间仅占10%，而几乎90%的时间为仓储、运输、装卸、分装、流通加工、信息处理等物流过程。因此，物流成本在产品的整个系统中占据了较大的比例。传统的物流基本上还是高投入大物流，低投入小物流的运作模式，而绿色物流强调的是低投入大物流的方式。而且如果绿色物流实施得好，则可以减少支付排污费、废弃物处理等费用。显而易见，绿色物流不仅是一般物流所追求的降低成本，更重要的是物流的绿色化和节能高效少污染，由此可以带来物流经营成本的大幅度下降。

三是自然资源的回收、重用等逆向物流举措，可以降低企业的原料成本，提升客户服务价值，增强企业竞争优势。

四是绿色物流可以破除绿色贸易壁垒。随着经济全球化的发展，一些传统的关税和非关税壁垒逐渐淡化，绿色壁垒逐渐兴起。尤其是进入WTO后，我国的物流行业在经过合理过渡期后，将取消大部分外国股权限制，外国物流企业将进入我国市场，势必给国内物流企业带来巨大冲击。这意味着未来的物流业将有一场激烈的竞争，只有加快发展绿色物流，积极申请绿色认证，企业才能破除绿色贸易壁垒。

（三）绿色物流的环境价值

物流过程不可避免地要消耗资源和能源，污染环境，要实现可持续的发展，就必须采取各种措施，形成物流环境之间共生发展模式。因此，物流活动在实现经济和社会利益的同时必须节约资源、保护环境。按照绿色物流的最终目标，企业无论在战略管理还是战术管理中，都必须从促进经济可持续发展这个基本原则出发，在创造商品的时间效益和空间效益，满足消费者需求的同时，注重按生态环境的要求，保持自然生态平衡和保护自然资源，为子孙后代留下生存和发展的权利。实现人类、社会和自然的和谐发展。

三、绿色物流管理

（一）绿色供应商管理

供应商的原材料，半成品的质量的好坏优劣直接决定着最终产成品的性能，所以要实施绿色物流还要从源头上加以控制。由于政府对企业的环境行为的严格管制，并且供应商的成本绩效和运行状况对企业经济活动构成直接影响，因此，在绿色供应物流中，有必要增加供应商选择和评价的环境指标，即要对供应商的环境绩效进行考察。例如：潜在供应商是否因为环境污染问题而被政府罚款？潜在供应商是否因为违反环境规章而存在被关闭的危险？供应商供应的零部件是否采用绿色包装？供应商是否通过 ISO14000 环境管理体系的认证？

（二）绿色生产管理

绿色生产又包括绿色原材料的供应、绿色设计与制造以及绿色包装。绿色产品的生产首先要求构成产品的原材料具有绿色特性，绿色原材料应符合以下要求：环境友好性；不加任何涂镀，废弃后能自然分解并能为自然界吸收的材料：易加工且加工中无污染或污染最小；易回收、易处理、可重用的材料、并尽量减少材料的种类，这样有利于原材料的循环使用。

绿色设计要求面向产品的整个生命周期，即在概念设计阶段，就要充分考虑产品在制造、销售、使用及报废后对环境的影响，使得在产品再制造和使用过程中可拆卸、易收回，不产生毒副作用及保证产生最少的废弃物。

绿色制造则追求两个目标，即通过可再生资源、二次能源的利用及节能降耗措施缓解资源枯竭，实施持续利用；减少废料和污染物的生成排放，提高工业品在生产过程和消费过程中与环境的相容程度，降低整个生产活动给人类和环境带来的风险，最终实现经济和环境效益的最优化。

包装是商品营销的一个重要手段，但大量的包装材料在使用一次以后就被消费者遗弃，从而造成环境问题。例如，现在我国比较严重的白色污染问题，就是不可降解的塑料包装随地遗弃引起的。绿色包装是指采用节约资源、保护环境的包装，其特点是材料最省，废弃最少，且节约资源和能源；易于回收利用和再循环；包装材料可自然降解并且降解周期短；包装材料对人的身体和生态无害。绿色包装要求提供包装服务的物流企业进行绿色包装改造，包括使用环保材料、提高材质利用率、设计折叠式包装以减少空载率、建立包装回用制度等。

（三）绿色运输管理

交通运输工具的大量能源消耗；运输过程中排放大量的有害气体，产生的噪声污染；运输易燃、易爆、化学品等危险原材料或产品可能引起的爆炸、泄露等事故，都会对环境造成很大的影响。因此构建企业绿色运输体系就显得至关重要。

1. 合理设计配送中心，制订配送计划，提高运输效率以降低货损量和货运量

开展共同配送，减少污染。共同配送是以城市一定区域内的配送需求为对象，进行有目的、集约化地配送。它是由同一行业或同一区域的中小企业协同进行配送。共同配送统一集货、统一送货可以明显地减少货流；有效地消除交错运输缓解交通拥挤状况，可以提高市内货物运输效率，减少空载率；有利于提高配送服务水平，使企业库存水平大大降低，甚至实现“零”库存，降低物流成本。

2. 实施联合一贯制运输

联合一贯制运输是指以件杂货为对象，以单元装载系统为媒介，有效地巧妙组合各种运输工具，从发货方到收货方始终保持单元货物状态而进行的系统化运输方式。通过运输方式的转换可削减总行车量，包括转向铁路、海上和航空运输。联合一贯制运输是物流现代化的支柱之一。

3. 评价运输者的环境绩效，有专门运输企业使用专门运输工具负责危险品的运输，并制定应急保护措施

现在政府部门对运输污染采取极为严格的管理措施。例如，北京对机动车制定了严格的尾气排放标准。同时政府交通部门充分发挥经济杠杆的作用，根据机动车的排污量来收取排污费。由此，企业如果没有绿色运输，将会加大经济成本和社会环境成本，影响企业经济运行和社会形象。

（四）绿色储存管理

绿色仓储要求仓库布局合理，以节约运输成本。布局过于密集，会增加运输的次数，从而增加资源消耗；布局过于松散，则会降低运输的效率，增加空载率。仓库建设前还应当进行相应的环境影响评价，充分考虑仓库建设对所在地的环境影响。例如，易燃、易爆商品仓库不应设置在居民区，有害物质仓库不应设置在重要水源地附近。采用现代储存保养技术是实现绿色储存的重要方面，如气幕隔潮、气调储存和塑料薄膜封闭等技术。

（五）绿色流通加工管理

流通加工是指在流通过程中继续对流通中商品进行生产性加工，以使其成为更加适合消费者的需求的最终产品。流通加工具有较强的生产性，也是流通部门对环境保护大有作为的领域。

绿色流通加工的途径主要分两个方面：一方面，变消费者分散加工为专业集中加工，以规模作业方式提高资源利用效率，以减少环境污染；另一方面，是集中处理消费品加工

中产生的边角废料，以减少消费者分散加工所造成的废弃物污染。

（六）绿色装卸管理

实施绿色装卸要求企业在装卸过程中进行正当装卸，避免商品体的损坏，从而避免资源浪费以及废弃物环境造成污染。另外，绿色装卸还要求企业消除无效搬运，提高搬运的灵活性，合理利用现代化机械，保持物流的均衡顺畅。

（七）产品绿色设计、包装和标志

绿色物流建设应该起自于产品设计阶段，以产品生命周期分析等技术提高产品整个生命周期环境绩效，在推动绿色物流建设上发挥先锋作用。包装是绿色物流管理的一个重要方面，乳白色塑料的污染已经引起社会的广泛关注，过度的包装造成了资源的浪费。因此，再生性包装由于容易回收的性质得到越来越广泛的使用，可以重复使用的集装箱也是绿色包装的例子。在日本，经营食品的商人已放弃塑料包装，在食品界掀起“绿色革命”，取得了较大的成效。他们的食品包装已不只是要好和实用，照顾环境需要也成为包装业的重要课题。现在的日本商人在给食品包装时尽量采用不污染环境的原料，用纸袋包装取代塑料容器，这也减少了将用过后的包装收集到工厂再循环所面对的技术和成本困难，绿色包装设计在这方面发挥了很大作用。

【相关案例】 沃尔玛从绿色供应链中掘金

“环保360”项目是2007年2月1日的时候，由沃尔玛CEO李·斯科特宣布的。沃尔玛全球采办中国纺织品总监陈洁表示：在具体的实施中，“环保360”主要包含了包装、物流、供应商及店铺设计四大方面。

在沃尔玛已经进行的工作中，包装是成效最为明显的一环。按照李·斯科特的计划，沃尔玛将与供应商一起努力以求达到目标：在2013年前减少5%的包装用料，相当于每年从道路上减少21.3万辆卡车，节省32.4万吨煤和6700万加仑柴油，但对于沃尔玛及其伙伴来说，更重要的还在于这样做所能够获得的商业利益：据沃尔玛测算，此举能为全球供应链节约110亿美元，仅沃尔玛自身的供应链就能节省34亿美元。

沃尔玛的绿色包装倡议实施措施很多，其中比较重要的包括：每吨包装材料的温室效应气体排放量平均减少15%；通过精简产品包装，节约产品运输成本10%；包装材料回收量提高10%；节约能源提高5%。此外，沃尔玛还规定，凡是产品包装材料超过300美元的须报沃尔玛分管部门核准，超过500美元的须获得沃尔玛总部的批准，而对于超过900美元的，则必须由行业组织专家委员会审核批准。

带动供应商是绿色包装行动的关键。超过6万家沃尔玛的供应商都被要求在2007年的12个月份使用特殊设计的计分卡，以便弄清同类似的供应商相比，他们在包装创新、环境标准、能源效率以及材料利用率方面的情况；从2008年起，与沃尔玛交易的制造商和供应商必须全面达到绿色包装规范标准，否则一律按违约处理。

此外，沃尔玛在包装环节操作中坚持“五个R”：第一个是remove，即去掉不需要的包装；第二个是reduce，即去掉不必要的包装，使包装达到正确的尺寸；第三是reuse，即重复使用，重复利用一些包装材料，如包装箱和托盘，“过去托盘都是木质的，现在沃尔玛已经逐步开始改用塑料托盘，这样就可以反复使用。”陈洁解释道；第四个是 renewable，即采用可回收利用、可降解的包装材料；第五个是 recyclable，即可循环利用。

根据沃尔玛方面的统计，“五个 R”项目自 2005 年实施以来，截至 2007 年年底，仅在沃尔玛的 16 个自有品牌的包装上就一共节省了 212600 立方米的纸，相当于减少砍伐 475200 棵树；此外，因为包装减少在物流环节节省了 102350 桶油、84000 个集装箱和 26400 吨柴油，还有成千上万吨的聚氯乙烯。

而在运输方面，沃尔玛规定，凡是冷藏货运卡车在仓库、码头和堆场进行装卸货或者其他作业期间，必须停止发动机，改用现场电源帮助制冷。据估计，仅此一项，沃尔玛全球冷藏车队就可以减少排放二氧化碳 40 万吨，减少能耗 7500 万美元。

9.2 冷链物流

一、冷链物流的含义

冷链物流泛指冷藏冷冻类物品在生产、贮藏运输、销售，到消费前的各个环节中始终处于规定的低温环境下，以保证物品质量，减少物品损耗的一项系统工程。它是随着科学技术的进步、制冷技术的发展而建立起来的，是以冷冻工艺学为基础、以制冷技术为手段的低温物流过程；是需要特别装置，需要注意运送过程、时间掌控、运输形态，物流成本所占成本比例非常高的特殊物流形式。

冷链由冷冻加工、冷冻贮藏、冷藏运输及配送、冷冻销售四个方面构成。典型的温度敏感性产品有：乳制品、其他生鲜食品（果蔬 12%、水产品 50%、面食 18%、肉类 20%、冷饮 28%）、生鲜植物（花卉等）、血液、疫苗、药品。食品、药品如果在生产运输过程中缺乏有效的冷链物流管理，将有可能造成重大的人身事故、经济损失，我国政府为此出台了相关的食品安全监管法律法规来规范冷链供应链的管理。例如：2005 年 4 月，北京市工商局开始着手在全市经销企业推行“冷链”销售管理，要求肉类、熟肉制品、豆制品、乳制品等易腐食品“从出厂到入口前一直处在低温环境”；国务院也颁布了关于冷链技术在药品管理中的相关要求。而现阶段我国还缺乏行之有效的冷链物流管理方法，原有监测技术手段滞后是最大的技术“瓶颈”。现阶段我国技术手段的主要症结是：人工测量和纸面记录；无统一数据系统支持；实时性差、监管脱节；取证困难、无法确定责任；无法进行预警、损失率大等。

二、冷链物流的意义

作为一个普通消费者，无论是在综合大卖场、超市还是在传统的菜市场购买肉类、乳制品、冷冻的包装食品等一系列需要温度控制来保鲜的产品时，除考虑产品是否是货真价实，无造假、伪劣和质量可靠外，有没有考虑到这些产品是如何从生产厂家配送到零售终端的？

因为非常温产品在整个供应链中的质量保证是非常重要的，再好的产品如果由于运输和储存中的问题而造成的不新鲜，影响营养和味道变化还是小事，严重的会对身体健康产生不良影响，故可以等同于伪劣商品，但是这背后的供应链往往是广大的消费者所无法了解到的。

冷藏和冷冻食品需要一个完整的冷链物流对货物进行全程的温度控制（根据相关的规则），以确保食品的安全；这包括装卸货物时的封闭环境、储存和运输等，一个环节都不能少；完整的冷藏食品供应链是食品安全不可或缺的因素，因此冷链物流的要求比较高，相应的管理和资金方面的投入也比普通的常温物流要大。

三、冷链物流的运作条件与基本流程

（一）冷链物流必须满足的运作条件

1. “三C”条件

① 食品的爱护（Care）；② 保持清洁卫生（Clean）的条件；③ 低温（Cool）的环境。“三C”条件在整个加工与流通过程中，保证食品“流通质量”的基本要求。

2. “三P”条件

① 食品原料的品质（Produce）；② 货物包装（Package）；③ 处理工艺（Processing）。“三P”条件是食品在进入冷链时的“早期质量”。

3. “三T”条件

① 时间（Time）；② 温度（Temperature）；③ 容许变质量（或耐藏性）（Tolerance）。

在一定的温度下，食品所发生的质量下降与所经历的时间存在着确定的关系，大多数冷冻食品的品质稳定性是随着食品温度的降低而呈指数关系增大。

4. “三Q”条件

① 冷链中设备的数量（Quantity）协调；② 设备的质量（Quality）标准的一致；③ 快速的（Quick）作业组织。

（二）冷链物流的基本流程

1. 原材料的获取及冷却

这是冷链的第一个环节。该环节的质量高低很大程度上决定了整个冷链的质量。低温储藏可以有效地控制新鲜产品在储藏过程中温度波动对产品的影响，但低温储藏的前提是新鲜，及时、快速地进行冷却和保鲜对于确保产品从加工到销售各环节的原有品质具有非常重要的意义。

2. 冷藏加工

包括肉禽类、果蔬等的预冷和各类速冻食品的加工等。加工过程中要对温度进行有效控制是不容易的，但是该环节却是整个冷链中必不可少的一个环节。因此，对于这个环节的温度的控制非常重要。通常在这个过程中会涉及各类冷藏库、冷藏柜以及最终消费者所使用的冰箱等。

3. 冷冻、冷藏环节

冷链中的产品具有易腐性这个特点，究其腐败的原因主要有两个。首先，产品本身所含有的酶以及周围环境中的因素容易导致物理变化及化学变化。其次，产品中附带的微生物或周围环境中的微生物易导致腐烂和病毒。针对这种情况，目前我国的储藏方式主要可以分为四类：气调储藏技术、冰温储藏技术、减压储藏技术和 MAP 储藏技术。

4. 冷藏销售环节

从配送中心出来之后，产品进入了批发零售环节，一般在各零售柜台上进行销售。这是由生产商、批发商和零售商共同来完成的。随着大中城市各类连锁超市的快速发展，各种连锁超市成为了冷链产品的主要销售渠道。在这种冷链的销售终端，冷藏库、冷冻陈列柜以及储藏库成为了整个冷链中越来越重要的不可缺少的一个重要环节。

5. 冷藏运输环节

这个环节贯穿了整个冷链的始终，衔接了冷链的不同环节，将其他环节串联起来形成一个完整的冷链物流。冷链运输有多种形式，用到的运输工具主要有冷藏车、冷藏集装箱以及其他的保温运输工具。在冷藏运输环节中，任何一点温度的波动都极易造成产品质量的下降，因此，一条效果较好的冷链对于运输工具的要求很高，必须具有良好的性能，对于易腐产品或保鲜产品，不仅要保持在规定的温度，而且不能有大的温度波动，长距离的运输要求更高。

下面以食品冷链物流为例（图 9-1）。

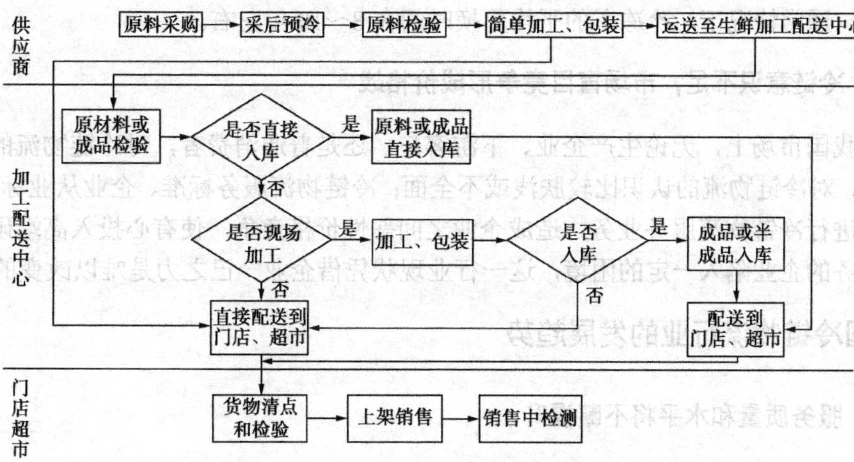

图 9-1　食品冷链物流具体流程

四、我国冷链物流行业的特点

（一）冷链物流运作主体多元化

主要包括第三方物流公司和企业内部的物流公司。

（1）第三方物流公司。此类型包括从传统的物流公司进军冷链物流市场的企业，如中外运裕和、锦江低温、山东荣庆等，以及专注于冷链物流行业的重庆雪峰、康新物流等，还有与麦当劳长期合作的冷链物流体系相对完善的夏晖物流。

（2）企业内部的物流公司。此类型最典型的是百胜集团下属的物流事业部，为百胜集团下属的餐厅提供核心业务以及有特殊要求产品的物流服务。

（二）在提供基本服务的基础上，逐步提供有价值的增值服务

目前行业内的企业基本都可以提供仓储、冷链运输、市内配送等基础服务；除此之外，一些企业如锦江低温、中外运裕和、重庆雪峰等，还可以提供配货、分拣、贴标等附加功能；夏晖物流可以提供的服务范围更加广泛，可提供诸如采购、库存管理、数据分析等增值服务。不断提供有价值的增值服务，将是未来行业的发展趋势之一。

（三）冷库、车队等硬件设施投入力度不断加大

规模较大的冷链物流公司，一般都拥有自建冷库。但有的自建冷库建设年代久远，卫生状况较差；新建冷库通常较为先进，如中外运裕和在上海嘉定有一座现代型冷库，是国内最大的单体多温度分区冷库，具备计算机自动控制的温控装置，可根据客户需要调节并实时监控冷库温度。据了解，随着业务的不断拓展和市场发展的需要，目前几家大型冷链物流企业均有新建冷库的计划。

冷链物流企业的冷冻车按照运输规模，主要分为2吨、4吨、8吨、12吨、20吨、30吨等不同类型。各种规模的冷冻车根据企业客户的具体情况，分布在不同的物流配送中心，完成市内配送或长途运输等服务。不同企业拥有的冷冻车的数量相差较大，从几十台到几百台不等。通常情况下，冷冻车的平均更换时间在8～10年左右。

（四）冷链意识不足，市场盲目竞争形成价格战

目前我国市场上，无论生产企业、下游客户，还是普通消费者，对冷链物流的概念都比较陌生，对冷链物流的认识比较肤浅或不全面；冷链物流服务标准、企业从业标准缺失，非冷藏车进行冷链物流服务业务，造成企业之间恶性价格竞争，使有心投入高端硬件提供高质量服务的企业陷入一定的困境，这一行业现状凭借企业一己之力是难以改变的。

五、我国冷链物流行业的发展趋势

（一）服务质量和水平将不断提升

冷链物流企业只有不断提升服务质量和水平，提高客户满意度，才能促进企业健康发展。在实际操作过程中，一些冷链物流企业通过企业内部的考核指标，对配送及时率和损失率进行统计和考核，并努力通过提高及时率，降低损失率，不断加强品牌建设，提升服务质量和水平。

（二）软、硬件设施的投入将逐步增大

据统计，我国汽车冷藏保温车辆只有美国的1/7，日本的1/4，与发达国家相比仍存在较大差距。随着业务的不断拓展，很多冷链物流企业均有扩大软硬件设施的计划，其中包括多种形式，如计划新建物流配送中心；计划新建、收购或新租借冷库；计划购置冷藏车辆，完善配送网络等。此外，在原有设施改造和更新的同时，技术性的改造也将成为另一发展趋势。卫星定位系统（GPS）、RFID技术、电子定货系统（EOS）、电子车载地图等高科技技术的应用，将进一步降低管理成本，提高效率，增加客户满意度。

（三）冷链物流意识不断加强，行业内的各项标准开始制定

目前我国的冷链物流行业仍然缺乏服务标准和服务企业准入标准，因此急需通过国家标准来规范市场秩序，建立健全冷链物流行业的资质认证、诚信认证、食品相关安全的一系列标准，提高行业准入资格，逐步规范冷链物流服务市场。

（四）冷链物流逐步实现封闭化运作

冷链物流采用封闭化运作策略，可以有效地控制食品药品在物流运作中的质量，保障食品药品的消费安全。由于冷链物流操作规范尚未正式出台，以及部分企业片面追求低成本，致使许多易腐食品没有使用制冷车运输，或者制冷车并不是全程制冷运输，出现了所谓的“断链”现象，影响了食品的质量和安全。另外，冷链物流缺乏应急处理措施。在远途冷藏食品运输中，如遇交通意外或车辆制冷系统故障时缺乏应急处理措施。实践中，曾经发生过一些执法人员在查处违章冷藏运输车辆时，因缺乏基本的冷链物流应急常识，人为地拖延查处时间等导致运输的食品发生变质。

冷链物流封闭化运作需要对参与冷链运作的成员企业实行严格的准入制度，成员企业具有统一的操作规范和技术标准。冷链物流封闭化运作将具有以下特征：将生产企业、冷链物流企业和政府监管部门捆绑在一起，运作高效、可信度高；成员企业具有相对稳定的战略联盟关系；具备基于物流信息技术的动态质量跟踪监测系统；拥有完善的冷链质量信息发布和责任追究系统。

消费者对食品药品质量安全的需求，决定了冷链物流封闭化运作将是冷链物流的发展趋势。虽然具体的物流运作模式并不明确，但它将集成先进的物流管理技术、信息技术、冷藏冷冻技术、质量动态跟踪监测技术等。

（五）冷链物流联盟步伐加快

从市场的需求导向看，专业的第三方冷链物流企业是未来参与冷链物流市场竞争的主体，而冷链物流企业联盟将是行业发展的重要趋势。冷链物流联盟是冷链物流企业与生产企业的联合体，其主要目的是建立开放式的合作机制，发挥联盟企业的互补优势，进行冷链物流设施的集约化运作、实现互利多赢和冷链物流资源配置效率最大化，降低流通成本。2007 年，中国食品工业协会食品物流专业委员会组织成立中国冷链物流产业联盟。在 2007 年 11 月召开的“2007 中国冷藏药品冷链管理发展西湖论坛”上，中国医药商业协会、浙江省医药行业协会、浙江英特药业、中铁快运物流科技公司、北京松冷冷链物流公司在论坛上联合发表了《2007 年中国冷藏药品冷链管理发展西湖论坛共同宣言》，其中明确相关企业共同结成战略联盟，打造中国冷藏药品冷链物流平台。我国冷链物流仍然处在起步阶段，基础设施较为薄弱，运作缺乏行业规范。打造冷链物流联盟将有利于整合冷链物流设施资源，并通过行业自律和规范化运作，提高冷链物流运作质量。

由于我国经济发展呈现东、中、西部梯度式发展的特征，各地冷链物流发展很不平衡，因此，区域冷链物流联盟将成为发展趋势。冷链物流发展较快的长三角地区、珠三角地区和环渤海地区将率先出现区域冷链物流联盟，早期介入的冷链物流企业将成为联盟最大受益者。

【相关案例】 夏晖公司对麦当劳的冷链物流服务

为了满足麦当劳冷链物流的要求，夏晖公司在北京地区投资5500多万元人民币，建立了一个占地面积达12000平方米、拥有世界领先的多温度食品分发物流中心，其中干库容量为2000吨，里面存放麦当劳餐厅用的各种纸杯、包装盒和包装袋等不必冷藏冷冻的货物；冻库容量为1100吨，设定温度为零下18摄氏度，存储着派、薯条、肉饼等冷冻食品；冷藏库容量超过300吨，设定温度为1~4摄氏度，用于生菜、鸡蛋等需要冷藏的食品。冷藏和常温仓库设备都是从美国进口的设备，设计细致而精心，目的是为了最大限度地保鲜。在干库和冷藏库、冷藏库和冷冻库之间，均有一个隔离带，用自动门控制，以防止干库的热气和冷库的冷气互相干扰。干库中还设计了专用卸货平台，使运输车在装卸货物时能恰好封住对外开放的门，从而防止外面的灰尘进入库房。该物流中心还配有先进的装卸、储存、冷藏设施，5~20吨多种温度控制运输车40余辆，中心还配有电脑调控设施用以控制所规定的温度，检查每一批进货的温度。从设立至今，夏晖设在北京的物流中心已向麦当劳餐厅运送货物近1000万箱。

麦当劳的冷链物流标准，涵盖了温度记录与跟踪、温度设备控制、商品验收、温度监控点设定、运作系统SOP的建立等领域。即便是在手工劳动的微小环节，也有标准把关，比如一台8吨标准冷冻车，装车和卸车的时间被严格限制在5分钟之内，根据货品的需要，还会使用一些专用的搬运器械，以避免在装卸过程中出现意外的损失。在中国，麦当劳还在考虑应用一些国家制定的物流业服务标准和技术标准，以便把工作细化到MRP或者VMI系统的各个节点，进而对整个流程实施控制和跟踪。有了这些标准，麦当劳的下一项工作就是对所有产品实施在途跟踪。坐在办公室中的物流经理，怎么知道货车发出之后货物是否处在冷冻状态？身处在低价竞争的市场环境，这种担心并非多余。一台8吨标准冷冻车的冷机价值48万元，经过500个小时之后就必须进行一次大修，不少企业在这种情况下选择了“偷工”，货车从北京出发到上海，只有一头一尾冷机是开放的，中间则被关闭。由于唯一的证据就是油耗，几乎没人能知道中间发生的故事。可有了温度跟踪和货物跟踪的帮助，一切便变得完全透明。

夏晖公司在中国并没有使用昂贵的跟踪手段，而是选择了一种类似于民航飞机上黑匣子（blackbag）的技术。借助这些由清华大学开发的工具和技术，不仅可以记录车的位置，也可记录车的状态。只要在事后打开记录，有关车的发停时刻、温度变化等数据就会尽收眼底。

【知识拓展-1】 冷链物流下游产业现状分析

目前我国冷链物流还处于起步阶段，尚未形成完整独立的冷链物流体系，虽然随着经济的发展和人民生活水平、消费观念的不断提升，国内冷链物流的需求也在不断加大，但与发达国家相比，仍存在较大差距，从下游产业来看，除行业规范的缺乏之外，传统物流观念以及冷链物流较高的成本是目前限制其发展的主要因素。

一、肉制品冷链物流市场规模效应难以实现

目前，国内大约90%的肉类基本上还是在没有冷链保证的情况下运销，除外贸出口的部分外，肉制品冷链的第三方物流发展十分滞后。冷链物流多由生产商和经销商完成，致使服务网络和信息系统不够健全；同时由于国内肉制品原有设施设备陈旧，发展和分布不均衡，无法为肉制品流通系统提供有效的低温保障，加上供应链上下游之间缺乏整体的规划和协调，均在相当程度上影响着肉制品产业的发展。目前国内肉制品零售商虽然希望提高冷链的可靠性，但由于零售点密度不足，分布范围较大，导致物流配送成本的大幅提升，使肉制品冷链物流难以实现规模效应。

二、果蔬产品冷链物流市场发展缓慢

从产品来讲，果蔬产品从采收、贮藏、包装、运输、销售都需要冷链物流的支持，一方面可以减少果蔬因腐烂变质而造成的损失，另一方面可以提高果蔬产品的质量水平，在国外发达国家，80%的果蔬是通过冷链物流来运输的，而中国目前则只有 5%。数据显示：中国市场上的果蔬产品每年在流通环节造成的损失占果蔬总产量的 20%~30%，而由于受到传统的常温及自然物流、商品化处理技术落后、信息化程度低、物流费用高等因素影响，果蔬产品冷链物流在今后很长一段时间内仍难以获得较快的发展。

三、水产品冷链物流市场起步较晚，发展尚不成熟

目前我国水产品处于冷链物流阶段（21 世纪初），它是在冷藏库阶段（20 世纪 80 年代）、冷藏链阶段（20 世纪末）两个阶段基础上建立，建立了信息网络，维护良好资源、生态环境，且更重视冷链物流整个体系的成本核算。

目前我国水产品市场的主要特点是腐败量减少，变质量增加。首先，导致这一状况的主要原因包括限时加工再入库规定的难以实行；其次，批发市场（配货中心）的交易（配送）场所没有温度控制要求，水产品出库后在没满足规定低温控制的条件下滞留时间较长，影响了产品鲜度；而水产品冷链物流配套机制的缺乏，也使得对水产品难以实现有效的监控措施。

四、连锁餐饮企业对冷链物流要求较高

连锁餐饮业对于产品保鲜的较高要求，使冷链物流在连锁餐饮行业中占有比较重要的位置。但是，中国大部分冷链物流配送供应商的专业化程度较低，服务内容缺乏竞争力，较多冷链物流配送供应商提供的服务不能满足连锁餐饮企业的需求，特别是外资连锁餐饮企业。

五、冷饮、速冻、乳制品冷链物流市场发展较为稳定

由于产品特性原因，冷饮、速冻及部分乳制品冷链物流市场保持了较为稳定的发展态势。国内冷饮物流一般都是冷饮企业的自建部门；速冻食品企业则大部分依靠第三方冷链物流企业来帮助将产品输送到消费者手中；乳制品市场由于目前国家监管的严格以及品牌健康形象的树立，使企业无论是在自营冷链物流还是在使用第三方冷链物流方面均加大了管理的力度。

总体看来，冷链物流下游产业市场虽然有了一定的发展，但仍存在众多的问题，大部分农副产品没有形成冷链物流体系，导致在物流环节中的损失很高；冷链物流市场化程度很低，第三方物流发展滞后，服务网络和信息系统不够健全；冷链物流的现有设施设备陈旧，发展和分布不均衡，无法为食品流通系统地提供低温保障；冷链物流综合性人才以及供应链上下游之间的整体规划与协调的缺乏，影响了冷链物流的资源整合。那么如何解决以上问题，将成为我国冷链物流及下游客户产业下一阶段主要的思考方向。

【知识拓展-2】 冷冻食品物流包装、标志、运输和储存标准

1. 范围

本标准规定了冷冻食品物流过程中的包装、标志、运输和储存要求。

本标准适用于冷冻食品物流环节的规范性操作。

2. 规范性引用文件

下列文件中的条款通过本标准的引用而成为本标准的条款。凡是注日期的引用文件，其随后所有的修改单（不包括勘误的内容）或修订版均不适用于本标准，然而，鼓励根据本标准达成协议的各方研究是否可使用这些文件的最新版本。凡是不注日期的引用文件，其最新版本适用于本标准。

GB/T 191 包装储运图示标志

GB/T 6388 运输包装收发货标志

GB/T 15233 包装 单元货物尺寸

GB/T 16470 托盘包装

GB/T 16471 运输包装件尺寸与质量界限

GB 50072 冷库设计规范

SB/T 10379—2004 速冻调制食品

3. 术语和定义

下列术语和定义适用于本标准。

冷冻食品（frozen foods）：指以一种或一种以上的可食用农、畜 、禽、水产品等为主原料，经预处理、速冻、包装等工序，在 −18℃以下储运与销售的食品。

4. 运输包装

4.1 冷冻食品的包装材料应符合国家相应食品包装材料的质量卫生标准要求，耐低温，具有良好密闭性和低水蒸气渗透性。

4.2 冷冻食品的运输包装应坚固完整，应有足够的防湿、耐压强度，封口严密，不易散包，便于运输和装卸。

4.3 运输包装尺寸宜符合 GB/T 15233 和 GB/T 16471 的规定，兼顾 GB/T 16470 托盘包装要求以及冷冻集装箱、冷藏车、冷冻船（舱）等国家或行业标准的尺寸规定。

5. 运输包装标志

5.1 冷冻食品的运输包装标志应清晰、牢固，图标标志的名称和图形、颜色、打印位置等应符合 GB/T 191 的规定。

5.2 运输包装上宜采用 GB/T 191 中“温度极限”标志或以文字注明储藏、运输温度。

5.3 运输包装收发货标志应符合 GB/T 6388 的规定。

6. 运输

6.1 运输设备要求

6.1.1 冷冻食品运输设备应具备一定的制冷能力以及良好的隔热保温性能，确保运输期间厢体达到−18℃及以下的温度要求。可采用冷藏车、冷藏集装箱、冷藏船、冷藏列车和附带蓄冷设施的运输设备。

6.1.2 运输设备厢体应符合国家有关法规和标准对食品容器的规定，应清洁、卫生、无毒、无害、无污染、无异味。厢体内壁使用光滑、防水、防锈、耐腐蚀的材料。

6.1.3 冷冻食品运输设备性能应符合国家法规和标准对食品冷链运输设备性能要求，定期对制冷设备进行保养和融霜，发现设备异常应停止使用，及时维修。

6.1.4 运输设备厢体应配置外部能直接观察的厢体测温仪，或配置温度自动记录设备全程记录运输过程中厢体温度。测温设备应定期校正和检定。

6.1.5 如果运输工具制冷系统使用对人体健康有危害的冷媒，必须在厢体出入门扇的醒目位置，设置警告标志或安全规程。

6.2 装卸操作规范

6.2.1 在运输装载前应对运输设备内壁用符合食品安全要求的消毒剂进行清洁消毒。

6.2.2 运输设备厢体应当在装载前预冷到10℃以下，并根据装载的时间、期间的能量消耗以及装载区域的温度和湿度，在装载前进行除霜循环。车厢内的积霜应在预冷前清除干净。

6.2.3 冷冻食品装载前，应按不同目的地对冷冻食品加以筛选和分组，根据“后卸货物先装载，先卸货物后装载”的顺序进行装载。

6.2.4 多温区冷冻运输设备，在同一温度区域，冷冻与非冷冻食品、直接入口与非直接入口冷冻食品不得混装运输。

6.2.5 冷冻食品装载时，货物堆积要紧密，与厢壁周围应留有缝隙，货物与后门之间宜保留至少10厘米距离，天花板和货物之间宜留出至少25厘米距离，用支架、栅栏或其他装置来防止货物移动，保持冷气循环。

6.2.6 产品装卸或进出冷库要迅速，在装卸货过程中应严格控制作业环境温度和时间，保证食品温度不高于−12℃。如果没有密闭装卸口，应保持运输车门随开随关。

6.2.7 完成运输作业后，应立即对运输工具厢体进行严格的清洗、消毒和晾干，才可进行新的运输作业。

6.3 温度控制和记录

6.3.1 冷冻食品运输途中厢体温度应保持在−18℃以下，装卸时短期升温温度不应高于−15℃，并在装卸后尽快降低至−18℃以下；产品运送到销售点时，产品温度不应高于−12℃。

6.3.2 在装卸和运输全程中，应按规定控制和记录运输设备厢体内部温度，运输温度记录应保持1年以上。

6.3.3 冷冻食品温度物流过程中的产品温度、环境温度的选择和测量方法可参见SB/T 10379中6.4.1。

6.3.4 装卸时的温度测量，宜针对运输货物的同一相对位置，或针对同一样货物，且在冷藏环境条件下进行。

6.3.5 尽量避免在装卸过程中打开运输设备测量温度。无温度自动记录设备的运输车辆，可通过从外部读取厢体内部温度的方式记录温度。装卸过程中检查产品温度不应延迟装卸过程，并保持运输设备关闭。

6.3.6 除了产品温度测量，物流过程中其他目的的产品检查也宜在装卸点并且在受控的环境状态下进行。

7. 储存

7.1 储存冷库要求

7.1.1 冷冻食品储存冷库应符合食品卫生场所要求，应有足够的容量和适当的制冷设备，保证冷库温度达到−18℃以下，冷库温度波动控制在±2℃以内。

7.1.2 冷库设计应符合GB 50072规定，宜建有能控制温度在15℃以下的封闭式站台，并配有与运输车辆对接的密封装置。冷库门应配有电动空气幕、塑料门帘或回笼间等隔热隔湿装置。

7.1.3 冷库各冷藏区应合理配置库温检测仪表，测温精度为±1℃，应经常检查并记录冷库温度，库温记录档案至少保存2年。

7.1.4 冷库应安装禁闭警铃和报警系统。照明设施应防潮、防爆。

7.2 冷库作业要求

7.2.1 仓库管理者应记录每一批冷冻食品入库时的温度，记录至少保留1年以上。

7.2.2 冷冻食品到货温度高于-12℃时，仓库管理者应及时通知货主，双方协商处理措施。冷冻食品温度过高时，应和其他冷冻食品分开放置。

7.2.3 冷库内冷冻食品应按食品类别分区域放置，防止串味和交叉污染。不得与有毒、有害、有异味的物品或其他杂物混存。

7.2.4 冷库内产品堆放应稳固、整齐、适量，遵守“先进先出”原则。没有货架设施的冷库，货垛应置于托板上，不得直接接触地面，货物高度不超过底层外箱承载强度。

7.2.5 存储产品应以不影响空气循环的方式放置，不与墙壁、天花板、或地板直接接触，与墙、天花板或地板之间距离应至少10厘米。

7.2.6 冷库内应定期除霜、清洁、消毒和维护保养。冷库的室内空气流动速度以使库内得到均匀的温度为宜。

7.3 零售点储存要求

7.3.1 冷冻食品运送到销售点后，卸货后应立即放入冷冻陈列柜。冷冻陈列柜应配有温度仪表，冷冻陈列柜除了除霜和装货时间外，应保持在-18℃以下。

7.3.2 冷冻食品运送到销售点后，产品温度高于-12℃时可通知货主，拒收或与货主协商处理措施。

7.3.3 冷冻陈列柜中的冷冻食品温度应保持在-15℃以下，短时间温度回升不宜高于-12℃。冷冻陈列柜应使用适当数量的隔板，将不同类别的冷冻食品分开。

7.3.4 冷冻陈列柜不应受阳光直射及强烈的人工光线照射，并且不正对加热器。不具备自动除霜功能的冷冻陈列柜应在非营业时间除霜，除入货和顾客选购冷冻食品时，冷冻陈列柜应保持柜盖闭合。

7.3.5 冷藏陈列柜储存的冷冻食品不得超过规定的装载限量，并注意检查食品保质期，做到产品“先进先出”。

9.3 农产品物流

一、农产品物流的定义

农产品物流是物流业的一个分支，指的是为了满足消费者需求而进行的农产品物质实体及相关信息从生产者到消费者之间的物理性流动。就是以农业产出物为对象，通过农产品产后加工、包装、储存、运输和配送等物流环节，做到农产品保值增值，最终送到消费者手中。农产品物流的发展目标是增加农产品附加值，节约流通费用，提高流通效率，降低不必要的损耗，从某种程度上规避市场风险。农产品物流的方向主要是从农村到城市，原因是商品化农产品的主要消费群体是在城市。

二、农产品物流的特点

（1）农产品物流数量特别大，品种特别多。

（2）农产品物流要求高。一是由于农产品与工业品不同，它是有生命的动物性与植物性产品。所以，农产品的物流特别要求“绿色物流”，在物流过程中做到不污染、不变质。二是由于农产品价格较低，一定要做到低成本运行。三是由于农产品流通涉及保证与提高农民的收入。因此，在物流过程中，一定要做到服务增值，即农产品加工转化，农产品加工配送。

（3）农产品物流难度大。一是包装难，二是运输难，三是仓储难。虽然我国农产品物流活动出现得比较早，但无论是在农产品物流理论研究还是在实际操作上，我国农产品物流的发展都很缓慢。

三、农产品物流发展存在的问题

近年来，政府出台了一系列支持“三农”的政策以促进农业综合生产能力的提高和农民收入的增加，开创了社会主义新农村建设的新局面。但是，在新农村建设快速发展的形势下，长期制约农产品流通的物流问题仍然十分严重，重生产、轻流通的现象依然存在，突出表现为以下四个方面。

（一）农产品物流信息体系不健全

我国农产品物流信息体系不健全，广大农产品生产者了解产品信息的渠道非常少，甚至连政府所拥有的信息资源都不易获得。由于不同的企业和监管环节具有不同的标准体系，不同企业和监管部门之间对流动的农产品的控制和监管信息缺乏共享机制，使下游机构或最终消费者难以对农产品生产情况等上游监管信息进行回溯性反馈，上游机构也无法对农产品流向进行跟踪，监管缺乏系统性和集成性。同时，由于农产品供应缺乏统一的物流标准和质量安全标准，导致了农产品交易的高成本、低效率，不利于整体效益的提高，也不利于农产品安全质量监控。在当前新农村建设的过程中，生产者不能充分掌握农产品流通信息，不能根据相关信息安排生产，导致了供应链中的产销脱节。

（二）农产品物流环节浪费严重

与工业品不同，农产品是有生命的动物性或植物性产品，在物流过程中存在包装难、装卸难、运输难、仓储难等问题。目前，我国农产品物流多以常温物流或自然形态物流形式为主，缺乏冷冻冷藏设备和技术，导致我国水果、蔬菜等农产品在采摘、运输、储存等物流环节的损失率达 25%～30%，每年约有总值 750 亿元的农产品在运输过程中腐烂、损失，而发达国家果蔬损失率则控制在 5%以下。美国蔬菜水果物流更为典型，产品一直处于其采后生理需要的低温状态，即形成了一条冷冻链：田间采摘后预冷—冷库—冷藏车运输—批发部冷库—超市冷柜—消费者冰箱，水果蔬菜在物流环节的损失率仅为1%~2%。

（三）农产品物流成本高

2003年，我国粮食的物流成本在整个成本构成中占40%以上，鲜活产品占60%左右甚至更多，而发达国家的物流成本一般控制在10%左右。以2006年7月西瓜上市价格为例，各原产地收购价格普遍较低，约为每千克0.3～0.7元，安徽亳州甚至更低，为每千克0.2元，而同期北京、深圳等城市的西瓜批发价则在每千克1.6~2.4元左右。其中存在大量不合理运输（如无货运输、对流运输、迂回运输、重复运输、倒流运输等）及不合理包装问题（如保护功能欠缺、包装规格不统一、回收利用率低等），致使农产品物流成本过高。

（四）物流过程增值能力弱

从农产品产业化整体来看，我国对农产品生产非常重视，投入较多，但产后投入明显不足。如果能够更多关注生产、流通、加工一条龙的产业链经营，大力提升物流过程增值能力，将有巨大的利润空间。例如，我国出口到日本的蔬菜，被其物流公司在日本码头迅速拆分成小包装，两根大葱一个塑料袋，两三个青椒一个小塑料盒，立刻送到超市甚至居民家里。这样赚的利润就是我们生产、出口企业的10倍。有关资料显示，发达国家农产品产值与农产品加工产值的比值为1∶3～1∶4，而中国仅为1∶1或稍多一些。水果采摘后经过储藏加工，国外增值比例为1∶3.8，我国仅为1∶1.8。我国蔬菜采后商品化处理比例为1%，保鲜储藏比例不足20%，加工比例不到10%。农产品附加值的真正实现是在物流过程中，我国的农产品绝大多数在生产地以原始产品的形式销售，农产品物流过程增值能力非常弱。

四、国外农产品物流业发展的主要经验

通过对全球各主要发达国家和地区的农产品流通进行分析比较，发现这些国家都有一些共同的经验值得我国学习和借鉴：

（一）农产品物流公共设施发达，流通网点布局合理

由于农产品保鲜期短，便利快捷的运输、合理的流通网点分布对于降低农产品损耗、提高农产品流通交易效率至关重要，如荷兰的蔬菜、水果的损耗率仅为5%，而中国却高达25%。因此，在促进农产品流通过程中，各国政府都十分注重发挥公共设施服务功能的作用，不断完善基础设施的改造，优化网点布局。如日本政府在对房屋、仓库、场地、道路等主体基础设施的投资占其总投资的40%；欧盟每年也从财政中拨款，对改善农产品运输、储存、加工和销售的项目进行补贴，包括修建道路、码头、仓库（包括冷库）和市场等基础设施。通过充分利用其交通设施便利的优势，荷兰的花卉产业目前已占领了全球65%的花卉市场。

（二）农产品物流信息化程度高

目前，世界各发达国家的农产品物流信息化程度较高。如目前日本的大规模零售店都已安装了EOS系统（自动订货系统），与交易对方联机，并有VAN（附加值通信网）将食

品工业和批发业联结起来，从而大大提高了流通效率。同时日本的批发市场也已装备了完善的信息设施，实现了全国乃至世界主要批发市场的联网。在欧洲的荷兰花卉和园艺中心，也安装有最先进的拍卖系统、新式电子交换式信息和订货系统，从而使荷兰也可以向全球许多国家的广大客户和消费者提供服务。

（三）农产品物流组织化、专业化、规模化程度高

为提高农产品交易水平和交易效率，国外从事农产品物流都有专门的组织协助，其组织化、专业化、规模化程度较高，如日本的农协、美国的行业协会、荷兰的花卉拍卖协会（VBN）、瑞典的合作社都是一些很有影响力的组织，他们在加快农产品流通中所起的作用至关重要。

（四）农产品物流标准化程度高

推行农产品物流标准化对于提高流通效率，降低流通损耗具有非常重要的作用，主要有农产品流通工具的标准化和检测体系的标准化，其中，流通工具标准化是现代物流的重要基础。如日本经过多年努力，目前已实现从农产品净化到包装标准化的变革，形成了从集装箱、小包装箱、托盘到运输设备、库房、搬运机械的一系列标准化系统，为现代化农产品流通提供了条件。而在美国，通过使用条形码技术建立的追踪系统，不仅可以使企业知道自已食品供应链的物流流出状况，而且还能对供应链上游流入农产品的质量安全进行回溯，从而使美国农产品流通的效率相当高。

（五）农产品物流有完备的法律法规及市场条例指导

为使农产品流通能够保持协调、灵活、高效的运转状态，提高农产品交易的效率，各国都建立了完备的法律法规及市场条例对农产品流通进行规范。

【相关案例】　加拿大粮食物流系统

加拿大粮食仓储设施均由农场主和私营公司投资建设，其中除农场仓库外其他粮库只有经加谷委注册登记后，才能够建设并收购粮食，或者接受加拿大小麦局和其他粮食公司的委托，代理粮食储存及转运业务。加拿大粮库仓型比较单一，基本都是立筒仓，适应了粮食短期储存、快速周转的特点，便于机械化作业。

加拿大的粮食运输体系也比较健全，粮食产量的70%多用于出口，国内粮食集并主要依托85万千米的公路和7万多千米的铁路，出口主要采取海运方式。粮食先由农场仓库经公路运至800多个粮食收纳库，再由收纳库经铁路运至16个终点库，由终点库将粮食海运出口到世界上70多个国家和地区。农场仓库向收纳库集并，一般是用载重约20吨的卡车走平均50千米的路程来完成的，收纳库向终点库运输，则是由CN（国家铁路公司）和CP（太平洋铁路公司）两大铁路公司的2.5万个车皮完成的。每个车皮载重约100吨，这些车皮基本上都是漏斗车皮，容量大、装卸容易。粮食的集散、装卸和临时储存全部是散装作业。农场主接到加拿大小麦局的调粮通知后，将粮食用卡车运到交通沿线的中转站，再由火车运往东西海岸的出口港。

加拿大粮食的“四散”流通已形成比较完备的体系，粮食从收购、中转到储运的各个

环节都采用散装方式，系统配套、技术先进、经济合理。粮库作业采用智能化管理，每个中转库和港口库都配备有完善的散粮流通设施计算机管理信息网络系统。粮食储运设施配套，工艺先进、齐全，装卸设备实现了标准化、专用化、系列化，且自动化程度也比较高。科学合理的配套不但大大降低了粮食流通成本，也极大地提高了粮食运输效率。

★请结合国外农产品物流业发展的主要经验讨论分析如何解决我国农产品物流当前存在的问题？

9.4 危险品物流

一、危险品物流的定义

危险品物流即危险品实体流动中所产生的物流活动。凡具有腐蚀性、自燃性、易燃性、毒害性、爆炸性等性质，在运输、装卸和储存保管过程中容易造成人身伤亡和财产损毁而需要特别防护的物品，均属危险品（Hazardous Materia1）。由于其固有的一些特性，在这类物品的运输过程中对路径两侧入口、环境及基础设施等会产生一定的风险。

随着工业化进程的加快，社会对危险化工原料的需求也在不断增加，由于危险品具有特殊的物理、化学性能，容易在生产、储运、运输中引起燃烧、爆炸、中毒等灾害事故。物流中如防护不当，极易发生事故，并且事故所造成的后果较一般车辆事故更加严重。危险品物流作为物流领域的一个分支，其作用和影响越来越大。在我国，危险品物流刚刚起步，其管理水平仍然停留在20世纪90年代的水平，安全事故时有发生。

据统计，近年我国每年道路运输危险货物在3亿吨左右，其中剧毒氰化物就达几十万吨，易燃易爆油品类达2亿吨，危险品物流已悄然形成。虽有人提出危险品物流是物流行业的第三大利润源泉，但如何加强企业对危险品的仓储、运输等控制，达到安全、可靠的绿色物流，已成为人们关注和解决的重点。

有人形象地称危险货物运输车辆为“奔跑的炸弹”，稍有不慎，就可能引起灾难性后果。为了拆除“奔跑的炸弹”，国家有关部门不断加强危险品运输的管理。

由于物流企业的独立性和注重追求经济效益，导致其危险品物流管理工作不到位、人员素质低、操作不规范、车辆技术状况差，这些成为造成物流事故发生的主要原因。因此，若想保证运输的安全性，必须对整个危险品的物流系统加强管理和完善，研究建立科学的行政法规、技术规范和安全标准体系。同时，须尽快修订《道路危险货物运输管理规定》，对已不再适应当前形势的内容予以调整。

二、危险品物流的特点

（一）品类繁多，性质各异

按照危险货物的危险性，《危险货物分类与品名编号》（GB 6944—2005）将危险品分为9类共22项。每一项中又包含具体的危险货物，《危险货物品名表》（GB 12268—2005）中在册的已达2763个品名。这2763种危险货物和每年不断新增加的危险品，其物理和化学性质差异很大。

（二）危险性大

危险货物作为一种特殊品类，在道路运输中具有很大的危险性，容易造成人员伤亡和财产损失。危险品运输事故造成的危害极大，如2005年3月29日发生在京沪高速公路上的液氯泄漏事故，驾驶员和押运员在报案后逃匿，延误抢险疏散时机，造成28人死亡，2万多亩土地受污染，直接经济损失2901万元。在9类危险货物中，每一类都具有自己独特的危险性，对外界条件有着严格的要求。

（三）物流管理方面的相关规章、规定多

危险品运输是整个道路货物运输的一个重要组成部分，除要遵守道路货物运输共同的规章，如《中华人民共和国道路交通管理条例》和《高速公路交通管理办法》等外，还要遵守许多特殊规定。

（四）专业性强

危险品运输不仅要满足一般货物的运输条件，严防超载、超速等危及行车安全的情况发生，还要根据货物的物理和化学性质，满足特殊的运输条件。其专业性主要表现为：

1. 业务专营

国家明确规定只有符合规定资质并办理相关手续的经营者才能从事道路危险货物运输经营业务。同时还规定，凡从事道路危险货物运输的单位，必须拥有能保证安全运输危险货物的相应设施、设备；从事营业性道路危险货物运输的单位，必须具有5辆以上专用车辆的经营规模，配有相应的专业技术管理人员，并已建立健全安全操作规程、岗位责任制、车辆设备保养维修和安全质量教育等规章制度。

2. 车辆专用

装运危险货物的车辆不同于普通货物运输的车辆，交通部发布的《汽车运输危险货物规则》和《营运车辆技术等级划分和评定要求》对装运危险货物的车辆技术状况和设施做了特别的规定。《道路危险货物运输管理规定》也明确规定，运输危险货物的车辆、容器、装卸机械及工具，必须符合交通部《汽车运输危险货物规则》要求的条件，并经道路运政管理机关审验合格。

3. 人员专业

危险货物运输业是一个特殊的行业，从事道路危险货物运输的相关人员必须掌握危险货物运输的有关专业知识和技能，并做到持证上岗。从事道路运输危险货物的驾驶员、押运员和装卸人员必须了解所运载的危险货物的性质、危害特性、包装容器的使用特性和发生意外时的应急措施。

三、危险品物流管理的意义

我国危险品物流刚刚起步，管理工作的具体操作方式也只是直接套用普通物流实践中的方法，相关领域的理论知识和实践经验几乎处于空白状态。

危险品物流与普通物品物流相比，更加需要强调其安全性。危险品物流虽然和其他物品物流一样，以实现客户满意为第一目标，同时追求企业整体利益最优。即危险品物流企业在追求利润的同时也要保证安全，使运输风险最小化。对他们而言，最小成本最小风险的运输方案是物流管理的根本目标，将安全放在首位，一切管理工作都必须合法合理。否则，物流安全没有保证，效益就成了空中楼阁。在危险品物流与人们的生活日益紧密的今天，只有严管危险品运输，促使危险品物流企业为工业企业提供快捷、安全、优质的物流服务，才能够保证和促进城乡经济持续发展、人们生活水平不断提高。

四、我国危险品物流发展现状

由于我国危险品运输从业人员多，专业技术水平和运输设备条件参差不齐，导致危险品物流效率低下并存在严重事故隐患等问题。主要表现在以下几个方面：

（一）物流效率低

1. 重复运输

本来可以直接将货物运到目的地，但是在未到达目的地，或在目的地之外的其他场所将货卸下，再重复装运送达目的地。重复运输的另一种表现是，同品种货物在同一地点一面运进，一面又向外运出。

2. 运力选择不当

由于危险品运输配装存在诸多限制，使得运输过程中难以选择合适承载能力的运输工具。造成严重超载产生安全隐患，或者实载率低，浪费运力的现象。

3. 运输半径过大

我国危险品生产主要集中在东部沿海地区，中西部及东北地区偏少，而且需求分散，导致危险品运输半径过大。又由于铁路运输运力严重不足，加大了道路危险品的运输量，其运输半径往往超过公路运输的经济半径（一般在200km以内）。

（二）多头管理，效能不足

危险品物流行业同时受到公安、交通、质检、环保、卫生以及工商、税务、海关等部门的监督和管理，各部门都制定了推动本行业的有关法规和规定。然而，管理部门多了却使企业无所适从。同时，职能交叉造成部门之间的争利诿过也时有发生。2002年10月20日，京沪高速江苏段装载4吨三氯化磷的槽罐车发生交通事故，没有及时施救，主要原因就是多头管理，职能交叉。

（三）危险品物流企业规模普遍较小，现代化水平低

《道路危险货物运输管理规定》要求从事道路危险货物运输的企业“自有专用车辆5辆以上”。2005年7月，我国危险品物流企业平均拥有车辆数仅17.19辆，规模普遍较小。目前危险货物运输企业中自产自运的占相当大的比重，这种经营模式是造成我国危险品物流企业现代化水平低、发展慢的原因之一。此外，无证经营危险品物流的现象也时有发生。

（四）从业人员素质普遍较低

虽然《道路危险货物运输管理规定》要求“从事道路危险货物运输的驾驶人员、装卸管理人员、押运人员经所在地设区的市级人民政府交通主管部门考试合格，取得相应从业资格证”。然而，对近年发生的事故调查，发现驾驶员及押运员对事故处理的知识了解甚

少，甚至当场逃匿的现象时有发生。危险货物运输中无证上岗的情况也屡见不鲜。

（五）事故应急机制落后

道路运输部门对危险货物运输事故处理尚无快速反应的有效机制，一般采用通知发货、收货人来处理，而且由于对危险货物的危害认识不足，相关防范、救援措施不能及时跟上，往往贻误施救时机，造成不必要的损失。

五、危险品物流发展对策

（一）建立统一、规范的危险品物流行业标准

危险品物流的各项作业分属于不同的部门管理，其安全管理还要受到公安、消防、交通、环境及卫生等部门的监管。过去由各有关部门制定的众多政策法规很难适应和满足现代危险品物流发展的需求，有的甚至还互相矛盾，使危险品物流企业无所适从。因此，建立统一、规范的危险品物流行业标准是危险品物流健康发展的重要保障。2002 年国务院《危险化学品管理条例》颁布以来，各相关部门纷纷制定、修订了有关规定和标准，如交通部《道路危险货物运输管理规定》，国防科工委、公安部、交通部、卫生部联合发布的《核反应堆乏燃料道路运输管理暂行规定》（科工法[2003]520 号）等。

（二）合理规划、设计危险品物流网络

危险品物流网络的规划关系到地区环境和社会安全，并且对物流成本和企业社会经济效益都有深远的影响。政府在规划危险品物流网络时应将需要使用危险品的企业置于合理的地理位置，从宏观角度规划出风险最小的危险品运输网络，并建立快速应急机制，以便在事故发生时快速处理，使损失降至最低，以保障人民生命财产安全。危险品物流企业在政府规划设计的危险品物流网络内，通过加强对危险品物流操作的管理，选择优化的危险品运输路径和操作方式，从经济效益的角度使企业的成本降到最低。政府和企业共同努力，建立危险品物流管理体系，使危险品物流既能符合企业的经济效益，又能兼顾社会效益。

（三）用信息化推动物流现代化

目前，我国危险品物流各环节信息化程度低，信息沟通不畅，造成库存大，运力浪费。为此，充分利用信息技术，让“信息流”主导“物品流”，通过信息化来实现“物流”的准确配置，让物的流动具有最佳的目的性和经济性，将生产地和流通过程中的库存降到最低。

（四）发展专业化危险品物流，提倡发展第三方物流

现代物流理论和技术的发展为危险品物流管理提供了基础。利用第三方物流理论整合危险品物流企业，由专业化物流公司来负责危险品物流操作管理，一方面，可以改变目前危险品物流企业数量多、规模小、技术含量低的格局，提高危险品物流的集成度和企业的经济效益；另一方面，也为政府监管危险品物流、保障危险品物流的安全提供了基础。

（五）建立全国性的危险品物流管理信息平台

利用无线射频技术（RFID）、卫星定位系统（GPS）、地理信息系统（GIS）等现代物流技术，为危险品物流过程的跟踪、监控、管理等提供了技术支撑，也为事故发生后的应急管理提供了技术上的保障。目前，这些监控网都是独立运行，只能监控本地区、本企业

内部的危险品运输车辆。从以往发生的事故分析可以看出，就一个地区网而言，对于外地驶入的车辆，无论是否安装了GPS都缺乏监控，一旦这些车辆在本地区发生事故，就很难在第一时间调动本地区内的应急部门进行处理。因此，实现各地区网和各企业网之间的联网，实现信息连通，做到在第一时间就近、就地处置事故车辆。

同步测试

一、填空题

1. 包装过程中的非绿色因素主要表现在两个方面：一方面，是包装材料的______污染；另一方面，是______的包装或______的包装，造成资源的浪费，不利于可持续发展，同时也无益于生态经济效益。

2. 冷链由______、______、______及配送、______四个方面构成。

3. 危险品运输不仅要满足一般货物的运输条件，严防超载、超速等危及行车安全的情况发生，还要根据货物的物理和化学性质，满足特殊的运输条件。其专业性主要表现为：______、______、______。

二、不定项选择题

1. 现阶段我国冷链物流技术手段的主要症结是（　　）。
   A. 无统一数据系统支持　　B. 采用人工测量和纸面记录
   C. 实时性差、监管脱节　　D. 无法进行预警、损失率大
   E. 取证困难、无法确定责任

2. 绿色物流是循环型物流，主要包括（　　）。
   A. 原材料副产品再循环　　B. 包装物再循环
   C. 废品回收　　D. 资源垃圾的收集和再资源化

3. 绿色包装要求提供包装服务的物流企业进行绿色包装改造，包括（　　）。
   A. 使用环保材料　　B. 提高材质利用率
   C. 废品回收　　D. 建立包装回用制度
   E. 设计折叠式包装以减少空载率

4. 冷链物流必须满足的“三C”条件指（　　）。
   A. 食品的爱护　　B. 保持清洁卫生的条件
   C. 低温的环境　　D. 货物包装
   E. 处理工艺

5. 冷链物流必须满足的“三T”条件指（　　）。
   A. 时间　　B. 温度
   C. 容许变质量（或耐藏性）　　D. 食品原料的品质
   E. 快速的作业组织

6. 冷链物流的基本流程包括（　　）。
   A. 冷藏加工　　B. 冷冻、冷藏环节　　C. 冷藏销售环节　　D. 冷藏运输环节

E．原材料的获取及冷却

7．我国冷链物流行业的发展趋势主要表现为（　　）。

A．服务质量和水平将不断提升　　B．软硬件设施的投入将逐步增大

C．冷链物流逐步实现封闭化运作　　D．冷链物流联盟步伐加快

E．冷链物流意识不断加强，行业内的各项标准开始制订

8．农产品物流发展存在的问题突出表现为（　　）。

A．农产品物流要求高　　B．农产品物流信息体系不健全

C．农产品物流环节浪费严重　　D．农产品物流成本高

E．物流过程增值能力弱

9．我国危险品物流存在的问题主要表现为（　　）。

A．物流效率低　　B．多头管理，效能不足

C．事故应急机制落后　　D．从业人员素质普遍较低

E．危险品物流企业规模普遍较小，现代化水平低

三、简答题

1．分析绿色物流的特点。

2．简述如何进行绿色物流管理。

3．简述冷链物流的运作条件与基本流程。

4．我国农产品物流发展存在哪些问题？如何解决？

5．分析危险品物流的特点。

四、案例分析

1．当大多数仓库开始考虑环境管理标准 ISO14000 的认证工作时，LEGO（乐高）公司的配送中心就已经奏响了环境保护的乐章了。LEGO 的仓库占地 22500m^2，坐落于美国康涅狄格州的恩菲尔德镇，它为 LEGO 提供了环境与设施相融合的机会。

LEGO 正在制订配送中心的噪声控制计划，他们与哈佛大学声音工程系的学生一起研究，测量配送中心的噪声水平，并且设计一个减少噪声的方案。该配送中心通过改变搬运的速度，并在搬运现场周围设置隔离物，最终使噪声水平降低了 6dB～7dB。噪声水平的降低足以使 LEGO 员工不再采用保护耳朵的装置。

LEGO 的仓库会产生大量的瓦楞纸板，员工将这些纸板和其他纸制品一起再生利用，通过在地板内修建排水管道，设分离器和抽水泵来防止排泄物溢出而污染环境，并且控制蓄水池中的污水以适当速度流出。通过种种环保的做法，使得 LEGO 的仓库成为“绿色”仓库。

思考题：

（1）为什么说 LEGO 的仓库是绿色仓库？

（2）它在环境保护方面做了哪些工作？

2．2012 年 5 月，某市一化学品仓库发生爆炸，周边 9000 多人迅速疏散。发生事故的化学物品是连二亚硫酸钠，俗称保险粉。这种化学物品遇水、遇潮自燃，还会产生烟雾。

根据该市安监等部门初步调查，事故发生时，储存有连二亚硫酸钠 50 吨、焦亚硫酸钠 20 吨、亚硫酸钠 15 包、甲基丙烯酸甲酯 3 桶。某化工有限公司违法私设危险化学品仓库，且在下雨潮湿的环境下大量装卸遇湿自燃的危险化学品连二亚硫酸钠，是造成本次事故的主要原因。

问题：

危险化学品储存、装卸搬运会对环境产生什么影响？如何把这种影响降到最低？

职业导航

招聘1　冷链物流主管

任职资格

① 食品工程、管理类专科及以上学历，两年以上冷链物流岗位相关管理经验，曾从事食品冷链物流工作者优先；

② 熟悉国内冷链物流市场的发展现状、具有敏锐的市场洞察力，能准确把握市场动态和市场方向；

③ 有丰富的营销策划运作经验，熟悉冷链物流业务核算体系，熟悉冷链物流业务的开发流程、执行流程，包括策划、需求分析、开发推广和维护，并有成功个案；

④ 极强的交际应变能力，优秀的沟通、协调、组织能力，善于把握冷链物流发展趋势和客户需求，较强的创新思维能力；

⑤ 具有良好的职业操守，高度的工作热情，具备创业者的精神，能够承受较大的工作压力。

招聘2　冷链物流项目经理

职位描述

负责公司冷链物流业务的市场策划、市场拓展工作，负责针对冷链物流产品的特殊性，制订项目运输/存储实施方案，负责冷链物流的商务运作以及客户关系沟通与维护等工作。

任职资格

① 具有三年以上冷链物流业务营销实际工作经验，熟悉冷链物流市场以及低温物流配送及运输流程，熟悉冷藏运输装备和专业运输管理机制；

② 具备现代物流及供应链管理的知识背景和工作能力；

③ 擅长项目的计划、预算控制、资源统筹、质量控制及进度管理；

④ 熟悉从事冷链物流仓储、运输类相关法律法规；

⑤ 英语水平良好，能独立使用英文资料；

⑥ 有较强的组织计划、协调沟通及综合管理能力。

招聘3　危险品运输驾驶员

职位描述

① 严格按照车队调度的作业指令，及时完成运输工作；

② 严格遵守国家有关公路运输的法律法规、公司HSE政策以及司机操作流程；

③ 及时检查车辆，发现问题及时报告处理；

④ 严格按照化工危险品操作规定要求做好装卸工作；

⑤ 在押运员不在的情况下，负责装卸货现场的协调和货物的清点和签收；

⑥ 及时反馈车辆运输中的信息，主动提高车辆运输的服务质量，不断提高车辆行驶的

安全意识；

⑦ 在运输工作中宣传公司的品牌形象，做好文明礼貌生产，树立全程品牌；

⑧ 完成上级交办的其他工作。

任职资格

① 高中以上学历；

② 持有驾驶证及危险品从业资格证；

③ 5 年以上危险品驾驶经验；

④ A2 照或以上驾照，持有《危险品道路运输从业资格证》、押运证；

⑤ 为人诚实可靠，稳重、踏实，工作认真，肯干，有很好的责任心和敬业精神，无不良驾驶记录，熟悉车辆保养及日常维修。

项目实训

某食品企业冷链物流流程调查

1. 实训目的

（1）了解食品冷链物流的基本流程；

（2）通过以组为单位进行实地调查获取资料的方式，培养学生的团队合作精神，增强学生发现问题、分析问题与解决问题的能力以及人际交往与沟通能力。

2. 实训前准备

（1）知识准备：通过课堂讲解使学生熟练掌握冷链物流的相关知识；

（2）学生分组：每 6 人为一组，每组选出一位小组长；

（3）实训地点：物流管理专业各产学研合作单位。

3. 实训步骤及要求

（1）为每小组分配一个事先联系好的产学研合作企业；

（2）以小组为单位到目标企业进行实地调查；

（3）完成调查报告；

（4）要求资料翔实、准确、具体。

4. 实训报告

在通过实地调查获得相关资料后，以组为单位完成调查报告。调查报告题名为：某企业冷链物流流程调查报告，报告中应包含以下内容：

（1）调查时间；

（2）调查企业；

（3）调查对象；

（4）调查结果——某企业冷链物流流程情况，并列举实例说明。

5. 实训考核

实训成绩根据实训报告的完成情况进行评定。考评内容包含以下几项：

（1）实训报告是否按要求的规范格式完成；

（2）相关资料是否通过实地调查获得的，调查资料是否翔实、准确、具体；

（3）调查结果描述是否清楚，有没有通过收集到的企业实例进行说明。

参考文献

1．文振华．现代物流概论．长沙：湖南人民出版社，2007．
2．李严锋，张丽娟．现代物流管理．大连：东北财经大学出版社，2004．
3．钱东人，朱海波．新编现代物流学．北京：中国物资出版社，2006．
4．崔介何．企业物流．北京：中国物资出版社，2002．
5．马士华．供应链管理．北京：机械工业出版社，2000．
6．朱道立，龚国发．物流和供应链管理．上海：复旦大学出版社，2001．
7．崔介何．现代物流管理教程．北京：华文出版社，2004．
8．张毅．现代物流管理．上海：上海人民出版社，2002．
9．（日）汤浅和夫，张鸿译．物流管理．上海：文汇出版社，2003．
10．（美）莉萨·埃拉姆，詹姆士·斯托克，道格拉斯·兰伯特．物流管理．北京：电子工业出版社，2003．
11．赵刚．现代物流基础．苏州：苏州大学出版社，2004．
12．美国物流管理协会（CLM）官方主页：http://www.clml.org
13．牟旭东，陈健．物流——第三利润源泉．上海：上海远东出版社，2002．
14．骆温平编译．“成功物流关系的决定因素：第三方物流提供者展望”．物流技术，1998（1）
15．崔介何．物流学概论（第三版）．北京：北京大学出版社，2004．
16．翁心刚．物流管理基础．北京：中国物资出版社，2005．
17．丁俊发．中国物流．北京：中国物资出版社，2002．
18．郭毅，梅清豪．物流与供应链管理．北京：电子工业出版社，2003．
19．田源．物流管理概论．北京：机械工业出版社，2006．
20．梁金萍．现代物流学．大连：东北财经大学出版社，2003．
21．王之泰．现代物流管理．北京：中国工人出版社，2001．
22．王德章．国际物流导论．北京：高等教育出版社，2006．
23．杨明．国际物流管理．北京：高等教育出版社，2005．
24．唐渊．国际物流学．北京：中国物资出版社，2004．
25．段圣贤．“第三方物流的客户关系管理研究”．物流科技．2006（6）
26．鲁晓春．现代物流基础设施与设备．北京：中国物资出版社，2006．
27．蒋长兵．现代物流学导论．北京：中国物资出版社，2006．
28．倪志伟．现代物流技术．北京：中国物资出版社，2006．
29．彭扬．物流信息系统．北京：中国物资出版社，2006．
30．周银龙．物流装备．北京：人民交通出版社，2005．
31．张奉礼．现代物流基础．北京：中国轻工业出版社，2005．
32．周盛世．现代物流学导论．北京：化学工业出版社，2005．
33．陈志群．物流与配送．北京：高等教育出版社，2006．
34．夏露，李严锋．物流金融．北京：科学出版社，2008．
35．锦程物流网：www.jctrans.com
36．物流人才招聘网：www.56zg.com
37．中国物流与采购网：www.chinawuliu.com.cn
38．上海物流网：www.sh56.cn
39．中国仓储物流设备网：www.cnstorage.com/